KB043073

사쓰마와 시마즈 히사미쓰

저자 **손 일**

1956년 일본 오카야마에서 태어난 재일교포 2세로, 1961년 귀국 후 부산에서 초·중등학교를 다녔다. 서울대학교 사회과학대학 지리학과를 졸업했고, 영국 사우샘프턴 대학에서 지리학박사 학위를 받았다. 1984년 경상대학교 지리교육과에서 전임강사로 교수직을 시작했고, 2017년 2월 부산대학교에서 명예퇴직했다. 그 사이 (사)대한지리학회 회장을 역임했고, 2015년에는 대한지리학회 학술상도 받았다. 초창기 연구주제는 하천수문지형학과 통계지도였으나, 이후 한반도 산맥과 산지체계로 관심이 옮겨갔다. 이 과정에서 다수의 저서와 번역 책을 발간하였다.

교수직 후반기에 접어들면서 16세기, 19세기라는 세계사적 전환기에 흥미를 갖기 시작했다. 우선 16세기 유럽의 상업지도학 발달과 메르카토르의 1569년 세계지도의 탄생을 정리해 『1569년 메르카토르 세계지도의 인문학』을 출간하였다. 또한 19세기 동아시아 최대 다이내믹이라 할 수 있는 메이지 유신에 관심을 가지면서 마리우스 잰슨 교수의 『사카모토 료마와 메이지 유신』을 번역했는데, 그 와중에 우리나라에 근대 지구과학이 도입되는 과정과 한반도 산맥론을 추적하면서 『조선기행록』과 『한반도 지형론』도 번역하였다.

퇴직을 앞두고 '인생 작업'이라는 각오로 다시금 메이지 유신이란 주제를 끄집어 들었다. 이번에는 메이지 유신의 상징적 인물인 사카모토 료마와는 정반대편, 다시 말해 삿초 사관에 묻혀 버린 막부 측 인물에 관한 이야기를 펼쳤다. 메이지 신정부에 무력 저항하면서 막말 홋카이도 공화국 총재라는 특별한 이력을 지녔던 에노모토 다케아키의 인생역정을 통해, 막말과 메이지 초기 일본이 경험했던 미증유의 다이내믹을 그리고자 했다. 그 결과가 『幕末의 풍운아 에노모토 다케아키와 메이지 유신』이다.

퇴임 후 잠시 송파경찰서 뒷골목에서 1인 식당 〈동락〉을 운영하기도 했으나, 결국 송충이 솔잎 먹는다고 쟁여 놓았던 원고 다시 꺼내 들었다. 이번 책 『메이지유신의 선봉: 사쓰마와 시미즈 히사미쓰』에서는 사쓰마 번을 하나로 묶어 막말 교토 정국을 주도한 사쓰마의 국부 시마즈 히사미쓰(島津久光)에 초점을 맞추었지만, 어느 개인의 영웅적 결단이 아니라 사쓰마 번이라는 집단의 매 순간 결정이 어떻게 막말의 대혼돈을 헤쳐 나올 수 있는 원동력이 되었으며, 나아가 메이지 신정부 탄생이라는 엄청난 결과에까지 도달하게 되었는가를 살펴보려 했다.

메이지 유신의 선봉

사쓰마와 시마즈 히사미쓰

薩摩

島津久光

읽기 도움글

① 연도는 기원 연대를 사용하였으며, 필요한 경우 일본식 연호를 병기하였다.

② 일본은 메이지 신정부 들어 1873년부터 양력을 사용하였기에, 이 책 내용 대부분이 그 이전이라 음력을 사용하였다.

③ 대부분의 인명은 통상 쓰이는 호칭을 사용하였다. 일부에 대해서는, 예를 들어 마쓰다이라 요시나가(松平慶永) 대신 마쓰다이라 슌가쿠(松平春嶽), 야마우치 도요시게(山內豊信) 대신 야마우치 요도(山內容堂)로 쓰면서 병기한 경우도 있다. 예외가 있다면 마지막 쇼군 요시노부의 경우, 쇼군 등극 전에는 히토쓰바시 요시노부(一橋慶喜), 등극 후에는 도쿠가와 요시노부(徳川慶喜)로 구분하였다.

④ 각주는 없앴고, 참고문헌 리스트로 대신하였다.

⑤ 본문 내용과 관련된 필자의 여행 사진을 책 뒷부분에 첨부하여 이 책 이해를 돕고자 하였다.

· 목 차 ·

제2부 막말 정치의 초점 / 시마즈 히사미쓰

• 日本語目次 •

第2部 幕藩政治の焦点/島津久光

프롤로그

2014년에 『사카모토 료마와 메이지 유신』을 번역하였고, 2017년에는 졸저 『막말의 풍운아 에노모토 다케아키와 메이지 유신』을 펴냈다. 그 직전 출간된 『조선기행록』(2010)과 『한반도 지형론』(2015)까지 포함한다면 일본 관련 책자가 모두 4권이나 되니, 나의 일본 공부도 이제 꽤 긴 이력을 가진 셈이다. 특히 2017년 마지막 책을 출간하면서 정년이 5년이나 남은 지리학 교수직을 포기하고 말았다. 지리학에 전념하면서 제자를 길러 내라고 국록을 받는 자가 더 이상 그 임무를 수행할 수 없다면, 그 직을 내려놓아야 하는 것은 상식이라 생각하였다. 물론 조기 퇴직의 이유가 그 하나뿐일 리는 없다. 이후 에노모토 책에 대한 세간의 평가에 잠시 의기소침하였지만, 또 한 번 용기를 내어 이 책이 마지막이라는 각오로 다시 쓰기 시작하였다. 이번에도 같은 시기의 숨겨진 인물을 발굴해 당시 일본의 또 다른 모습을 찾아 나서는 힘겨운 여로였다.

내가 이 시기의 일본과 메이지 유신이라는 주제에 매달리는 이유는 이 책 전체를 통해 천천히 밝혀질 것이니 뒤로 미루고, 도대체 글 쓰는 일에 왜 이리 매달리는지부터 밝혀야 할 것 같다. 사실 이전 교수 시절에 비하면 지금은 연구비도 없고, 넓은 연구실이나 도와주는 조교도 없다. 자료라면 신청하는 대로 즉각 구해 주는 도서관 사서도 없고, 물 한 모금 마시지 않고 몇 시간을 버틸 수 있는 체력도 없다. 단지 있다면, 내 집에서 가장 넓은 방인 서재가 있고, 출판사 사장님 배려로 일주일에 한 번 출판사로 나들이 가면서 답답한 가슴에 새로운 공기를 집어넣는 호사가 있을 뿐이다. 그래도 나는 써야 했다. 왜냐하면 단지 공무원을 했다는 이유로 적지 않은 연금을 줄기차게 받고 있기 때문이고, 책상에 앉아 있는 이 상황만이 아무도 찾아 주지 않는 노년의 실존적 자아를 확인시켜 주기 때문이며, 책값 이외의 지출을 줄이면서 가족의 일원으로서 나름대로 최소한의 체면과 의무를 다할 수 있기 때문이다.

글을 쓰기 시작한지 일 년쯤 지난 2019년 봄, 그러니까 이 책 중반 부분에 이르자 처음 계획과는 달리 늘어난 문헌 양을 감당할 수 없었고, 주인공의 실체 파악과 그 이미지 설정에 어려움을 겪으면서 글쓰기를 잠시 중단하였다. 이런저런 핑계를 대면서 중도에 포기해 버릴까 하는 꿍꿍이도 내심 없지 않았는데, 결국 그것이 자영업이라는 엉뚱한 돌파구로 이어지고 말았다. 이후 1인 오너셰프로서 나의 경력은 준비 기간까지 합치면 무려 3년 동안 이어졌다. 개업하자마자 코로나 팬데믹으로 고전하기도 하였지만, 별다른 재정적 손실 없이 지인에게 가게를 인계함으로써 자본주의의 꽃이라는 사장님 이력까지 넘볼 수 있었다. 책상물림에 불과한 60대 초반이, 체력적으로 젊은이도 감당하기 힘든 식당 일을 해냈다는 사실에 지금도 자부심을 갖고 있다.

그 기간 동안 식당 운영에 도움이 된다면 무슨 일도 마다하지 않았고, 결국 그토록 거부하던 인스타그램(nosodongrak)까지 운영하였다. 거기 실린 음식 사진과 조리법은 말할 것도 없고 짧지 않은 3년간의 체험을 모아 책을 내자는 제안도 있었지만, 뒤로 미루었다. 과연 이 정도 식당 이력으로 책을 내는 것이 올바른 일인지 확신이 없었고, 어쩌면 지금도 인생 걸고 현업에 매진하는 한때나마 동업자였던 분들에 대한 예의가 아니라고 생각하였기 때문이다. 게다가 중도에 포기한 이 책 원고가 늘 마음에 걸렸고, 이번마저 포기한다면 그 원고는 영원히 햇빛을 볼 수 없을 것이라는 불안감도 컸다. 인스타그램 팔로우는 줄었지만 아직도 430명이나 되며, 일식당 '동락(同樂)'은 송파구 한 골목에서 성황리에 영업 중이다.

그러다 보니 집필 중단 기간이 예상보다 길어져 어언 만 4년이 지난 2022년 봄이 되어서야 다시 책상에 앉을 수 있었다. 체력적으로 식당 운영이 가능하였더라면 그 일은 계속되었을 것이고, 이렇게 글 쓰는 일은 없었을 것이다. 하지만 식당 일을 접고 나니 글쓰기 이외에는 다른 선택이 없었고, 결국 마음 다잡아 먹고 책상에 앉고 말았다. 또다시 메이지 유신 이야기가 운명처럼 이어졌다.

사실 우리가 신문지상이나 그 밖에 매체에서 보고 전해 듣는 메이지 유신 이야기는 대체로 삿초 사관(薩長史観)에 기반해 편찬된 일본 고등학교 교과서 『일본사』에 실려 있는 수준으로, 현재 일본이 세상에 전하고 싶은 메이지 시대의 근대화 역사 그 자체이다. 물론 우리 고등학교 교과서인 『동아시아사』에서도 마찬가지이다. 일본 문부성은 메이지 시대가 끝나자 본격적으로 메이지 유신에 대한 사료를 수집, 편찬하기 시작하였는데, 그 결과가 바로 1939년에서 1941년 사이에 발간된 『유신사(維新史)』이다. 삿초 사관에 기반한 이 『유신사』의 내용을 한마디로 요약하면, "사쓰마·조슈로 대표되는 서남웅번(西南雄藩)이 번의 군사력을 동원해 막부를 타도하는 데 성공하였고 그 이후 근대 천황제의 확립에 크게 공헌하였는데, 이 과정에 근왕지사(勤王志士)들이 크게 이바지하였다"는 것이다. 물론 막부의 개혁 실패와 대외 의존성도 빠짐없이 지적하고 있다. 근왕지사, 다시 말해 하급 무사들에 의해 이루어진 역성혁명이라는 점도 지적하고 있는데, 바로 이것이 현재 일본의 출발점이라는 점도 강조하고 있다. 따라서 메이지 유신의 3걸로 사쓰마의 사이고 다카모리(西鄕隆盛)와 오쿠보 도시미치(大久保利通), 조슈의 기도 다카요시(木戶孝允) 등이 거명되는 것도 모두 이러한 배경에서 비롯된 것이라 볼 수 있다.

하지만 막부 말기에는 다양한 세력이 할거하였고, 또한 투쟁하였다. 따라서 어느 세력의 입장에서 바라보느냐에 따라 메이지 유신의 실체는 완전히 달라질 수 있고, 승자인 사쓰마·조슈의 시선과 패자 막부의 그것은 극과 극일 수밖에 없다. 그러나 메이지 유신을 시기적으로 정확히 규정한다면, 1867년 천황의 왕정복고 이후 일본이 성취한 근대화, 민주화, 산업화라는 급속한 변혁을 지칭하는 것이다. 이 책에서 관심을 보이는 기간은 대체로 1853년 페리의 내항 이후 왕정복고 기간까지로, 앞서 언급한 변혁이 실제 일어난 기간은 아니다. 나는 외세에 대응해 새로운 국가를 만들겠다는, 다시 말해 자신들은 결코 식민지가 되지 않겠다며 막말 모든 계층의 일본인들이 대외내적 모순과 갈등에 대응한 방법과 그 과정에 주목하였다.

한편, 일본 역사학계에서는 패전 이후인 1950년대부터 마르크스 사관에 따라 메이지 유신을 평가하기 시작하였으며, 1970년대부터는 사쓰마·조슈가 아닌 다른 번들의 입장, 나아가 패자인 막부의 입장에서 메이지 유신을 바라볼 수 있게 되었다. 더군다나 메이지 정부의 산업화와 민주화의 성공 역시, 막말 대혼돈에도 불구하고 막부가 추구하였던 개혁 노력의 연장이자 그 결과로 이해하려는 연구도 나오게 되었다. 외국인에 의한 메이지 유신 연구의 백미라 평가되는 『사카모토 료마와 메이지 유신』에서 저자 마리우스 잰슨 교수가 사이고도, 오쿠보도, 기도도 아닌 도사 번 출신의 탈번 낭사 사카모토 료마(坂本龍馬)를 주인공으로 끄집어낸 것은, 삿초 사관에서 한 걸음 물러나 메이지 유신을 보다 객관적 입장에서 바라보고자 한 의도가 아니었을까 판단된다. 특히 메이지 신정부 초기 민권운동의 맹아를 료마를 비롯한 도사 번 출신 이타가키 다이스케(板垣退助)나 고토 쇼지로(後藤象二郎)에서 찾으려 하였다. 나 역시 졸저 『막말의 풍운아 에노모토 다케아키와 메이지 유신』에서, 삿초 사관에서 한 걸음 더 물러나 막부의 해군 제독 에노모토 다케아키(榎本武揚)를 주인공으로 등장시켜 승자가 아닌 패자의 관점에서 메이지 유신을 보고자 하였던 것이다.

하지만 이번 책에서는 앞서 펴낸 두 책과는 달리 승자인 사쓰마의 입장에서 메이지 유신을 바라보고자 한다. 따라서 지난 두 권의 책 제목대로라면 『사이고 다카모리와 메이지 유신』 혹은 『오쿠보 도시미치와 메이지 유신』이 되겠지만, 이번 책에서는 총체적인 힘으로서 사쓰마 번, 조금 더 나아간다면 사쓰마 번을 하나로 묶어 막말 교토 정국을 주도한 사쓰마의 국부 시마즈 히사미쓰(島津久光)에 초점을 맞추고자 하였다. 출판사로 원고가 넘어간 이후 모든 사항은 출판사의 결정에 따른다는 내 지론대로, 책 제목은 여러 대안 중에서 『메이지 유신의 선봉: 사쓰마와 시마즈 히사미쓰』로 결정되었다. 물론 나도 적극 동의하였다. 그러므로 이 책에서는 어느 개인의 영웅적 결단이 아니라 사쓰마 번이라는 집단의 매 순간 결정이 어떻게 막말의 대혼돈을 헤쳐 나오는 원동력이 되었으며, 나아가 메이지 신정부 탄생이라는 엄청난 결과에 도달하게 되었는가를 살펴보려는 것이다.

원고를 쓰기 시작하면서 이 책이 어쩌면 메이지 유신에 관한 나의 마지막 책이 될 것이라 예상하였다. 마지막을 한자로 표현하면 최후(最後)이고 이

를 일본어로 읽으면 '사이고'인데, 등장인물 중 하나인 西郷隆盛(사이고 다카모리)의 西郷도 일본어로 읽으면 '사이고'가 된다. 우리에게 정한론 주창자로 알려진 사이고 다카모리는 소위 메이지 유신 3걸 중 하나이며, 메이지 유신 150주년을 맞아 방영되었던 2018년 NHK 일요 대하드라마 '세고돈'(西郷どん)의 주인공이기도 하다. '사이고(最後)의 책 주인공 사이고(西郷)', 뭐 이런 식의 언어유희도 가능하겠지만, 이 책 주인공은 사이고가 아니다.

각종 교과서 서술에 따르면, 메이지 유신의 성공에 기여한 최대 세력은 사쓰마 번이고 그 주인공은 당연히 사이고 다카모리와 오쿠보 도시미치이다. 두 사람의 업적을 놓고 우열을 가늠하기란 쉽지 않지만, 하나의 아이러니는 고향 가고시마(鹿児島)에서 오쿠보의 인기가 사이고에 비해 형편없다는 사실이다. 자신들이 힘겹게 이룩한 메이지 정부에 반란[세이난 전쟁(西南戦争)]을 일으켜 가고시마를 폐허로 만들어 놓았을 뿐만 아니라 1만여 명의 젊은이들을 사지로 몰아넣었던 사이고에 비해, 정권 담당자로서 정부군을 동원해 이를 저지한 오쿠보의 인기가 극도로 낮다는 점이다. 오쿠보가 사쓰마(가고시마) 편을 들지 않고 오히려 고향 사람들을 탄압하였다는 측면에서 본다면 어쩌면 당연한 결과인지도 모르겠다.

사이고는 전쟁에 패해 자결하였지만, 오쿠보는 그 이듬해인 1878년에 암살당하였다. 11년 후인 1889년 메이지헌법이 발효되면서 사이고는 사면을 받았다. 1898년 도쿄 우에노 공원에 사이고의 동상이 세워지는데, 고향 가고시마에는 이보다 늦은 1937년에 세워진다. 하지만 오쿠보의 동상은 이보다 훨씬 늦은 1979년에야 가고시마에 세워졌다. 이처럼 메이지 유신에서 차지하는 사이고의 상징성은 상상 그 이상인데, 할리우드 영화 '라스트 사무라이'에서 그를 주인공으로 등장시킨 것도 세인들이 메이지 유신을 바라보는 또 다른 일면이라 생각한다.

사실 사쓰마와 메이지 유신을 이야기할 때 사이고 다카모리 대신 시마즈 히사미쓰를 주인공으로 삼는다면 일본인마저 의아하게 생각할 수 있다. 히사미쓰에 대한 저평가에도 그 이유가 있겠지만, 1,000편에 가까운 전기와 평전이 간행되면서 이미 성인, 신화 수준에 이른 사이고에 대한 지나친 평가 역시 결코 무시할 수 없다. 하지만 메이지 유신을 1867년 왕정복고 쿠데타 이후 메이지 신정부의 근대화 과정으로 상정한다면, 왕정복고 직전까지 히사미쓰의 명령에 절대복종할 수밖에 없었던 사이고의 신분적 위상을 감안해야 할 필요가 있다.

실제로 막말 대혼돈이 시작되고 막부 붕괴로 이어지는 그 시기까지 사이고의 역할이 과도하게 평가된다면, 메이지 유신이라는 역사적 사건의 실체적 진실에서 우리는 멀어질 수밖에 없다고 나는 판단한다. 따라서 가급적 이 책에서 사이고의 역할을 제한하려는 시도는 '사이고 다카모리'라는 소영웅주의에 매몰되지 않을 뿐만 아니라, 각종 교과서에서 제시되고 있는 번벌사관(藩閥史觀) 혹은 삿초 사관(薩長史觀)에서 벗어날 수 있는 계기가 되리라 기대하기 때문이다. 사실 이렇게 변명하듯 사설이 긴 것은 사이고와 정면으로 부딪히지 않으려는 나름의 전략 때문이다. 사이고 다카모리, 사실 부담스럽다. 그리고 지금 이 순간에도 생산되고 있는 사이고에 관한 어마어마한 양의 정보와 평가의 늪 속에 빠져 버린다면, 막말의 돌풍 사쓰마 번의 실체에 대해 제대로 평가할 수 없을 것 같은 두려움이 어쩌면 가장 큰 이유인지 모르겠다. 좀 과하게 표현하자면, 사이고의 망령 속으로 결코 빨려 들어가지 않겠다는 나름의 몸부림이라 해도 좋을 것이다.

사실 메시아에게는 신화가 필요하겠지만, 영웅에게는 순간적 결단 그 하나로 충분하기 때문이다. 이쯤에서 내가 좋아하는 소설가 이병주의 『산하(山河)』에서 글 하나를 내 식대로 패러디한 것을 소개해 본다.

朔風에 벗기면 地理가 되고
太陽에 바래면 歷史가 되고
月光에 물들면 神話가 된다.

사쿠라지마

1994년 호주 여행을 떠났다. 당시 우리 나이로 39세. 대학교수였고 명색이 지리학자인데도 내 수입으로는 국내 여행도 쉽지 않던 시절이었다. 그러니 외국 여행, 꿈도 꾸기 힘들었다. 우연한 기회에 중등학교 교과서 집필에 참여하면서 인세라는 명목으로 제법 많은 돈이 통장에 들어왔다. 그 일에 참여하기 전에는 학자로서 그런 작업은 그다지 자랑할 만한 것이 못 된다고 생각하였고, 심지어 마음속으로는 '화류계'라 폄하하기까지 하였다. 하지만 마음 한구석에는 돈 되는 일에 끼워 주지 않는 학계 고참들에 대한 섭섭함도 없지 않았다. 막상 돈이 들어오니 의미 있는 작업을 하는 양 어깨가 올라갔고, 주머니 사정도 나아져 술밥 먹고 계산할 때 주뼛거렸던 것도 언제 그랬냐는 듯이 당당하게 계산대로 향할 수 있었다. 게다가 영국 유학 이후 한동안 잠잠하였던 가출(?) 벽이 도져, 주말만 되면 국내 답사, 방학만 되면 외국 여행을 떠날 수 있었다. 물론 지리학자라는 대의명분(?)으로 가족들의 불만을 누를 수 있었겠지만, 그렇다고 해서 빵점짜리 아빠, 무책임한 남편을 면할 수 있었던 것은 결코 아니다.

당시 시드니로 가는 직항 편은 없었다. 그나마 환승하지 않고 갈 수 있는 국적기는 아시아나항공기였는데, 이 비행기는 중간에 브리즈번에 한 번 기착한 후 시드니로 곧장 향했다. 서울을 이륙한 비행기는 우리 영토를 벗어나자마자 잠시 후 일본 상공을 지나더니 이내 망망대해 태평양 위를 날기 시작하였다. 일본 상공을 막 벗어나려는 순간 비행기 창가 너머로 해안가 작은 섬에서 가느다란 연기가 피어오르는 것이 보였다. 처음에는 산불이겠거니 생각하였지만, 섬 중앙에서 그것도 수직으로 뿜어져 올라오는 것이라면… '아, 화산이구나.' 하면서, 총체적인 모습의 화산을 처음으로 보았다는 당시의 충격과 반가움은 상상 그 이상이었다. 요즘 국제선 비행기는 좌석 앞 화면을 통해 현재 내가 있는 위치와 항로, 남은 거리와 도착 시각 등을 알 수 있다. 하지만 당시는 그런 장비가 없었고, 설령 요즘처럼 그런 정보가 제공된다고 하더라도 그 작은 섬이 어느 섬인지 이름까지는 알 수 없다. 뿜어져 올라온 화산 분화 연기는 바람 부는 방향을 따라 길게 늘어서면서 마치 비행기구름처럼 보이기도 하였다.

사실 나는 남들에게는 고소공포증이라 말하지만, 실제로는 추락공포증이 있어 비행기 타기를 꺼린다. 사정만 허락된다면 일본 갈 때 배편을 이용한다. 한번은 하코다테에 갈 일이 있었는데, 밤배로 부산에서 출발해 아침에 후쿠오카에 내린 후 신칸센을 이용해 한밤중에 하코다테에 도착한 기억이 있다. 비행기로 서울에서 하코다테로 가자면 3~4시간이면 충분하지만, 배로 신칸센으로 가자면 24시간도 모자란다. 하지만 이런 기행에는 대륙에 태어나지 못한 보상을 이렇게라도 받겠다는 심산도 없지 않다. 늘 배로만 여행할 수 없고, 어쩔 수 없이 비행기를 타야만 하는 경우도 있다. 그러나 비행기 창가에서 아래쪽을 내려다볼 수만 있다면 추락공포증은 거짓말처럼 사라지는데, 창가에 앉아도 구름이 끼거나 밤이 되어 아래쪽이 보이지 않으면 추락공포증은 어김없이 찾아든다.

통로 쪽에 앉아 있어도 여전해, 비행기 탈 때면 창가에 앉으려고 무던히 애쓴다. 게다가 지리학적 훈련이 되어서인지 아니면 추락해 죽더라도 내가 어디서 죽는지 정도는 알아야겠다는 본능인지 알 수 없으나, 지금도 나는 비행기 차창을 통해 내가 지나고 있는 경로를 끊임없이 추적하고 확인한다. 당시 처음 본 화산에 대한 인상이 얼마나 충격적이었던지, 이곳이 어딘지를 꼭 알아야겠다고 작정하면서 화산 주변의 지형 윤곽 및 비행 시간과 여러 가지 나름의 정보를 여행 수첩에 자세히 적어 놓았다. 이런 식으로 확인한 것 중 국내에서 가장 인상적이었던 것은, 마치 골프장의 아일랜드그린처럼 생긴 밀양 삼문동의 '물돌이'였다.

시드니에 도착한 후, 이민 가서 그곳에 정착한 친구의 가이드를 받으면서 시드니 명소인 하버브리지, 오페라하우스, 달링하버는 물론 자동차로 블루마운틴과 본다이비치 그리고 멀리 캔버라까지 다녀왔다. 그 후 혼자서 비행기를 타고 앨리스스프링스에 가서는 다시 비행기를 갈아타고 호주의 배꼽이라는 명소 에어즈록에 갔다. 친구 부인은 당시 콴타스항공 직원이었는데, 내가 원하는 일정에 맞추어 아이티너리를 짜 주었고, 매 순간 차례차례 내밀 수 있도록 교통 및 숙박 바우처 한 묶음을 내게 안겨 주었다. 에어즈록에서 머물렀던 나흘 동안 사막의 황량함과 고독을 뼈저리게 느낀 후, 거기서 다시 비행기를 타고 인도양 쪽 도시 퍼스로 날아갔다. 줄곧 비행기 차창만 바라보고 있는 나를 계속 흥미롭게 주시하던 한 여승무원이, 비행기 조종석에 가 보지 않겠냐고 제안하였다. 'WHY NOT?' 덕분에 나는 잠시나마 비행기 조종석에서 그레이트빅토리아 사막을 횡단하는 영광을 누렸다.

퍼스에서 시드니로 귀환하면서, 3박 4일에 걸쳐 인도양에서 태평양까지 달리는 대륙횡단열차 인디언퍼시픽레일웨이 일등실의 호사를 누리기도 하였다. 한 달여의 긴 여행을 마치고 귀국길 아내 선물로 털실로 짠 스웨터를 하나 샀다. 호주 원주민 애버리지니(aborigine)풍의 강렬한 원색이 기하학적으로 배열된 스웨터인데, 30년이 지났는데도 아내는 겨울철이 되면 그 스웨터를 꺼내 입는다. 귀국 후 여행 수첩 정보를 더듬으면서 어렵사리 확인한 그 섬은 가고시마(鹿児島)의 사쿠라지마(桜島) 화산이었고, 나와 사쓰마의 첫 만남은 그렇게 시작되었다.

당시 섬으로 보였던 사쿠라지마는 1914년 화산 폭발 때 흘러나온 용암에 의해 화산섬이 육지와 연결되면서 현재는 섬이 아님도 확인할 수 있었다. 이 화산 폭발에 대해 일본 역사상 처음으로 근대 지질학적 방법을 동원해 분석한 이가 바로 도쿄대학교 지질학과 초대 일본인 교수인 고토 분지로(小藤文次郎)인데, 그가 함경산맥, 낭림산맥, 태백산맥, 소백산맥 등 우리나라 산맥을 처음으로 규정하고 명명한 바로 그 사람이다. 앞서 언급한『조선기행록』은 고토 분지로가 1901년부터 1903년 사이 한반도 전체를 기마 여행을 하면서 써 놓은 남부지방 지질 여행 기록과 그의「조선산맥론」논문을 번역해 합체해 놓은 것이다.

한편, 가고시마 일대의 지도를 살펴보면 가고시마만(鹿児島湾)을 경계로 서쪽에 사쓰마반도(薩摩半島), 동쪽에 오스미반도(大隅半島)가 있는데, 우리가 가고시마를 여행하면서 들르는 가고시마시, 이부스키, 가이몬다케, 지란특공평화공원 등등은 모두 사쓰마반도에 있다. 하지만 사쿠라지마는 오스미반도 쪽에 붙어 있다. 이들 두 반도는 마치 집게발처럼 남쪽을 향해 달리고 있는데, 그 사이가 가고시마만이다. 가고시마만은 다시 사쿠라지마에 의해 둘로 나누어지며, 그 북쪽 내만은 사쿠라지마와 함께 커다란 원호(圓弧)를 그리고 있다. 지름 20㎞의 이 거대한 원호는 과거 화산 폭발로 함몰된 칼데라에 바닷물이 들어온 곳이다. 아이라(始良) 칼데라라 불리는 이 칼데라가 현재와 같은 모습을 갖게 된 것은 지금으로부터 약 3만 년 전의 화산 폭발에 의한 것이라 한다.

사쿠라지마는 지금도 화산재와 연기를 내뿜고 있는 활화산으로, 아이라 칼데라가 형성된 이후 화산 활동을 개시하면서 형성된 화산섬이다. 섬의 외형은 거의 원형에 가까운데, 동서 길이 12㎞, 남북 길이 10㎞, 둘레 55㎞에 달하며, 최고봉 기타다케(北岳)는 그 높이가 1,117m에 이른다. 8세기 이후 약 30회가량의 대규모 화산 폭발이 역사 문헌에 기록되어 있는데, 그중에서도 1471년, 1779년, 1914년의 분화 규모가 가장 컸다고 한다. 21세기에 들어서도 소규모 폭발은 끊임없이 일어나고 있으며, 그 빈도 역시 증가하고 있다. 소규모 분화라도 일어나고 바람이 가고시마만을 건너 가고시마시 쪽으로 불어올 때면 도시 곳곳에 화산재가 쌓인다.

언제 대규모 분화가 이루어져도 이상할 것 없는 이 거대한 불기둥을 지척에 두고, 60만 가고시마 시민들은 아무렇지도 않은 듯 평상심을 유지하면서 살아가고 있다. 가고시마항과 사쿠라지마항 사이에는 페리가 운행되고 있으며, 사쿠라지마에는 세계에서 가장 큰 무와 세계에서 가장 작은 귤이 생산되고 있다. 한편, 가고시마 시내에서 차로 20분 정도 떨어진 시마즈가(島津家)의 별저 센간엔(仙巖園)에서 바라다보는 사쿠라지마는, 아름다운 정원과 푸른 바다가 서로 어우러져 절경을 자아낸다. 상투적인 표현이겠지만, 사쿠라지마와 가고시마는 떼어 놓고 생각할 수 없는 동전의 앞뒷면과 같은 것이라 생각한다.

가고시마

1999년 처음으로 규슈 여행을 떠났다. 10명가량의 대학원생과 함께 갔는데, 그중에서 일어 회화가 가능한 사람은 한 명도 없었다. 고등학교 시절 제2외국어로 일어를 배운 학생 한 명과 이번 여행에 대비해 두 달가량 일어 학원 다닌 이가 두 명 정도라, 사실 무턱대고 떠난 일본 여행이나 다름없었다. 나 역시 재일교포 출신이긴 하지만, 여섯 살이던 1961년 대한민국으로 귀국한 이후 38년 만에 처음 가는 일본이라 생소하기는 일행과 마찬가지였다. 가타카나, 히라가나는 한 글자도 읽을 수 없었고, 단지 오랜 기억 속에 희미하게 남은 몇몇 단어만 들릴 정도였다. 이 정도 수준이니 여행을 위해 따로 준비할 것도 없었다.

여행 목적은 오로지 화산 구경으로 정했고, 대상지는 1991년에 폭발하여 큰 피해를 낸 휴화산 운젠(雲仙), 세계 최대 칼데라인 아소(阿蘇), 연일 연기를 내뿜고 있는 사쿠라지마 세 곳이었다. 인솔 교수인 나는 완전 까막눈이었고, 설명해 주는 안내인도 없는 데다 일행 중 안내문이나마 온전히 읽을 수 있는 이조차 없었으니, 말이 지리학과 대학원생 답사이지 패키지여행보다 못한 주마간산 격의 유람에 불과하였다. 불안과 설렘이 뒤섞인 첫 번째 일본 여행은 이런 식으로 시작되었다.

숙소는 모두 화산 근처 유스호스텔로 정했는데, 다른 이유는 없고 무조건 비용을 아끼기 위함이었다. 지금 생각하면 근처 값싼 비즈니스호텔이나 숙식이 가능한 우리 식의 여인숙에 해당하는 민슈쿠(民宿)에 묵을 수도 있었겠지만, 정보 부재로 이런 식의 무모한 여행이 감행되었다. 하지만 부산에서 출발한 쾌속선이 도착하는 후쿠오카로부터 이들 목적지까지는 이동 거리가 길 뿐만 아니라 자유롭게 대중교통을 이용할 능력도 없었기에, 처음부터 국내 여행사를 통해 3박 4일 동안 이용할 소형 전세버스를 사전에 예약해 놓았다. 운전사가 잠자리가 불편하다는 이유로 우리가 머무는 유스호스텔 숙박을 거부하는 바람에 운전사 숙박비를 별도로 지급해야 할 정도였으니, 일본이라 하더라도 당시 유스호스텔 시설 수준을 미루어 짐작할 수 있다. 그래도 눈에 보이는 모든 것이 신기하였고, 외국이라는 이질감이나 생소함도 예상보다 훨씬 적었다. 물론 치안도 불안하지 않았다.

막상 운젠 화산에 도착해서는 어디가 어딘지 알 수 없었고, 아소에서는 안개마저 끼어 윤곽조차 파악할 수 없었다. 하지만 사쿠라지마는 달랐다. 겨울인데도 따뜻하고 날씨도 맑아 사쿠라지마가 한눈에 들어왔다. 손바닥을 펴 보라는 운전사의 제안 덕분에 사쿠라지마의 화산재가 손바닥에 내려앉는 것을 체험할 수 있었다. 아, 이게 몇 년 전 하늘에서 보았던 바로 그 사쿠라지마였다고 생각하니, 빈약한 준비로 참담한 결과만 남긴 여행이었지만 '감동은 아무리 작아도 감동'이라는 말이 새삼스럽게 떠올랐다.

그 후 이런저런 이유와 핑계로 규슈를 찾은 것은 30여 차례, 그중 가고시마를 찾은 것은 20여 차례쯤 된다. 가고시마 그 자체가 여행 목적지였던 적도 있지만, 다른 여정을 위해 스쳐 간 경우도 많다. 그중에는 일본 최초의 유네스코 세계자연유산으로 지정된 야쿠시마(屋久島)나 사이고 다카모리가 유배를 간 아마미오시마(奄美大島) 그리고 오키노에라부지마(沖永良部島)를 찾아갈 때도 쾌속선이나 페리 모두 가고시마에서 출발하였다. 메이지

유신에 대한 관심이 증대되면서 나의 가고시마 여행지도 점점 달라졌다. 초기에는 사이고와 오쿠보를 비롯해 메이지의 군웅들이 태어난 곳인 가지야초(加治屋町)에 있는 '역사의 길, 유신 본향의 거리(歴史ロド, 維新ふるさとの道)'나 막말 최고의 제후라 일컬어지는 시마즈 나리아키라(島津斉彬)의 흔적을 좇아 센간엔이나 쇼코슈세이칸(尙古集成館)을 찾았고, 이제 조금 알게 되었다고 동료나 제자들 안내 여행에서도 주로 이곳을 방문하였다.

그러나 답사와 독서가 거듭될수록 메이지 유신에 대한 이해는 점점 고도화되었고, 덕분에 막말의 대혼돈과 이후 메이지 신정부에 의한 근대화 과정이 구분되기 시작하였으며, 각 시기의 주역들도 구분할 수 있는 수준에 이르렀다. 결국 사쓰마의 메이지 유신은, 1867년을 정점으로 그 이전 히사미쓰의 시대와 그 이후 사이고와 오쿠보의 시대로 대별될 수 있음도 파악하게 되었다. 즉 1862년 무위무관의 히사미쓰가 전례 없는 솔병상경(率兵上京)을 단행함으로써 교토가 정치의 중심으로 부상하였고, 또한 히사미쓰가 그 교토 정국의 한 축을 담당하고 결국 막부를 붕괴시킬 때까지의 사쓰마, 한편으로는 사이고와 오쿠보가 왕정복고 쿠데타 이후 신정부의 주역으로 등장하고, 뒤이어 세이난 전쟁 이후 이 두 주역이 역사의 뒷무대로 사라지기까지의 사쓰마로 구분할 수 있는 시각도 갖게 되었다.

이제 가고시마에 도착하면 가능한 한 데루쿠니신사(照国神社)부터 먼저 간다. 여기에는 11대 사쓰마 번주 나리아키라와 그의 이복동생 히사미쓰, 12대 번주이자 히사미쓰의 친아들 다다요시(忠義) 등 3명의 동상이 서 있다. 나는 이 공간을 대표하는 나리아키라의 동상이 아니라 한구석을 차지하고 있는 히사미쓰의 동상에 더 눈길을 보내고, 이런 계기가 아니었다면 찾지도 않았을 히사미쓰의 묘지나 그가 말년을 보낸 다마자토(玉里) 저택도 찾는다. 내가 히사미쓰를 이 책의 주인공으로 삼은 데는 또 다른 이유가 있다. 나는 일본의 근대화 과정보다 막말의 대혼돈을 혁파하고 새로운 길로 나설 수 있었던 그들의 수고에 더 많은 관심을 갖기 때문이다. 왜냐하면 우리가 하지 못했던 바로 그것을, 그들은 해냈다는 것에 대한 아쉬움이 그 하나이다. 그들은 서로 반목하고 갈등하고 내전 상태까지 갔지만, 그들 모두 결코 식민지가 될 수 없다는 하나의 공통된 목표를 가지고 있었기에 결국 자신들이 원하는 것을 성취할 수 있었다.

한편, 19세기 말부터 시작된 그들의 근대화 과정은, 비록 아주 늦었지만 1950년대 이후 우리 스스로 개척한 자랑스런 대한민국의 역사이자 내가 태어나 지켜보았던 바로 그 시대와 마찬가지의 모습이었기 때문이다. 물론 정도의 차이, 방식의 차이, 출발의 차이 등등 어쩌면 완전히 다른 차원일 수 있었겠지만, 우리 손으로 헌법을 제정하고 의회주의를 도입하고 공산주의에 대항해 국가를 지켜 내고 월남전 참전, 중동 진출 이후 중화학공업, 첨단산업 등으로 산업화에 성공하고 이제 실질적 민주주의마저 지켜 낼 수 있었던 과정은 그들의 근대화 과정과 별반 다르지 않았기 때문이다. 바로 이 아쉬움이 내가 이런 식의 수고를 마다하지 않는 원동력이다.

시마즈 히사미쓰

앞서 언급하였듯이 삿초 사관에 기반한 『유신사』의 기조는 일본 중고등학생들의 교과서에 영향을 미쳤고, 특히 근왕지사들의 역할을 강조하고 있다. 물론 그들이 왕정복고 쿠데타를 성공시킨 이후 메이지 신정부의 근대화 과정에 큰 공헌을 한 것은 사실이다. 하지만 막말 교토 정국을 주도한 고마쓰 다테와키(小松帶刀) 같은 사쓰마의 가로(家老)급 무사들과 그 아래 행동대 격인 사이고, 오쿠보 등의 정치 무사들이 무력으로 막부를 무너뜨릴 각오를 한 것은 막말 최후, 그러니까 1867년경으로 보아야 할 것이다.

사실 사쓰마를 비롯한 반막부 세력의 무력은 결코 막부를 무너뜨릴 실력이 아니었다. 게다가 사쓰마 번의 무력과 자금력, 병력 동원력을 한 손에 쥐고 있었던 것은 어디까지나 번주 부자인 시마즈 히사미쓰와 시마즈 다다요시였다. 그들의 기본적인 정치적 입장, 즉 사쓰마의 번시(藩是)는 공무합체(公武合体)와 공의정체(公議政体)였다. 여기서 공무합체란 공(公)인 조정과 무(武)인 막번 체제가 합심해서 내우외환을 극복하자는 입장이며, 공의정체란 한계에 다다른 도쿠가와가(德川家)를 막부 수장에서 끌어내려 모든 번이 평등하게 정치에 참여하면서 공의에 따라 국가를 운영하자는 것이었다.

따라서 중간 간부에 불과하였던 사이고나 오쿠보가 번주 부자의 기본 정책에서 벗어나 스스로 무력으로 막부를 무너뜨린다는 것은 상상도 할 수 없는 일이었다. 게다가 이들 무사와 번주 부자 사이를 연결하고 교토의 정치 상황을 장악, 관리하던 가로들, 특히 고마쓰 다테와키의 역할도 무시할 수 없다. 따라서 사이고와 오쿠보에 대한 지나친 역할 부여는 오히려 사쓰마의 메이지 유신을 이해하는 데 장애가 될 수 있다고 판단된다.

사실 막말 정국에서 히사미쓰만큼 오해를 받는 인물도 없을 것으로 생각한다. 신체 부조(족통)로 왕정복고 쿠데타에 직접 참여할 수 없었던 것이 결정적이었다고 볼 수 있는데, 만약 그가 그 직전까지 보여 준 통솔력과 장악력을 발휘하였다면 소위 근왕지사와 하급 정신(廷臣: 조정 신하)들의 폭주는 불가능하였을지 모른다.

그에게는 항상 암군(暗君: 어리석은 제후)이라는 수식어와 함께 스스로 '나는 언제쯤 쇼군이 되나?'라는 말을 하였다는 시대착오적 이미지가 늘 따라다닌다. 여기에는 히사미쓰 자신의 정치적 입장이 그 하나의 이유라 할 수 있다. 사실 메이지 신정부의 최고위직에 올라 근대화 추진의 상징이 된 오쿠보나 사이고라 할지라도 히사미쓰에게는 그저 한 명의 가신에 불과하였다. 또한 자신의 의도와는 달리 급속도로 서구화되어 가는 정부의 방침과 판적봉환, 폐번치현 등 번주의 모든 권리를 박탈해 버리는 정책에는 결코 동의할 수 없었다. 따라서 신정부 정책에 대한 그의 태도는 늘 반항적이었기에, 일반인에게는 보수적·국수적 인물로 각인되었던 것이다.

게다가 다른 번들과는 달리 시마즈가(島津家) 관련 사료가 뒤늦게 정비되고 공개된 데에도 또 다른 원인이 있다. 특히 히사미쓰에 대한 정보의 보고라 할 수 있는 『가고시마현 사료, 다마자토 시마즈가 사료(鹿児島県史料, 玉里島津家史料)』의 발간이 1992년부터 개시되었기 때문이다. 그 결과 히사미쓰에 대한 연구 역시 그 이후 본격적으로 시작되었는데, 芳即正(2002)의 『島津久光と明治維新』, 佐々木克(2004)의 『幕末政治と薩摩藩』, 町田明光(2009)의 『島津久光−幕末政治の焦点』, 町田明光(2010)의 『幕末文九期の国家政略と薩摩藩−島津久光と皇政回復 』, 安藤優一郎(2017)의 『島津久光の明治維新』, 原口泉(2019)의 『薩摩藩と明治維新』, 安川周作(2022)의 『言られた歴史−島津久光』 등이 그 사례이다. 물론 이들 연구 결과는 이 책의 기본 자료가 되었음은 자명한 일이다.

또 하나의 요인을 들자면, 일본의 국민 작가이자 메이지 유신에 대한 독특한 시각으로 많은 메이지 군상들을 자신의 소설 주인공으로 등장시킨 시바 료타로(司馬遼太郎)의 영향도 적지 않았다. 그의 단편소설집 『술 취한 제

후(酔って候)』에는 막말 유명 제후 4명을 주인공 삼은 4편의 단편소설을 담고 있는데, 그중 『여우말(きつね馬)』은 바로 히사미쓰를 주인공으로 한 것이다. '여우말'이란 말을 탄 여우처럼 어리둥절하고 불안한 모습, 말에 두서가 없고 신뢰가 가지 않는 인물을 가리키는 속담에서 비롯된 것이다.

'나는 언제쯤 쇼군이 되나(おれはいつ将軍になる)'라는 글귀도 여기에 있으며, 히사미쓰와 같은 망국의 제후들을 바라보는 시바 료타로의 과도하리만치 엄격하고 냉정한 시각도 여기서 발견할 수 있다. 그뿐만 아니라 히사미쓰를 망형 나리아키라의 후광을 발판으로 교토 정국에 나서서 쇼군직을 노리는 권력욕의 상징으로 표현하면서도, 실제로는 오쿠보 도시미치에게 이용당하고 끝내 버림받는 일종의 광대로 묘사하고 있다.

시바 료타로에 의해 권력의 화신이자 시대착오적이며 어리석기까지 한 인물로 묘사된 히사미쓰를 세상 사람들은 그대로 받아들였고, 히사미쓰를 다룬 제대로 된 평전이 뒤늦게 나오는 바람에 그에 대한 편견은 더더욱 굳어지고 말았다. 하지만 설령 시마즈가에서 쇼군이 나온다고 해도 그것은 어디까지나 번주 다다요시의 몫일 것임은 자명한 일이다. 게다가 그간 신정부 창출에 이바지한 공로로 보더라도 태정관(太政官) 최고위직 중 하나는 당연히 그의 몫이어야 했는데 그것을 사이고와 오쿠보가 차지하고 말았으니, 히사미쓰에게 이들은 당연히 '하극상', 나아가 역신일 수밖에 없었다.

히사미쓰는 1817년 사쓰마 10대 번주 나리오키(斉興)와 측실 오유라(お由羅) 사이에서 태어났으며, 그에게는 막말 최고의 명군이라 일컫던 8년 연상의 적장자 나리아키라가 있었다. 번주 자리를 놓고 각자의 지지자들 사이에 권력투쟁이 있었지만, 둘의 관계에는 큰 영향을 미치지 않았다. 1851년 40이 넘은 나이에 번주에 오른 나리아키라는 번정 근대화뿐만 아니라 웅번의

막정 참여라는 기치 아래 쇼군 후계 문제 등에 개입하기도 하였다. 하지만 1858년 급작스럽게 사망하면서 그의 유언에 따라 히사미쓰의 아들인 다다요시가 나리아키라의 양자, 나아가 12대 새로운 번주로 등장하였다.

일시적으로 10대 번주 나리오키의 섭정 기간도 있었지만, 1859년 나리오키가 사망하면서 사쓰마의 권력은 일거에 히사미쓰의 손에 넘겨졌다. 당시 다다요시는 10대였다. 아직 번내 권력 기반이 취약하였던 히사미쓰는 사이고와 오쿠보가 주축이 된 번내 하급 무사 집단인 성충조(誠忠組)를 자신의 권력 하부 기반으로 받아들이고, 문벌 위주의 상급 가신 집단으로는 고마쓰 다테와키와 같은 신진 관료층을 영입함으로써 번내 권력 구조를 완전히 개편하였다. 이러한 권력 기반을 바탕으로, 1862년 1,000명의 병력을 이끌고 상경을 결행하였다. 천황 칙령의 권위에 힘입어 노중들에 의해 좌우되던 막부의 인사 개혁에 관여하기 위함이었다. 그가 특히 중요시하였던 것은 한때 쇼군직을 놓고 현 쇼군과 경쟁한 히토쓰바시가(一橋家)의 당주 히토쓰바시 요시노부[一橋慶喜: 나중에 마지막 쇼군이 되는 도쿠가와 요시노부(徳川慶喜)]와 전 에치젠(越前) 번주 마쓰다이라 슌가쿠(松平春嶽)를 막정에 참여시키는 것이었고, 자신 역시 막정에 참여할 기회를 엿보았다.

히사미쓰의 의도와는 달리 그의 상경에 호응하여 전국의 존왕지사들이 교토로 몰려들었고, 자신의 거번일치(挙藩一致) 번시에 따르지 않는 사쓰마번 출신의 존왕지사를 척결함으로써 천황의 절대적인 지지까지 얻는 데 성공하였다. 더군다나 막정 인사 개입에 성공함으로써 히사미쓰 스스로 일약 정국의 초점이 되었고, 이와 더불어 천황의 권위와 정치력도 한층 급부상하였다. 히사미쓰의 솔병상경은 정치 무대가 에도에서 교토로 옮아오는 결정적인 계기가 되었고, 그 결과 막말 정국은 대혼돈 속으로 빠져들었다.

한때 조슈 번의 지원하에 조정은 급진양이파 지사와 공경들이 장악하기도 하였으나, 1863년 사쓰마 번과 아이즈 번(교토수호직)의 연합 세력이 일으킨 8·18정변이라는 궁정 쿠데타를 통해 양이파 세력은 물론 조슈 번까지 패퇴시키는 데 성공하였다. 이후 1864년 참예회의를 주도하면서 정국 주도권 장악에 도전하였지만, 쇼군후견직 히토쓰바시 요시노부의 노련한 정치력에 참패하면서 좌절을 맛보고 말았다. 이때의 좌절로 이후 막부에 항거하는 자세를 견지하게 되었고, 혹시 있을 막부와의 무력 대결을 위해 사쓰마 번의 부국강병에 몰두하였다. 또한 1866년 견원지간이었던 조슈와 삿초맹약(薩長盟約)을 맺으면서 항막(抗幕) 자세를 더욱 견지하였다. 이후 벌어진 제2차 조슈 정벌 전쟁 시에는 막부의 참여 요청을 거부하면서까지 조슈와의 연대를 유지하였다.

1867년 4후회의를 주도하여 재차 막정 참여 기회를 엿보았지만, 또다시 쇼군 요시노부에 패퇴하고는 도막(倒幕) 나아가 토막(討幕) 노선으로 급변하였다. 도막과 토막은 같은 의미로 사용되기도 하지만 이 책에서는 두 개념을 구분해 쓰려 한다. 도막은 군사 충돌을 회피하면서 에도 막부를 무너뜨리고 신정부를 수립하려는 정치운동을 말하며, 여기에는 새로운 막부 수립도 포함될 수 있다. 한편, 토막은 무력 충돌도 불사하면서 에도 막부를 무너뜨려 새로운 정치체계를 수립하려는 정치운동으로, 천황친정(天皇親政)까지 염두에 두고 있다. 이후 히사미쓰는 족통으로 직접 참가할 수는 없었지만, 사쓰마 번의 군사력을 바탕으로 반막부 세력이 왕정복고 쿠데타에 성공함으로써 260여 년 이어져 온 막부를 일거에 붕괴시키는 데 결정적인 기여를 하였다. 일반적으로 1865년 이후의 교토 정국이 사이고와 오쿠보에 의해 주도된 것으로 이해하고 있지만, 그들은 어디까지나 사쓰마의 일개 번사에 불과해 히사미쓰의 뜻에 반하는 행동을 하는 것은 원천적으로 불가하였다. 또한 이들이 순간순간 독단적으로 판단해 행동한 듯 보이지만, 이 역시 치밀한 계획하에 이미 히사미쓰의 재가를 받았거나 사후 승인이 있어야 진행될 수 있었다는 점도 잊어서는 안 된다.

요약하자면, 지금의 일본은 태평양전쟁 패전 이후 미군의 군정기를 거치면서 제정된 평화헌법에 따라 자유민주주의와 자본주의 체제를 견지하면서 현재와 같은 번영을 구가하고 있다. 하지만 19세기 중엽 봉건제의 에도 막부는 서구 열강으로부터 서구식 근대를 강요받았고, 이에 부응해 성공적인 근대화 과정을 거치면서 동양 유일의 근대국가로 발돋움하였다. 따라서 메이지 신정부의 탄생과 그 이후 산업화, 근대화, 민주화 과정이 오늘의 일본을 있게 한 출발이자 배경이라 할 수 있기에, 우리는 메이지 유신에 주목한다. 보통 일본의 개국은 1853년 페리의 내항과 이듬해인 1854년 일미화친조약으로 시작되었다고 말한다. 그러나 엄밀한 의미의 일본 개국은 1858년 일미수호통상조약에 의해 시작되었지만, 극단적 양이주의자였던 고메이 천황의 정치 관여로 개국과 양이를 놓고 여러 세력 간 커다란 갈등을 노정하였다.

1865년 천황이 서구와의 조약을 추인함으로써 개국/양이 논쟁은 사라졌지만, 이제 다시 근대화의 헤게모니를 놓고 중앙정부 막부와 지방 웅번들 간에 본격적인 쟁투가 벌어진다. 막강한 자금과 군사력으로 무장된 서남웅번이 마침내 막부를 무너뜨리지만, 막부나 웅번 모두 구체제인 것은 마찬가지이다. 하지만 이들 구체제 세력이 아닌 하급 무사들로 이루어진 새로운 정치집단이 메이지 신정부를 장악하면서 정치체제를 일신하게 된다. 1865년 천황의 조약 비준부터 1867년 천황의 왕정복고령이 내려지기까지 2년여 동안은 그야말로 구체제의 모순이 한꺼번에 표출되면서 마지막 쇼군 요시노부와 사쓰마 번으로 대변되는 웅번 사이에 최후의 결전이 벌어진다. 이때 사쓰마 번의 운명을 한 손에 쥐고 있던 이가 바로 이 책 주인공 시마즈 히사미쓰였다. 저자가 히사미쓰에게 주목하는 지점이 바로 여기이다.

시작하면서

졸저 『막말의 풍운아 에노모토 다케아키와 메이지 유신』(2017)에서도 그랬듯이, 이번에도 우리는 물론이요 일본인에게도 생소한 인물인 시마즈 히사미쓰를 소환하여, 막말이라는 일본 역사에서 가장 다이내믹한 시기를 바라볼 예정이다. 일반적으로 막말 대혼돈기라 하면, 페리의 흑선이 에도만에 등장한 1853년부터 왕정복고 쿠데타가 성공한 1867년까지 15년간을 의미한다. 물론 에노모토의 에조공화국(蝦夷共和国) 구막부군이 신정부군에 항복하는 1869년까지 연장해 볼 수도 있으나 큰 의미는 없을 것 같다.

한편, 주인공 히사미쓰가 정국의 핵심으로 등장한 계기가 1862년 솔병상경이기 때문에 이 책 시작을 1853년으로 해도 무방하겠지만, 시마즈가가 성립된 12세기부터 이야기를 시작하려 한다. 이 시기부터 규슈 최남단에 터를 잡은 시마즈가는 이후 전국시대를 거치고 심지어 세키가하라 전쟁에서 동군이 아니라 서군의 일익을 담당하였지만, 영지의 큰 변화 없이 시마즈 가통을 면면히 이어 오면서 일본 최강의 무장 세력인 사쓰마 번으로 발전하였기 때문이다. 이러한 정치적 유산은 번주 이하 전 인민이 일치단결하여 마침내 막부를 무너뜨리고 새로운 시대를 여는 데 결정적인 배경이 되었다.

이 책은 크게 2부로 나누어지는데, 제1부는 시마즈가가 성립된 12세기부터 1862년 히사미쓰의 솔병상경 직전까지를 다룬다. 제1장과 제2장은 주로 일본사를 바탕으로 규슈 나아가 사쓰마 지방사라는 관점에서 페리 내항 전까지의 기간을 그 대상으로 하고 있다. 제3장은 막말 최고의 제후라 일컫는 나리아키라의 일생을 통해 페리 내항 직후 사쓰마와 막부의 실상을 엿보고자 하며, 제4장에서는 나리아키라 사망 후 성충조라는 하급 무사 결사체가 등장하고, 이것이 히사미쓰의 권력 기반으로 발전하는 과정을 조망하고자 한다. 한편, 제2부는 주로 1862년 히사미쓰의 솔병상경부터 1867년 왕정복고 쿠데타까지를 다룬다. 제5장과 제6장은 솔병상경 준비 과정부터 교토와 에도에서 조정 개혁과 막정 개혁에 성공적으로 개입하면서 종횡무진하는 히사미쓰의 활약상을 살펴보려 한다. 이후 제7장에서는 조정 권력을 장악하기 위한 사쓰마와 정적 조슈 사이 쟁투를 살펴볼 것이다. 제8장과 제9장에서는 금문의 변, 참예회의, 4후회의 등을 주도하면서 막정 참여의 길을 도모하였지만 쇼군 요시노부의 정치력에 밀려 좌절하고는, 결국 도막으로 방향을 전향해 막부를 무너뜨리고 천황 주도의 신정부를 여는 과정에서 보여 준 히사미쓰의 판단력과 실행력에 초점을 맞추고자 한다.

나의 경우, 초고가 거의 완성된 상태라야 이런 식의 프롤로그를 쓴다. 그간의 애씀이 어떤 모습의 원고로 변모하였을지 궁금하다. 하지만 퇴고에 고통이 따르더라도 만들어 놓은 원고의 무게에 떠밀려 끝장을 볼 수 있으리라 기대된다. '목숨을 걸 수 없으면 인생이라도 걸라'는 말이 생각나는데, 은퇴한 생활인이라 걸 수 있는 것도 그다지 많지 않다. 그럼에도 남은 삶, 매 순간순간이라도 걸고 글을 쓰고 있다. 이제 본론으로 들어가고자 한다. 인문사회과학 책의 판매 부수는 저자의 인지도에 정비례한다는 믿고 싶지도, 인정하고 싶지도 않은 진실이 있다. 또다시 세평에서 소외될 수 있을 것이나, 이번 책 꼭 출판해 주겠다는 출판사 사장님 약속만 믿고 능력 닿는 대로, 체력 닿는 대로 최선을 다할 예정이다. 이 수고 덕분에 엉성하기 그지없는 초고가 그나마 볼만한 책으로 변신하기를 기대해 본다.

2023년 11월 어느 날

누옥 큰방에서

제1부

규슈 남단 최강의 무장 군단 사쓰마

제1장

시마즈가島津家

규슈의 성립

오늘날 규슈(九州)는 일본을 구성하는 4개의 큰 섬 중에서 가장 남쪽에 위치한 섬으로, 오키나와 포함 여부에 따라 7개 혹은 8개 현(県)으로 이루어져 있다. 이처럼 오키나와가 규슈에 포함되기도 되지 않기도 하는 이유는, 규슈라는 지명이 일본의 공식적인 행정지명이 아니기 때문이다. 일본의 공식적인 행정구역은 1도[도쿄도(東京都)], 1도[홋카이도(北海道)], 2부[오사카후(大阪府), 교토후(京都府)] 그리고 43현(県)이며, 홋카이도·혼슈·시코쿠·규슈나 이보다 조금 더 세분된 홋카이도·도호쿠·주부·간토·긴키·주고쿠·시코쿠·규슈 등은 현보다 넓은 지리적 광역 지역구분에 해당된다. 이같은 광역 지역구분이라면 오키나와는 당연히 규슈에 포함된다.

오키나와를 포함시키지 않을 경우 규슈의 면적은 42,231㎢(2020년 기준)로 일본 전체의 11.3%이고, 인구는 12,778,957명(2020년 기준)으로 10.1%

에 달한다. 규슈의 면적은, 우리로 치면 영남지방에 전북을 합친 것보다 크고, 전남을 합친 것보다 작다. 오키나와를 합친 규슈의 면적(44,512㎢)은 영남과 전남을 합친 것과 거의 같다. 일본 전체로 보면 규슈의 면적과 인구는 1할 정도에 불과하며, 경제 규모도 마찬가지이다. 하지만 규슈의 경제 규모는 G20에 속하는 사우디아라비아나 아르헨티나보다 크며, 세계 전체로 보면 약 25위권 국가에 해당하는 정도이다.

메이지 유신 직후인 1871년 폐번치현(廃藩置県)이 단행되면서, 300개 가까운 준독립국인 번(藩)이 중앙집권제 정부하의 지방행정 단위인 현(県)으로 바뀌었다. 이후 합병과 분리를 계속하면서 1872년에 69현, 1873년에 60현, 1875년에 59현, 1876년 35현까지 줄었다가, 1889년에 현재와 같이 43현으로 낙착되었다. 따라서 규슈 본섬에 있는 7개 현[후쿠오카(福岡), 사가(佐賀), 나가사키(長崎), 구마모토(熊本), 오이타(大分), 미야자키(宮崎), 가고시마(鹿児島)] 역시 규슈에 있던 40개 가까운 번들이 합병과 분리를 반복하면서 현재와 같은 경계가 확정되었다. 남한 크기의 80%가 넘는 홋카이도를 제외하고 면적이 가장 큰 현인 이와테현(岩手県, 15,275㎢)은 강원도보다 조금 작으며, 가장 작은 현인 시코쿠 북쪽 가가와현(香川県, 1,877㎢)은 부산과 울산을 합친 것과 거의 비슷하다. 한편, 면적 9위에 해당하는 가고시마현(9,187㎢)은 충남과 대전을 합친 정도인데, 인구는 가고시마가 159만 명, 충남·대전이 359만 명 정도이다.

그렇다면 9개의 주(州), 다시 말해 9개 나라로 이루어진 섬이라는 의미의 지명인 규슈는 언제부터 생겨난 것일까? 712년에 간행된 일본에서 가장 오래된 역사서인 『고사기(古事記)』에는 오늘날의 규슈 지역에 대한 다음과 같은 기사가 있다.

"筑紫島は身一つにして面四つあり"

즉 "쓰쿠시노시마(筑紫島)는 몸은 하나요 얼굴은 네 개다." 여기서 '쓰쿠시노시마'란 규슈 전체를 말하는 것이고, '얼굴이 네 개(面四つ)'는 규슈에 있는 4개 지역[구니(国)], 다시 말해 쓰쿠시노쿠니(筑紫国)·도요노쿠니(豊国)·히노쿠니(肥国)·구마소노쿠니(熊襲国)를 의미한다. 쓰쿠시노쿠니는 현재 후쿠오카현이 있는 규슈 북부, 도요노쿠니는 오이타현이 있는 규슈 북동부, 히노쿠니는 사가·구마모토·나가사키 현이 있는 규슈 북서부, 구마소노쿠니는 사쓰마·미야자키 현이 있는 규슈 남부 일대에 위치해 있었다. 하지만 쓰쿠시노쿠니가 지쿠젠(筑前)·지쿠고(筑後), 도요노쿠니가 부젠(豊前)·분고(豊後), 히노쿠니가 히젠(肥前)·히고(肥後), 구마소노쿠니가 휴가(日向) 등 7개 구니로 구분된 것이 이미 683년(天武 12)경의 일이라, 『고사기』의 기록은 간행 당시의 현실을 정확히 반영하지 못한 것으로 볼 수 있다.

이후 중앙집권적 왕권 체제가 강화되면서 701년(大宝 원년)에 이르면 전국을 5畿7道로 구분해 지방을 지배하였는데, 당시 규슈는 '사이카이도(西海道)'라 불렸다. 그 후로 휴가에서 사쓰마(薩摩)가 분리되고 다시 휴가에서 오스미(大隅)가 분리되면서 9개 구니, 여기에 다네가시마(種子島), 이키(壱岐), 쓰시마(対馬) 등 3개의 섬이 합쳐져 9国3島 체계가 성립되었다. 다시 824년(天長 원년)에 다네가시마가 오스미에 편입되면서 9国2島 체계로 바뀌었고, 다시 9개 구니로 된 9州, 즉 규슈(九州)가 정립되었다.

사실 7세기 중반까지 천황은 야마토(大和) 지역(교토 부근)의 일개 수장에 불과하였다. 이후 일본이 급작스럽게 중앙집권적 왕권 국가로 바뀌고, 그 지배 영역도 서남쪽 변방인 규슈 전역까지 확대된 데는 당시 이웃 국가들과

4国	9国(九州)	7県
쓰쿠시노쿠니(筑紫国)	지쿠젠(筑前)	후쿠오카(福岡)
	지쿠고(筑後)	후쿠오카(福岡)
도요노쿠니(豊国)	부젠(豊前)	후쿠오카(福岡), 오이타(大分)
	분고(豊後)	오이타(大分)
히노쿠니(肥国)	히젠(肥前)	사가(佐賀), 나가사키(長崎)
	히고(肥後)	구마모토(熊本)
구마소노쿠니(熊襲国)	휴가(日向)	미야자키(宮崎)
	사쓰마(薩摩)	사쓰마
	오스미(大隅)	사쓰마

9국(九州)과 7현

의 관계에서 비롯된 측면이 있다. 660년 백제가 멸망한 직후 일본에서 파병된 백제 구원군은 663년 현재의 금강 하류에 해당하는 백촌강 전투에서 당의 수군에 참패하고 말았다. 이에 일본은 나당연합군이 침공해 올 것을 두려워한 나머지 규슈 북부 지방에 대규모 성곽을 쌓았고, 규슈에서 교토에 이르는 산지 곳곳에 산성을 쌓아 이들의 침입에 대비하였다. 또한 당과 신라에 사신을 파견하여 국제 관계를 개선하고, 당의 율령을 받아들여 국내 정치체제를 정비하면서 천황의 권력과 권위는 점점 강화되어 갔다.

사실 일본은 7세기 후반뿐만 아니라 13세기, 16세기, 19세기에도 외부 세계로부터 충격을 받았는데, 이때마다 외부 충격에 대항하거나 적응하면서 자신의 체제를 수정, 정비해 나갔다. 13세기 원의 침략은 당시 가마쿠라 막부가 전국 무가에 대한 지배권을 더욱 강화시키는 계기가 되었으며, 16세기 대항해시대를 맞아 포르투갈을 비롯한 서양 세력의 도래는 '쇄국'을 근간으로 하는 도쿠가와 막부의 등장으로 이어졌다. 마지막으로 19세기 서구 제국주의 세력의 침탈에 대처하기 위해 일본은 기존의 봉건 막부 체제를 버리고 중앙집권적 근대 천황제로 나아갔다. 일본은 정말 무서울 정도의 적응력을 보여 주고 있는데, 이러한 변신의 바탕에는 국제 정세에 대한 정보력이 큰 역할을 하였음을 잊지 말아야 할 것이다.

일본사 개략 I: 고대

제목에서 알 수 있듯이, 이 책에서는 '막말 대혼돈기 사쓰마 번과 이를 하나의 힘으로 결집해 결국 막부를 붕괴시키는 데 결정적인 역할을 한 국부 시마즈 히사미쓰(島津久光)의 여정'을 집중적으로 다룰 예정이다. 따라서 시기적으로는 막부 말기, 그중에서도 시마즈 나리아키라(島津斉彬)가 사쓰마 11대 번주로 등극하는 1851년부터 사이고 다카모리(西郷隆盛) 등이 주동이 되어 왕정복고의 궁정 쿠데타를 일으켜 마침내 메이지 신정부가 탄생하는 1868년까지 대략 20년 조금 못 미치는 기간이 그 핵심이 될 것이다. 책 속 이야기의 상당 부분은 당연히 일본 고등학교 『일본사』 교과서 수준을 넘어설 것이지만, 막말에 대한 포괄적 이해를 돕기 위해 교과서 수준의 기본적인 역사 지식을 이 책 초반부에 버무려 넣을 예정이다. 왜냐하면 막말의 사쓰마가 하늘에서 뚝 하고 떨어진 것이 아니라면, 그 이전의 사쓰마 역사뿐만 아니라 규슈, 나아가 일본 전체 역사를 두루 이해함이 불가피한 까닭이다.

그렇다고 한정된 지면에 일본사 각론 모두를 전개할 수는 없는데, 실제로 그럴 욕심도 능력도 없다. 또 그렇다고 이 책을 읽다가 모르는 것이 있으면 독자더러 네이버나 참조하라고 하기에는 여러 가지가 마음에 걸린다. 그중에서 가장 부담되는 것은 '책은 논문 모음집이 아니라 대중과의 대화'라는 책에 대한 나의 기본 입장 때문이다. 따라서 전반부에서는 단지 이 책 독서를 위한 아주 개괄적인 일본사를 정리해 볼까 한다.

정리를 위한 기본 자료는 일본 고등학교 국사 교과서로 정했다. 특별한 경우를 제외하고 우리 국민들이 갖고 있는 우리 국사에 대한 기본 얼개는 고등학교 국사 교과서의 범위와 내용을 크게 벗어나지 않는다고 생각해서이다. 따라서 타국 역사의 개관도 그 정도면 충분하지 않을까 판단하였다. 일본의 경우 고등학교 국사 교과서는 『일본사A』, 『일본사B』 두 종류인데, 『일본사A』는 '근대 · 현대'만을 다루는 데 반해, 『일본사B』는 '원시 · 고대'부터 '중세', '근세'를 거쳐 '근대·현대'에 이르는 일본사 전체를 다루고 있다.

통사를 단번에 이해하는 방법으로는 두 가지가 있을 수 있는데, 구분된 각 시대를 총체적으로 이해하는 방법과 각 시대 전환기의 특성을 이해하는 방법이다. 후자의 경우 고대와 중세, 중세와 근세, 근세와 근대를 구분 짓는 기준이나 사건뿐만 아니라 그 전환기 자체를 이해하는 방식을 말하는데, 우리로 치자면 '나말여초(羅末麗初)'나 '여말선초(麗末鮮初)'가 그것이다. 40여 년이 지났는데도 대학 다닐 때 교양국사 중간고사와 기말고사 문제가 그것이었음이 아직도 기억나니, 이런 방식의 역사 인식도 우리에게 꽤 친숙한 것이라 볼 수 있다.

일본의 고대와 중세를 경계 짓는 상징적인 사건으로, 1185년 일본 최초의 무가 정권인 가마쿠라 막부(鎌倉幕府)가 성립된 것을 든다. 그 이전까지 전국 각지의 장원(荘園)과 공령(公領)은 천황이나 천황 주변의 귀족층이 지배하고 있었으나, 중앙정부의 지방 지배권이 약화되면서 전국 각지에 개별 장원을 기반으로 하는 호족층이 등장하였다. 호족층이 스스로를 보호하기 위해 무장하기 시작한 것이 일본 무사의 시작이며, 이들이 결합하면서 무사단으로 발전하였다.

처음 이들 무사단은 중앙 정치 무대의 권력투쟁에 동원되어 무력을 시위하는 역할에 불과하였지만, 점점 자신들의 목소리를 높이면서 무가 사회를 확립시켰고 결국 정권마저 장악하게 되었다. 이것이 바로 일본 최초의 무가 정권인 가마쿠라 막부인 것이다. 단순히 정리하여 일본의 고대가 천황을 중심으로 하는 중앙집권적 왕권 국가라면, 중세는 일본 특유의 지방분권적 무가 정권이 시작된 시기라 할 수 있다. 그렇다면 일본 고대 국가는 어떤 모습이었을까?

앞서 언급하였듯이, 사실 7세기 중반까지 천황은 야마토 지역(교토 부근)의 일개 수장에 불과하였다. 이후 호족의 장원과 부곡(部曲)을 폐지하고, 인구 및 토지 조사, 세제 개혁, 중앙관제 정비 및 지방 행정조직 개편 등으로 일본은 급작스럽게 중앙집권적 왕권 국가로 변모하기 시작하였다. 실제로 일본 최초의 왕권 국가가 정립된 것은 673년 덴무 천황(天武天皇)부터이며, 이후 710년까지 지토(持統), 몬무(文武) 천황이 뒤를 이으면서 국가 체제를 확립해 나갔다. 이 시기가 되면 지금까지 사용되던 대왕(大王) 대신 천황이라는 호칭이 사용되었다. 이는 천황이 세속적 정치 군왕일 뿐만 아니라 조상신 아마테라스 오미카미(天照大神)의 신성함을 이어받은 최고 제사장이라는 지위도 함께 가지면서, 일본이 신정국가적 성격을 갖게 되었음을 의미한다. 특히 701년 다이호 율령(大宝律令)이 반포되었는데, 이는 중국에서 도입한 당의 영휘율령(永徽律令, 651년 제정)을 자신들의 사정에 맞게 수정한 것으로 볼 수 있다. 여기서 율(律)이란 오늘날로 치면 형법에 해당하고, 영(令)은 행정조직, 관리의 근무 규정 그리고 인민의 조세와 노역 등을 규정하는 나머지 법률을 말한다.

중앙 행정조직은 신의 제사에 관한 신기관(神祇官)과 행정 전반을 관할하는 태정관(太政官)으로 나뉘고, 태정관은 다시 8개 성으로 나뉘어 각각이 맡은 행정을 담당하였다. 행정의 운영은 유력 가문에서 임명된 태정대신, 좌대신, 우대신, 대납언 등 태정관 공경들의 합의로 진행되었다. 여기서 이렇게 길게 언급하는 이유는, 메이지 유신 이후 신정부의 행정 체계가 바로 1,100년 전의 율령국가 체계를 그대로 답습하였다는 점을 상기하고자 함이다.

지방조직은 전국을 크게 기나이·시치도(畿內·七道)로 구분하였다. 기

(畿)란 수도 주변의 땅을 의미하는데, 우리 경기도의 기(畿)나 일본의 긴키(近畿) 모두 이를 뜻하는 한자이다. 기나이는 야마시로(山城), 야마토(大和), 가와치(河內), 이즈미(和泉), 셋쓰(摂津) 등 5개의 구니로 이루어졌고, 시치도는 사이카이도(西海道), 난카이도(南海道), 산요도(山陽道), 산인도(山陰道), 도카이도(東海道), 호쿠리쿠도(北陸道), 도산도(東山道)로 구성된다. 시치도는 실제 행정단위라기보다는 지리적 광역 지역구분에 해당되며, 각 도에는 10개 안팎의 구니로 이루어져 있다. 참고로 5畿7道의 연장선상에서 홋카이도(北海道)가 생겨났지만, 메이지 신정부에서 현으로 개편하는 과정에서도 홋카이도만 '도'로 남아 현재 일본 도도부현(都道府県) 체계의 하나를 이루고 있다.

한편, 실제 행정조직인 국(国)·군(郡)·리(里) 각각에 책임자로 국사(国司)·군사(郡司)·이장(里長)이 임명되었다. 현지 호족을 임명하는 군사와 이장과는 달리, 국사의 경우 중앙에서 귀족이 파견되었고 관공서인 국부(国府)를 거점으로 국을 통치하였다. 특히 외교·군사상의 요지인 규슈 북부에는 사이카이도를 총괄하는 다자이후(太宰府)가 설치되었다. 오늘날 우리나라 단체관광객이 규슈 여행 초반에 들르는 다자이후가 바로 이곳인데, 당시는 중앙관리가 파견되던 관청이었으나 지금은 다자이후텐만구(太宰府天満宮)라는 신사가 자리잡고 있다. 이곳 신사는 스와가라노 마치자네(菅原道真)라는 학문의 신을 모시는 곳이라, 수험생을 비롯해 학부모들이 찾아와 공부 잘하게 해 달라고 비는 곳으로 유명하다.

율령국가의 모든 토지는 국가 소유였고, 모든 인민은 국가로부터 토지를 배급받았다. 최소 행정단위인 리(里)는 50호(戶)로 이루어졌으며, 세금수취 단위인 호(戶)에 구분전(口分田)이 지급되었다. 호는 오늘날 개념의 부모+

자식으로 이루어진 직계가족이라기보다는 그보다 규모가 큰 혈연으로 이루어진 생산단위로 볼 수 있다. 하지만 이후 인구가 늘어나면서 토지를 부여받지 못하는 백성이 늘어나자, 이를 해결하기 위해 새로이 개간한 토지에 대한 사유권을 인정하기 시작하였다. 이것이 법으로 인정된 것은 743년(天平 15)의 일이며, 일본에서 황무지가 대규모로 개발되면서 개인(귀족·사원·지방 호족)이 소유하는 장원이 만들어지는 계기가 되었다. 이로 인해 율령제의 기본 토지제도인 균전법(왕민왕토)이 무너지면서 중앙집권적 왕권 체제도 함께 쇠퇴하기 시작하였다.

그런대로 강력한 왕권하에 있던 중세 초기, 대략 9세기 후반까지는 황족과 귀족 간에 세력균형을 이루었지만, 그 이후는 천황의 외척이나 귀족들이 섭정(摂政: 어린 천황의 업무 대행인)과 관백(関白: 성인이 된 천황의 정치 후견인)을 자처하면서 권력을 전횡하였고, 이에 대응하여 몇몇 천황의 권력을 복원하려는 시도가 있었다. 10세기 후반부터 11세기 초까지 이러한 경향이 특히 두드러졌는데, 이 시기를 가리켜 섭관정치((摂関政治)의 시기라 부르며 대표적인 귀족으로는 후지와라(藤原) 가문을 들 수 있다. 한편, 이 시기에 접어들면서 지방에서는 또 다른 유형의 장원이 생겨나기 시작하였다. 유력 농민이나 지방에 정착한 국사(国司)의 자손 중에서 국부(国府)로부터 임시 잡역 등을 면제받고 일정 영역을 개발하려는 자가 나타났는데, 이들을 개발영주(開発領主)라 칭했다.

개발영주 중에는 자신의 토지에 부과되는 세금 부담을 덜기 위해 개발된 토지를 중앙의 권력층에 기증한 후, 스스로는 장원의 관리인이 되는 이도 나타났다. 더 나아가 개발영주는 중앙 권력을 배경으로 장원에 대한 각종 의무 조항을 유예받았고, 심지어 지방 관리들이 자신의 장원에 출입하는 것까지 거부하는 지경에 이르렀다. 따라서 지방에 장원이 개발되면 될수록 중앙정부로 보내지는 세수는 줄어들 수밖에 없었고, 오히려 천황가를 비롯한 중앙 귀족들이 개발영주로부터 토지 기증을 적극적으로 받아들이면서 장원은 더욱 확대되었다. 또한 개발영주가 토착 귀족 세력에 복속되거나 지방 관리가 되면서 그 세력을 확장하였는데, 결국 이들이 지방의 무사단으로 발전하였다.

개발영주에서 비롯된 지방 무사단은 중앙 귀족의 혈통을 이어받은 간무헤이시[桓武平氏: 다이라(平) 가문]와 세이와겐지[清和源氏: 미나모토(源) 가문]를 무가(武家: 군사 귀족)의 동량으로 받아들였고, 그 후 이 두 가문은 지방 무사단을 확대, 조직하면서 거대한 무가 세력을 구축하였다. 시마즈가(島津家)는 이러한 배경 속에서 규슈 최남단에 등장하였다. 시마즈가의 유래가 된 시마즈 장원(島津荘)은 다자이후의 관리였던 다이라 스에모토(平秀基)가 개발하였고, 1024~1028년(万寿 1~5) 즈음 관백 후지와라 요리미치(藤原頼通)에게 기증함으로써 후지와라 섭관가의 장원이 되었다. 당시 시마즈 장원은 우리의 예상과는 달리 사쓰마쿠니(薩摩国)가 아닌 휴가쿠니(日向国)에 위치해 있었는데, 현재로는 미야자키현(宮崎県) 미야코노조시(都城市) 부근이다. 사쓰마 장원의 개발자 다이라 스에모토는 다이라 기요모리(平清盛)와 같은 간무헤이시 혈통으로, 고대에서 중세로 넘어가는 과정을 이해하려면 다이라 기요모리에 대한 설명이 필요하다.

후지와라 가문에 의한 섭관정치는 서서히 막을 내리고, 이제 11세기 말부터는 상황(上皇)에 의한 정치인 원정(院政)이 시작되었다. 이를 계기로 귀족 사회 내분은 더욱 격화되었고, 이때마다 헤이시(平氏)와 겐지(源氏) 양 가문의 무력이 동원되었다. 처음에는 겐지 쪽이 무가의 동량으로 추대되었지만,

호겐의 난(保元の乱, 1156년)과 헤이지의 난(平治の乱, 1159년)을 거치면서 헤이시 쪽인 다이라 기요모리가 권력을 장악하였다. 그는 1167년에 태정대신이 되었고, 그의 아들 다이라 시게모리(平重盛) 등 일족 역시 고위 관직에 오르면서 그 위세를 위협하는 자는 아무도 없었다. 이처럼 헤이시 가문은 전국 각지의 무사단을 배경으로 전성기를 맞았는데, 특히 기요모리는 무사단의 일부를 장원이나 공령의 현지 지배자인 지두(地頭)로 임명하면서 기나이로부터 세토나이카이(瀬戸内海)를 거쳐 규슈에 이르는 서국 일대의 무사들을 자신의 휘하에 두었다. 또한 이 과정에서 섭관정치를 바탕으로 최대 귀족 가문으로 성장하였던 후지와라 가문은 그 위세를 상당히 잃게 되었다.

일본사 개략 II: 중세

정권을 장악한 다이라 기요모리가 황위마저 함부로 갈아치울 정도로 전횡을 일삼자, 이에 불만을 품은 일부 지방 무사단과 중앙 귀족들은 다시 미나모토 요리토모(源頼朝) 아래 뭉치면서 12세기 후반 두 무사 가문 사이에 대격돌이 일어났다. 수년에 걸쳐 두 집단 간의 쟁투[지쇼·주에이의 난(治承·寿永の乱), 1180~1185]는 계속되었는데, 마침내 1185년 나가토(長門)에서 벌어진 단노우라(壇ノ浦) 전투에서 미나모토 요리토모 측이 승리하면서 다이라 가문은 멸망하고 말았다. 요리토모는 천황으로부터 전국 구니(国)에 수호(守護)를, 장원과 공령에 지두를 임명할 권리, 1단(段: 991㎡)당 5승(升: 0.57*l*)의 병량미를 징수할 권리, 전국 구니의 관청인 국부를 장악하고 있는 현지 관리를 지배할 권리 등을 획득하면서, 일본 최초의 무가 정권인 가마

쿠라 막부가 수립되었다. 요리토모는 1190년(建久 원년)에 우근위대장(右近衛大将), 1192년(建久 3)에 정이대장군(征夷大将軍)에 임명되었고, 이후 가마쿠라 막부가 멸망하는 1333년(元弘 3)까지 가마쿠라 시대가 지속되었다.

한편, 규슈 남단의 시마즈 장원은 사쓰마, 오스미, 휴가 일대로 계속 확대되어 전국 제1의 규모로 성장하였다. 1197년 기록에 의하면, 세 구니에 흩어져 있는 시마즈 장원의 크기는 세 구니 전체 농경지의 절반을 넘었다고 한다. 즉 세 구니 농경지의 절반 이상이 후지와라 섭관가의 사유지였던 셈이다. 후지와라 요리미치부터 5대 뒤인 후지와라 모토자네(藤原基実) 때에 고노에(近衛)로 성을 바꾸었는데, 막말 사쓰마 번과 고노에가의 밀접한 관계는 이때부터 생겨난 것이다.

고노에 모토자네는 다이라 기요모리의 사위였는데, 1167년 모토자네가 죽자 시마즈 장원은 다이라 기요모리의 차지가 되었다. 하지만 이 역시 오래가지 않았다. 왜냐하면 1181년 기요모리도 죽었고, 1185년에 헤이시(平氏) 가문이 멸망하였기 때문이다. 앞서 이야기한 바와 같이, 규슈의 무가는 원래 헤이시 쪽이었으나 겐지(源氏)가 가마쿠라 막부를 열자, 겐지 쪽으로 넘어간 기쿠치시(菊池氏), 마쓰우라시(松浦氏)를 비롯한 여러 가문이 가마쿠라 막부의 지두에 임명되었다. 하지만 규슈에는 헤이시를 지지하는 가문이 여전히 많았고, 막부는 이들을 견제하기 위해 강력한 무사 집단을 내려보내야만 하였다.

다시 말해 막부는 시마즈 장원이 흩어져 있는 세 구니에 수호를 보내야 했고, 고노에가로서는 빼앗겼던 시마즈 장원을 되찾아오기 위해 자기 사람을 관리자(지두)로 파견해야 했다. 결국 막부와 고노에가의 이해가 일치하는 바람에, 고노에가의 가신인 고레무네 다다히사(惟宗忠久)가 시마즈 장원의 총지두(惣地頭) 겸 사쓰마, 오스미, 휴가 세 구니의 수호로 임명되었다. 고노에가와 막부 양쪽에서 시마즈 장원의 관리를 위탁받은 다다히사는, 막부의 권력이 강해지면서 고노에가의 가신보다는 막부 신하로서 스스로의 위상을 정립하기 시작하였다. 결국 다다히사는 막부를 뒷배로 해 시마즈 장원에 대한 영향력을 확대해 나갔고, 마침내 시마즈 장원을 자신의 사유지로 바꾸어 놓았다. 또한 다다히사는 시마즈 장원에 대한 지배력을 강조하기 위해 자신의 성을 고레무네에서 시마즈로 바꾸었다. 시마즈가의 시조 시마즈 다다히사(島津忠久)는 이렇게 탄생한 것이다.

막부는 시마즈시(島津氏) 이외에 쇼니시(少弐氏), 오토모시(大友氏)를 규슈의 수호로 내려보냈다. 이들 외지 세력은 점점 세력을 확대하였고, 기쿠치시, 마쓰우라시, 아키즈키시(秋月氏)를 압도하면서 규슈 무가의 중추로 발전하였다. 1185년 시마즈 다다히사가 시마즈 장원의 총지두와 세 구니의 수호를 맡은 지 20년도 채 지나지 않은 1203년(建仁 3), 히키 요시카즈(比企能員)의 난에 연루되면서 두 관직 모두를 내놓게 되었다. 하지만 시마즈가의 적극적인 막후교섭 덕분에 1205년에 사쓰마의 수호, 1213년에 사쓰마내 시마즈 장원의 총지두직에 복귀하였다. 그 후 시마즈가는 과거 수호였던 오스미와 휴가 그리고 이곳에 펼쳐져 있던 시마즈 장원을 다시 찾겠다는 의지를 버리지 않은 채 호시탐탐 그 기회를 노리고 있었다.

1274년과 1281년, 두 번에 걸쳐 내습한 몽골군을 쇼니시를 주축으로 한 규슈 북부 무사들이 축출하였다. 이후 가마쿠라 막부는 규슈 방어를 위한 기구인 진서탐제(鎮西探題)를 하카다(博多)에 설치하였는데, 이는 규슈 지역에서 막부 세력이 일시 강화되는 계기가 되었다. 한편, 1331년 천황친정(天皇親政) 실현을 염원하던 고다이고 천황(後醍醐天皇)은 막부 타도의 기치 아래 거병하였고, 이에 막부 신하인 아시카가 다카우지[足利高氏: 나중에는 다카우지(尊氏)로 개명] 등이 호응하면서 1333년 일본 최초의 막부인 가마쿠라 막부는 설립된 지 150년 만에 멸망하고 말았다. 규슈에서는 시마즈시, 쇼니시, 오토모시 등이 다카우지 쪽의 요청을 받아들여 진서탐제를 공격해 무너뜨렸다. 당시 시마즈가 당주는 5대 시마즈 사다히사(島津貞久)였는데, 공적을 인정받아 오스미와 휴가의 수호 및 오스미의 총지두직에 복귀할 수 있었다.

한편, 다카우지 등의 무사단은 천황 편에 서서 함께 가마쿠라 막부를 무너뜨렸지만, 그렇다고 가마쿠라 막부 이전의 정치체제인 천황친정으로 돌아가는 것은 원치 않았다. 다시 말해 무사단은 천황친정으로 무가 정치 자체가 부정되는 것은 인정할 수 없었던 것이다. 1336년 교토를 제압한 다카우지는 고다이고 천황 대신 고묘 천황(光明天皇)을 내세웠고, 1338년에 천황으로부터 정이대장군에 임명되면서 두 번째 막부인 무로마치 막부(室町幕府)를 세웠다. 이에 고다이고 천황은 교토를 빠져나와 요시노(吉野: 현재 나라현 남부)에서 자신이 정통을 이은 천황임을 주장하면서, 또 다른 조정을 선포하였다. 결국 요시노에 남조(南朝), 교토에 북조(北朝)라는 2개의 조정이 성립되면서, 남북조 두 조정 사이의 쟁투는 전국적으로 확대되어 이후 60년 가까이 지속되었다.

남북조시대 초기 두 조정 간의 쟁투뿐만 아니라 다카우지 형제간에도 내분이 생겨, 세 세력 간의 대립과 이합집산은 장기간 지속되었다. 특히 규슈에서는 남조 고다이고 천황의 황태자 가네요시 친왕(懷良親王)이 서정대장군(西征大将軍)으로 파견 오자, 이에 기쿠치시가 합세함으로써 규슈 내 남조 세력이 강성해졌다. 하지만 1371년(応安 4) 다카우지의 손자인 3대 쇼군

아시카가 요시미쓰(足利義満)는 이전의 진서탐제가 아닌 새로이 구주탐제(九州探題)를 설치하였고, 그 책임자로 이마가와 사다요(今川貞世)를 파견하여 남조 세력을 평정하였다.

이 같은 남북조시대의 혼란은 요시미쓰 쇼군 때에 이르러 안정되었는데, 결국 1392년 남조 측에 대한 요시미쓰 쇼군의 화해 요청이 받아들여지면서 남북조 합체가 실현되어 내란은 종지부를 찍었다. 전국에 걸친 내란의 결과로 지방 무사단의 위세는 급속도로 증대하였고, 이들 무사단을 구니별로 통할하는 수호의 군사적 역할도 함께 커졌다. 따라서 막부가 파견한 일개 지방장관에 불과하였던 수호가 자신의 영지를 지배하는 다이묘(大名)로 성장하게 되었는데, 이 시기 다이묘를 수호 다이묘(守護大名)라 부른다. 수호 다이묘는 도쿠가와 막번(幕藩) 체제하에서 번의 봉건영주인 다이묘의 전신이라 볼 수 있는데, 이에 대해 좀 더 살펴보자.

남북조 내란이 절정에 이르렀던 1352년, 막부는 지방의 무사단을 동원하기 위해 반제령(半済令)이라는 고육지책을 쓸 수밖에 없었고, 그 결과 수호의 권한이 대폭 강화되었다. 원래 반제령이란 막부가 군사비를 조달하기 위해 1년에 한하여 오미(近江), 미노(美濃), 오와리(尾張) 등 기나이 인근 세 구니의 수호에게 각자 구니 내 장원과 공령의 연공미 절반을 징수할 수 있는 권한을 인정한 것이다. 하지만 이 제도가 영속적으로 그리고 전국적으로 확대되면서 연공미뿐만 아니라 장원과 공령에 대한 영토적 침탈도 서슴지 않았다.

수호는 이렇게 확보한 영토를 지방 무사단에 나누어 주면서, 그들과 사적인 주종 관계로까지 발전하였다. 원래 연공미는 막부가 임명하는 대관(代官)이 청부를 맡아 징수하였으나, 이제 장원과 공령의 영주들은 수호에게 연공미 징수를 일임하게 되었다. 또한 일부 수호는 관청인 국부 기능까지 흡수하면서 구니 전체에 대한 지역적 지배권을 확보해 나갔다. 지역을 기반으로 하는 수호는 점차 강성해졌고, 심지어 야마나시(山名氏)의 경우 11개 구니의 수호를 맡기도 하였다. 이제 쇼군은 수호를 함부로 할 수 없게 되었고, 마침내 수호는 자신의 임지를 개인적 영지로 지배하기 시작하면서 종국에는 세습하는 지경에까지 이르렀다.

지방 무사단은 수호 다이묘의 무력에 굴복하여 주종 관계를 맺는 것이 일반적이었다. 그러나 개발영주였던 일부 지방 무사들은 지두 등의 관직에 임명되기는 하였지만 독립성이 강해 수호의 휘하에 들어가는 것을 달가워하지 않았다. 이들을 국인(国人)이라 하는데, 수호의 힘이 약한 경우 서로 연대를 맺으면서 수호의 지배에 저항하기도 하였다. 이 경우 수호는 쇼군의 권위와 막부라는 정치조직의 힘을 빌리지 않을 수 없었기에, 막부 주변에 결집하면서 자신들의 권력을 유지하고자 하였다. 쇼군 역시 강력한 군사력을 기반으로 도전해 올 정도의 수호 다이묘와는 타협할 수밖에 없었고, 도전자가 있을 경우 또 다른 수호 다이묘의 군사력에 의지하지 않을 수 없게 되었다. 결국 무로마치 막부는 수호 다이묘의 연합 정권이라 볼 수 있으며, 이 시대 강자는 쇼군이 아니라 수호 다이묘였다. 이는 이후 전국시대 전국다이묘(戦国大名)의 출발점이 되었다.

한편, 이 시기 시마즈가에서도 권력투쟁이 전개되었다. 전술하였듯이, 북조(무로마치 막부) 편에 서서 남조 패퇴에 일익을 담당한 시마즈가 5대 당주 시마즈 사다히사는, 1363년에 아들 모로히사(師久)에게 사쓰마 수호직(薩摩守護職)과 시마즈가 당주(본가)까지 물려주었고, 또 다른 아들 우지히사(氏久)에게는 오스미 수호직(大隅守護職)을 물려주었다. 둘은 각각 소슈가

(總州家)와 오슈가(奧州家)로 발전하였고, 각자의 영지를 지배하였다. 외지 출신인 시마즈가는 국인(지방 토호)을 가신단에 편입시키기 위해 자신의 일족(분가)을 각지에 배치하였다. 이는 시마즈가가 수호 다이묘로서 그 지위를 유지하기 위한 필수 조치였다. 각지에 배치된 일족은 국인들을 무력으로 지배하기도 혹은 그들과 타협하면서 각자의 영지를 운영하였기에 각 분가의 독립성은 강할 수밖에 없었고, 본가라 할지라도 분가의 통치에 대해 간섭할 수 없었다.

결국 모로히사(시마즈가 6대, 소슈 1대 당주)의 아들인 시마즈가 7대 당주 고레히사(伊久) 대에 들어, 오슈가의 모토히사(元久: 오슈 2대 당주)가 시마즈 본가의 당주 자리를 노리면서 둘은 격돌하였고, 결국 오슈가가 승리하면서 시마즈가 7대 당주가 되었다. 또한 원래 시마즈 본가의 당주가 아니었던 자신의 아버지 우지히사를 시마즈가 6대 당주로 올려놓았다. 시마즈가 계보를 살펴보면 6대와 7대 당주가 각각 둘씩 나오는데, 그 이유가 바로 여기에 있다. 권력투쟁에 승리한 오슈가는 본거지를 오스미에서 가고시마로 옮겼고, 이후 가고시마가 시마즈가의 성하촌으로 번성하기 시작하였다.

일본사 개략 III: 전국시대

무로마치 막부가 남북조의 양립이라는 태생적 한계를 지닌 채 성립함으로써, 그 이전 혹은 그 이후의 막부와는 달리 쇼군의 권력은 처음부터 약체로 출발하였다. 더군다나 농민 봉기라는 새로운 변수가 등장하면서 막부의 부담은 가중되었다. 실제로 가마쿠라 막부 후기부터 긴키(近畿) 지방과 그 주변부의 장원과 공령 내부에 자연발생적인 자립·자치 마을(惣 혹은 惣村)이 생겨나기 시작하였고, 남북조 동란 와중에 점점 주변으로 확대되었다. 마을 신사의 제례, 농사의 공동 작업, 전란에 대한 자위책 등을 통해 주민들 사이에 결속력은 더욱 강해졌다. 강한 연대의식으로 결합한 마을 농민들은 불법을 자행하는 대관이나 장원 관리의 면직, 풍수해에 따른 피해 보상을 위한 연공 감면 등을 요구하면서 농민 결사인 잇키(一揆)를 결성하고는, 함께 장원 영주에게 몰려가 청원하거나, 전원이 경작지를 버리고 다른 영지나 산으로 숨어드는 실력 행사를 하기도 하였다.

이 같은 농민 봉기는 15세기에 집중해서 나타나는데, 이는 당시 대기근과 화폐경제의 발달에 따른 농민들의 궁핍함이 그 원인이었다. 한편, 마을의 유력자 중에는 수호 다이묘와 주종 관계를 맺으면서 점차 무사로 승격하는 자도 나타났는데, 이들은 장원 영주나 지두 등과 마찰을 빚기도 하고 새로운 무가 세력으로 성장하기도 하였다. 하지만 막부는 이러한 농민 봉기에 대처할 능력이 없어 점차 사회가 문란해졌고, 재정 상태도 악화되면서 막부의 권위는 점점 실추되어 갔다.

1467년에 일어난 오닌의 난(應仁の乱)은 쇼군 권력의 약체화를 상징하는 대사건인 동시에, 이후 전개되는 하극상의 전국시대(戦国時代)를 여는 출발점이 되었다. 쇼군 후계 문제를 둘러싸고 쇼군가와 유력 수호가 사이에 벌어진 권력투쟁이, 이제 막부 실권을 놓고 유력 수호가 당주인 호소카와 가쓰모토(細川勝元)와 야마나 모치토요(山名持豊) 사이의 권력투쟁으로 확대되었다. 여기에 이들 가문의 가독(家督: 상속권) 쟁탈전이 개입되면서 결국 전국적 규모의 내란으로 비화하였다. 당시 무가 사회는 분할상속에서 장자 단독상속으로 옮아가는 추세라, 상속권 분쟁 때문에 쇼군가로부터 지방 무사단에 이르기까지 어느 한 곳 조용한 곳이 없었다.

호소카와가 이끄는 24개 구니 16만 명의 동군(東軍)과 야마나가 이끄는 20개 구니 9만 명의 서군(西軍)이 충돌하면서, 전장이었던 교토는 전화로 완전히 소실되었다. 계속된 전쟁은 1473년에 양쪽 수뇌들이 잇달아 사망하면서 진정되기 시작하였고, 1477년 양측 모두 큰 소득 없이 종전을 맞았다. 전쟁이 끝나자 양측에 참전한 많은 수호 다이묘들은 본국으로 돌아갔지만, 10년에 걸친 전쟁은 일본 사회에 커다란 변화를 가져다주었다. 우선 교토에 있으면서 막부 정치에 관여한 수호 다이묘들이 자신의 영지로 가는 바람에 전국적 정권으로서 막부의 위세는 완전히 사라졌으며, 쇼군, 중앙 귀족, 사원 등이 소유하고 있던 지방 장원에 대한 지배력은 더 이상 유지될 수 없었다.

한편, 본국으로 돌아간 수호 다이묘를 기다리고 있던 것은 또 다른 전쟁이었다. 이제 지방의 권력을 놓고 벌이는 전쟁은 전국으로 확대되었다. 실제로 중앙 정치 세력의 몰락보다 심각한 것은 지방에서 나타나는 하극상이었다. 수호 다이묘가 교토에서 전쟁을 반복하고 있을 때, 본국에서는 수호대(守護代: 수호를 대신해 구니를 관리하는 이)나 유력 국인들이 힘을 길러 점점 구니에 대한 지배력을 장악해 나갔다. 어떤 경우에는 국인들이 전쟁으로부터 지역의 질서를 지킨다는 명분으로 잇키를 결성해 무려 8년간이나 수호 없이 자치적 지배를 실천하기도 하였다. 이처럼 아래쪽 힘이 위쪽 세력을 능가하는 현상이 당대의 특징이나 풍조가 되었는데, 이 같은 현상을 하극상이라 불렀다.

하극상은 16세기 들어 극에 달하였으며, 특히 지방에서 스스로 힘을 길러 영국(領国)을 일으키고, 스스로의 힘으로 영국을 지배하는 지방 권력이 탄생하였는데, 이것이 바로 전국 다이묘(戦国大名)의 등장이다. 이 같은 하극상은 지방에만 국한된 것은 아니었다. 1493년 호소카와시(細川氏)가 쇼군을 폐위시키는 사건이 일어났고, 이를 계기로 호소카와시가 막부의 실권을 장악하였다. 하지만 뒤이은 권력투쟁의 결과, 실권은 호소카와시로부터 가신인 미요시 나가요시(三好長慶)에게, 또다시 미요시의 가신인 마쓰나가 히사히데(松永久秀)로 넘어갔다.

전국 다이묘 중에는 과거 수호대나 국인에서 신분 상승한 이도 적지 않은데, 이는 대혼란의 시기에 막부가 임명한 수호직이라는 권위보다는 자신의 영지와 백성을 지켜 낼 수 있는 군사 지도자, 영국 지배자로서의 실력이 더 요구되었기 때문이다. 또한 국인에게 영지를 할양하고 그에 따른 봉공으로 군역을 부담케 하는 수호와는 달리, 전국 다이묘는 새로이 복속된 국인이나 각지에서 자발적으로 성장한 지자무라이(地侍)를 가신단에 편입시키면서 세를 불려 나갔다.

전국 다이묘는 가신단 개개인의 수입은 모두 현금으로 환산하여 보장해 주는 대신, 그에 상응하는 군역을 부담시켰다. 또한 가신단에 포함된 일부 지자무라이를 지휘관으로 발탁해 자신의 군대를 조직화하였으며, 이를 기반으로 조총이나 장창 등 신무기를 사용하는 집단전을 가능케 하였다. 당시 대표적인 전국 다이묘로는 간토(関東)의 호조 우지야스(北条氏康), 주부(中部)의 우에스기 겐신(上杉謙信)과 다케다 신겐(武田信玄), 주고쿠(中国)의 모리 모토나리(毛利元就), 시코쿠(四国)의 조소카베 모토치카(長宗我部元親) 등이 있으며, 규슈에는 사쓰마를 중심으로 규슈 남부를 지배하던 시마즈 다카히사(島津貴久)와 분고(豊後)를 중심으로 규슈 북부를 지배하고 있던 오토모 요시시게(大友義鎮)가 유력하였다.

전국 다이묘 중에서 처음으로 전국통일을 추진한 이가 있었으니, 바로 오와리(尾張) 출신의 오다 노부나가(織田信長)였다. 1560년부터 시작된 통일 전쟁에서 노부나가는 승승장구하였고, 1568년 쇼군을 교체해 아시카가 요시아키(足利義昭)를 등극시킴으로서 전국통일에 한 걸음 다가서는 듯했다. 그리고 1573년에는 자신에 맞서 쇼군 권력의 회복을 노리던 요시아키를 교토로부터 추방함으로써 노부나가 스스로 무로마치 막부를 종식시켰다. 나중의 일이지만 1587년 노부나가의 뒤를 이은 도요토미 히데요시(豊臣秀吉)는, 규슈 정벌 도중 빈고노쿠니(備後国)에 망명 중이던 요시아키를 만나 회담을 나누기도 하였다. 규슈 정벌이 완료된 후, 히데요시와 함께 교토로 올라온 요시아키는 스스로 쇼군직에서 사임하고는 불문에 출가하였다.

노부나가는 1575년 미카와(三河)의 나가시노 전투(長篠合戦)에서 강적인 다케다 신겐의 아들 다케다 가쓰요리(武田勝頼)의 기마대를 조총을 이용해 격파하였다. 그는 기동력을 바탕으로 한 강력한 군사력과 뛰어난 지휘력을 구사하면서 전국 다이묘를 차례차례 무너뜨렸을 뿐만 아니라, 정치와 종교의 전통적 질서와 권위를 극복하려 노력하였다. 하지만 1582년 모리시(毛利氏) 정벌 도중 교토에서 부하인 아케치 미쓰히데(明智光秀)의 배신으로 암살당하였다. 노부나가의 뒤를 이어 전국통일을 완성한 이가 바로 우리가 잘 알고 있는 도요토미 히데요시이다

그렇다면 전국시대 시마즈가의 사정은 어떠하였는가? 전국시대에 들어서면서 시마즈가 일족과 분가 그리고 국인 등이 자립해 나갔고, 시마즈 본가의 12, 13대 당주는 젊어서 사망하였으며, 14대 당주 역시 어려서 본가의 위세는 극도로 낮아졌다. 이 와중에 본가인 오슈가(奥州家)로부터 분리되어 나온 소슈가(総州家)의 위세가 강성해졌기 때문에, 본가에서는 소슈가

의 다카히사(貴久)를 본가의 양자로 맞아들였다. 이는 1526년의 일이며, 그 이듬해인 1527년 시마즈가의 가독을 이었다. 하지만 이에 일족과 국인들이 반발하면서, 시마즈가가 수호직을 맡고 있던 세 구니는 대혼돈으로 빠져들었다.

한때 위기에 몰렸던 다카히사는 1536년부터 반격을 개시하였으며, 1550년대부터 본격적으로 사쓰마와 오스미의 정복에 나섰다. 이즈음부터 시마즈가는 쇼군에 의해 임명된 수호 다이묘에서 벗어나, 닥치는 대로 주변을 복속하여 영토를 넓히고 지역의 패권을 차지하려는 전국 다이묘의 길로 접어들었다고 볼 수 있다. 다카히사는 1566년 아들 요시히사(義久)에게 가독을 넘겨주었지만, 통일 전쟁의 일선에서 물러난 것은 아니었다. 그는 1570년 사쓰마를 평정하고 그 이듬해 사망하였는데, 그의 뒤를 이은 아들 요시히사는 1574년 오스미를, 1577년 휴가를 탈환하면서 마침내 삼국 평정이라는 부친의 비원을 이룰 수 있었다.

당시 휴가는 침체 일로에 있었지만, 한때 전국 다이묘로 두각을 나타내기도 한 이토 요시스케(伊東義祐)가 실권을 장악하고 있었다. 요시히사의 공격을 받자 이토는 인척 관계인 분고의 전국 다이묘 오토모 소린(大友宗麟) 쪽으로 달아났다. 1578년 오토모는 이토의 영지를 회복하고자 대군을 이끌고 휴가를 침공하였으나, 사쓰마에 참패하였다. 이로써 휴가는 완전히 사쓰마의 영지로 확정되었고, 북규슈의 패권을 주창하던 오토모는 패망의 길을 걷게 되었다.

요시히사의 다음 목표는 히고(肥後)의 사가라가(相良家)였다. 사가라 요시하루(相良義陽)는 오토모와 연대를 맺고 있다는 이유로 시마즈 군의 공격을 받았는데, 결국 패하여 히고마저 시마즈가의 판도에 편입되고 말았다

(1581년). 이후 1584년 시마즈 군은 북진하여 히젠(肥前)의 전국 다이묘인 류조지 다카노부(龍造寺隆信) 군을 격파하고 그를 사로잡았다. 남은 것은 도주한 오토모 소린뿐이라, 이제 규슈의 제패는 손안에 있는 것이나 마찬가지였다. 이러한 시마즈가의 약진은 요시히사 한 사람의 힘만으로 이루어진 것이 아니었다. 그의 세 동생인 요시히로(義弘), 도시히사(歲久), 이에히사(家久)의 활약도 컸는데, 소위 시마즈가 4형제(島津四兄弟)의 결속력으로 이 같은 대업을 이룰 수 있었던 것이다.

이즈음이 바로 천하통일을 꿈꾸던 오다 노부나가가 암살당하고, 그 뒤를 이어 도요토미 히데요시가 다시금 통일 전쟁에 뛰어든 1582년 그 무렵이다. 이해에 히데요시는 노부나가를 암살한 아케치 미쓰히데를 토벌하였고, 노부나가의 심복이었던 시바다 가쓰이에(柴田勝家)를 격파함으로써 노부나가의 후계자 지위를 확립하였다. 또한 그해 수륙 교통의 요지인 오사카에 거대한 오사카 성(大阪城)을 짓기 시작하였다. 1584년 히데요시는 노부나가의 차남 노부카쓰(信雄) 그리고 도쿠가와 이에야스(德川家康)와 싸웠으나 승패를 짓지 못한 채 강화를 맺고는 이들을 자신의 수하에 두었다.

히데요시는 이를 통해 군사력만으로 통일을 이룬다는 것이 얼마나 지난한 일인지 깨닫게 되어, 군사력만이 아니라 전통적 권위를 이용하면서 전국 통일로 나아갔다. 우선 그는 1585년에 조정으로부터 관백(關白)에 임명되었고, 그해 조소카베 모토치카를 꺾으면서 시코쿠를 평정하였다. 여기서 관백이란 천황의 정무를 대행하는 최고위 관직으로, 시마즈가의 주군 격인 고노에가(近衛家)가 대대로 그 직을 맡고 있었다. 또한 그는 이듬해 천황으로부터 일본 전국의 지배권을 위임받아, 일본 전국의 전국 다이묘에게 싸움을 중지하라는, 그리고 영지의 제정(制定)을 자신에게 위임하라는 명령을 내렸다.

1585년 10월 2일 히데요시는 시마즈 요시히사와 오토모 소린에게 정전 명령을 내림과 동시에 영지 제정도 하달하였는데, 그 내용은 다음과 같다. 오토모가에 분고와 지쿠고, 히젠과 히고의 일부를, 시마즈가에는 사쓰마, 오스미, 휴가, 히고의 일부를, 그리고 이미 자신에게 항복하여 규슈 정벌에 참여한 모리 데루모토(毛利輝元)에게 히젠을 주고, 지쿠젠은 자신의 직영지로 삼는다는 것이었다. 가마쿠라 막부 시절부터 수호직을 맡고 있던 사쓰마로서는 히데요시의 명령을 따를 수 없었다. 이에 히데요시는 규슈 정벌에 나섰다.

1586년 조소카베 모토치카의 시코쿠 대군를 기반으로 한 히데요시의 1차 규슈 원정군의 공격이 실패로 돌아가자, 이듬해인 1587년 히데요시가 직접 군대를 이끌고 출진하였다. 히젠 고쿠라 성(肥前小倉城)에 원정군 지휘관들을 소집한 후, 히데요시가 직접 지휘하는 북군 15만 여는 히젠, 지쿠젠, 지쿠고, 히고를 거쳐 사쓰마로 나아갔고, 히데요시의 동생 히데나가(秀長)가 이끄는 10만의 남군은 히젠, 분고, 휴가를 거쳐 사쓰마로 진격하였다. 여기에 북부 및 중부 규슈의 모든 다이묘들이 히데요시의 편에 서서 시마즈가에 대한 공격에 가세하였다. 동년 5월 8일 시마즈가는 결국 항복하였고, 히데요시의 규슈 평정이 완료되었다. 히데요시는 항복한 시마즈가에 사쓰마, 오쓰미, 휴가 일부를 영지로 허락하였는데, 이 영토는 약 300년 후 폐번치현 때까지 계속해서 시마즈가의 영지로 존속하였다. 이후 1590년 히데요시는 간토(関東)의 호조시(北条氏), 도호쿠(東北)의 다테 마사무네(伊達政宗)를 복속시키면서 전국통일을 완수하였다.

이 시기 규슈의 전국 다이묘들은 스페인, 포르투갈의 선교사와 상인들이 가져온 기독교 및 새로운 문물을 경쟁적으로 받아들였는데, 한편으로는 여기서 발생하는 무역의 이익도 향유하였다. 게다가 크리스천으로 개종한 오무라 스미타다(大村純忠)는 자신의 영지인 나가사키를 예수회에 기진할 정도였으니, 크리스천 신도 수의 폭발적 증가와 함께 무력 봉기의 위험성도 적지 않았다. 히데요시는 규슈 평정에서 돌아오면서 1587년 6월 기독교 금지령을 발표하였다. 이는 규슈 일대 전국 다이묘들의 독자적인 남만무역(南蛮貿易)을 억제하고 교회령인 나가사키를 직할령으로 삼아 외국 선박의 출입을 이곳으로 제한함으로써, 자신만이 남만무역을 독점하기 위한 선제 조치였던 셈이다. 아래 글은 당시 일본을 둘러싼 국제적 상황을 간략히 정리한 졸저(『막말의 풍운아 에노모토 다케아키와 메이지 유신』)의 일부이다.

1580년 에스파냐의 펠리페 2세가 포르투갈 왕을 겸함에 따라 '동인도' 지역에서 두 나라 사이의 경쟁 구도는 사라졌지만, 당시 세계 경영을 목전에 둔 에스파냐로서는 자신의 역량을 '동인도'에만 집중할 수 있는 형편이 아니었다. 게다가 곧이어 네덜란드가 독립하고 잉글랜드가 새로운 해상세력으로 부상함에 따라 포르투갈이 1세기가량 장악해 온 동인도 무역에 틈이 생겨나기 시작했다. 더군다나 포르투갈과 에스파냐의 합병으로 정치적 통합은 이루어졌을지 모르지만, 아시아 변방에서의 포교와 상업적 이익을 위한 종교적 경쟁마저 잠재울 수는 없었다. 에스파냐의 프란체스코회 수도사들과 도미니크회 수도사들은 포르투갈계 예수회의 독점에 맞서 치열하게 경쟁했고, 일본의 위정자들은 자기와 상관없는 이들의 분쟁에 말려들까 몸을 도사렸다. 가톨릭 세력 간의 경쟁이 정점에 이르렀던 1587년, 규슈를 평정한 도요토미 히데요시가 지금까지의 가톨릭 묵인 정책과는 달리 선교사 추방령을 내렸고, 이를 계기로 일본에서 가톨릭 박해의 역사가 시작되었다. 사실 16세기 말 일본인 가톨릭 신자는 37만에서 50만에 달했다고 한다. 이는 당시 일본 인구의 3~4%에 해당하는 규모로, 위정자 입장에서는 이 같은 가톨릭의 팽창을 더 이상 두고 볼 수만은 없었다. 바로 이 틈을 노려 네덜란드가 막부에 접근해 이베리아 세력을 물리치면서, 마침내 일본과 무역을 할 수 있는 유일한 유럽인으로 등장하게 된 것이다.

일본사 개략 IV: 임진왜란 그리고 세키가하라 전투

규슈에 위치한 사쓰마 역시 히데요시가 일으킨 1592년의 임진왜란, 1597년의 정유재란에 동원되지 않을 수 없었다. 전국을 통일한 다음 해인 1591년, 히데요시는 전국의 다이묘들에게 조선 출병을 명령하였고, 사쓰마에도 1만 5,000의 병력을 동원하라는 명령이 내려졌다. 1585년 무렵 형식적으로는 가독이 형 요시히사로부터 동생 요시히로에게 넘어갔지만, 사쓰마의 정치·군사적 실권은 여전히 요시히사가 장악하고 있었다.

요시히로는 히데요시의 명령에 따라 원정 전진기지인 히젠 나고야 성(肥前名護屋城)에 먼저 갔지만, 사쓰마로부터의 병력은 기한 내 도착하지 않았다. 사실 요시히사는 시마즈가에 하달된 병력 동원이 부담스러웠는데, 왜냐하면 그 부담은 결국 가신단에게 돌아가야 했기 때문이다. 아니나 다를까 가신 중 우메키타 구니카네(梅北国兼)가 반란을 일으켰고, 이는 곧 시마즈가에 의해 진압되었다. 히데요시는 요시히사의 동생인 도시히사가 이 반란을 주도한 것으로 의심하였고, 결국 히데요시의 명령으로 도시히사는 자살을 하였다. 히데요시의 규슈 원정 당시 막내 동생 이에히사가 사망하였기에, 이제 사쓰마 4형제 중에서 남은 것은 요시히사와 요시히로뿐이었다.

임진왜란 출정군은 총 15만 8,800명으로, 요시히로는 모리 요시나리(毛利吉成)가 이끄는 4번대에 속해 1만의 병력을 이끌고 참전하였다. 왜군은 한성을 점령한 후 8도를 장악하려고 8개 방면군으로 나누어 진격하였는데, 요시히로의 4번대 목표는 강원도였다. 하지만 앞서 언급한 우메키타의 반란 때문에 사쓰마 군은 출진이 늦어져 초반 전투에 참가하지 못한 채 곧장 강원도로 향했다. 참고로 고니시 유키나가(小西行長)의 선봉 1번대는 평안도로, 가토 기요마사(加藤清正)의 2번대는 함경도로 진격하였다. 요시히로를 대장으로 하는 사쓰마 군은 주로 춘천과 김화에 주둔하였는데, 조선군과 몇 차례 소규모 전투는 있었으나 비교적 평온한 상태로 장기간 주둔하였다. 장기 체류에 따른 피로 때문에 많은 병사들이 병으로 죽어 갔으며, 그 가운데는 요시히로의 차남 히사야스(久保)도 있었다.

사쓰마 군은 1597년 정유재란에도 동원되어 조선으로 출병하였다. 그해 7월 요시히로가 이끄는 1만 명의 사쓰마 군은 수군과 연합해 조선 수군을 공격하였으니, 원균이 전사한 칠천량해전이 바로 그것이다. 이후 남원성 전투에서 승리하고는 부여까지 북상하였으나, 조명연합군의 총공세[사로병진(四路竝進)]에 밀려 정읍, 남해로 전전하다가 사천성 방어에 투입되었다. 사실 왜군은 9월에 명량해전에서 이순신이 지휘하는 조선 수군에 대패하였을 뿐만 아니라, 그전 8월에 사망한 히데요시의 소식이 왜군뿐만 아니라 조명연합군에게도 알려졌다. 이에 왜군은 이제 철병을 준비해야 했고, 조명연합군은 반격과 복수를 다짐하면서 총진격을 개시한 것이 바로 사로병진 전략이었던 것이다.

히데요시가 사망하자, 일본 정국은 도쿠가와 이에야스를 비롯한 5대로(大老)와 이시다 미쓰나리(石田三成) 등 5부교(奉行)의 합의로 운영되었으며, 당면 과제는 왜군의 철수였다. 하지만 이미 사로병진 작전에 따라 조명연합군의 중로군이 사천성을 압박해 들어왔다. 참고로 사로병진 작전의 동로군 목표는 울산왜성의 가토 기요마사이고, 서로군의 목표는 순천왜교성의 고니시 유키나가였으며, 이 공격에 진린(陳璘)이 지휘하는 명 수군과 이순신의 조선 수군도 가담하였다. 사천성으로 진격한 조명연합군은 명나라 장수 동일원(董一元)이 지휘하였는데, 일본의 기록에는 그 병력이 20만에 이르렀고 요시히로의 방어군은 8,000명에 불과하였다고 한다. 사천성에서 탈출한 왜군은 요시히로가 지키고 있던 사천신성(현재 사천 선진리성)으로 합류하였고, 요시히로의 왜군과 동일원의 조명연합군은 사천신성에서 혈전을 벌였다.

이 전투는 왜군의 일방적인 승리로 끝났는데, 당시 조명연합군의 사망자가 3만 8,717명에 이르렀다고 한다. 이 모두 일본의 기록에만 남아 있는 것이라 과장되었을 가능성이 충분히 있지만, 어쨌든 조명연합군이 대패한 것은 분명한 사실이다. 왜군이 퇴각을 결정한 후 임진·정유 양란의 마지막 해전인 노량해전이 펼쳐졌다. 당시 고니시 유키나가는 순천왜교성에 고립되어 있었고, 이를 구출하기 위해 요시히로는 다치바나 무네시게(立花宗茂)와 함께 출진하였지만 조명 수군에 막혀 퇴각하였다. 이후 요시히로도 참전한 노량해전에서 왜 수군은 조명 수군에 참패하였지만, 해상봉쇄가 풀리면서 고니시와 함께 구사일생 일본으로 퇴각할 수 있었다.

사천성 전투와 사천해전은 다르다. 사천해전은 임진왜란 초기인 1592년 5월 사천 앞바다에서 이순신 장군이 승리한 해전으로, 거북선을 처음 사용한 것으로도 유명하다. 한편, 왜군은 사천성 전투에서 전사한 조명연합군 시체의 코와 귀를 베어 내 소금에 절여 전공 증명용으로 본국에 보냈고, 이것을 한데 모아 놓은 것이 교토시(京都市) 히가시야마구(東山区) 도요쿠니신사(豊国神社) 정문 앞에 있는 귀무덤, 이총(耳塚)이다. 그리고 왜군은 코와 귀가 없는 시체의 머리만을 모아 사천신성 바로 앞에 묻었으나, 악취가 심해 전쟁이 끝난 후 이를 현재의 위치로 옮겨 놓은 것이 사천 조명군총(泗川朝明軍塚)이다.

400여 년간 방치된 무덤은 1983년 지역 주민에 의해 정비되었고, 그 이듬해 조명연합군전몰위령비가 세워졌다. 1992년 사천문화원과 삼중 스님이 이역만리에 떠도는 원혼을 달래고자 이총의 흙 일부를 항아리에 담아 사천 조명군총 옆에 안치하였고, 2007년에 다시 뜻을 모아 이총비를 세워 역사 교육의 현장으로 삼고자 하였다. 현재 선진리성 벚꽃은 이 일대 벚꽃 중에서 가장 오래되고 유명한 곳이라, 내가 과거 이 근처에서 근무할 당시 가끔 찾기도 한 곳이다. 그리고 이 원고를 쓰기 얼마 전에 다시 다녀오기도 하였다. 그러다 보니 사천성 전투에 대한 사설이 너무 길었는지 모르겠다.

이제 이 절 마지막 이야기로, 임진·정유 양란 이후 사쓰마 최고 권력자들 사이의 권력투쟁과 사쓰마 번의 정립 과정에 대해 살펴보자. 히데요시가 전국통일을 이룬 직후인 1591년부터 시작된 검지(検地: 토지조사), 인소령(人掃令: 호구조사), 도수(刀狩: 농민 무기 몰수) 등의 정책이 사쓰마는 물론 전국에 실시되었다. 이는 권리관계 정리, 전국 도량형 통일이라는 혁신적 성과뿐 아니라, 농민에 대한 연공 부과, 다이묘와 가신단에 대한 지세 및 군역부가 등을 통해 제도, 경제, 문화의 기초가 되는 정확한 정보가 중앙에 집결되는 효과도 있었다. 또한 직업에 따라 신분이 정해지면서, 이후 도쿠가와 막부의 독특한 신분제도 중 하나인 소위 병농분리(兵農分離)가 완성되었다.

다른 곳에서도 마찬가지였겠지만, 사쓰마의 본가나 그 일족 대부분은 자신들의 숨겨진 토지 정보가 드러나 부가될 또 다른 부담 때문에 검지에 부정적이었다. 하지만 유독 이에 적극 협조한 이가 있었으니 바로 이주인 다다무네(伊集院忠棟)라는 인물이었다. 그는 시마즈가에서 분가한 이주인가의 당주로, 히데요시의 규슈 원정 마지막 전투에서 사쓰마 쪽의 화해를 전달하기 위해 히데요시 진영에 보내졌던 인물이다. 사쓰마는 조선 출병에 협조하면서 히데요시 정권과 밀착되어 있던 요시히로와 히데요시와 좋은 관계를 유지하고 있던 다다무네, 즉 요시히로파(派)와, 히데요시 정권과 거리를 두고 있던 요시히사 그리고 검지에 부정적이고 다다무네에 대한 시기와 원망으로 가득 찬 일족들이 함께 뭉친 요시히사파, 이처럼 두 패로 나누어졌다.

그러나 히데요시가 죽자 다다무네의 정치적 입장이 미묘해졌고, 이제 히데요시에 대한 시마즈가의 모든 구원이 다다무네 한 사람에게 향하게 되었다. 결국 1599년, 정유재란 당시 아버지 요시히로를 따라 참전하였던 아들 다다쓰네(忠恒)가 다다무네를 척살하였다. 사실 다다쓰네는 요시히사의 사위이기도 해 차기 당주 자리가 보장된 인물로, 다다무네에 대한 시마즈 일가의 반감을 스스로 해결하는 모양새가 되었다.

한편, 히데요시가 죽자 정권 최대의 실력자인 도쿠가와 이에야스가 독재체제 확립을 목표로 다이묘들을 포섭하는 공작에 나섰는데, 시마즈가도 예외는 아니었다. 당시 어린 도요토미 히데요리(豊臣秀頼)는 오사카 성에 기거하고 있었고, 이에야스가 거처를 마련한 교토의 후시미(伏見)에는 많은 다이묘들이 모여 있었다. 조선 출병 후 요시히로와 다다쓰네도 그곳 사쓰마 별저에 기거하고 있었다. 물론 다다쓰네가 다다무네를 척살한 곳도 이곳이었다. 이에야스는 후시미에 기거하고 있던 요시히로와 접촉하였을 뿐만 아니라, 사쓰마에 있던 요시히사와도 회담을 가지면서 사쓰마 전체를 자신 쪽에 묶어 두려 하였다.

1600년 6월 18일 이에야스는 자신에게 복종하지 않는 5대로 중 하나인 우에스기 가게카쓰(上杉景勝)를 토벌하기 위해 출진하면서, 후시미 성의 수비를 요시히로에게 의뢰하였다. 이에 대해 히데요리 측근인 이시다 미쓰나리가 이에야스 타도의 기치를 내걸고 거병함으로써 세키가하라(関ヶ原) 전투가 개시되었다. 미쓰나리가 이끄는 서군에는 모리 데루모토(毛利輝元), 고니시 유키나가(小西行長) 등 서국의 다이묘들이 대거 참가하였는데, 요시히로는 후시미 성으로 들어가지 않고 어쩔 수 없이 서군에 가담하게 되었다. 요시히로는 본국에 원병을 요청하였지만, 본국의 요시히사와 다다쓰네는 이 싸움에 휘말려드는 것을 꺼려 파병에 소극적이었다. 물론 척살된 다다무네의 아들 다다자네(忠真)가 일으킨 반란을 진압하느라 사쓰마의 군사력이 소진된 것도 또 하나의 이유였다. 결국 요시히로는 1,000명 남짓의 병력만 이끌고 세키가하라 전투에 참전하게 되었다.

1600년 9월 15일 동서 양군은 세키가하라에서 격돌하였다. 1만 5,000의 대병력을 이끌고 서군에 가담한 비젠 오카야마 성주(備前岡山城主) 고바야카와 히데아키(小早川秀秋)의 배신이 결정적인 요인이 되어, 서군은 패주하고 말았다. 아이러니하게도 고바야카와는 히데요시 정실의 조카로 히데요시가 사람으로서 중용된 인물이었다. 서군에 속한 시마즈 군은 이 싸움에 직접 끼어들지 않았는데, 미쓰나리와의 알력으로 요시히로가 전의를 상실하여 그저 방관하였다는 설이 그 이유의 하나이다. 하지만 이보다는 동서 양군이 난전 상태에 돌입하면 시마즈 군은 측면공격을 맡기로 하였는데, 고바야카와의 배신으로 승패가 결정되자 시마즈 군으로서는 참전할 기회를 잃었다는 설이 요즘은 더 신빙성 있는 것으로 인정되고 있다.

서군이 일거에 퇴각하면서 1,000명의 시마즈 군은 전장에 홀로 남겨지고 말았다. 이제 시마즈 군은 8만의 이에야스 본진을 돌파하면서 혈로를 뚫어야 하는 위기에 직면하였다. 이 전투에서 요시히로는, 히데요시의 규슈 정벌 당시 목숨을 잃었던 이에히사의 아들 도요히사(豊久: 요시히로에게는 조카)와 가로 조주인 모리아쓰(長寿院盛淳)를 잃으면서까지 적진을 돌파하였다. 이를 시마즈의 적중돌파(敵中突破) 혹은 대탈주(退き口)라 하는데, 그 결과 영주를 구하기 위해 많은 병력이 희생될 수밖에 없었다. 요시히로는 퇴각하면서 소규모 부대를 매복시켜 추격조를 기습하고, 이것이 돌파당하면 다시 소규모 부대를 남기는 전법을 쓰면서 추격하는 동군을 끝까지 따돌렸다. 사쓰마에서는 이를 스테가마리(捨て奸)라 불렀는데, 바둑 용어로 말하면 사석(捨石) 작전과 유사한 전법이다.

많은 희생을 치른 결과, 오사카를 거쳐 해로로 사쓰마에 귀환한 병력은 요시히로를 포함하여 모두 80명 정도에 불과하였다고 한다. 이후 이를 기려 사쓰마의 성하 무사들이 요시히로의 위패가 모셔진 묘엔지(妙円寺)를 참배하기 위해 왕복 40㎞를 철야로 달리는 행사가 생겨났는데, 오늘날에도 묘엔지마이리(妙円寺詣り)는 가고시마 3대 축제 중 하나이다. 이 축제는 세키가하라 전투가 벌어졌던 날 즈음에 열리는데, 이날 가고시마 시민들이 시내에서 묘엔지가 있는 히오키시(日置市) 이주인(伊集院)까지 20㎞를 걸어서 참배하는 전통 행사가 지금도 이어지고 있다.

세키가하라 전투에 승리한 이에야스는 곧바로 전후 처리에 들어갔다. 서군의 선두에 섰던 대로(大老) 모리 데루모토는 120만 석에서 30만 석으로 감봉(減封: 무가에 주어진 토지나 그 밖의 재산의 일부를 몰수하는 형벌)되었는데, 이것이 바로 막말 존왕양이를 내걸고 막부에 도전한 조슈 번(長州藩)의 출발이다. 같은 대로였던 우에스기 가게카쓰 역시 120만 석에서 30만 석으로 감봉되었지만, 그의 요네자와 번(米沢藩)은 막부 패망까지 막부를 지지하였다. 이뿐만 아니라 서군에 가담한 많은 다이묘들이 감봉, 전봉(転封: 다른 봉토로 이주), 개이(改易: 기존의 영주에서 새로운 영주로 바꾸는 처분) 등의 처분을 받았는데, 예를 들어 도사 번(土佐藩)의 경우 조소카베 모리치카(長宗我部盛親)에서 야마우치 가즈토요(山内一豊)로 영주가 바뀌었다.

가즈토요는 이에야스 쪽에 서기는 하였지만 전투에 참가한 적이 없었기에, 자신이 받은 보은이 공적에 비해 과분하다고 여겼고, 이는 야마우치 가문 대대로 도쿠가와 막부에 대한 부채 의식으로 작용하였다고 한다. 하지만 막말 야마우치 도요시게[山内豊信 혹은 야마우치 요도(山内容堂)]는 요시노부(慶喜)의 쇼군 옹립에 관여한 히토쓰바시파(一橋派)의 한 사람으로 1858년 안세이 대옥(安政大獄) 때 근신 처분을 받았으며, 1867년 봄 쇼군 요시노부가 개최한 4후회의에서 4명의 제후 중 한 사람으로 참석할 정도로 막말에 대단한 정치력과 판단력을 발휘한 인물이었다. 그러나 문제는 사쓰마였다.

요시히로가 사쓰마로 귀국하자마자 시마즈가는 곧바로 이에야스와의 외교전에 돌입하였다. 우선 이에야스에게 사과하고 요시히로의 구명과 시마즈가 영지의 유지를 요구하였다. 만약 자신들의 요구를 받아들이지 않는다면 철저하게 항쟁하겠다면서 방비를 강화시키기 시작하였다. 처음 이에야스는 규슈의 여러 다이묘에게 명령해 시마즈가를 무력으로 진압하려 하였다. 하지만 막강한 무력을 지닌 사쓰마와의 싸움이 장기화될 경우 자신의 정치적 위상이나 계획에 지장이 있을 것을 염려해, 시마즈가를 외교 교섭으로 복속시키기로 전략을 수정하였다.

이에 요시히사는 가신단을 이에야스에게 보내 사과하였고, 요시히로 역시 사쿠라지마에 칩거하면서 공순의 뜻을 표했다. 그럼에도 이에야스는 이에 만족하지 못하고 요시히사의 상락[上落: 에도(江戶)로의 행차]을 명하였으나, 시마즈가는 완강히 거부하였다. 만일 요시히사가 에도에서 신병이 구속될 경우, 감봉이나 개이 처분을 받아들일 수밖에 없었기 때문이다. 결국 1602년 4월 이에야스는 본래 영지의 유지를 허락한다는 문서를 보냈지만, 요시히사의 상락만은 계속 강요하였다. 요시히사가 여전히 상락을 거부하자, 더 이상 미루었다가는 이에야스의 심사가 바뀔 수도 있다고 판단한 요시히로의 아들이자 차기 당주인 다다쓰네가 요시히사 대신 상락하였다.

12월 말 다다쓰네는 후시미 성에 등성하여 이에야스를 배알하고는, 시마즈가 영지 유지 처분에 대해 사의를 표했다. 이에야스는 요시히로를 더 이상 처분하지 않을 것이며, 또한 다다쓰네의 가독 승계를 인정하였다. 이로써 사쓰마, 우스미, 휴가 일부 군현이 시마즈가의 영지, 다시 말해 사쓰마 번(薩摩藩)으로, 다다쓰네는 사쓰마 번의 도자마 다이묘(外樣大名: 세키가하라 전투 당시 서군 진영에 있던 다이묘)로 공식 인정받게 되었다. 시마즈가가 항복함으로써 이제 전국의 모든 다이묘가 이에야스에게 복속되었다. 곧바로 그 이듬해 1603년 2월, 조정은 이에야스에게 무가의 동량인 정이대장군직을 내렸다. 당시 이에야스에게 사쓰마를 복속시키는 일이 얼마나 중요하였던가를 엿볼 수 있는 대목이며, 무가의 상징으로서 가마쿠라 막부 시절부터 수호직, 수호 다이묘, 전국 다이묘로 이어진 사쓰마의 위용도 미루어 짐작할 수 있다.

사쓰마의 류큐 복속과 1609년 체제

도쿠가와 이에야스는 1603년 막부의 수장인 쇼군에 임명되면서 사실상 일본 전국을 장악하게 되었다. 외국의 사정과 외국과의 무역에 관심이 많았던 이에야스는 우선 명과의 감합무역(勘合貿易)을 개선하려 하였지만, 명의 거부로 뜻을 이루지 못했다. 하지만 지방 영주들의 자금원이 해외 무역에 있다는 것을 누구보다 잘 알고 있던 이에야스로서는 이들의 해외 무역을 통제해 그 이익을 독점하는 것이 당연한 다음 수순이었다. 따라서 그 첫 번째 작업이 바로 주인선(朱印船) 무역의 부활이었다. 여기서 주인선이란 막부로부터 무역 허가증인 주인장(朱印狀)을 받아 공식적인 무역을 하는 무역선을 말한다. 주인선 무역이 개시된 1604년부터 주인장 제도가 폐지되는 1635년(제3차 쇄국령: 일본 배의 해외 도항 금지 및 해외 거주 일본인의 귀국 금지)까지 32년 동안 356척의 주인선이 동남아시아로 향했다. 베트남 중부의 교지(交趾)에 73회, 타이 아유타야(Ayutthaya) 왕조의 섬라(暹羅)에 55회, 루손섬에 있던 에스파냐 식민지 여송(呂宋)에 54회 등이 대표적이다.

주인선으로 무역을 하던 무역상은 일본에 거주하는 누구든 가능하였는데, 상인이 가장 많았고 다이묘, 무사, 중국인, 도래 외국인도 있었다. 그 중에는 리프데(Liefde)호의 네덜란드인 선장 얀 요스턴 판 로덴스테인(Jan Joosten van Loodensteyn)과 영국인 항해사 윌리엄 애덤스(William Adams)도 있었다. 여기서 리프데호는 1600년 4월 일본에 최초로 표착한 네덜란드 무역선으로, 표착한 곳은 분고쿠니(豊後国)의 우스키[臼杵: 현재 규슈 오이타현(大分県) 우스키시]이다. 이곳은 1544년에 핀토(F. M. Pinto)를 비롯한 포르투갈인이 상륙한 곳이기도 하였다.

일본의 주인선이 도착하였던 외국의 항구도시에는 일본에서 생활이 힘들어 흘러 들어간 부랑인이나 기독교도, 현지인이나 외국인에게 고용된 일본인, 일본인 무역상 등이 사는 일본인 거주 지구가 생겨났다. 이른바 일본인 마을, 니혼초(日本町)가 그것들이다. 가장 많았을 때는 여송에 3,000명, 섬라에 1,500명이 살았다고 한다. 주인선이 동남아시아 여러 나라로 오가고 포르투갈, 에스파냐, 네덜란드 상선이 일본을 드나들었지만, 일본과의 무역에서 거래되는 상품으로 본다면 실제 무역 상대국은 중국이었다.

중국은 일본 배의 도항을 금지하고 있었기 때문에 중국 배가 합법적으로 드나들 수 있는 동남아시아의 항구에서 일본 배와 만나 만남 무역을 실시하고 있었던 것이다. 이처럼 막부가 해외 무역을 직접 관리할 수밖에 없었던 것은 중국의 조공 체계에서 벗어나 이제 스스로의 광역 교역 질서를 구축해야 할 필요가 있었기 때문이다. 또한 동남아시아나 인도양이 아닌 동아시아의 바다에서 해상 무역의 관리는 당연히 육지 정권의 몫이었다. 물론 막부로서는 그로부터 발생하는 무역 이익이 최우선의 목표였지만.

이에야스는 쇼군에 임명된 지 2년 만인 1605년에 아들 히데타다(秀忠)에게 쇼군직을 물려주고 오고쇼(大御所)로 물러났지만 여전히 전권을 행사하였다. 그리고 1615년 이에야스는 히데요리를 비롯한 히데요시의 잔당을 모두 제거하고는 이듬해인 1616년 사망하였다. 자신의 쇼군직을 아들에게 물려줌으로써 막부의 세습과 영속성을 대내외에 천명한 것이니, 어쩌면 도쿠가와 막부(德川幕府)의 시작은 세키가하라 전투에서 승리한 1600년도 아니고, 이에야스가 쇼군에 임명된 1603년도, 오사카 성의 히데요리를 물리친 1615년도 아닌 쇼군직을 세습한 1605년이라 볼 수 있다.

한편, 1609년은 새로이 등장한 도쿠가와 막부가 외교 및 통상 정책을 새롭게 구축함에 있어 획기적인 전기를 맞이한 해이다. 이는 크게 세 가지로 정리되는데, 사쓰마에 의한 류큐(琉球) 점령, 조선과의 기유조약(己酉條約), 네덜란드에 대한 무역 허가 및 네덜란드의 히라도 상관(平戸商館) 개설 등이 그것이다. 근세 일본은 나라를 완전히 개방하지는 않았지만, 그렇다고 한 번도 '나라를 닫은' 적이 없었다. 사실 일본은 쓰시마를 통해 조선, 류큐를 통해 중국, 히라도(나중에 나가사키)를 통해 서구 세력과 국교 및 통상 관계를 맺으면서, 일본 중심의 동아시아를 목표로 하는 '일본형 화이질서(華夷秩序)'를 구축하려 하였다. 이러한 시도들은 막부 스스로 주체적으로 선택한 것이라는 점에서 나름의 의미를 둘 수 있다. 이 세 가지 사건의 배경이 된 당시 일본과 동아시아 정국에 대해 알아보자.

당시 독립 왕국이었던 류큐(오키나와)는 중국과의 조공무역을 통해 막대한 부를 일으켰으며, 그 결과 빈약한 국내 자원에 비해 비교적 탄탄한 국력을 유지하고 있었다. 조선 침략을 위한 히데요시의 협조 요청을 거절하였으며, 조공 사절을 보내라는 새로이 들어선 막부의 요구도 거부하였다. 이에야스는 류큐가 자신의 의도대로 움직이지 않자 결국 사쓰마 번주 시마즈 다다쓰네(島津忠恒)에게 명하여 류큐를 점령하게 하였고, 그에게 류큐를 통한 중국과의 무역을 담당하도록 하였다. 이는 조선과 일본 사이의 무역을 담당하던 쓰시마 번(対馬藩)과 마찬가지의 역할을 류큐에 맡긴 셈이다. 이에야스는 조선과의 무역 재개와 함께 명과의 무역 재개 방편으로 류큐를 통한 우회 경로를 찾으려 한 것이다.

실제로 사쓰마 번은 나하(那覇, 류큐의 수도)에 관리를 파견하였고, 이들은 명·청과의 조공무역에 직접 참여하기도 하였다. 주로 생사와 견직물을 수입하였는데, 사쓰마 번은 이를 통해 막대한 이익을 남겼다. 류큐를 복속시킨 이후에도 일본은 류큐로 하여금 명·청에 계속 조공을 하게 하였고, 또한 일본에 복속된 사실을 애써 숨기면서 명·청과의 무역을 지속시켜 나갔다. 물론 류큐는 막부에 사절을 파견해야 했는데, 이는 막말까지 총 18회에 이르렀다.

현재의 오키나와는 1972년에 미국으로부터 반환받은 일본 최남단의 현이지만, 아직도 미군 비행장 후텐마(普天間) 기지 이전 문제 등으로 일본과 미국 간에는 외교 현안이 남아 있다. 하지만 오키나와, 아니 류큐의 역사는 이보다 훨씬 이전부터 이 문제보다 훨씬 복잡하게, 어떤 민족문제보다 훨씬 심각하게 동아시아 여러 나라, 특히 일본과 엮여 있었다. 1609년 사쓰마 번에 의한 침략과 복속, 이후 일본과 명·청에 대한 조공, 1879년 메이지 정부에 의한 오키나와현으로의 편입, 태평양전쟁 말기 일본군 옥쇄(玉碎)의 현장으로 많은 민간인 사망, 1945년 미국 지배와 1972년 반환 등 17세기 초반까지 독립국이었던 류큐가 겪은 격변의 흔적은 아직도 이 땅과 그곳 주민들에게 선명하게 남아 있다.

한편, 일본은 임진·정유 양란으로 인해 조선은 물론 명과도 외교 및 교역 등 모든 관계가 단절되었다. 새로이 정권을 장악한 이에야스로서는 이 문제를 해결하는 것이 남만무역이나 가톨릭 견제 못지않은 중요한 과제였다. 그러나 조선의 입장은 달랐다. 전쟁은 끝났지만 수십만 혹은 그 이상이 참혹하게 죽고 주거지 및 농토의 상당 부분이 폐허가 된 조선으로서는, 새로이 국교를 맺고자 하는 이에야스의 요구를 들어주기 어려웠다. 하지만 또 하나의 변수가 생겼다. 그것은 바로 중국 동북부이자 조선과 국경을 맞대고 있는 만주에서 여진족이 발흥하기 시작하면서 점차 조선과 명의 위협적인 세력으로 성장하고 있었다는 사실이다.

남북 모두에서 전선을 형성할 수 없었던 조선으로서는 우선 남쪽의 적이라도 묶어 두기 위해 일본이 내미는 화해의 손을 잡을 수밖에 없었다. 잘 알려져 있듯이, 1607년 '회답겸쇄환사(回答兼刷還使)'라는 이름으로 조선통신사가 파견되었다. 그 후 조선통신사는, 에도까지 가지 못하고 쓰시마에서 돌아온 1811년 마지막 통신사까지 모두 12차례에 걸쳐 일본으로 파견되었다. 사실 조선통신사를 바라보는 두 나라의 입장은 동상이몽도 그런 동상이몽이 없다. 조선은 문화적 우월감으로 일본의 경제적 발전과 정치적 안정을 애써 무시하려 하였고, 일본은 조선이 일본의 조공국이라는 인식을 국민들에게 전파하면서 초기 도쿠가와 정권의 정치적 불안을 돌파하려 하였다. 이러한 당시 두 나라의 태도는 오늘날 조선통신사를 바라보는 인식 밑바닥에도 그 앙금의 편린들이 무겁게 쌓여 있다.

왜란 이후 처음 파견된 회답겸쇄환사의 뒤를 이어 조선과 일본은 1609년에 정식으로 국교를 맺었는데, 소위 기유조약이 그것이다. 참고로 1609년 기유년은 광해군의 취임 원년이다. 조약 체결 전 선행조건이었던 ① 일본이 국서를 정식으로 먼저 보내올 것, ② 왜란 중 왕릉을 발굴한 죄인을 압송할 것, ③ 포로가 된 조선인을 송환할 것 등 세 가지 조건을 일본이 먼저 실행하자, 조선과 일본 사이에 전문 13개 조로 된 기유조약이 체결되었다. 13개 조 중에서 무역과 관련된 내용을 살펴보면, 쓰시마 번주가 파견하는 세견선(歲遣船)을 20척으로 제한하고 부산포에만 왜관을 개설하며, 세견선의 체류

일도 제한하였다.

그러나 이에야스의 뒤를 이은 2대 쇼군 도쿠가와 히데타다(徳川秀忠)는 부친 이에야스와는 달리 가톨릭에 대한 압박을 강화하였고, 남만무역의 창구를 나가사키와 히라도 2곳으로 한정시키면서 남만무역에 적극적으로 개입하기 시작하였다. 히데타다는 조정과 다이묘들에게 자신의 권위를 과시할 목적으로 1617년에 두 번째 회답겸쇄환사를 조선으로부터 초치하였고, 6년 후인 1623년 이에야스와 마찬가지로 오고쇼로 물러났다. 다음 해인 1624년에 3대 쇼군이 된 도쿠가와 이에미쓰(徳川家光) 역시 같은 이유로 세 번째 회답겸쇄환사를 다시 초치하였다. 이로써 조선과의 관계는 일단 정리되었다.

1609년에 네덜란드와 일본의 국교가 정식으로 체결되면서, 히라도에는 네덜란드 상관이 개설되었다. 또한 1609년은 네덜란드 동인도회사가 '동인도 총독제'를 채택하면서, 아시아 전 지역의 상관, 요새, 선단, 회사 직원, 군인 등이 동인도 총독과 그 자문기관인 동인도참사회에 의해 통일적으로 관리되기 시작한 해이다. 각 지역의 상관은 각자 회계장부를 작성해 동인도 총독과 네덜란드 본국에 보내야 했다. 사실 각 상관이 네덜란드 본국에 보낸 서신의 답신을 받는 데만도 몇 년이 걸렸기에, '동인도 총독제'가 채택되면서 아시아 전역에서 일어나는 동인도회사의 모든 업무는 동인도 총독의 관할하에 있게 되었다. 총독의 전횡이 문제가 될 수 있었지만, 각종 현안에 대해 신속한 결정과 명령을 내릴 수 있었기에 이 제도는 동인도회사의 상권 확대에 큰 도움이 되었다.

1610년대 수마트라섬과 인도 북서안의 수라트(Surat: 목면 산지)에 상관을 설치하였고, 당시 오스만튀르크령인 아라비아반도의 모카(Mocha)에도 상관을 설치하였다. 1619년 자바섬 북서안의 자카르타를 점령하고 요새를 건설하고는 이곳에 동인도회사의 본부를 마련하였고, 1621년에 바타비아(Batavia)로 개칭하였다. 1620년에는 반다(Banda) 제도를 무력으로 점령하였으며, 인도 북동안의 벵골과 페르시아에도 상관을 설치하였다. 1622년부터 중국 무역에 본격적으로 나섰고, 1630년대부터는 실론(Ceylon), 통킹(Tongking), 캄보디아 등지로 교역을 확대해 나갔다. 이 과정에서 포르투갈 세력은 동아시아 바다에서 서서히 자취를 감추었고, 마닐라를 기점으로 하는 에스파냐 무역 역시 네덜란드에 밀려나면서 그저 명맥만 유지하게 되었다. 이후 동아시아 바다에서 네덜란드의 독점은 19세기 초까지 이어졌다.

한편, 히라도에서 활발하게 이루어지던 일본과 네덜란드 간의 물적·인적·문화적 교류는 1637년에 발발한 '시마바라·아마쿠사의 난(島原·天草の乱)'을 계기로 타격을 입기 시작하였다. 이 난은 기본적으로 번주의 극심한 학정과 지나친 과세로 인한 농민 반란의 성격이 강했지만, 막부는 기독교와 연계되었을 개연성을 의심하면서 자신들의 종교 정책에 대항하는 종교 반란으로 규정하고 반란자 전원을 처단하였다. 이후 막부는 히라도의 네덜란드인들이 기독교를 포교하지는 않지만 그들 역시 기독교도라는 사실을 인식하게 되었고, 1639년 3월에는 네덜란드인의 일본인 처자(妻子)의 바타비아 추방, 거류 네덜란드인의 일본 여자와의 교제 및 결혼을 금지시켰다. 이 같은 일본인과의 일상적 접촉 금지 조치는 1636년에 있었던 나가사키 거주 포르투갈인에 대한 조치와 마찬가지였다. 하지만 포르투갈인에게는 일본인과의 잡거를 금하고 새로이 만든 데지마 상관(出島商館)에 격리 수용하는 보다 더 엄격한 조치가 내려졌다.

1640년 8월 막부는 지난해(1639년) 내항 금지령을 어겼다는 이유로, 무역 재개를 요청하기 위해 내항한 포르투갈 사절단의 선박을 불태우고 승조원 모두를 처형하였다. 이로써 포르투갈과의 모든 외교 및 교역 관계는 단절되었고, 그 대안으로 네덜란드가 선택되었다. 1641년 5월 막부는 에도로 참부(參府)한 네덜란드 상관장에게 히라도 상관의 나가사키 이전을 명령하였다. 네덜란드 상관 측은 막 신축한 상관을 파괴하라는 막부의 명령도, 이제 나름 안정화된 히라도에서의 무역도 포기하고 나가사키로 이전하라는 명령을 순순히 받아들였다. 또한 히라도에서 주민들과 함께 자유로이 생활하던 것을 접고, 감옥 생활이나 마찬가지인 나가사키의 데지마 생활도 수용하였다.

이러한 네덜란드 측의 순종적 태도는 기본적으로 일본과의 무역에서 많은 이익이 남기 때문에 가능하였던 것이다. 그리고 오랜 기간 동안 히라도에 체재하면서 일본, 특히 막부의 기질과 위력을 실감하고 있던 상관장으로서는, 자신들이 '쇼군' 휘하의 하부 기관임을 정중하게 나타내기 위해 견실하게 주판알을 튀긴 측면도 있었다. 이제 히라도 상관의 나가사키 이전을 계기로 서구에 대한 일본의 창구는 나가사키로 단일화되었고, 개방 정도 역시 막부 스스로 완벽하게 통제할 수 있는 수준으로까지 강화되었다. 이 같은 막부의 대외 정책은 이후 1853년 페리의 내항까지 계속되었으니, 그런 의미에서 1641년 네덜란드의 데지마 상관 개설은 일본 근세 외교사에서 대사건으로 간주될 수 있다.

류큐, 조선, 네덜란드와 관련된 1609년 막부의 외교 정책은 1641년 히라도의 네덜란드 상관을 나가사키의 데지마로 이전함으로써 마무리되었다. 막부는 일본의 모든 외교 및 교역의 창구를 나가사키(막부 직할령: 네덜란드와 중국), 쓰시마(조선, 궁극적으로 중국), 사쓰마(류큐, 궁극적으로 중국), 마쓰마에(松前: 에조치 및 러시아) 4군데로 한정시켰다. 마쓰마에 번(松前藩)에 북방 민족과의 교역권을 승인한 것은 막부 성립 다음 해인 1604년으로, 1609년 체제가 성립되기 5년 전의 일이었다.

앞서 언급한 것처럼 막부는 결코 쇄국을 택한 것이 아니며, 4개의 창구를 통해 직접 그리고 간접적으로 외국과의 관계를 유지, 관리하였던 것이다. 일부 항구만 열었다고 말할 수 있으나, 실제로 오늘날에도 자신의 모든 항구를 외국에 열어 놓은 나라는 하나도 없다. 막부의 이러한 외교·통상 정책에는 여러 가지 이유가 있었겠지만, 무역을 통한 이익을 막부가 독점하려는 것이 그중 가장 중요한 요인임에 틀림없다. 하지만 류큐와의 무역 이익 일부가 사쓰마 번을 일본 굴지의 웅번으로 거듭나게 하는 기반이 되었으며, 역설적으로 여기서 비롯된 강력한 무력이 도쿠가와 막부의 붕괴에 결정적인 역할을 하였다. 역사의 아이러니라 하지 않을 수 없다. 다음 장에서는 도쿠가와 막부의 여러 특징과 그 시절 사쓰마 번의 행보에 대해 살펴보기로 하자.

제2장

사쓰마 번

일본의 근세

사전적 의미로 유럽 역사에서 중세(中世, Middle Ages)는 서로마제국이 멸망(476년)하고 게르만 민족의 대이동(4~6세기)이 있었던 5세기부터 르네상스(14~16세기)와 더불어 근세가 시작되기 전까지, 즉 5세기부터 15~16세기까지의 시기를 말한다. 물론 이 개념은 동양사에 그대로 적용하기 어렵고 유럽 이외 지역에 '중세'가 있었는지도 학자에 따라 의견이 상충하는데, 그중에는 '중세'가 결코 없었다는 지극히 유럽중심주의적 견해도 존재한다. 서양 중세를 상징하는 가장 대표적인 정치·경제·사회적 제도로 봉건제를 들 수 있으며, 이외에도 농업과 상업의 발달 그리고 이에 따른 도시의 발달도 이 시대의 대표적인 특징이다. 한편, 근대는 중세와는 전혀 다른 체제로 탈바꿈하였는데, 정치적으로는 민주주의, 경제적으로는 자본주의, 사회·문화적으로는 과학주의로의 전환이 그것이다. 따라서 근세는 중세에서 근대로 나아가는 과도기로서, 서양 역사에서 특별하게 구분하는 역사 단계로 볼 수 있다. 그렇다면 일본의 경우는 어떤가?

일본 역사에서 근세란 중세와 근대 사이의 점이적 시대, 대체로 도쿠가와 막부가 시작된 17세기 초반부터 대정봉환에 이어 왕정복고가 이루어진 19세기 후반까지 약 260여 년간을 말한다. 다시 말해, 근세란 일본 특유의 봉건적 막번 체제로 특징지어지는 도쿠가와 막부 시대를 지칭하는 것이다. 일본 고등학교 교과서 『일본사B』를 살펴보면 제3부가 '근세'인데, 당연히 제2부는 '중세'이며 제4부는 '근대 · 현대'인 점을 감안한다면, 일본 역사에서 근세라는 시대구분을 실제로 적용하고 있다. 그리고 제3부는 막번 체제의 확립(6장), 막번 체제의 전개(7장), 막번 체제의 동요(8장)로 구성되어 있다. 따라서 일본 중세에 수호 다이묘와 전국 다이묘가 등장하면서 봉건제적 요소가 일부 나타나기는 하였지만, 막번 체제라는 봉건제가 도입, 전개되면서 절정에 달한 후 마침내 종언을 고한 도쿠가와 막부 시기를 일본의 근세로 일본 역사학계가 파악하는 것이다.

일본 근세의 출발은 무로마치 막부가 지닌 체제 모순으로 전국 다이묘가 할거하면서 무로마치 막부가 붕괴한 것이 첫 번째 이유이지만, 이 시기는 포르투갈과 에스파냐의 세력으로 일별되는 서구 세력이 일본에 도래한 시기이기도 하다. 그 결과 일본은 세계 교역망에 포섭될 수 있었는데, 그 첫 번째 이유는 일본이 가지고 있던 은이 매개가 되었다. 그렇다면 일부 지역을 제외하고 전 세계가 하나의 교역망으로 묶이기 시작한 16세기에 은의 위력은 어느 정도였을까? 결론부터 말하면, 에스파냐가 신성로마제국이라는 이름하에 명실공히 세계 제국으로 부상하는 데 결정적 기여를 한 것이 바로 은이라, 그것만으로도 당시 은의 위력을 미루어 짐작할 수 있다.

15세기 후반만 하더라도 유럽의 변두리에 불과하였던 이베리아반도의 카스티야와 아라곤이 전자의 여왕 이사벨 1세와 후자의 왕 페르난도 2세의 혼인으로 나라의 면모를 일신하고는, 상속, 이중 결혼, 상호 상속계약 등을 통해 잉글랜드와 프랑스를 제외한 유럽 전역을 지배하는 대제국으로 발전하였다. 이것이 다름 아닌 16세기 중반에 들어서면서 세계를 호령하는 카를 5세와 펠리페 2세의 신성로마제국이다. 이 제국은 기존의 제국, 도시국가, 민족국가 등의 정치적 실체가 아니라 이들을 경제적으로 결합한 체제로, 월러스틴(Wallerstein, 2006)은 이를 '유럽세계경제' 체제라 부르기도 하였다. 또한 이러한 세계경제 체제는 이후 근대국가의 3가지 틀인 자본주의, 국민국가, 과학혁명의 바탕이 되었다.

이 모든 변혁의 동력은 다름 아닌 은을 교환 매체로 한 활발한 세계적 교역이라 볼 수 있으며, 이 은은 바로 에스파냐가 남아메리카에서 가져온 은에 기초하였다. 한편, 이 시기 일본 역시 은 생산이 폭발적으로 증가하였다. 이때 개발된 가장 대표적인 은광이 바로 이와미 은광(石見銀山)이며, 이를 가능케 한 선진 제련 기술은 조선에서 전해진 회취법(灰吹法)이다. 당시 일본의 은 생산은 전 세계 은 생산의 1/4~1/3가량을 차지하였을 정도라 하니, 은을 바탕으로 한 일본의 경제력을 충분히 가늠해 볼 수 있다.

16세기 후반은 일본 역사상 유례없는 군웅할거의 시기였다. 일본은 14, 15세기 전국시대를 거치면서 오다 노부나가에 의해 첫 번째 통일이 이루어졌다. 그는 나고야 근처 오와리쿠니(尾張国)의 영주로 처음에는 미미한 출발을 보였으나, 1555년부터 두각을 드러내기 시작해 다른 영주들의 지역뿐만 아니라 불교계 세력까지 초토화하면서 영토를 확장해 나갔다. 1582년 자신의 부하에게 배신당해 살해될 때까지 일본 영토의 2/3를 차지할 정도였다. 이를 뒤이은 도요토미 히데요시는 막강한 경제력을 바탕으로 명을 중심으로 하는 동아시아의 이념적 국제질서에서 이탈해, 오히려 일본 중심의 새로운 국제질서로 동아시아를 재편하려 하였다. 그리고 당시 동아시아 국제질서의 핵심이 바로 조선과 명의 고리이므로, 일본은 그 한쪽 축인 조선을 침공하려 한 것으로 볼 수 있다. 임진년과 정유년에 일어난 조선과의 두 차례 전쟁 여파로 도요토미 히데요시 정권이 무너지면서, 다케다 신겐, 오다 노부나가, 도요토미 히데요시로 이어진 일본의 전국시대는 막을 내렸다. 이제 일본의 모든 권력은 도쿠가와 이에야스로 넘어갔다. 260여 년간 지속된 '도쿠가와 평화기'라 말하는 도쿠가와 막부 시대, 바로 일본 근세의 출발이다.

일본은 16세기 후반부터 기독교를 탄압하고 외국과의 교역을 통제하기 시작하더니, 도쿠가와 막부 초기인 1630년대에 들어서면서 대외 정책은 더욱 엄격해졌고, 1639년 7월 '조조(条条)'를 발표하면서 소위 '쇄국 체제'가 완성되었다고 말할 수 있다. 하지만 그것은 어디까지나 형식적 쇄국, 다시 말해 쇄국이라는 이름의 외교에 불과하였다. 비록 네덜란드 한 나라로 제한하였지만 나가사키를 통해 서구와의 끈을 놓은 적이 없으며, 이곳에 명·청의 배가 들어오는 것도 막지 않았다. 또한 계속되는 조선통신사와 쓰시마를 매개로 한 조선과의 무역, 이와 비슷한 형태로 사쓰마에 의한 류큐 지배와 류큐를 통한 명(청)과의 교역, 그리고 18세기 후반부터 점차 중요해지는 마쓰마에 번(松前藩)을 통한 에조치[蝦夷地: 홋카이도(北海道)]와의 교역을 생각한다면, 일본은 결코 쇄국을 하였다고 볼 수 없다. 오히려 조선, 류큐, 명(청), 네덜란드, 에조치 등에 대해 보다 큰 틀에서 각기 나름의 일관된 대외 방침을 추구하였던 것이다.

한편, 근세와 근대 일본에 있어 네덜란드는 특별한 존재였다. 16세기 후반 동아시아에서 임진·정유 양란이 벌어졌던 그 시기에, 향료 무역을 둘러싼 동남아시아의 패권은 포르투갈에서 네덜란드로 넘어오게 되었다. 네덜란드는 이를 바탕으로 또다시 동아시아의 바다에도 등장하는데, 이후 17세기부터 도쿠가와 막부가 멸망하는 19세기 후반까지 2세기 반 동안 일본과 네덜란드의 밀접한 관계는 계속되었다. 네덜란드라는 단일 창구였지만 도쿠가와 막부는 나가사키를 통한 서구 문물 도입을 게을리하지 않았는데, 18~19세기에 꽃피웠던 난학(蘭学)이라는 이름의 독자적 서양 학문 체계는 그 대표적인 사례라 할 수 있다. 하지만 그 과정은 개인교습소 수준에 머무는 지극히 개인적이거나 서양 책을 번역하는 정도에 지나지 않았다. 이에 비해 막부 말기인 1855년부터 1858년 사이에 개설된 나가사키 해군전습소(長崎海軍伝習所)는 일본과 네덜란드, 다시 말해 동서 문명의 본격적이자 공식적인 만남이었으며, 1853년 페리의 흑선 출현과 그 이듬해 일미화친조약에 버금가는 도쿠가와 막부의 개국을 상징하는 대사건으로 볼 수 있다.

정리해 보면, 에도 막부는 대륙과 적당히 떨어진 지리적 장점을 활용하면서, 조선과 류큐를 통한 대륙과의 간접교역을 유지할 수 있었다. 또한 16세기 이래 동남아시아의 제해권과 무역권을 둘러싸고 포르투갈, 네덜란드, 잉글랜드로 이어지는 서구의 해양 세력들 사이, 그리고 그들과 현지인들 사이에 벌어진 피비린내 나는 혈투의 소용돌이에서도 한 발짝 비켜설 수 있었다. 이는 근세 일본이 정치적으로 안정을 구가할 수 있었던 결정적 요인이었다.

실제로 일본은 인도양을 거쳐 동쪽으로 향하는 서구 세력(포르투갈, 네덜란드, 잉글랜드)이나, 태평양을 건너 서쪽으로 진출하려는 서구 세력(에스파냐)의 입장에서 보면 가장 멀리 떨어진 나라였다. 막부는 쇄국을 표면에 내세웠지만 외국과의 창구를 몇몇 항구로 일원화함으로써, 외국의 문물과 정보, 궁극적으로는 무역의 이익을 독점하는 편의적 쇄국 정책을 유지하였던 것이다. 천황은 존재하지만 정치적 실세인 막부는 300개 가까운 번들을 다양한 방법으로 규제하면서도 국내 교역 활성화에도 매진하였다. 대륙의 영향도 서구의 영향도 직접 받지 않았지만, 그렇다고 그것들에 완전히 배제된 것도 아닌 그들 나름의 독특한 문화를 만들어 내면서, 정치뿐만 아니라 경제적으로도 안정과 번영을 구가한 것이다. 19세기에 이르면 수도인 에도의 인구가 파리나 런던과 마찬가지인 100만에 달할 정도였다고 하니, 서세동점(西勢東漸)의 19세기 후반 제국주의 격랑 속에서 독자적 활로를 찾으려 한 배경에는, 우리가 소홀히 생각하고 있는 일본의 경제력도 한몫하였다고 볼 수 있다.

막번 체제

근세 일본의 통치 구조는 독특하였다. 중앙의 권력기관이자 행정기관인 막부와 독립국이나 마찬가지인 지방의 번들이 주종 관계를 맺으면서 성립된 봉건적 막번 체제가 가장 기본적인 구조였다. 이러한 막번 체제에서 조금 비켜선 또 다른 준독립적 기구가 있었으니, 그것은 천황과 공가(公家: 천황의 신하)로 이루어진 조정이라는 독특한 정치조직이었다.

막말을 제외하고는 천황과 공가들의 정치적 발언권이나 경제적 지위는 막부나 다이묘에 미치지 못했다. 하지만 형식적으로 보자면 막부의 수장인 쇼군은 천황이 임명한 것으로, 처음에는 군사 지휘권만 인정한 것이지 일반 서정(庶政) 혹은 대정(大政)까지 위임한 것은 아니었다. 공가는 관위(직급)가 다이묘보다 높았고, 다이묘들과의 혼인 관계나 다이묘에 대한 관위 발급권을 통해 부수입을 올렸기에 그렇게 빈한한 것만은 아니었다. 실제로 조정의 석고는 대략 10만 석 정도라 중간 크기의 번에 해당하였으며, 관위가 높은 공가라 할지라도 석고는 5,000석에 미치지 못했지만 이는 막부의 하타모토(旗本: 막부 가신) 수준이었다.

나중에 자세히 다루겠지만, 초기에는 천황이 일반 서정마저 쇼군에게 위임하였다는 사실을 상호 암묵적으로 받아들였으나, 후기로 접어들면서 이 위임 자체를 부정하거나 거국일치를 위해 천황에게 권력이 집중되어야 한다는 분위기가 만들어졌다. 이에 막부는 1863년이 되어서야 비로소 천황으로부터의 공식적인 대정 위임을 받았지만, 4년 후 쇼군이 대정을 천황에게 돌려줌으로써(대정봉환) 도쿠가와 막부는 해체되었다. 따라서 권력으로 치자면 막부·번·조정 순이었지만, 권위로 치자면 조정·막부·번 순이라 볼 수 있다.

주지하다시피 일반 교과서적 설명에서는, 일본 근세의 정치체제를 막번체제 혹은 막번제라 부르면서 천황과 조정의 역할을 도외시하는 경우가 대부분이다. 이는 막부가 조정의 권위를 극도로 무시하였음을 상기시키는 동시에, 유신 신정부가 조정의 권위를 되찾아 근대적 천황제를 확립하고 이를 통해 일본이라는 국가를 반석에 올려놓았음을 강조하려는 의도가 숨어 있다고 판단된다.

이와 유사한 예가 하나 더 있으니, 조정·막부·번 등의 명칭에 관한 것이다. 일본 근세 당시에는 조정·막부·번이라는 용어가 거의 사용되지 않았고, 대신에 조정은 긴리(禁裏: 금리), 막부는 고기(公儀: 공의), 번은 구니(国: 국)로 불렸다. 막부란 무가들의 정부로서 조정보다는 정통성이 결여된 것이며, 번이란 중앙정부를 호위·방어하는 자립성이 낮은 존재라는 이미지를 생성하려는 의도에서 이 같은 명칭이 사용되었던 것으로 보인다. 그러나 이는 어디까지나 메이지 유신을 정당화하려는 혁명 주체 세력의 입장이 반영된 것일 뿐, 존왕을 부르짖던 그들과 그 후 위정자들이 천황을 어떻게 활용하려 하였는가는 그 이후의 역사가 분명히 일러 주고 있다.

실제로 근세(도쿠가와 막부) 말기는 천황의 상징성과 조정의 권위가 최고조에 이르렀던 시기였다. 어떤 이는 일본 근세의 정치체제를 막부와 다이묘 사이의 주종 관계를 축으로 하는 막번 체제보다는, 두 개의 중심인 막부와 조정 그리고 그것을 둘러싸고 있는 300개 가까운 번으로 이루어진 쌍두·연방국가로 보아야 한다고 주장하기도 한다. 하지만 이 책에서는 조정·막부·번이라는 우리에게도 친숙한 용어를 사용할 예정이다.

이 책의 관심사인 막부의 멸망과 이에 결정적 역할을 하였던 사쓰마 번을 이해하기 위한 기본 정보로서, 쇼군의 막부와 다이묘의 번의 특성에 대해 간략히 살펴보자. 우선 전국 토지의 3/4을 지배하고 있는 다이묘의 번들은 일본을 구성하고 있던 여러 정치집단 중 가장 중요한 요소의 하나로, 다이묘는 자신의 영지 내 가신단의 구성, 입법, 징세, 재판, 민정 일반 등을 자립적으로 운영하였다. 중세 시대에 다이묘가 없었던 것은 아니다. 근세(도쿠가와 막부) 다이묘와 구별하기 위해 중세 다이묘에는 수호 다이묘, 전국 다이묘 등 접두어가 붙어 있는데, 이들은 중앙에 대한 예속 정도와 영지 내 여러 세력과의 주종 관계에서 근세 다이묘와 구분된다.

우선 수호 다이묘란 일개 지방장관에 불과하였던 수호가 지방의 호족 세력과 주종 관계를 맺으면서 자신의 영지를 지배하게 된 지방 영주를 말한다. 그렇다고 관할하는 지역의 모든 세력을 수하에 둔 것은 아니었으며, 또한 호족 세력에게 녹봉이나 토지를 직접 배분하면서 그들을 가신단으로 삼은 것도 아니었다. 수호나 여기서 발전한 수호 다이묘는 어디까지나 조정이나 막부에서 파견된 관리라는 점을 우리는 분명히 인식해야 할 것이다. 한편, 전국 다이묘 역시 자신의 영지 내 호족 세력을 지배하였다는 점에서 수호 다이묘와 마찬가지이다. 하지만 전국 다이묘의 경우 호족 세력의 상당 부분을 가신단으로 삼았다는 점에서, 수호 다이묘보다 영지 내 세력과의 주종 관계를 더욱 강화시켰다고 볼 수 있다. 또한 전국 다이묘의 일부는 하극상에 의해 자발적으로 성장한 다이묘도 없지 않았다는 점에서 알 수 있듯이, 중앙의 통제에서 벗어나 각자 할거하면서 영토 확장을 위해 서로 격렬하게 투쟁하였다는 또 다른 특징을 지니고 있다. 이들에게는 유능한 행정가로서의 자질뿐만 아니라 뛰어난 무장으로서의 능력도 요구되었다.

근세 다이묘는 이들과는 근본적으로 다르다. 이 시기 다이묘들은 막부가 1615년에 제정하고 이후 일부 수정한 무가제법도(武家諸法度)에 의해 엄격히 통제되었다. 모든 다이묘에게는 영지 내 하나의 성(城)만이 허용되었고, 자신의 영지 크기(석고)에 상응하는 군사력을 항상 유지해야 했다. 한편, 전시에는 쇼군의 명령에 스스로 군사를 이끌고 출진해야 했고, 평시에는 에도성 및 주요 시설에 대한 경비, 하천공사 등 노역[어수전보청(御手伝普請) 혹은 보청(普請)]에 동원되었다. 물론 여기에는 막대한 비용이 소요되었는데, 이는 전적으로 다이묘가 부담해야 했다. 특히 1635년에 개정된 무가제법도에 따라, 모든 다이묘는 1년 주기로 자신의 영지와 에도에 교대로 머무르고, 처자는 강제로 에도에 거주해야 했다. 이 같은 쇼군과 다이묘 간의 주종 관계는 대략 이에야스의 손자인 3대 쇼군 이에미쓰(家光) 대에 완성되었다.

한편, 다이묘와 가신 간에도 마찬가지의 주종 관계가 확인된다. 이 주종 관계는 기본적으로 전시에 출진하고 평시에 공무원으로 봉사하는 가신들의 봉공(奉公)과 이에 상응하는 지행(知行: 토지) 및 봉록(俸祿: 급료) 지급이라는 다이묘의 어은(御恩)으로 성립된다. 가신 중에서 토지를 지급받아 직접 연공미를 수취하여 이를 바탕으로 자신과 자신의 가신단을 운영하는 가신을 지방지행(地方知行)이라 한다. 물론 일부를 다이묘에게 상납해야 함은 당연한 일이다. 이와는 달리 다이묘의 직할지에서 징수한 연공미의 일부를 급료의 형태로 지급받는 가신을 장미지행(藏米知行)이라 하는데, 가신의 대부분은 이 같은 형태, 다시 말해 요즘의 샐러리맨처럼 봉공에 대해 금전이나 물질로 보상을 받는다.

따라서 지방의 소영주 대접을 받는 지방지행의 경우 대부분이 상급 가신이지만, 그렇다고 해서 이전 수호 다이묘나 전국 다이묘처럼 촌락 전체를 지배하는 경우는 드물었다. 왜냐하면 자신의 영지가 이곳저곳 흩어져 있거나, 촌락에 둘 이상의 지방지행이 징수하는 경우도 있었기 때문이다. 이들 역시 영지 관리를 촌락의 자치단체나 다이묘의 전문 관료에 의존할 수밖에 없었기에, 독립적인 영주라기보다는 하급 가신과 마찬가지로 관료화되어 있었다고 보아야 할 것이다.

사쓰마 번의 경우 장미지행의 비율이 극도로 낮았으며, 대신에 지방지행의 극단적인 형태인 외성(外城)제도를 운영하였다. 이 제도가 도입된 데는 사쓰마 번 인구 전체의 1/4가량이 무사일 정도로 다른 번에 비해 무사 계급의 비율이 극도로 높았기에, 무사 모두를 가고시마 성하촌에 입주시킬 수 없었던 까닭이 있었다. 실제로 사쓰마 번에서는 전 영지에 110여 개의 외성을 두고 무사의 90%가량을 거주하도록 하였다. 이처럼 사쓰마 번에 무사 계급이 많은 이유는, 16세기 후반 시마즈 군이 규슈 전 지역의 석권을 목전에 두고 북규슈를 압박할 당시 다수의 타 지역 무사들이 여기에 합류하였지만, 도요토미 히데요시에게 시마즈 군이 참패하였음에도 불구하고 이 무사들이 각자의 영지로 돌아가지 않고 시마즈가로 귀환하였기 때문이다.

물론 여기서 외성이란 단지 행정구역에 불과하며, 모든 외성에 성곽이 존재하는 것은 아니었다. 외성에 정착한 무사들은 외성 주민들을 지배하고 외적을 방어하는 기능을 하였는데, 외적에는 막부도 포함되었다. 또한 사쓰마 번은 영내로 들어오는 출입로마다 초소를 설치해 사람과 물자의 이동을 감시하였는데, 이는 번의 재정 확충에 큰 몫을 한 밀무역이나 다른 번에서는 찾아볼 수 없는 외성제도와 같은 내부 정보가 외부, 특히 막부에 알려지는 것을 꺼렸기 때문이다. 따라서 사쓰마 번으로 들어오는 자는 많아도 살아서 돌아가는 자가 없었기에, '왔다가 돌아갈 수 없는 것'을 일컬어 사쓰마 히캬쿠(薩摩飛脚)라는 용어가 생겨나기도 하였다.

다이묘의 가신단은 엄격한 신분제도로 운영되었지만, 신분 간 이동이 없었던 것은 결코 아니었다. 특히 17세기까지는 인구 증가 및 신전(新田) 개발 등으로 다이묘 영지 내 업무가 폭증하면서, 뛰어난 공적을 이룬 하급 가신에게 봉록을 늘려 주거나 지행이 내려졌다. 그 결과 하급 가신에서 상급 가신으로 신분[가격(家格)]이 상승하는 기회가 생겼고, 그에 따라 녹봉[가록(家祿)]도 늘어났다. 이 시기에는 하는 일과 신분, 다시 말해 직급과 가격이 조화를 이루었고, 가격에 상응하는 가록이 지급될 수 있을 정도로 재정 상태가 양호하였다.

하지만 18세기 이후 사회가 안정되면서 신분 상승의 기회는 거의 사라졌고, 그에 따라 각 가문의 가격과 그에 상응하는 직급 및 가록이 고정될 수밖에 없었다. 따라서 가신들은 가격과 가록을 지키는 일에 필사적으로 매달렸고, 또한 세습을 통해 가문의 정치적 위상을 지키려 하였다. 결국 18세기 이후 가신(이는 쇼군의 가신도 마찬가지)은 아주 세밀하게 구분된 신분제 속에서 일신에 커다른 변화 없이 일생을 보내는 것이 삶의 전부가 되었다고 말할 수 있다. 여기서 한 가지 주목해야 할 것은 가신의 가격과 가록은 오로지 장자에게만 세습된다는 점이다. 그로 인해 차자 이하는 다른 가문의 양자가 되어 가록을 잇는 경우가 아니라면 장자에게 빌붙어 사는 신세가 될 수밖에 없었다. 이것이 일본 근세에 모든 계층을 통틀어 양자로 가독을 잇는 경우가 많은 이유이다.

한편, 18세기에 들어 사회 변화와 더불어 직무별 업무 강도가 달라지면서 직급, 가격, 가록이 일치하지 않는 사태가 발생하기 시작하였다. 특히 지방 관리와 재정 문제 그리고 재판까지 담당하는 간조부교(勘定奉行)의 업무가 늘어나면서, 행정기능을 확보하기 위해 간조부교의 증원이 요구되었다. 직급이 상승하면 이에 어울리는 가격도 달라져야 하는데, 이를 감당할 재원이 마련되지 않아 편법이 동원되기도 하였다. 즉 가격은 그대로 둔 채 직급만 올리면서 직급에 합당한 수당을 지급하거나, 재직 시에 한해서만 봉록을 지급하거나, 아니면 당대에 한해서만 토지 지급을 늘리는 방법들이 채택되었다.

그러나 이 역시 재원의 한계로 난맥상을 보이면서, 하급 가신에게 실질적인 업무 결정권을 부여하는 방식으로 문제를 해결하려 하였다. 일반적으로 하급 가신이 현장에 대한 대책을 마련하고, 이를 두고 해당 장관과 상급 가신들이 합의[중신회의(重臣会議)]를 통해 실질적인 결정을 내리며, 다이묘는 최종 재가를 하였다. 하지만 하급 가신의 결정권이 강화되면서, 다이묘나 중신회의가 스스로 발의하는 경우는 극히 드물었고, 대개 하급 가신들이 마련한 원안을 수용하거나 약간의 수정을 가하는 정도에 머물렀다. 따라서 다이묘나 중신회의는 하급 가신들이 마련한 원안에 권위를 부여하는 정도의 역할에 그쳤다.

그렇다고 상급 가신이 하급 가신에게 신분적 위협을 느낄 정도는 아니었다. 다이묘 입장에서 보면 하급 가신에 의한 상급 가신의 권력 견제가 가능하였고, 상급 가신의 입장에서는 결정에 대한 책임을 분산하고 그에 따라 가격 유지가 보장되어 나름대로 수긍할 수 있었다. 한편으로 하급 가신의 입장에서는 자신의 능력을 충분히 발휘해 국가와 일체감을 확인하면서 개인의 명예심도 충족할 수 있었으니 큰 불만은 없었다. 더군다나 이 과정에서 획득한 정치적 경험과 지식은 막말 대혼돈기에 하급 무사들이 맹활약하는 전제가 되었는데, 사쓰마의 사이고 다카모리나 오쿠도 도시미치가 그 대표적인 사례이다. 번 내부에서 확인되는 가격과 결정권의 분리, 다시 말해 권위(혹은 봉록)와 권력의 분리는 조정과 막부, 천황과 공가들 사이에서도 유사한 모습을 확인할 수 있다.

막부가 전국을 지배하는 군사력은 막대한 재정수입에서 비롯된 것이다. 전국 토지의 1/4(약 400만 석)에 달하는 직할령에서의 연공 이외에 전국의 주요 광산을 장악하면서 막대한 수입을 올렸다. 또한 에도, 교토, 오사카, 나가사키, 사카이(堺) 등 주요 도시를 직할령으로 삼아 여기서의 상업과 무역을 독점하였고, 화폐 주조권도 가지고 있었다. 막부의 군사력은 하타모토와 고케닌(御家人)으로 이루어진 가신단 이외에, 다이묘들이 부담하는 군역으로 이루어졌다. 쇼군의 직속 가신단은 에도에 머물면서 쇼군의 지휘하에 중앙정부로서 막부의 직무를 수행하는, 요즘 말로 하면 중앙직 공무원에 해당하며, 도쿠가와가의 업무도 당연히 맡아 수행하였다.

1722년 기준으로 하타모토는 5,205명, 고케닌은 1만 7,399명이었다고 한다. 막부의 업무를 총괄하는 직책인 노중(老中)은 4~5명 정도로 구성되며, 임시 최고직인 대로(大老)는 합의를 통해 쇼군 교체 등 중요 사항을 결정하였다. 한편, 막부는 다이묘들을 다양하게 분류하고 세세한 격식을 설정함으로써, 다이묘의 신분과 그 격식을 인정하는 주체로서 자신의 권위를 계속 재생산하였다. 가장 기본적인 분류는 막부와의 관계에서 비롯된 것인데, 신판 다이묘(親藩大名: 도쿠가와 친족), 후다이 다이묘(普代大名: 세키가하라 전투 이전부터 가신), 도자마 다이묘(外様大名: 세키가하라 전투 이후 가신)가 그것이다. 아주 약간의 예외는 있으나 이 중 노중에 임명되어 막정을 담당하는 다이묘는 후다이 다이묘뿐이다.

주요 행정관청으로는 지샤부교(寺社奉行), 마치부교(町奉行), 간조부교(勘定奉行) 등 3부교가 있는데, 이 중 가장 중요한 관청은 간조부교로 일반 재판, 직할지의 지배와 재판, 막부의 재정 전반, 대외 사무 등을 관장하였다. 감찰 역으로는 노중을 보좌하고 하타모토를 감독하는 와카도시요리(若年寄), 다이묘를 감찰하는 오메쓰케(大目付), 하타모토와 고케닌을 감찰하는 메쓰케(目付)가 있었다. 모든 직책에는 2명 이상의 후다이 다이묘나 하타모토가 임명되었고, 1개월 단위로 교대 근무하면서 정무를 담당하였다. 현장의 간단한 소송은 해당 관청의 전결사항(專決事項)이나, 여러 관청에 걸친 소송은 평정소(評定所)에서 노중과 3부교의 합의로 평결이 이루어졌다.

지방 조직으로는 교토소사대(京都所司代)가 가장 중요한 조직으로, 교토에 있는 조정의 통제와 관서(関西) 이하 다이묘들을 감시하는 기능을 맡았다. 또한 직할령에는 그 크기와 중요도에 따라 쇼다이(城代), 마치부교, 부교, 군다이(郡代), 다이칸(代官) 등이 파견되었고, 이 역시 간조부교가 총괄해 관리하였다. 앞서 다이묘의 하급 가신과 상급 가신 사이에서 볼 수 있었던 권위와 권력의 분리는, 막부의 행정 체계에서도 마찬가지로 나타났다고 한다. 예를 들어, 간조부교의 평결은 하급 관료인 간조쿠미가시라(勘定組頭)나 간조(勘定)의 의견에 거의 좌우되었다고 한다. 이는 막번 체제의 엄격한 신분 질서 속에서도 현장의 의견과 결정이 정책에 적극 반영되었음을 보여 주는 대목이다.

전국 270여 다이묘 중에서 석고 10만 석 이상의 오다이묘(大大名)가 40개 정도인 데 비해, 5만 석 미만의 고다이묘(小大名)는 200개가량으로 대부분을 차지하였다. 한편, 오다이묘 중 도자마 다이묘의 비율이 높은데 102만 석의 가가 번(加賀藩), 77만 석의 사쓰마 번 등 최상위 다이묘 역시 도자마 다이묘인 반면, 후다이 다이묘의 경우 석고가 가장 큰 이이가(井伊家)의 히코네 번(彦根藩)이 35만 석이며 나머지는 대부분 5만 석 이하의 고다이묘이다. 조정의 관위는 대개 석고의 크기에 따라 오다이묘에게는 4위(四位) 이상, 고다이묘에게는 5위(五位) 이하를 내렸으니, 봉록의 크기에 따라 관위(권위)가 결정되었다.

하지만 후다이 다이묘는 막부 행정의 중요 직책을 독점하면서, 막부 권력의 핵심으로 자리 잡았다. 여기서 주목할 것은 막부 최고 요직인 노중은 신판 다이묘나 도자마 다이묘가 맡을 수 없으며, 후다이 다이묘 중에서도 고다이묘가 주로 맡았다는 사실이다. 즉 오다이묘에게 권위는 주었지만 권력을 주지 않았고, 마찬가지로 고다이묘에게는 권위는 주지 않았지만 권력을 주면서 상호 견제하도록 만든 것이다. 이처럼 막번 체제에서 권위와 권력의 분리라는 절묘한 균형책은 막부 요직에서도 발견된다. 그러나 막번 체제가 동요하기 시작한 막말에 처음으로 막정 개혁을 요구하고 나선 것은, 하급 무사들이 아니라 정반대의 위치에 있던 오다이묘 연합체, 즉 신판 다이묘인 미토 번(水戶藩)의 도쿠가와 나리아키(德川斉昭)와 후쿠이 번(福井藩)의 마쓰다이라 슌가쿠(松平春嶽) 그리고 도자마 다이묘인 사쓰마 번의 시마즈 나리아키라(島津斉彬) 등이었다.

그들은 이미 독립해서 정치적·군사적 행동을 할 실력과 신분적 지위가 있었고, 서양의 침입에 나름의 해방 정책 및 대비 태세도 갖추고 있었지만, 그들에게는 일본의 미래에 대한 정책 결정에서 아무런 발언권이 없었다. 막번 체제의 절묘한 안정에 균형자 역할을 하던 권력과 권위의 분리가 이제 막번 체제를 허물어뜨리는 단초가 되었던 것이다.

사쓰마 번의 인맥

제1장에서도 언급되었듯이, 시마즈가는 일본의 최변방에 위치해 있었지만 강력한 무력을 바탕으로 가마쿠라 막부 초기부터 수호직을 맡았으며, 이후 같은 영지에서 수호 다이묘와 전국 다이묘의 지위를 유지한 거의 유일한 가문이었다. 또한 세키가하라 전투에서 서군에 가담해 도쿠가와 이에야스의 동군과 맞섰지만, 서군에 가담하였던 다른 다이묘들과는 달리 감봉이나 이봉을 겪지 않은 채 자신의 영지를 온전히 유지할 수 있었다. 하지만 이러한 사실만으로, 사쓰마 번이 막말에 정국의 핵심으로 급부상한 요인을 설명하기에는 무언가 부족하다. 사실 최남단이라는 지리적 위치 덕분에 서양 문

물의 도입에 유리하였고, 더군다나 류큐를 통한 중국과의 간접무역, 경우에 따라서는 밀무역도 가능해 막대한 수익을 올릴 수 있었던 것도 결코 무시할 수 없다. 그런데 이러한 요인은 오히려 외국 문물에 대한 번주의 지나친 관심으로 번 재정이 악화되는 요인이 되기도 하였다.

이 절과 다음 절에서는 도쿠가와 막부와의 관계 속에서 사쓰마의 인맥과 재정 문제를 다루려 한다. 이는 사쓰마 번이 도자마 다이묘라는 한계를 뛰어넘어 막말 대혼돈기에 정국의 한 축으로 자리 잡는 배경인 동시에, 시마즈 나리아키라와 시마즈 히사미쓰라는 두 영걸을 배출할 수 있었고, 그들의 가신으로서 고마쓰 다테와키, 사이고 다카모리, 오쿠보 도시미치와 같은 뛰어난 정치 무사들을 키워 내는 바탕이 되었다고 볼 수 있다.

우선 도쿠가와 쇼군가 및 조정의 섭관가(摂関家)의 필두인 고노에가(近衛家)와 시마즈가의 혼인 관계를 살펴보자. 5대 쇼군 도쿠가와 쓰나요시(徳川綱吉)의 측실 중에 쓰보네(局)라 불렸던 여인이 있었는데, 공식적 이름은 오스케(大典侍)였다. 그녀는 조정의 대납언직에 있던 공가 세이칸지 히로후사(清閑寺熙房)의 딸로서, 오빠 히로사다(熙定)의 딸 다케히메(竹姫)를 양녀로 맞았다. 다케히메가 측실의 양녀라 해도 어쨌든 형식적으로는 그 아버지가 쇼군인지라, 그녀는 졸지에 그리고 당당하게 쇼군의 딸 신분으로 상승하였다.

쓰나요시가 죽은 후에도 그녀의 신분은 유지되었다. 다케히메가 혼기에 이르자(어쩌면 혼담이 오고 갔는지 모르겠지만), 당시 쇼군인 8대 도쿠가와 요시무네(徳川吉宗)는 다케히메를 다시 자신의 양녀로 받아들였고, 뒤이어 사쓰마 번 5대 번주 시마즈 쓰구토요(島津継豊)는 그녀를 정실로 맞아들였다. 이때가 1729년의 일로, 세키가하라 전투(1600년) 이래 불편한 관계를 이어

온 도쿠가와가와 시마즈가 사이에 처음으로 혼인 관계가 이루어지면서 둘 사이는 점차 화해의 길로 들어섰다.

시마즈 쓰구토요와 다케히메 사이에는 아들은 없고 기쿠히메(菊姬)라는 딸만 하나 있었다. 쓰구토요는 비교적 이른 나이에 은퇴하고 아들 무네노부(宗信: 6대)에게 보위를 물려주었다. 하지만 무네노부는 일찍 죽었고, 곧이어 동생 시게토시(重年: 7대)가 이어받았으나 그 역시 일찍 죽고 말았다. 그 다음 보위는 시게토시의 아들이 물려받았는데, 그가 바로 시마즈가를 일약 일본 전국의 명문가 반열로 올려놓은 8대 번주 시마즈 시게히데(島津重豪)였다.

시게히데는 당시 나이 10세로, 아직 살아 있던 조부 쓰구토요가 섭정을 맡은 것은 당연한 일이었다. 그러나 시게히데가 이전 번주와 다른 점은, 그가 어릴 적부터 받았던 교육이 이전 시마즈가의 그것과는 판이하게 달랐다는 사실이다. 시게히데는, 공가의 딸로서 교토의 고풍스런 전통 그리고 쇼군의 딸로서 에도의 화려하고 세련된 문화를 이어받은 할머니 다케히메로부터 교육을 받았던 것이다. 덕분에 그의 인식은 사쓰마라는 지역적 한계를 벗어나 일본 전국, 나아가 세계로 넓혀졌고, 대표적 난벽 다이묘(蘭癖大名)라 불릴 정도로 외래문화를 적극 수용하였다. 물론 그의 난벽이 번의 재정에 큰 타격을 주었고, 이를 해소하는 과정에서 막말 사쓰마 번은 격렬한 내부 권력투쟁에 빠져들었다.

다케히메의 후광 혹은 인연으로, 8대 번주 시마즈 시게히데는 어삼경(御三卿)의 하나인 히토쓰바시가(一橋家) 초대 당주 도쿠가와 무네타다(徳川宗尹: 一橋宗尹으로 개명)의 딸 야스히메(保姬)를 정실로 맞아들였다. 1762년의 일이다. 어삼경을 이해하기 위해서는 우선 어삼가(御三家)에 대한 설명이 필요하다. 어삼가란 도쿠가와 이에야스의 아들 중에서 쇼군가 다음의 지위를 갖는 세 가문을 말하는데, 오와리 도쿠가와가(尾張德川家), 기이 도쿠가와가(紀伊德川家), 미토 도쿠가와가(水戶德川家)를 가리킨다. 이들은 종가(쇼군가)를 보좌하면서 신판 다이묘 중에서도 가장 높은 지위를 갖는 동시에, 도쿠가와라는 성을 사용하고 쇼군가의 문장도 허락되었다. 또한 쇼군에게 후사가 없을 경우, 종가 존속을 위해 양자를 제공하는 역할도 하였다. 막말 정국의 핵으로 떠올랐던 도쿠가와 나리아키(德川斉昭)와, 그의 아들로 15대 마지막 쇼군에 올랐던 도쿠가와 요시노부(德川慶喜)는 원래 미토 도쿠가와가 출신이었다.

한편, 도쿠가와 이에야스의 셋째 아들로 쇼군직에 오른 히데타다(秀忠) 이후 직계로 7대 쇼군 이에쓰구(家継)까지 이어졌지만, 8대 쇼군 요시무네(吉宗)는 기이가 초대 당주였던 요리노부(頼宣)의 손자로서 이전 쇼군과는 달리 방계에서 나온 쇼군이었다. 요시무네 역시 가능한 한 자신의 후계에서 쇼군이 나오길 바라면서 아들들을 분가하여 어삼가와 유사한 형태의 어삼경을 만들었는데, 다야스 도쿠가와가(田安德川家), 히토쓰바시 도쿠가와가, 시미즈 도쿠가와가(清水德川家)가 그것이다. 이들 가문은 쇼군가에 후사가 없을 경우 후계자를 제공하는 역할을 맡았는데, 어삼가에도 후계자를 공급하기도 하였다. 따라서 마지막 쇼군 요시노부가 어삼가 미토가에서 어삼경 히토쓰바시가로 간 것은 의외의 일이라 볼 수 있으나, 쇼군 후보자로서 가급적 당시 쇼군가와 보다 가까운 쪽으로 옮겼던 것으로 볼 수 있다.

어쨌든 이제 시마즈가는 도쿠가와가의 여식을 정실로 받아들일 정도로 성장하였고, 두 가문 사이의 유대 역시 돈독해졌음을 알 수 있다. 1769년 야스히메가 사망하면서 도쿠가와가와의 인연이 사라졌는데, 이를 안타깝게 여긴 다케히메는 측실에게서 딸이 생기면 도쿠가와가로 시집 보내라고 유언을 남겼다고 한다. 1772년의 일이다. 마침 그 이듬해인 1773년에 시게히데에게 딸이 태어났으니, 바로 11대 쇼군 도쿠가와 이에나리(徳川家斉)의 정실이 된 시게히메(茂姫)이다. 다케히메의 유언에 따라 히토쓰바시가에 시게히메와의 혼사를 청하였는데, 상대는 야스히메의 동생으로 히토쓰바시가의 2대 당주였던 하루사다(治済)의 아들 도요치요(豊千代)였다.

1775년 하루사다는 시게히메와 자신의 장남 도요치요의 혼인을 승낙하였다. 시마즈가로서는 히토쓰바시가와 사돈 관계를 맺음으로써 막부로부터 원조를 기대하는 정도였으나, 이 혼담은 의외의 결과를 가져다주었다. 즉 1779년 10대 쇼군 도쿠가와 이에하루(徳川家治)의 장남 이에모토(家基)가 급사하였는데, 당시 이에하루의 나이 43세라 후사를 기대하기 어렵다고 판단해 요시무네가 만들어 놓았던 어삼경 중에서 히토쓰바시가 당주의 장남인 도요치요, 즉 이에나리가 차기 쇼군으로 지명되었다. 이에나리는 시게히메와 같은 나이였는데, 1781년 8세의 나이에 쇼군 후계자가 거주하는 에도 성 니시마루 어전(西丸御殿)으로 약혼자 신분의 시게히메와 함께 입궐하였다.

졸지에 차기 쇼군의 장인이 되어 버린 시마즈 시게히데는 막부로부터 여러 측면에서 우대를 받았는데, 그중 사쓰마 번이 어수전보청(御手伝普請)에서 면제되자 많은 다이묘들이 불만을 제기하였다고 한다. 이후 1786년 10대 쇼군 이에하루가 서거하고 이에나리의 11대 쇼군 등극이 임박해지면서, 쇼군의 결혼 자체보다는 도자마 다이묘가 쇼군의 장인이 된다는 사실에 다이묘들의 반발은 극에 다다랐다. 결국 이듬해인 1787년에 시게히데는 장남 나리노부(斉宣)에게 번주 자리를 양위하지 않을 수 없었고, 곧바로 은거하는 모양새를 갖추었다. 하지만 도자마 다이묘의 딸이 바로 쇼군의 정실(御台所)에 오른 예가 없었기에, 이번에도 고노에가 당주 쓰네히로(経熙)의 양녀가 된 후 쇼군과의 혼사를 치러야만 하였다.

두 사람의 혼사가 결정된 지 14년 만인 1789년, 에도 성에서 이에나리와 시게히메의 성대한 결혼식이 거행되었다. 시게히메의 미다이도코로(御台所: 쇼군의 정실 부인) 등극과 관련된 여러 문제는 이로써 마무리되었다. 도쿠가와 막부 15명의 쇼군 중에서 쇼군직을 가장 오랫동안 유지한 이가 바로 11대 쇼군 도쿠가와 이에나리였다. 그는 1786년 쇼군에 취임해 1837년 사임하였으니 무려 50년간 쇼군직에 있었고, 이후 1841년 사망 때까지 오고쇼(大御所)로 있어 실제 정권을 장악한 기간은 무려 54년 가까이 된다. 따라서 그는 간세이(寛政: 1789~1801)기의 골짜기(寛政改革), 분카·분세이(文化·文政: 1804~1830)기의 산, 덴포(天保: 1830~1845)기의 골짜기(天保改革) 모두를 경험한 쇼군이었다.

막말에 다시 한번 시마즈가의 여식이 쇼군의 정실이 되는데, 그녀는 바로 2006년 NHK 대하드라마 '아쓰히메(篤姫)'의 주인공인 덴쇼인(天璋院) 아쓰히메이다. 13대 쇼군 이에사다(家定)와 시마즈가 사이에 혼담이 시작된 것은 그가 상처한 후인 1850년경이지만, 실제로 아쓰히메가 쇼군의 정실이 된 것은 그 후 한참이 지난 1856년의 일이었다. 아쓰히메 역시 고노에가 양녀로 입적된 후 쇼군의 정실이 되었다. 시마즈 나리아키라가 11대 사쓰마 번주였던 시기는 1851년부터 1858년 사이로, 아쓰히메의 결혼은 시마즈 나리아키라가 에도에서 맹활약하던 시절과 겹친다. 그러므로 아쓰히메의 결혼에 대해서는 다음 장에서 자세히 다루고자 한다.

한편, 고노에가와 시마즈가 사이에는 앞서 두 번의 양녀 입적 이외에 혼사도 있었다. 사쓰마 9대 번주 나리노부(斉宣)의 딸인 이쿠히메(郁姬)는 1825년 고노에 다다히로(近衛忠熙)와 약혼하였는데, 그 무렵 나리노부가 은거의 몸이 되어 결국 오빠인 10대 번주 나리오키(斉興)의 딸로서 출가를 하였다. 이쿠히메는 나리오키의 측실이자 히사미쓰의 생모인 오유라(お由羅)가 양육하였는데, 히사미쓰와도 가깝게 지냈으며, 시집간 이후에도 이들과 친하게 교제하였다. 다다히로와 이쿠히메 사이에 태어난 아들이 고노에 다다후사(近衛忠房)인데, 그는 1864년에 조카인 시마즈 나리아키라의 양녀 사다히메(貞姬)를 정실로 맞아들였다.

시마즈가 여식이 두 번에 걸쳐 고노에가에 양녀로 입적된 후 쇼군의 정실이 되었으며, 이후에도 두 집안 간에 혼사가 이어졌다. 이 같은 인연으로 말미암아 사쓰마 번은 막말에 막부보다 더 강력하게 조정 공작을 펼칠 수 있었으며, 막부의 내전(內殿)인 오오쿠(大奥)까지 손을 뻗칠 수 있었다. 이상에서 살펴본 바와 같이, 근세에 들어 시마즈가가 맺어 온 쇼군가와 고노에가와의 관계는 타 번에서 감히 넘볼 수 없을 정도의 것이었기에, 이런 인맥이 막말 사쓰마 번이 정국의 주역으로 등장하는 데 결정적인 역할을 하였다고 볼 수 있다.

사쓰마 번의 재정 위기와 극복

앞서 언급하였듯이 도쿠가와가의 일족인 히토쓰바시 도쿠가와가의 여식 다케히메와 사쓰마 5대 번주 시마즈 쓰구토요의 결혼은 당시 매우 이례적인 일로서, 막부가 사쓰마 번에 대한 경계심이 지나친 나머지 결혼이라는 회유책을 채택한 것이라고 볼 수 있다. 하지만 사쓰마에 대한 경계심은 여전히 풀리지 않았고, 결국 막부는 다이묘를 견제하기 위한 최대의 무기인 어수전보청을 끄집어 들었다. 어수전보청이란 막부가 다이묘에게 위탁(명령)한 대규모 토목사업으로, 막부 전국 지배의 전제이자 이를 상징하는 절대명령과 같은 것이었다.

어수전보청은 도요토미 히데요시 집권 당시 오사카 성 축성이 그 시원이며, 도쿠가와 막부 때에는 축성 이외에 사찰이나 조정 등의 조영과 수리, 대규모 하천 개수공사에도 전국의 다이묘들을 동원하였다. 이러한 토목사업 중에서 가장 어려운 공사이자 막대한 비용이 드는 하천 개수공사를 사쓰마 번에 위탁하였으니, 그것이 바로 1754년에 시작되어 1755년에 완공된 삼천분류공사(三川分流工事, 혹은 木曽川治水工事, 宝歴治水)이다. 여기서 삼천이란 현재 나고야시가 위치한 노비평야(濃尾平野)를 관류하는 기소산센(木曽三川), 즉 기소천(木曽川), 나가라천(長良川), 이비천(揖斐川) 등 세 하천을 가리킨다. 당시는 9대 쇼군 이에시게(家重)의 시대이자, 사쓰마 7대 번주(쓰구토요의 둘째 아들)인 시게토시(重年)의 시대였다.

막부의 명령을 받자마자 사쓰마 번은 중신회의를 열어 재정 담당 가로(家老: 번의 최고위직)인 히라타 유키에(平田靭負)를 총감독, 오메쓰케(大目付: 번의 최고 감찰직) 이주인 주조(伊集院十蔵)를 부감독으로 임명하였고, 사쓰마에서 750명 그리고 에도에서 200명의 사쓰마 무사를 파견하였다. 이외에도 현지에서 750명을 더 고용해야 했으나, 막부에서 파견된 역인(役人: 공무원)은 겨우 40명이고, 현지 역인도 32명에 불과하였다. 물론 현장에서 요구되는 토목사업 경비 대부분이 사쓰마의 몫이라, 이 사업은 270여 개 번 중에서 두 번째로 큰 사쓰마 번이라 해도 인적으로나 물적으로나 크나큰 부담이 아닐 수 없었다.

그 와중에 당시 사쓰마 번의 재정 상태는 극도로 열악하였다. 우선 1615년 에도 대화재 당시 사쓰마 번저 역시 화마를 피하지 못해 그 복구를 위해 막대한 비용이 들었고, 초대 번주 이에히사(家久)가 막부에 자발적 공순을 표하기 위해 시작된 참근교대(参勤交代) 역시 많은 비용이 요구되었으며, 1637년 시마바라·아마쿠사의 난에도 출병하였다. 그뿐만 아니라 1657년 대화재 때에도 에도 성 보청과 사쓰마 번저 복구에 막대한 비용이 소요되었다. 그 결과 2년마다 반복되는 참근교대 비용을 대기 위해 돈을 빌리지 않으면 안 되는 지경에까지 이르렀다.

한편, 1729년 쓰구토요와 다케히메의 결혼으로 번의 재정은 결정타를 맞았다. 결혼에 앞서 막부로부터 저택을 짓기 위한 넓은 대지를 하사받았지만, 그 대지에 걸맞은 저택을 짓는 데 막대한 비용이 초래되었다. 혼례 비용도 만만치 않았지만, 동행한 역인 200명과 시녀 180명의 생활비도 다케히메가 사망할 때까지 사쓰마 번이 부담하였다. 이러니 아무리 큰 번이라 할지라도 부채에 허덕일 수밖에 없었는데, 막부로부터 공사 명령이 내려진 1753년 번의 부채는 66만 냥(両)에 달했다고 한다.

공사 구간이 넓어 여러 번들의 이해가 상충되는 데다가 공사마저 난공사라 총감독 히라타는 처음부터 난관에 빠졌다. 우선 사쓰마에서 파견된 무사들은 치수공사에 전문 지식을 갖추지 않은 일반인이라, '3개의 하천을 완전히 나눌 것인지?', '제방에 수운을 위한 시설을 할 것인지?' 등 기본적인 사항마저 결정할 수 없을 정도였다. 두 번째 난관은 막부 측의 홍수 대책 체계가 에도에서 파견된 일반 역인, 홍수 전문가(水行奉行), 제방 전문가(堤坊役人) 등으로 나누어지면서, 일관된 지휘 계통의 부재로 막부 측 지시가 번번이 달라지는 문제가 발생하였다. 히라타로서는 도대체 누구의 지시를 받아야 할지 모를 지경이었다.

세 번째는 자금이었다. 처음 막부의 재정 담당자에게 문의한 결과 비용은 10만 냥, 많아도 14~15만 냥이면 될 것이라 하였기에 우선 그 자금을 구하느라 동분서주해야만 하였다. 이후 그 비용은 30만 냥에 이를 것이라는 통보를 받았고, 게다가 공사는 해당 마을에 청부를 주어야 한다는 지시도 내려졌다. 동원된 연인원은 모두 140만 명으로, 이 비용까지 포함되면서 예산은 40만 냥으로 증액되었다. 이는 당시 사쓰마 번 1년 예산의 두 배에 달하는 거액이었다. 히라타는 대출을 꺼리는 상인에게 흑설탕 전매권을 주면서 22만 냥을 빌리는 데 성공하였다. 그러고는 번사들에게 기부를 강요하고, 주민들에게는 인두세, 우마세, 선박세 등을 물리면서 15만 냥을 조달할 수 있었다. 마지막은 거대한 석재를 배에 싣고 운반하는 문제였다. 결국 이러한 난관을 극복하고 1년 반 만에 공사가 완료되었다.

이 공사가 얼마나 난공사였는가는 다음 두 가지 점에서 알 수 있다. 우선 하나는 이 기간에 막부가 사쓰마의 참근교대를 면제해 주었으며, 이후 상당 기간 사쓰마에 어수전보청을 내리지 않았다는 사실이다. 하지만 이보다 강력하게 이 공사의 어려움을 보여 주는 것은 다름 아닌 공사 과정에서 많은 인명 피해가 발생하였다는 사실이다. 공사 기간 중 모두 89명의 희생자가 나왔는데, 그중 사쓰마 번사가 84명으로 놀랍게도 자살한 자가 52명이나 되었다는 점이다. 자살 이외의 사망자 대부분은 역병에 걸린 번사들이었는데, 자살한 자 중에는 병상에서 다른 사람에게 부담을 주지 않기 위해 자살한 자도 있었다고 한다.

물론 그중 일부는 막부의 부당한 처사에 항의하는 방편으로 자살이라는 수단을 선택하였지만, 번은 이들의 자살을 자신들의 부주의한 결과라 보고하였다. 왜냐하면 막부에 대한 항의라는 사실이 밝혀질 경우 번에 어떤 피해가 올지 모를 일이며, 또한 어려움에 처한 인민을 구제하는 사업에 참가하였다는 고결한 이념과 긍지를 잃을 수 있었기 때문이다. 한편, 총감독 히라타 유키에는 공사가 종료된 지 이틀 후 사쓰마 본국에 현지 상황을 보고한 뒤 이튿날 자살하였다. 막대한 부채, 많은 인명 희생, 본국 인민들 혹사, 특히 '흑설탕 지옥'이라 불릴 정도로 설탕 증산을 위해 아마미 군도(奄美群島) 주민들을 혹사시킨 데 대한 모든 책임을 지고 스스로 목숨을 거두고 말았다.

나는 이 현장을 찾아간 적이 있다. 2022년 12월 중순 가고시마에서의 일정을 마치고 신칸센을 이용해 나고야(名古屋)로 향했다. 일본 전 지역 JR 패스로 기차비 걱정 없이 가고 싶은 곳 어디라도 즉석에서 가는 것이 내가 일본을 여행하는 방법이다. 나고야에 도착해 하루를 묵은 후 나고야역에서 간사이 본선(関西本線) 쾌속열차로 20여 분 가면 구와나(桑名)역에 도착하고, 여기서 요로선(養老線)으로 갈아타고 네 번째 역 다도(多度)역에서 내렸다. 처음 계획은 택시로 갈 예정이었으나 택시 회사에 전화를 걸었더니 1시간 이상 기다려야 한다기에 걷기로 하였다. 삼각주 지역이라 겨울철 댓바람을 막아 줄 만한 것이라고는 하나도 없어 추위에 떨며 무려 1시간 반을 걸어 목적지 기소산센공원센터(木曽三川公園センタ)에 도착할 수 있었다. 여기서 듣고 확인한 삼각주 지역 홍수방지책의 기본적인 원리는, 하중도 하류부 말단에서 하류 쪽으로 기다랗게 제방을 쌓아 하중도 양쪽에서 들어오는 지류가 가급적 하류 쪽 멀리서 만나 급작스러운 수위 상승을 막는 것이었다.

공원센터 전망 타워에서 넓은 범람원을 내려다보면서, 이들의 범람원 개간 경험이 일제강점기 우리나라 대하천 곳곳의 범람원 개발에 적용되었음을 알 수 있었다. 공원 옆에는 당시 희생된 사쓰마 번사들을 기리는 치수신사(治水神社)와 사쓰마의사동상(薩摩義士像: 사쓰마 의사란 이 보청사업에 참가한 사쓰마 측 번사를 말한다)이 세워져 있어 잠시 들렀다. 오던 길을 다시 1시간 반 걸어 처음 도착한 다도역에서 다시금 요로선을 타고 고마노(駒野)역에 내려 버스와 택시를 갈아타면서 사쓰마의사 역관터(薩摩義士役館阯)에도 다녀왔다. 과거 이 보청사업에 참가한 사쓰마 번사의 숙소가 있던 곳으로, 이곳에도 어김없이 히라타의 동상이 세워져 있었다. 오랜 인연과 감사의 마음을 잊지 않고 기념하는 모습이 인상적이었다. 인터넷에서 볼 수 있는 몇몇 기념물 이외에 별것이 없을 것이라는 예측대로였으나, 지리학에 바탕을 둔 역사 이야기꾼의 숙명이라 생각하고 기쁜 마음으로 숙소로 돌아온 기억이 난다.

2023년 6월 이 글을 쓰면서 마지막으로 가고시마를 찾은 적이 있다. 가고시마 성 안에 있는 레이메이칸(黎明館: 가고시마현 역사자료센터)을 나오다 바로 옆 사쓰마의사비(薩摩義士碑) 앞에 사쓰마의사 위령제가 히라타 공원(平田公園: 히라타 유키에를 기념하는 공원)에서 열린다는 깃발 수십 개가 펄럭이고 있었다. 마침 다음 날이라 그 현장을 찾았다. 생각보다 규모가 컸지만, 무엇보다 인상적인 것은 보력치수(宝歴治水) 사적보존회와 같은 단체들뿐만 아니라 기후(岐阜) 현지사, 구와나 시장, 가이즈(海津) 시장 등등 당시 실제로 도움을 받았던 지방단체의 장들이 참가하거나 화환을 보내왔다는 사실이다. 200년도 더 지난 21세기에 와서 당시의 일을 기념하고 사의를 표하는 것은 이들이 경제적으로 여유만 있다고 할 수 있는 일이 아님을, 한편으로는 무서운 나라임을 다시금 절감하였다.

무리한 명령을 따르느라 많은 인명 희생을 냈지만, 무엇보다도 번의 재정은 피폐해질 대로 피폐해졌다. 사쓰마는 왜 자신들에게 막부가 이토록 가혹한 명령을 내렸는가를 다시금 생각해 보지 않으면 안 되었다. 결국 막부에 대한 정치력 부재라는 결론에 이르렀다. 이후로 앞서 이야기하였듯이 시마즈가와 도쿠가와가의 적극적인 혼담이 오가게 되었던 것이다. 사쓰마의 재정 위기를 언급할 때 빼놓을 수 없는 번주가 있었으니, 바로 11대 쇼군 이에나리의 장인이자 난벽 다이묘로 알려진 사쓰마 8대 번주 시마즈 시게히데이다. 주지하였듯이, 도쿠가와가 출신의 조모인 다케히메의 고상하고 품위 있는 교육을 받았던 시게히데는 사쓰마의 보수적이고 폐쇄적인 성격을 타파하려 노력하였다.

그중 하나는 경제를 활성화시키려는 의도로 그토록 엄격하게 관리해 왔던 사쓰마 번으로의 출입을 완화하여 타국인의 출입이 원활하도록 바꾼 것이었다. 게다가 사쓰마의 문화 수준을 향상시키기 위해 개화 정책을 적극적으로 추진하였는데, 1773년 우수한 번사를 양성하기 위해 번교인 조사관(造士館)과 연무관(演武館)을, 그 이듬해인 1774년에 의학관(医学館), 1779년에 천문관(天文館)을 가고시마 성하에 창설하여, 학문과 의학 그리고 무예 창달에 힘썼다. 또한 다양한 서적을 편찬하였을 뿐만 아니라 외국 문화에 대한 관심도 커서, 막부의 허락을 받아 나가사키 데지마 상관에도 방문할 정도였다. 어쩌면 그의 이러한 관심과 노력은 증손자인 11대 번주 시마즈 나리아키라에게 그대로 이어졌다고 볼 수 있다.

이러한 문화사업이 번의 재정에 압박을 주지 않았다면 오히려 이상한 일이었다. 게다가 계속된 에도 번저의 화재와 반복되는 각종 풍수해, 사쿠라지마 화산 폭발로 인한 많은 복구 비용과 소출량의 감소로, 번의 재정은 더욱 혼미에 빠져들었다. 1787년 쇼군의 장인이 되면서 은퇴한 시게히데는 사망하는 1833년까지 무려 50년 가까이 서적 편찬과 문물 수집에 매진하였다. 이 역시 번의 재정 위기에 일조하였음은 당연한 일이었다. 결국 1753년 66만 냥이었던 번의 부채는 1807년에 126만 냥으로 늘어나고 말았다.

이 지경에 이르자 시게히데의 아들이며 9대 번주인 나리노부(斉宣)는 재정 개혁의 칼을 빼 들지 않을 수 없었다. 그는 근사록파(近思録派)라 불리는 가바야마 지카라(華山主税)와 지치부 다로(秩父太郎)를 발탁해 기구의 통폐합과 인원의 정비에 나섰다. 하지만 통폐합된 기구 대부분은 부친 시게히데의 문화사업과 관련되어 창설한 것이라, 시게히데의 반발을 살 수밖에 없었다. 또한 근사록파의 대두로 기존 세력의 몰락과 더불어 이들의 반발도 번 내의 또 다른 갈등 요인이었다. 『근사록』은 주희 등이 지은 신유학의 생활 및 학문 지침서인데, "널리 배우고 뜻을 돈독히 하며, 절실하게 묻고 가까이 생각하면(切問而近思), 인(仁)은 그 가운데 있다."라는 구절에서 따온 것이다. 근사록파는 『근사록』을 애독하면서 그 실천을 강조하는 당파로, 재정난을 극복하기 위해 15만 냥의 차용, 참근교대 15년 면제, 류큐 무역 확대를 막부에 요청하였다. 그러나 이를 안 시게히데는 쇼군 장인의 체면을 손상시켰다며 격노하였다.

1808년 시게히데는 가바야마와 지치부의 숙청을 요구하였고, 번주 나리노부도 아버지 명을 거역할 수 없어 가바야마를 비롯한 근사록파의 대대적인 숙청에 나섰다. 당시 할복 25명, 귀양 25명 등 모두 110여 명에 달하는 번사들이 처분을 받았다. 이 사건을 지치부 몰락(秩父崩れ) 혹은 근사록파 몰락(近思録崩れ)이라 부른다. 결국 나리노부는 시게히데에 의해 강제 은퇴 당한 후 번주직을 아들에게 양위하였으니, 그가 바로 사쓰마 10대 번주 시

마즈 나리오키(島津斉興)이다. 1809년의 일이다. 나리오키는 당시 18세였기에 다시금 할아버지 시게히데가 후견인으로서 번정을 장악하였고, 이는 1833년 시게히데의 사망 때까지 계속되었다.

한편, 시게히데는 쇼군의 장인이라는 배경을 이용해 막부에 류큐 무역의 확대를 요구하였다. 막부의 허락을 받은 사쓰마 번은 이제 류큐 무역에 직접 참여하기도 하고, 막부 허가 밖의 물건까지 취급하면서 막대한 이익을 올렸다. 하지만 번의 재정은 호전되지 않았다. 1829년 당시 번의 부채는 500만 냥으로, 이자만 1년에 35만 냥을 부담하였는데, 당시 사쓰마 번의 1년 예산은 단지 13만 냥에 불과하였다. 재정 개혁에 반대하면서 지치부 몰락이라는 사건까지 불러온 시게히데였지만, 결국에는 번 재정의 혁신을 위해 새로운 인물을 발탁하지 않을 수 없었으니, 그가 바로 즈쇼 히로사토(調所広郷)이다. 만약 즈쇼의 재정 개혁이 성공하지 못했더라면, 막말에 시마즈 나리아키라의 막정 개입이나 사쓰마 번 주도의 도막, 나아가 메이지 유신도 불가능하지 않았을까 짐작해 볼 수 있다.

즈쇼 히로사토, 시마즈 히사미쓰, 오쿠보 도시미치 이 세 사람의 공통점이 있다면 무엇일까? 이들은 사쓰마 출신 정치가로 메이지 유신을 전후하여 사쓰마의 번영과 전국 주도권 장악을 위해 크게 공헌하였다는 점이 그 하나이다. 또 하나는 사이고 다카모리와 맞서거나, 그의 태도나 신념의 반대편에 섰던 적이 있다는 점이다. 메이지 신정부 이래 세속적(소설, 드라마, 관찬 역사 등등) 평가에서 사이고 다카모리는 가고시마의 상징이자 '신격화' 된 인물이다. 따라서 메이지 유신을 완성하는 데 이 세 사람의 공헌이나 역할이 아무리 지대하였다고 하더라도, 사이고에 맞섰다는 점 하나만으로 이들은 상대적으로 저평가되거나 심지어 제대로 알려지지도 않았던 것이다.

하지만 막말 사이고가 맹활약할 수 있었던 배경에는 즈쇼 히로사토의 재정 개혁이 있었고, 당시 사쓰마 대외 정책의 최종 결정자는 당연히 시마즈 히사미쓰였으며, 유신 후 메이지 신정부의 기획자이자 최고 집행관은 오쿠보 도시미치였다. 특히 즈쇼의 경우, 시마즈가의 후계 문제(오유라 소동)에 관여하여 결국에는 승자(시마즈 나리아키라)가 아닌 패자(시마즈 나리오키, 오유라, 시마즈 히사미쓰) 편에 섰으며, 또한 사쓰마 번의 밀무역에 대한 막부의 질책에 그 책임을 지고 음독자살하였기에, 유신 초기 그에 관한 평가가 낮은 것은 당연한 일이었다. 그러나 막부의 덴포 개혁(天保改革) 실패에도 불구하고 사쓰마 번의 재정 개혁이 그나마 성공할 수 있었던 데에는 즈쇼의 역할이 결정적이었다. 또한 그의 재정 개혁이 막말 사쓰마 번의 정국 주도에 가장 중요한 배경이 되었다는 사실이 알려지면서, 점차 그에 대한 평가도 달라지기 시작하였다.

즈쇼는 1776년 2월 5일 가고시마 성하의 하급 사족인 가와사키 슈에몬(川崎主右衛門)의 2남으로 태어났으며, 1788년 12세에 즈쇼 세이에쓰(調所清悅)의 양자가 되었다. 즈쇼가의 가업은 번주에게 다도를 가르치는 다방주(茶坊主)였지만, 가격이 최하층인 어소생여(御小姓与)였기에 즈쇼는 어린 시절 빈한한 삶을 영위할 수밖에 없었다. 즈쇼는 1798년 나이 22세에, 은거해서 에도에 거주하고 있던 시게히데(8대 번주)의 다방주로 출사하였다.

이후 재능을 인정받아 승진을 거듭한 끝에 1824년에는 은거하고 있던 시게히데와 나리노부(9대 번주)의 재정출납관이 되었으며, 1825년에는 당시 번주인 나리오키의 내정을 담당하는 측역(側役)으로, 1828년 52세의 나이에 마침내 재정 개혁을 전담하는 책임자로 발탁되었다. 당시 52세이면 장로급이라 정치 무대에서 은퇴하는 것이 보통이던 시대였다. 그러나 발탁 이후 자살을 택한 1848년까지 20년간을 에도와 본국을 오가며 번의 급선무인 재정 문제에 진력을 다했다는 점에서, 그의 탁월한 능력뿐만 아니라 발군의 체력도 엿볼 수 있다. 1830년 당시 사쓰마 번의 국정은 번주의 조부인 시게히데가 후견인으로서 장악하고 있던 시절이었기에, 시게히데는 즈쇼에게 다음과 같은 3가지 재정 개혁 명령을 내렸다.

1. 1831년부터 1840년까지 10년 동안 50만 냥의 번 적립금을 마련하라.
2. 이외에 평시 및 비상시를 대비할 수 있도록 최대한 예비비를 적립하라.
3. 500만 냥의 차용증서를 돌려받아라.

이 명령은 1833년 시게히데의 사후에도 나리오키에게 승계되어 일관되게 추진되었다. 우선 즈쇼의 최우선 과제는 500만 냥에 이르는 번의 부채를 해결하는 것이었다. 앞서 언급하였듯이, 사쓰마 번의 석고가 72만 석이라 하지만 화산회토라 생산성이 극히 낮고 태풍, 화산 폭발 등 자연재해가 빈발해 실제 수확은 32만 석에 불과하였기에, 실제 번의 가용 예산은 13만 석에 불과하였다고 한다. 따라서 당시 500만 냥의 부채는 사쓰마 번이 아무리 대번이라 할지라도 감당할 수 있는 수준이 아니었다. 1835년 즈쇼는 돈을 빌려주었던 상인들을 겁박하여 '250년 무이자 할부 상환'이라는 무지막지한 방편으로 돌파하였다. 겉으로는 할부 상환이라 하지만, 사실 떼먹는 것에 지나지 않아 상인들의 반발은 극에 달했다. 하지만 당시 쇼군의 장인 가문이라는 뒷배를 배경으로 즈쇼와 나리오키가 밀어붙였던 것이다.

1838년 가로로 승격된 즈쇼는 이 같은 재정 개혁 이외에 농정, 군정, 행정에도 손을 뻗쳐 사쓰마의 면모를 일신하였다. 즈쇼 개혁의 성공에는 4가지 중요한 요소가 발견된다. 그 하나는 시게히데와 나리오키로 이어진 20여 년 동안 번주들의 전폭적인 지지를 받았기에 장기적인 개혁 정책이 가능하였다는 점이다. 두 번째는 스스로가 하급 무사 출신이라 문벌을 가리지 않고 번의 경계를 넘어서면서까지 우수한 인재를 등용하면서 인적 조직을 강화하였다는 점이다. 세 번째는 횡포라고밖에 말할 수 없는 극단적인 방법을 동원해서라도 당면 문제인 채무 변제에 나섰다는 점이다.

마지막으로 흑설탕의 경우에서 볼 수 있듯이 전매제를 실시해 농민들을 수탈한 측면도 있지만, 생산과 유통 과정을 개선하고 상인의 개입을 차단함으로써 오히려 흑설탕의 품질 향상과 가격 상승을 꾀할 수 있었다는 점이다. 이와 더불어 류큐를 통한 중국 재화의 중계무역과 밀무역을 강화하고, 옻나무와 닥나무 등 다양한 상품작물을 개발함으로써 많은 이익을 올릴 수 있었다. 이러한 재정 개혁 덕분에 1840년경에 이르면 번의 예비비는 무려 200만 냥가량 축적되었다고 한다.

류큐 외교

사쓰마 번의 개혁이 절정에 다다르던 1840년대 후반, 다시 말해 페리의 내항 직전에 두껍기만 하였던 일본의 쇄국 벽은 점점 흔들리기 시작하였다. 사실 영국을 비롯한 서구 세력이 일본 근해에 본격적으로 출몰한 것은 1800년대 초반부터이며, 처음 그 대상은 류큐였다. 따라서 대외 정책을 전적으로 책임지는 도쿠가와 막부뿐만 아니라 류큐의 실질적 이해에 개입하고 있던 사쓰마 역시 이 문제에 적극적으로 대처해야만 하는 형편이었다.

이후 류큐에 대한 외세의 압력이 더욱 강화되면서 막부의 대외 정책은 강경책과 온건책 사이를 오갔고, 결국 이 문제는 사쓰마의 개혁, 나아가 시마즈 나리아키라의 후사 문제에까지 연결되면서 막말 사쓰마 정국의 결정적인 변수가 되었다.

일본 대외 문제의 출발은 러시아였다. 18세기 후반에 동진 정책으로 알래스카까지 접수한 러시아는 쿠릴열도를 따라 남하하기 시작하였다. 그 결과 러시아는 자국과 일본 사이의 공간을 점유하고 있던 아이누족과 접촉하면서 이들과의 무력 충돌을 피할 수 없었고, 이에 긴장한 일본 정부뿐만 아니라 학자들도 다양한 국방 정책을 제시하면서 대응하였다. 19세기에 접어들면서 일본은 러시아 이외에 영국이라는 또 다른 변수를 상대해야만 하였다.

1803년 영국이 프랑스에 선전포고를 하면서 나폴레옹의 정복 전쟁이 다시 시작되었다. 영국 해군은 희망봉 동쪽의 네덜란드와 프랑스의 식민지를 공략하였고, 이들의 함선을 추포하기 시작하였다. 이에 네덜란드 동인도회사 총독은 영국으로부터 바타비아를 지키기 위해 저항하였으며, 이에 따라 네덜란드 선박의 나가사키 입항도 극도로 어려운 상황에 처하고 말았다. 이 때문에 바타비아 총독은 중립국인 미국의 배를 빌려 1년에 한 번 정도 나가사키 상관과의 연락을 유지할 정도였다. 사실 1797년부터 1807년까지 11년 동안 미국 배가 나가사키에 입항한 것은 겨우 9회에 지나지 않았다.

당시 막부는 미국이 영국으로부터 독립한 사실을 알지 못했기에, 미국 국적의 배를 영국의 배로 오인하고 있었다. 당시 지식인들 사이에서는 영국의 출몰에 대한 두 가지 상반된 시각을 확인할 수 있다. 구도 헤이스케(工藤平助), 하야시 시헤이(林子平)와 더불어 당대 대표적인 경세가인 혼다 도시아키(本多利明)는 영국을 모델로 한 평화적인 무역 입국을 주장한 반면, 대표적인 난학자인 오쓰키 겐타쿠(大槻玄沢)는 영국을 세계 제패를 꿈꾸는 침략주의적 국가로 인식하면서 국방을 튼튼히 해야 한다고 주장하였다.

겐타쿠의 예측이 적중하는 데는 많은 시간이 필요하지 않았다. 1808년 네덜란드 국기를 단 배 한 척이 나가사키에 나타났다. 임검선이 다가서자 그 배 선원들이 갑자기 태도를 바꾸고는 임검선 내 네덜란드인 2명을 체포하였고, 마스트에 달린 네덜란드 국기를 내리고 바로 영국 국기를 게양하였다. 이 배는 영국 동인도 함대 소속의 페튼호였다. 그들은 나가사키항 내에 네덜란드 배가 없다는 것을 확인하고는 장작과 물, 식품을 포로 2명과 교환하는 조건으로 포로를 석방하고 곧장 항구를 떠났다. 이는 영국과 일본이 본격적으로 관계를 맺는 최초의 사건이었지만, 영국의 호전성이 일본 사회에 깊게 각인되는 계기가 되었다. 게다가 외교적 대응의 실패를 막부 멸망의 한 가지 원인으로 친다면, 페튼호 사건은 막말의 시작으로 볼 수 있다.

당시 나가사키항의 방어는 후쿠오카 번(福岡藩)과 사가 번(佐賀藩)이 교대로 맡았는데, 사건이 일어난 1808년은 사가 번이 담당하고 있었다. 나가사키는 막부의 직할령(天領)으로, 그 책임자인 나가사키 부교가 파견되어 있었다. 나가사키 부교는 즉각 사가 번에 무장 출동 명령을 내렸지만, 사가 번은 재정난 때문에 1,000명 정원 중 150명만 주둔시키고 있었다. 중과부적으로 영국의 요구를 들어줄 수밖에 없었지만, 이에 책임을 지고 나가사키 부교는 자살하고 말았다. 또한 막부는 사가 번의 가로 2명에게 할복을 명하였으며, 번주 나베시마 나리나오(鍋島斉直)에게는 100일간 근신 처분을 내렸다. 번주의 근신 처분은 중신과 백성들에게도 파급되었고, 외세 방비에 대한 각성은 번 전체로 확산되었다.

그 후 1840년 아편전쟁 소식을 들은 막부는 나가사키 방어를 위해 사가

번에 포대 건설을 명령하였고, 사가 번은 기존의 청동제 대포가 아닌 철제 대포를 만들기 위해 반사로를 제작하기로 하였다. 외국 문헌을 참조하여 마침내 반사로가 완공된 것은 1850년이며, 2년 후인 1852년에 영국의 암스트롱 포를 모델로 한 최초의 철제 대포가 완성되었다. 사가 번이 자체 개발한 반사로 기술은 이후 사쓰마의 반사로 제작에 큰 도움이 되었을 뿐만 아니라, 사가 번의 암스트롱 포는 막부 멸망의 서전을 장식한 도바·후시미 전투(鳥羽·伏見の戦い), 에도에서의 우에노 전투(上野戦い)를 비롯해 도호쿠 지방에서 벌어진 보신 전쟁(戊辰戦争) 등, 매 전투마다 신정부군이 승리하는 데 혁혁한 전공을 세웠다.

다시 돌아와, 1810년 네덜란드가 프랑스에 병합되자 바타비아를 필두로 자바섬 일대에서 프랑스와 영국의 전투가 격화되었고, 1815년 프랑스의 패전과 함께 바타비아의 동인도회사는 다시 네덜란드에 환속되었다. 영국은 나폴레옹 전쟁으로 무려 10만 명에 가까운 전사자가 발생하였지만, 전장이 본국이 아니었기에 막 시작된 산업혁명은 큰 피해를 입지 않았다. 제임스 와트(James Watt)가 증기기관을 만든 것이 1769년이고, 이를 이용한 증기선이 개발된 것은 1807년이며, 증기기관차가 상용화된 것은 1825년이다. 증기기관 덕분에 대량생산이 가능해졌고, 이제 '세계의 공장'이 된 영국은 상품 판로를 위해 전 세계에 새로운 시장을 개척해야 했다. 또한 영국은 당시 기계 윤활유를 비롯해 다양한 용도로 사용되던 고래 기름을 획득하기 위해 태평양으로 나아가야만 했다. 따라서 나폴레옹 전쟁 이후 1820년대부터 영국의 배가 일본 근해에 자주 등장할 수밖에 없었던 데는 이러한 이유가 있었던 것이다.

당시 일본 근해에 출몰하는 영국과 미국 배는 대부분 포경선이었다. 이들은 조업 도중 장작, 물, 식품이 떨어지면 이를 구하기 위해 일본 근해로 접근하였다. 1824년에는 이 포경선 선원들이 신선한 식품을 구하려고 연안에 상륙해 소동을 일으키는 사건이 두 차례 발생하였다. 이에 당시 막부로부터 큰 신임을 얻고 있던 천문방(天文方) 다카하시 가게야스(高橋景保)는 막부의 자문에 다음과 같이 응답하였다. "도래하는 영국 배가 포경선인 이상 그다지 염려할 필요가 없다. 오늘 이후 포경선이 일본 근해로 접근하지 못하도록 네덜란드인을 통해 영국 관헌에게 경고하는 것이 좋겠다. 그럼에도 불구하고 해안 10리(40km) 이내로 접근한다면 위험하기 때문에 격퇴할 수밖에 없다. 즉 가능하면 무력을 사용하지 말고 쇄국 방침을 관철하자"는 것이었다.

이에 대해 막부는 접근하면 시비를 따지지 말고 격퇴하라는 강경책을 내놓았다. 소위 두 번 생각하지 말고 격퇴하라는 '이국선타불령(異国船打払令)' 혹은 '무이념타불령(無二念打払令)'이 그것이다. 1825년 막부는 세계적 시류와는 동떨어진 무모한 결정을 내린 것이다. 이후 막부의 강경책에 기름을 붓는 사건이 또 발생하였는데, 1829년 일어난 지볼트(Siebold) 사건이며, 그 후에도 막부의 대외 강경책은 계속되었다. 하지만 이국선타불령이 실제로 시행된 것은 미국 상선 모리슨(Morrison)호가 에도만에 나타난 1837년의 일이었다.

영국은 아편전쟁 이후 유럽 어떤 나라보다 중국 및 동아시아의 상업적 이익에서 한발 앞서 나아갔다. 이에 뒤질세라 프랑스도 동아시아 시장 개척에 뛰어들었다. 프랑스는 1830년 7월혁명의 결과로 부르주아 정권이 들어섰고, 새로 옹립된 프랑스 왕 루이 필리프(Louis Philippe)는 부르주아들의 뜻에 따라 해외시장 개척에 열을 올리기 시작하였다. 이에 따라 1843년 전권

공사 드 라그르네(T. de Lagrené)는 왕으로부터 통상조약을 체결하고 포교의 자유를 확보하라는 명령을 받고 중국으로 건너갔다. 드 라그르네를 수행한 프랑스 인도·지나 함대사령관 세실(J. T. Cécille) 제독은 이 기회를 이용해 베트남, 조선, 일본, 류큐 등과 국교를 맺으려 시도하였다.

프랑스의 배가 류큐에 처음 나타난 것은 1844년이었으며, 2년 전 난징조약(南京條約)으로 청국이 영국에 배상금과 토지를 제공하였다는 사실을 전하면서 류큐에 통상, 무역, 포교를 승인하라고 요구하였다. 이러한 사실은 당연히 류큐를 관할하고 있던 사쓰마를 통해 막부에 보고되었다. 막부의 명령에 따라 당시 가로직에 있던 즈쇼는 경비병을 증원하였지만, 그 후 별다른 일이 없자 슬그머니 경비병 일부를 철수시켰다. 한편, 그해 네덜란드 국왕이 쇼군에게 보낸 한 통의 친서가 막부에 도착하였는데, 그 내용은 일본으로 하여금 개국을 촉구한다는 것이었다. 이 친서에 대한 답변은 다음 해인 1845년 6월에 보내졌는데, 당연히 쇄국조법관(鎖国祖法観: 쇄국은 막부 초기부터 확립된 국법)을 네덜란드 측에 상기시키면서 개국 제안을 강력하게 거부하였다.

1846년 세실은 영국 함선 1척이 선교사를 싣고 류큐의 나하(那覇)에 기항하였다는 소식을 듣고, 이번에는 직접 프랑스 함대 3척을 이끌고 류큐에 나타나 정부에 화친과 통상을 요구하였다. 이에 대해 막부는 당시 에도에 있던 사쓰마 번 세자 시마즈 나리아키라에게 속히 사쓰마로 돌아가 "적절하게 응대해 국위를 손상시키는 일이 없이, '관맹(寬猛)'한 조치를 취하라."라고 명령하였다. 여기서 '관맹'이란 단어에는 류큐에서의 국제무역을 묵인하겠다는 의미가 포함되어 있었다. 이 당시 막부의 노중(老中) 수좌는 아베 마사히로(阿部正弘)였는데, 그는 1843년에 노중이 되었다. 덴포 개혁을 추진하던 미즈노 다다쿠니(水野忠邦)가 개혁 당시 부정을 저질렀다는 이유로 1845년에 파면되자, 그 뒤를 이어 노중 수좌에 올랐다.

기본적으로 개화파였던 아베 마사히로는 거국일치로 외압을 돌파하기 위해서는 사쓰마 번과 같은 웅번의 협력이 절대적으로 필요하다고 판단하였으며, 외국 사정에도 밝은 나리아키라가 가급적 빠른 시일 내에 번주로 등극하기를 바랐다. 하지만 류큐 개국의 문제는 류큐 왕국의 반대로 무산되었다. 무역용 물산도 부족할 뿐만 아니라, 주민의 생활이나 중국과의 조공무역에도 지장을 줄 것이라는 이유에서였다. 지나가는 이야기지만, 이 당시 세실이 마카오 소재 파리 외방전교회(外邦傳敎會)에 조선어 통역관을 소개해 달라고 할 때 소개된 이가 바로 김대건 신부였으며, 1846년 박해를 받고 있던 김대건 신부를 구하기 위해 조선으로 향한 이도 세실 제독이었다. 물론 세실이 조선에 가까이 가기 전에 김대건 신부는 이미 순교하였다.

나리아키라가 사쓰마를 떠나자 에도에 있던 번주 나리오키가 사쓰마로 귀국하였는데, 1847년의 일이다. 이후 나리오키는 대대적인 군제 개혁을 시도하면서 지금까지 외교를 담당하던 이국방(異国方)을 군역방(軍役方)으로 바꾸었고, 그 책임자로 나리아키라의 이복동생인 시마즈 히사미쓰를 임명하였다. 1848년 나리오키가 참근교대를 위해 사쓰마를 떠나면서 번주 대리로 히사미쓰를 지명하였는데, 유사시를 대비해 1,000명의 병력을 동원할 수 있도록 새로운 영지와 함께 5,000석의 석고를 배정해 주었다. 류큐 사건 당시 시마즈 나리아키라는 막부의 명령에 따라 일시 귀국하였지만 별다른 소득 없이 에도로 돌아갔다. 반면에 이복동생 히사미쓰는 이 사건을 계기로 번주이자 아버지의 배려 속에 번정의 중추로 우뚝 서게 되었다. 한편, 나리오키와 함께 에도로 돌아간 즈쇼는 막부의 취조를 받은 후 음독자살하였다.

1809년에 태어난 나리아키라는 3년 후인 1812년에 세자로 책봉되었지만, 나이 40이 넘도록 번주에 등극하지 못하고 있었다. 형식적인 이유는 나리오키와 즈쇼가 시게히데의 명을 받아 번의 채무를 변제하고 예비비를 만들기 위한 시기였고, 또한 류큐 사건이 격화되면서 번주 교체가 불가능하다는 것이었다. 하지만 속내는 달랐다. 나리오키와 시게히데의 명에 따라 즈쇼가 온갖 비난과 역경을 무릅쓰고 재정 개혁을 완수하였지만, 그 부채의 원인은 다름 아닌 시게히데의 난벽과 문화 정책 때문이었다. 게다가 나리아키라 역시 시게히데와 별반 다르지 않아, 만약 나리아키라가 번주가 된다면 그간 자신들의 노고는 공염불에 지나지 않을 것이라는 두려움도 만만치 않았다.

비록 이미 세자로 지명된 나리아키라에 대해 막부의 지지는 확고하였지만, 나리오키와 즈쇼에게는 대안으로 히사미쓰가 있었다. 학문이나 총명함도 나리아키라에 손색이 없을 뿐만 아니라, 그에게는 나리오키의 총애를 받는 모친 오유라가 있었다. 따라서 번내에는 히사미쓰를 지지하는 세력도 만만치 않게 포진해 있었다. 결국 초조해진 것은 나리아키라를 지지하는 개혁적인 젊은 하급 무사와 이들이 지지하는 중신들이었다. 그들에게는, 근검절약만 강조하면서 하급 무사와 백성들을 옥죄던 즈쇼를 비롯한 보수 세력을 번정에서 몰아내려는 또 다른 목적도 있었다. 이 같은 두 세력의 갈등은 마침내 막말 사쓰마 번을 대혼돈으로 몰아넣은 오유라 소동(お由羅騷動)으로 이어졌다. 이제 막말 최고의 제후라 일컫는 나리아키라의 생애와, 막부와 사쓰마가 당면한 대내외 정세 그리고 이를 헤쳐 나가려는 이들의 노력에 대해 살펴보자.

제3장

시마즈 나리아키라

1853년 페리 제독의 내항을 계기로 일본은 서구 세력과 본격적으로 접촉하기 시작하였는데, 그 전후로 막부의 모든 정책, 그중에서도 외교 정책을 책임졌던 이는 막부의 노중 수좌 아베 마사히로(阿部正弘)였다. 앞서 언급하였듯이 그는 1843년에 노중이 되었고, 덴포 개혁(天保改革)을 추진한 미즈노 다다쿠니(水野忠邦)가 개혁 당시 부정을 저질렀다는 이유로 1845년에 파면되자 그 뒤를 이어 노중 수좌에 올랐다. 이때부터 아베 마사히로는 페리 내항 전후의 일본 정국을 수습하느라 동분서주하였으며, 특히 개항 이후 해방(海防) 대책을 마련하는 등 다양한 개혁 정책을 주도하였지만 1857년 갑자기 사망하였다. 아베 12년의 집권 기간 동안, 때로는 동지로 때로는 경쟁자로 등장하면서 막말 정국 흐름에 결정적 영향을 미친 이가 둘 있었으니, 한 사람은 미토(水戶) 번주 도쿠가와 나리아키(德川斉昭)이고, 다른 한 사람은 사쓰마 번주 시마즈 나리아키라(島津斉彬)이다.

우선 도쿠가와 나리아키에 대해 간략히 살펴보자. 그는 1829년에 미토 번 9대 번주가 되었으며, 도쿠가와 막부의 마지막 쇼군인 도쿠가와 요시노부(徳川慶喜)의 친부이기도 하였다. 막부의 덴포 개혁을 본받아 자신의 영지를 재조사하였고, 번교 홍도관(弘道館)을 개설하였다. 또한 하급 무사층 가운데에서 다양한 인재를 등용하고 국민개병제(国民皆兵帝)를 주창하였으며, 서양 무기 국산화를 시도하는 등 대대적인 개혁을 추진하였다. 하지만 불교를 탄압하고 일본 고유의 신도(神道)를 옹호하는 바람에, 1844년 막부로부터 근신 처분을 받고는 번주직을 장남 요시아쓰(慶篤)에게 양위하였다. 1846년 근신이 해제되었고, 1849년부터 번정의 관여가 허락되었다. 그는 1838년, 1843년, 1846년 계속해서 막부에 대해 '이국선타불령'의 복원(1829년 해제)과 무가제법도에 명시된 '대선건조금지령(大船建造禁止令)'의 폐지를 강력히 주장하였다. 특히 1846년 건의서에서는 프랑스의 류큐 교역 요구에 대해서도 반대 의사를 표명하였다. 그는 기본적으로 해방을 근간으로 하는 양이론자였다.

하지만 나리아키의 해방론은 외국과의 교역을 전제로 하였으니, 그의 주장에는 일관성이 없었다고 볼 수 있다. 즉 이국선을 격퇴하기 위한 군함 건조 비용은 네덜란드 등과의 교역을 통해 해결하고, 건조 기술 역시 네덜란드에 의존하는 것을 전제로 하였다. 또한 군함 건조의 주체는 막부가 아니라 막부와 여러 번의 연합체여야 한다면서, '막번연합 대선건조론'을 주창하였다. 그러나 막부의 정책결정자들은 대선건조금지령 폐지가 웅번들의 해군력 강화로 이어질 것이며, 이것이 다시 막부의 안전에 위협이 될 수 있다고 우려하였기 때문에, 대선건조론을 전제로 한 나리아키의 해방론은 페리 내항 직전까지 받아들여지지 않았다.

그러다가 아베 정권이 들어서면서 류큐와 프랑스의 무역이 묵인되었고,

여러 번주와 지식인들은 대선건조금지령에 대한 반대 의견을 제시하였다. 게다가 나중에 언급하겠지만 사쓰마를 비롯한 여러 번에서 대선건조에 관한 여러 가지 구상이 등장하는 등, 쇄국 정책의 핵심 일부가 서서히 붕괴되고 있었다. 그러한 와중에도 아베 정권은 당시 국제 정세를 정확하게 읽고 있었다. 즉 일본으로서는 중국마저 꺾어 버린 영국의 위협에 직면해 어떻게든 전쟁을 피하고, 프랑스와 류큐 간 교역을 계기로 프랑스와의 우호 관계를 유지한다면, 이것이 영국의 일본 진출을 막는 또 다른 방법이 될 수 있다고 판단하였던 것이다.

한편, 영국과 프랑스가 류큐에 등장함에 따라 류큐를 관할하고 있던 사쓰마 번으로서는 막부와 함께 이 문제에 적극적으로 대응해야만 하였다. 제2장에서 언급하였듯이, 이 과정에서 사쓰마 번의 차기 번주인 시마즈 나리아키라에게는 히사미쓰라는 강력한 경쟁자가 등장하였다. 우여곡절 끝에 결국 나리아키라가 사쓰마 번주 자리에 올랐고, 그와 더불어 사쓰마는 거대 웅번의 하나로 일약 막말 정국의 핵심으로 대두하였다. 또한 그가 발탁한 하급 무사 사이고 다카모리(西郷隆盛), 그의 사후 히사미쓰에 의해 발탁된 오쿠보 도시미치(大久保利通)와 가로 고마쓰 다테와키(小松帯刀) 등이 왕정복고 및 도쿠가와 막부 멸망(메이지 혁명)에 결정적인 역할을 하였다. 나리아키라의 사쓰마 번주 승계를 둘러싸고 벌어졌던 오유라 소동으로 들어가기 전에, 우선 시마즈 나리아키라의 출생과 성장 그리고 배경부터 살펴보자.

시마즈 나리아키라의 성장

시마즈 나리아키라의 증조부인 시게히데(重豪: 사쓰마 8대 번주)는 11대 쇼군 이에나리(家斉)의 장인이라는 배경을 바탕으로 막대한 권세를 누렸고, 덕분에 쇼군가와 밀접한 관계를 맺고자 하는 다른 다이묘들로부터 많은 혼담이 오갔다. 그 결과 아들들은 유력 다이묘가의 양자가 되어 그 가독을 잇고 딸들은 다이묘의 정실로 시집을 가면서, 마치 시마즈가를 중핵으로 하는 하나의 혈연 그룹이 생겨날 정도였다. 이러한 혼인 관계는 이후에도 계속되었는데, 나리아키라의 경우도 마찬가지였다. 그의 아버지인 나리오키(斉興: 사쓰마 10대 번주)는 돗토리(鳥取) 번주 이케다 하루미치(池田治道)의 딸 이요히메(弥姫)를 정실로 맞았는데, 둘 사이에 태어난 장남이 바로 시마즈 나리아키라이다.

나리아키라의 이모들은 조슈(長州) 번주 모리 나리히로(毛利斉熙), 사가(佐賀) 번주 나베시마 나리나오(鍋島斉直), 가사마(笠間) 번주 마키노 사다모토(牧野貞幹), 다카나베(高鍋) 번주 아키즈키 다네타다(秋月種任)에게 각각 시집을 갔다. 나베시마 나리나오의 아들 나오마사(直正)가 반사로를 건설하고 암스트롱 포를 완성하는 등 사가 번의 근대화에 매진하였던 바로 그 인물인데, 나리아키라와 나오마사는 이종사촌 간이 된다. 한편, 나오마사의 여동생은 처음 후쿠야마(福山) 번주 아베 마사야스(阿部正寧)에게 시집갔다가, 이후 우와지마(宇和島) 번주 다테 무네나리(伊達宗城)와 재혼하였다. 나리아키라의 적극 지지자였던 노중 수좌 아베 마사히로는 마사야스의 동생으로, 나중에 마사야스의 후임으로 후쿠야마 번주가 되었다.

나리아키라는 1826년 네 살 연상의, 히토쓰바시가 3대 당주 도쿠가와 나리아쓰(徳川斉敦)의 딸 후사히메(英姫)와 결혼하였다. 이미 밝힌 바 있듯이, 11대 쇼군 도쿠가와 이에나리(徳川家斉)의 부인은 사쓰마 8대 번주 시게히데의 딸이자 나리아키라에게는 고모할머니가 된다. 한편, 이에나리의 실가(実家) 역시 원래 히토쓰바시가였기 때문에, 나리아키라의 결혼은 도자마 다이묘인 시마즈가를 도쿠가와가와 이중 삼중으로 엮어 놓은 극히 예외적인 혼사였으며, 그만큼 당시 시마즈가의 위세가 얼마나 높았는지를 단적으로 보여 준다. 게다가 모친 이요히메의 사촌동생이 바로 후쿠이(福井) 번주 마쓰다이라 슌가쿠(松平春嶽)이다. 그 역시 어삼경의 하나인 다야스 도쿠가와가(田安徳川家) 출신으로 14대 쇼군 후보의 하나가 될 수 있었지만, 일찍이 양자로 가 후쿠이 번주가 되는 바람에 그 후보에 오를 수 없었던 인물이다.

나리아키라, 다테 무네나리, 마쓰다이라 슌가쿠는 공무합체(公武合体)를 추진하면서 막말 정국을 주도한 한 축으로, 도사(土佐) 번주 야마우치 도요시게(山内豊信)와 더불어 4현후(四賢候)로 불릴 정도로 다방면에 출중하였던 인물들이다. 이 같은 혈연관계는 시마즈 나리아키라가 도자마 다이묘임에도 불구하고 막말 막정에 관여하면서 맹활약하는 결정적인 배경이 되었다.

1809년에 태어난 나리아키라는 3세 때 막부의 승인을 받아 세자로 책봉되었고, 12세에 성년식을 하였다. 15세인 1824년에 종사위하(従四位下) 시종으로 임명되면서 쇼군 도쿠가와 이에나리로부터 '斉' 자를 하사받아 이름을 나리아키라(斉彬)로 바꾸었다. 어머니 이요히메는 뛰어난 학식과 교양을 지닌 여성으로, 당시 유모에게 전적으로 자녀 육아를 맡기던 관례와는 달리 직접 수유와 교육을 전담하였다고 한다. 하지만 불행히도 1824년에 병사하고 말았다. 같은 어머니 밑으로 남동생 나리토시(斉敏)와 여동생 고히메(候姫)가 있었는데, 남동생은 오카야마(岡山) 번주 이케다 나리마사(池田斉政)의 양자로 들어가 그 뒤를 이어 오카야마 번주가 되었으며, 고히메 역시 도사 번 13대 번주인 야마우치 도요테루(山内豊熙)의 부인이 되었다.

4현후의 하나인 도사 15대 번주 야마우치 도요시게는 도요테루의 조카에 해당된다. 그리고 이복형제로는 히사미쓰(久光)와 유키히메(順姫)가 있었는데, 유키히메는 제제(膳所) 번주 혼다 야스아키(本多康融)의 부인이 되었다. 세자가 된 나리아키라는 번주인 부친이 참근교대로 귀국할 때도 에도에 머물러야 하였기에, 1835년 26세가 되어서야 비로소 정무 견습을 이유로 처음 사쓰마를 방문하였다. 이후 1846년 류큐 문제가 발발하자, 막부의 명령으로 이듬해인 1847년에 두 번째로 본국을 방문하였고, 그 후 세 번째부터는 번주로서 귀국하였다.

증조부 시게히데는 나리아키라가 24세이던 1833년에 사망하였기에, 나리아키라는 퇴위하여 에도에 함께 살던 시게히데의 사랑을 한 몸에 받으며 자랐다. 특히 해외 문물과 자연에 흥미를 갖고 있던 시게히데로부터 절대적인 영향을 받으면서 성장하였다. 그 한 가지 예가 바로 지볼트(Siebold)와의 만남이었다. 1826년 나가사키 데지마 상관 소속 의사였던 지볼트가 상관장의 에도 참부 시 동반 상경하였을 때, 나리아키라는 시게히데와 함께 그를 만났다고 한다. 이후 나리아키라는 지볼트의 제자들과도 계속 교류하면서 해외에 관한 정보를 교환하였다. 나리아키라는 난학에 심취해 난학자를 초빙하기도 하였고, 스스로 난학서를 번역하거나 편지 전문을 네덜란드어로 쓸 만큼 네덜란드어 공부에도 열심이었다고 한다.

한편, 자연에 관한 관심도 남달랐는데, 나팔꽃을 재배하는 것이 나리아키라의 취미 중 하나였다. 그가 재배한 나팔꽃은 변종을 포함해 수백 종에 달했다고 한다. 그 결과 나리아키라는 세계정세뿐만 아니라 서구의 과학과 문화에 정통한 인물로 성장하였고, 이 같은 다이묘 후보는 지금까지 그 유례를 찾아볼 수 없을 정도였다. 하지만 그의 부친 나리오키와 중신들은 나리아키라의 기호와 성벽으로 인해 증조부처럼 번 재정의 파탄으로 이어질 것을 염려하여, 그의 번주 승계를 내심 달갑게 여기지 않았던 것이다.

처음 귀국한 1835년 나리아키라는 번사들과 막역하게 교류하였고, 번내 노인들에게 친히 선물을 주는 등 파격적인 행보를 보였다. 이에 백성들 사이에서는 지금까지 볼 수 없었던 차기 번주의 모습에 칭송이 드높았다고 한다. 특히 젊은 하급 무사들에게 나리아키라는 참신하고 매력적인 군주로 보였음이 틀림없다. 왜냐하면 당시 번주와 중신들은 번의 재정 개혁을 위해 근검절약을 극도로 강요하였을 뿐만 아니라 이는 당연히 백성의 수탈로 이어졌기에, 번정에 대해 하급 무사들의 불만이 극에 다다랐기 때문이다. 결국 이들이 나리아키라의 번주 취임을 지지하는 세력으로 성장하였고, 1849년 오유라 소동을 일으켰던 것이다.

오유라 소동

1847년 나리아키라는 막부의 명령에 따라 두 번째로 귀국하였다. 류큐 외교 문제가 그 이유였지만, 이미 즈쇼 히로사토(調所広郷)가 모든 곳에 손을 써 놓아 그가 할 수 있는 일은 별달리 없었다. 사쓰마에서 나리아키라가 확인할 수 있었던 것은 다름 아닌 즈쇼의 막강한 권력이었다. 게다가 40세

가까운 나이에도 불구하고 자신이 번주가 될 수 없었던 이유 역시, 즈쇼를 비롯한 기존 세력의 방해 때문인 것을 다시금 확인할 수 있었다. 나리아키라는 별 소득 없이 에도로 복귀하였다. 아베의 호출을 받아 등성한 나리아키라는, 즈쇼의 류큐 파병 보고가 허위가 아니냐는 추궁을 받았다. 사실 아베는 막부의 밀정을 통해 즈쇼의 보고가 허위일 뿐만 아니라, 사쓰마가 류큐를 통해 밀무역을 자행하고 있음을 이미 알고 있었다.

아베는 이를 빌미로 나리오키의 은퇴 작업을 적극 추진할 생각이었으나, 나리아키라로서는 부친을 무리하게 은퇴시킬 경우 그 뒷감당도 만만치 않아 주저하는 입장이었다. 하지만 아베는 밀어붙였다. 아베는 외세의 압박에 대응해 거국일치의 정치체제를 구축하기 위해서는 사쓰마 번과 같은 웅번의 협조를 받아야만 하였고, 그와 동시에 해외 사정에 정통한 나리아키라 같은 인물이 절대적으로 필요하였던 것이다. 물론 아베뿐만 아니라 에도에서 친교를 맺고 있던 후쿠이 번주 마쓰다이라 슌가쿠 역시 나리아키라가 번주직에 오르는 것을 강력하게 희망하고 있었다.

결국 나리아키라는 번이 풍비박산이 날지 모르는 일이지만, 즈쇼의 류큐 파병 보고가 허위이며 사쓰마는 여전히 막부가 금지한 류큐를 통한 밀무역을 감행하고 있다는 사실을 이실직고하고 말았다. 어쩌면 이를 계기로 즈쇼 일파를 무너뜨리고 부친의 은퇴를 종용해, 자신의 번주 취임을 앞당기려는 의도도 있었을지 모른다. 아베는 나리오키의 참부에 동행해 에도에 와 있던 즈쇼를 호출하였다. 그러고는 허위 파병 보고와 밀무역에 대해 강력하게 추궁하였다. 결국 즈쇼는 이 문제가 번주 나리오키에게 전가되는 것을 막기 위해 스스로 음독자살이라는 방편을 택하고 말았다. 1848년 12월의 일이며, 즈쇼 나이 72세, 번의 재정 개혁 책임자가 된 지 20년이 되는 해였다. 즈쇼의 음독자살로 나리오키는 책임 추궁을 면하여 번주직을 계속 유지할 수 있었고, 즈쇼와 가까운 가로들도 여전히 번의 실권을 장악한 채였다. 애초에 의도한 바와 달리 아베의 실패이자, 나리아키라의 완전한 패배였다.

이후 벌어지는 오유라 소동은 번주직을 놓고 일어난 시마즈가 최대의 가내소동(家內騷動)으로, 기본적으로 세자인 시마즈 나리아키라의 지지 세력과 이복동생인 시마즈 히사미쓰의 지지 세력 간의 충돌이었다. 처음 충돌에서는 나리아키라의 지지 세력이 참패하였으나, 결국 나리아키라가 번주가 되었다. 하지만 나리아키라는 히사미쓰에게 보복하지 않았고, 오히려 그를 측근에 두었다. 그러고는 히사미쓰의 장남을 양자로 삼아 셋째 딸과 혼인시켰으며, 마침내 자신의 후계로 사쓰마 12대 번주가 되도록 하였다.

나리아키라가 사망한 후 히사미쓰는 친자식인 다다요시(忠義)의 후견인으로서 번정을 실질적으로 장악하였으며, 이복형 나리아키라의 유지를 받들어 막말 정국의 핵심으로 등장하였다. 그는 그 유례를 찾아볼 수 없는 솔병상경(率兵上京), 즉 1,000명의 대병력을 이끌고 교토로 가 천황의 명을 받들어 에도 막부에 대대적인 개혁을 요구하였다. 결국 에도 막부는 은거 중이던 히토쓰바시 요시노부(一橋慶喜: 나중에 15대 쇼군으로 등극하면서 도쿠가와 요시노부로 개명)를 쇼군후견직, 마쓰다이라 슌가쿠를 정사총재직(政事総裁職), 마쓰다이라 가타모리(松平容保)를 교토수호직(京都守護職)에 임명하였다. 이들은 막말 대혼돈기 교토에서 활약하게 될 막부 측 대리인인데, 나중에는 이들과 에도 막부 측과의 불협화음이 막부의 붕괴로 이어지는 또 하나의 원인이 되었다.

당시까지 사쓰마는 웅번이라 하지만 막정에 참여할 수 없는 도자마 번(外様藩)에 불과하였다. 하지만 막강한 군사력과 조정 대신들과의 유대를 바탕으로 교토와 에도의 정치 무대에 화려하게 등장한 히사미쓰를 이제 막부마저 인정하지 않을 수 없었던 것이다. 사쓰마 번의 힘이 어디와 손을 잡느냐에 따라 막말의 정치적 판도가 달라지면서, 바야흐로 사쓰마 번은 막말 정국의 최대 변수로 작용하게 되었다. 자세한 이야기는 나중에 이어지겠지만, 히사미쓰의 중앙 무대 등장은 이처럼 극적이었고 이후 정국 흐름의 최대 변수였던 것이다. 오유라 소동의 또 다른 당사자인 히사미쓰에 대해 잠시 살펴보자.

막말 사쓰마 번의 정치적 행보에 결정적인 역할을 한 두 인물로 나리아키라와 히사미쓰 형제를 들 수 있다. 나리아키라는 1809년생이고 히사미쓰는 1817년생으로, 둘은 나리오키를 아버지로 둔 여덟 살 차이의 이복형제이다. 1824년 나리아키라의 모친이자 정실인 가네코(周子: 이요히메)가 사망하였을 때 나리아키라는 15세, 히사미쓰는 7세였다. 히사미쓰는 태어나자마자 다네가시마가(種子島家)에 양자로 갔으나, 가네코가 사망한 다음 해인 1825년 시마즈가의 일문가(一門家)인 시게토미 시마즈가(重富島津家) 차기 당주의 양자로서 다시 시마즈가로 복귀하였다.

일문가란 쇼군가의 어삼가나 어삼경과 마찬가지로, 본가에 후사가 없을 경우 양자를 공급해 본가의 가독을 잇도록 역할을 하는 시마즈가의 방계를 말한다. 나리오키는 정실이 죽자 더 이상 새 정실을 맞이하지 않았기 때문에, 사실상 히사미쓰의 모친인 오유라가 정실의 역할을 하였다. 따라서 히사미쓰를 다시 일문가로 복귀시킨 것은 어쩌면 아들인 히사미쓰의 본가 가독 승계를 노린 것이 아닌가 의심해 볼 소지가 있다. 물론 아버지 나리오키도 여러 측면에서 장남 나리아키라보다는 히사미쓰의 승계를 원하였다고 한다.

한편, 1835년 시게토미가의 가독을 이은 히사미쓰는, 4년 후인 1839년 22세의 나이에 시게토미가의 당주가 되었다. 나리오키에게는 장남 나리아키라와 다섯째 히사미쓰 사이에 3명의 아들 형제와 히사미쓰 아래로 3명의 아들이 있었다. 둘째 나리토시(斉敏)는 오카야마 번주 이케다 나리마사(池田斉政)의 양자가 되었으나 1842년 사망하였고, 셋째와 넷째 그리고 히사미쓰의 동생들도 모두 일찍 사망하였기에, 나리토시 사후에 아들 형제로는 나리아키라와 히사미쓰만 건재하였다.

하지만 히사미쓰의 누이들은 대부분 번주나 관백의 부인이 되었는데, 사쓰마 번의 위세와 쇼군가와의 사돈 관계가 이러한 혼맥으로 이어진 것으로 볼 수 있다. 예를 들면 앞서 이야기하였듯이, 원래 조부 나리노부의 딸이자 히사미쓰에게는 고모였지만, 아버지의 양녀 그러니까 자신의 누이가 된 이쿠히메(郁姫)는 관백 고노에 다다히로(近衛忠熙)의 부인이 되었고, 마찬가지로 하레히메(晴姫) 역시 구루메(久留米) 번주 아리마 요리토(有馬頼永)의 부인이 되었다. 나리오키의 친자식인 유키히메(順姫)는 제제(膳所) 번주인 혼다 야스아키(本多康融)의 부인, 고히메(候姫)는 도사(土佐) 번주 야마우치 도요테루(山内豊熙)의 부인이었다.

1847년 나리아키라의 에도 복귀와는 반대로 번주 나리오키는 사쓰마로 귀국하였고, 류큐에 출몰한 외국선을 방비한다는 이유로 착실하게 군제 개혁을 단행하였다. 그해 포술관 개장식에 히사미쓰를 번주 대리로 참석케 하였으며, 당시까지 이국방(異国方)으로 불리던 대외 담당 관청을 군역방(軍役方)으로 개칭하면서 히사미쓰를 공동 책임자로 임명하였다. 그리고 제1회 사쓰마 번 전체 군사훈련에 히사미쓰를 번주 대리로 참석시켰고, 다음 해 나리오키의 에도 참근 시 히사미쓰가 본국의 번주 대리임을 포고하였다.

이 모두 1847년의 일이었다.

나리오키는 1848년 8월에 참근교대를 위해 사쓰마를 떠났는데, 에도로 가기 전인 4월 히사미쓰에게 명령하길, '3일 혹은 5일마다 가로회의에 참석해 성대가로(城代家老: 번주가 참근교대로 성을 비울 경우 성에 거주하면서 번정을 책임지는 가로) 시마즈 히사타카(島津久宝)를 지휘하면서 번정을 처리하라'는 것이었다. 이외에도 나리오키는 히사미쓰에게 예상 밖으로 많은 정치적 권한을 부여하였는데, 이는 결국 류큐 외교 사건을 계기로 히사미쓰가 번정의 중추로 그 모습을 드러내기 시작하였음을 의미한다. 또한 이는 번주의 후계 계획이 나리아키라가 아니라 히사미쓰임을 암시한다고 볼 수 있었기에, 나리아키라를 지지하는 세력으로서는 위기감을 느꼈던 것도 무리가 아니었다고 판단된다.

한편, 나리아키라 역시 밀정을 사쓰마에 심어 놓고 번내의 모든 활동에 촉각을 곤두세우고 있었는데, 계속해서 나쁜 소문을 전해 들었다. 그것은 측실 오유라가 아들 히사미쓰를 번주로 올리기 위해 주술가를 시켜 나리아키라와 그의 자식들이 죽기를 빌고 있다는 소문이었다. 게다가 본국에서 히사미쓰의 정치적 부상과 함께 그의 번주 옹립설은 공공연한 비밀이었다. 더욱이 1848년 차남, 1849년 4남, 1850년 3남이 차례로 요절하였기 때문에, 나리아키라와 그 지지 세력은 당연히 오유라의 저주가 통하고 있다고 생각할 수밖에 없었다.

사실 나리아키라에게는 6남 5녀의 자식이 있었지만 아들 여섯과 장녀, 차녀 모두 다섯 살을 넘기지 못하고 요절하였으며, 열 살을 넘겨 성인이 되어 결혼까지 한 것은 3녀 데루히메(暐姬), 4녀 노리히메(典姬), 5녀 야스히메(寧姬)뿐이었다. 데루히메는 히사미쓰의 장남으로 나리아키라의 양자가 되어 사쓰마 12대 번주에 오른 다다요시(忠義)의 정실이 되었으나, 난산 끝에 사망하였다. 당시 나이 18세. 야스히메 역시 언니가 죽은 후 다다요시의 후처가 되었으나 마찬가지로 난산 끝에 사망하였는데, 당시 나이 26세였다. 오직 노리히메만이 자식을 낳고 51세까지 비교적 장수하였는데, 그 남편 역시 히사미쓰의 4남인 시마즈 우즈히코(島津珍彦)였다.

이러한 상황에서 나리아키라 옹립파와 히사미쓰 옹립파의 대립이 격화되었고, 특히 나리아키라 옹립파의 젊은 무사들이 나리아키라의 번주 등극을 방해하는 가로들과 오유라를 살해하려 한다는 소문이 끊이지 않았다. 결국 먼저 칼을 빼어 든 것은 번주 나리오키를 비롯한 히사미쓰 옹립파였는데, 그들은 이 음모의 정점에 있다고 판단한 당시 후네부교(船奉行) 다카사키 고로에몬(高崎五郎右衛門)과 마치부교(町奉行) 곤도 류자에몬(近藤隆左衛門) 등을 주모자로 체포하였다. 그러고는 즉시 할복을 명하였기에, 이들이 모의하였는지의 여부도 불분명한 채 사건은 일단락되고 말았다. 이들 이외에 3명이 더 할복 처분되었고, 이어 50여 명이 칩거·유배 등의 처분을 받았다. 물론 이를 수치로 여기고 자살한 사람도 많았다고 한다.

사실 나리아키라를 지지하던 세력 대부분이 제거되고 남은 것은 나리아키라뿐이라, 이제 그의 번주 등극은 절망적인 상태에 이르렀다. 이때 할복을 명 받은 아카야마 유키에(赤山靭負)의 가이샤쿠(介錯: 할복하는 이의 목을 쳐 주는 사람)를 맡은 이가 사이고 다카모리의 아버지 기치베(吉兵衛)였는데, 기치베가 가져온 피 묻은 옷을 본 사이고 다카모리(당시 22세)는 이때부터 나리아키라의 등극을 강력히 원하게 되었다고 한다. 또한 오쿠보 도시미치의 아버지 도시오(利世)는 파직되어 기카이시마(喜界島)로 유배 처분을 받았고, 오쿠보 자신도 면직·근신 처분을 받았다. 기카이시마는 나중에 사이고 다카모리가 처음 유배를 갔던 아마미오시마(奄美大島)의 부속 섬이며, 극도로 빈한해진 오쿠보 가계에 사이고가 도움을 주었다고 한다. 번주 자리를 놓고 나리아키라의 두 번째 패배였다.

한편으로는 오유라 소동을 번주 자리를 빌미로 벌어진 두 지지 세력 간의 대결로 볼 수 있으나, 실제로 오유라 측이 주술을 하였다는 증거는 없다. 단지 번주 나리오키가 류큐에 나타난 서양 세력을 물리치게 해 달라고 주술가에게 명령을 내렸던 것이 오해를 산 측면이 있다는 해석도 있다. 게다가 나리아키라 역시 한때 주술에 대해 혐의를 두었지만, 그렇다고 히사미쓰를 의심한 것은 아니었다. 류큐 문제의 대처 방법을 두고 나리오키와 나리아키라 부자간에는 갈등이 있었지만, 두 형제 사이에는 문제가 없었다. 그 한 예로, 오유라 소동 직전에 나리아키라가 히사미쓰에게 보낸 편지에서, 자신이 부재 시에 이국선이 도래하는 사태가 발생한다면, 아무런 고민 없이 자신의 대리인으로 처리해 주기 바란다고 이야기할 정도로 두 사람의 관계는 막역하였다고 한다.

어쩌면 오유라 소동은 단순히 나리아키라 옹립파의 초조감과 그로 말미암은 오해에서 촉발된 사건으로 볼 수 있다. 하지만 번내 사정과 사건의 진상을 제대로 알지 못하는 하급 무사들은 단지 주술 이야기를 믿거나, 자신 혹은 주변이 당한 정치적 재앙만을 염두에 두면서, 오유라와 히사미쓰에 대한 나쁜 인상을 가졌던 것이다. 그 대표적인 이가 바로 사이고 다카모리이며, 유신 후 사이고를 향한 신격화와 그 반작용으로 번내 정치적 쟁투의 책임을 오유라와 히사미쓰에게 돌렸던 것이 아닌가 하는 생각도 든다. 이 역시 메이지 유신 이후 히사미쓰에 대한 저평가의 원인이 되었다.

나리아키라의 번주 등극

할복을 명 받은 다카사키 고로에몬과 곤도 류자에몬은 이번 일이 나리아키라의 번주 취임에 미칠 영향을 염려해, 당시 스와신사(諏訪神社)의 신관이었던 이노우에 마사노리(井上正德) 등에게 탈번하여 후쿠오카 번주 구로다 나리히로(黑田斉溥)에게 도움을 청하라고 부탁하였다. 구로다 나리히로는 나리아키라의 증조부인 시게히데의 아들로 구로다 나리키요(黑田斉清)의 양자가 되어 1834년에 번주가 된 인물인데, 나리아키라보다 두 살이 어리지만 항렬로는 조부 격이다. 원래 이름은 나가히로(長溥)였으나, 쇼군 도쿠가와 이에나리(徳川家斉)의 '斉' 자를 편휘(偏諱)로 하사받아 나리히로로 개명하였다. 실제로 나리히로는 당시 쇼군 이에나리의 정실과는 배다른 남매지간이었다.

그 역시 아버지 시게히데의 영향을 받아 난벽 다이묘였고 나리아키라와도 절친한 사이로, 나리아키라의 번주 취임을 고대하였다고 한다. 오유라 소동의 자초지종을 알게 된 나리히로가 이 사실을 나리아키라에게 알리자, 그는 이번 사건이 자신과는 무관하다고 극구 변명하였다. 물론 나리아키라가 반대파를 처단하라고 지시한 바는 없다고 하지만, 즈쇼 정권의 파멸을 꾀하고 이와 연동해 부친 나리오키의 은퇴를 도모하면서 자파 번사들을 선동하였다면, 자신의 주장과는 달리 이번 사건과 결코 무관하다고 볼 수 없다.

탈번자를 추적하러 온 사쓰마 번의 포리들을 물리친 나리히로는, 이 사건을 아베 마사히로에게 보고하였다. 또한 에도에 있던 우와지마 번주 다테 무네나리(伊達宗城)에게 알려, 아베와 시마즈 일가와의 교섭 등 후속 대책을 당부하였다. 무네나리는 타 번의 일이지만 자신에게 직접 부탁하였다는 사실에 고무되어 적극적으로 이 일에 나섰는데, 앞서 언급하였듯이 무네나리는 나리아키라의 이종 여동생의 남편이 되기도 한다. 우선 무네나리는 나리아키라와 입을 맞추었고, 이어 아베와 대담을 가졌다. 무네나리로부터 다시 이 사건의 자초지종을 전해 들은 아베는, 마사노리의 증언만으로는 판단할 수 없으며 이번 사건이 나리오키의 부덕의 소치라고 공개적으로 힐문한다 하더라도 나리오키가 아무런 변명도 못하겠지만, 그렇게는 할 수 없으니 가까운 친척들이 숙고한 후 조치하는 것이 좋겠다고 지시하였다.

이에 따라 에도에서 나리히로의 상경을 기다리던 나리아키라는 마침내 중요한 정보를 찾아냈고, 이를 나리오키의 퇴진 운동에 적극적으로 활용하였다. 이 정보란 다름 아닌 그해(1850년) 8월 나리오키가 류큐 사건에 관해 막부에 제출한 보고서와 관련된 것이었다. 그 보고서에는 1847년 영국 배 한 척이 류큐에 나타나 외무대신 파머스턴(H. J. T. Palmerston)의 편지를 전하면서 무역을 요구하였음에도 불구하고, 이러한 사실을 전혀 언급하지 않았던 것이다. 이와 같은 사실이 나리아키라를 통해 막부에 알려지자, 이제 나리오키의 은퇴 모의가 진행되기 시작하였다.

10월 말 에도에 도착한 나리오키에게 막부 고위직이자 모의 모임의 일원인 쓰쓰이 마사노리(筒井政憲)가 은퇴를 권하자, 나리오키는 다음 해 가을까지 연기해 줄 것을 요구하였다. 쓰쓰이는 이를 아베에게 전하겠다고 말했지만 실제로는 전하지 않았고, 다시 서면으로 은퇴를 촉구하였다. 나리오키가 계속 은퇴를 거부하자 결국 아베의 결단이 전해졌고, 이에 나리오키 역시 은퇴를 결심할 수밖에 없었다. 12월 3일 에도 성에 등성한 나리오키는 쇼군으로부터 다기를 하사받았는데, 무인에게 다기를 하사하는 의미는 은퇴를 종용하는 것이었다. 나리오키는 이전에 자신이 제출한 종3위직 승진 건이 무산될까 봐 두려워 막부의 압력에도 불구하고 번주 은퇴원 제출을 미루고 있었다. 결국 1851년 1월 25일 조정으로부터 은퇴 후에도 종3위직 승진이 가능하다는 연락을 받고는, 1월 29일 은퇴원을 막부에 제출하였다.

1851년 2월 2일 나리아키라는 나리오키의 대리인으로 조부뻘인 하치노헤(八戶) 번주 난부 노부유키(南部信順)와 함께 등성해서는, 노중 마쓰다이라 노리야스(松平乘全)로부터 나리오키 은거, 나리아키라 습봉을 전달받고 사쓰마 11대 번주로 취임하였다. 도쿠가와 막부 전 시대를 통해 사쓰마에서는 세 번의 커다란 비극이 있었는데, 그 하나는 1754~1755년 사이 막부의 보청사업으로 떠맡게 된 기소천(木曽川) 토목공사에서 가로 히라타 유키에(平田靭負)를 비롯해 80여 명의 번사들이 할복, 병사한 사건이고, 그다음은 1808년의 근사록파 몰락(近思錄崩れ)과 앞서 이야기한 1849~1850년의 오유라 소동이었다. 후반의 두 사건에서도 막대한 희생자를 냈는데, 나리오키로서는 근사록파 몰락으로 번주에 올랐다면 오유라 소동으로 번주직을 내놓는 셈이 되었다. 비록 오랫동안 번주직에 머물렀지만, 아들과의 갈등으로 자리를 내놓았다는 점에서 기구한 운명이라 아니할 수 없다.

사쓰마 최대 개명 군주이자 막말 정국 추이의 핵심에 있던 시마즈 나리아키라는 이런 소동 속에서 사쓰마 11대 번주에 오를 수 있었던 것이다. 나리아키라는 1851년 3월 9일 에도를 떠나 5월 8일 가고시마 성에 입성하였는데, 이는 그가 본국을 찾은 세 번째이자 번주로서는 첫 번째 귀국이었다. 귀국길에 교토의 고노에가에 들러 자신의 가독 승계에 대해 감사 인사를 하였으며, 후쿠오카에도 들러 구로다 나리히로에게 그간의 도움에 사의를 표하기도 하였다. 나리아키라는 번주로서 세 차례 귀국하였는데, 첫 번째는

1851년 5월부터 1852년 8월까지 1년 3개월간, 두 번째는 1853년 6월부터 1854년 1월까지 7개월간, 마지막은 1857년 5월부터 그가 사망한 1858년 7월까지 1년 2개월간이다.

귀국과 동시에 나리아키라가 매진한 것은 사쓰마 번의 근대화였다. 그중에서도 군사력 강화에 주력하였는데, 철제 대포 주조와 서양식 함선의 건조 사업이 대표적인 예이다. 이는 당시 서양 함선이 사쓰마 영역인 류큐에 빈번하게 출몰하는 것도 한 가지 이유였지만, 무엇보다도 노중 아베로부터 류큐 방비를 강화하라는 명령을 받았기 때문이다. 막대한 비용 때문에 상주병 주둔을 꺼렸던 즈쇼에게는 막부의 명령보다는 번의 사활이 더 중요하였던 반면, 일본의 위기를 직감하고 가급적 막부의 입장을 이해하려 한 나리아키라로서는 번의 사활만큼이나 일본의 건재가 더 중요하였던 것이다.

당시 일본 대포는 청동포였다. 물론 절의 범종을 제작하는 기술로 청동포 정도는 무리 없이 제작할 수 있었지만, 문제는 원료인 동이 고가라는 점이었다. 대규모 포대를 만들기 위해서는 많은 대포가 필요한데, 충분한 동을 확보하려면 막대한 자금도 필요하지만 그만한 동을 구하는 것 자체도 쉽지 않았다. 게다가 철제 대포를 제작하기에는 기술이 부족하였다. 실제로 동보다는 철의 용융점이 높아 용해실의 온도를 높이는 기술이 필요할 뿐만 아니라, 철의 경우 탄소의 함양에 따라 성질이 완전히 달라질 수 있기에 당시 일본 기술로는 철제 대포를 제작하는 것은 불가능하였다.

이미 사가 번에서는 반사로를 이용해 철제 대포 제작에 착수하였으며, 1852년에 시제품을 완공한 바 있다. 여기서 반사로란 석탄 등을 연소시켜 생성된 열이 직접 용해실에 전해지지 않고, 연소실 벽에 반사된 열이 용해실에 전해져 그 열로 선철을 녹이기 때문에 그 이름이 붙었다. 사가 번이 참고하였던 네덜란드 서적의 번역본을 이용해, 가고시마 성내에 모형 반사로를 만들고 그것을 시험하면서 자체 기술을 축적하였다. 사실 본 적도 없는 반사로를 단지 책에 의존해 만든다는 것은 불가능에 가까웠지만, 반사로의 기초공사에는 성벽 축조 기술을, 1,400도에 견디는 내화벽돌 제작에는 사쓰마 자기 기술을 도입하는 등 서양 기술뿐만 아니라 일본 기술도 최대한 활용하였다.

실험용 반사로에 이어, 1852년 본격적인 반사로가 제작되었다. 뒤이어 1853년에는 반사로 1호기 주변에 용광로가, 1854년에는 산카이타이(鑽開台)라는 포신 제작용 드릴이 완공되었다. 사가 번의 경우 기존의 일본산 선철을 사용하였는데, 품질이 좋지 않아 대형 철포를 제작하는 데는 적당하지 않았다. 사쓰마는 이를 극복하기 위해 자체 용광로에서 새로이 선철을 만들었다. 하지만 반사로 1호기는 실패의 연속이었다. 나리아키라는 실망하지 않고 번사들을 격려하면서 반사로 2호기 제작을 명령하였다. 이때 한 유명한 말이 있는데, "서양인도 사람이고 사가인도 사람이며, 사쓰마인 역시 마찬가지로 사람인데, 포기하지 말고 더욱더 연구에 매진하라." 결국 1857년 2호기가 완공되었고 철제 대포 주조에도 성공하였다.

현재 가고시마시 센간엔(仙巖園)에 있는 반사로 유적이 바로 이것이다. 나리아키라는 반사로 모형을 만들면서 정련소(精錬所)를 설립하였고, 여기서는 유산, 초산, 염산 제작 외에 화약, 도자기 유약, 양주 등을 개발하였는데, 나중에는 개물관(開物館)으로 이름을 바꾸었다. 한편, 반사로 주변에 유리 공장과 증기기관 제작소 등을 차례차례 건립하였는데, 여기에는 농기구 제작소와 제지 공장도 있었다. 유리 공장에서 제작된 각종 유리 제품은 나중에 사쓰마 번의 특산물이 된 사쓰마 초자(薩摩硝子)이다. 1857년 나리아키라는 이곳 공장군을 집성관(集成館)이라 명명하였는데, 최성기에는 매일 1,200여 명의 일꾼들이 출근할 정도였다고 한다. 이들 공장 중 3개가 2015년 유네스코 세계문화유산에 등재된 '메이지 일본의 산업혁명 유산 제철, 제강, 조선, 석탄 산업(明治日本の産業革命遺産製鉄, 製鋼, 造船, 石炭産業)'에 포함되어 있는데, 이 중에는 영화화되면서 유명해진 '군칸지마(軍艦島: 군함도)'도 있다.

당시 집성관 사업은 사쓰마 번의 근대화와 부국강병에 크게 이바지하였다. 물론 이것이 가능하였던 것은 즈쇼 등의 재정 개혁으로 번의 금고가 풍족해진 덕분임은 말할 나위가 없다.

서양식 함선 건조

한편, 나리아키라는 군사력 강화의 일환으로 조선사업에 착수하였다. 당시까지 막부는 쇄국 정책에 따라 대선건조금지령을 고수하고 있었다. 그때 군선이라 해보아야 가장 큰 배의 배수량이 75톤 정도이며, 수밀갑판이나 격벽도 없고 마스트도 하나밖에 없는 보잘것없는 배였다. 나리아키라는 취임 후 아직 대선 해금(解禁)이 이루어지기 이전인 1851년부터, 화양절충(和洋折衷: 일본식과 서양식의 절충)의 3본 마스트의 이로하마루(いろは丸)를 건조하기 시작하였다. 그는 이에 만족하지 않고 본격적인 서양식 함선을 건조하고자 하였다. 사실 아베 마사히로 역시 페리 내항 이전부터 해방(海防)을 위해 대선건조금지령을 해제해야 하고, 근대식 해군도 창설해야 한다고 인식하고 있었다.

1852년 9월 네덜란드 동인도회사 총독의 공문[「별단풍설서(別段風說書)」]이 나가사키 부교의 손을 거쳐 막부에 전해졌다. 여기에는 조만간에 미국의 군함 수 척이 일본으로 올 것이라는 내용이 담겨 있었다. 10월 말 아베는 시마즈 나리아키라를 은밀히 자택으로 불러 대책을 논의하였다. 면담 후 나리아키라는 번의 가로에게 편지를 보냈다.

'미국 사태'에 대해 여러 가지 이야기를 들었다. '선박 건'도 이야기하였더니, 지당하다고 말씀하신다. 모형도 보일 예정이다. '미국 사태'에 대해서도 꽤 걱정이신 모양인데, 회의도 한쪽 방향으로 결정되지 않은 것 같다.

여기서 '미국 사태'란 향후 있을 페리 함대의 내항을 말하며, '선박 건'은 류큐를 방어하기 위해 긴급히 건조해야 할 서양식 범선 군함을 말한다. 나리아키라는 1852년 12월 군함 건조 요청서를 막부에 제출하였고, 다음 해 4월 막부는 류큐에서만 사용한다는 조건으로 조선을 허락하였다. 가고시마 앞 사쿠라지마에 있는 작은 조선소에서 배가 만들어지기 시작한 것은 5월 29일인데, 페리가 우라가(浦賀)에 나타나기 3일 전이었다. 쇼헤이마루(昇平丸)로 명명된 이 배가 준공된 것은 1854년 12월인데, 이 배는 추정 배수량 370톤, 전장 약 30m, 포 16문을 탑재한 본격적인 서양식 군함이었다. 그 이듬해인 1855년 사쓰마는 이 배를 막부에 헌상하였다. 막부는 이 배의 이름을 쇼헤이마루(昌平丸)로 개명하였고, 그 후 막부 해군의 연습함이나 수송선 등으로 사용하였다.

한편, 페리 내항 직후인 1853년 8월 8일 막부는 미토 번에 '아사히마루(旭

日丸)'를, 9월 8일 우라가 부교에게는 '호오마루(鳳凰丸)'를 건조하라는 명령을 내리면서, 그해 9월 15일을 기해 대선건조금지령을 폐지하였다. 막부의 두 군함은 쇼헤이마루보다 조금 일찍 완성되었다. 하지만 쇼헤이마루에는 함포가 충실히 탑재되어 있어, 사쓰마는 일본 최초의 서양식 군함을 자신들이 만들었다고 주장하였다. 막부는 미토 번이나 사쓰마 번, 사가 번, 도사 번과 같이 대선 건조에 적극 나서는 번들에게 이를 허락하고 적극 장려하기도 하였는데, 이들 번의 적극적인 태도와 이를 지원할 수 있는 경제력은 결국 막말 막부 타도의 근간이 되었다.

잠시 이야기를 벗어나 '아사히마루'와 '호오마루'에 관해 살펴보자. 요코스카시(横須賀市) 우라가에 있는 아타고야마 공원(愛宕山公園)에는, 일미수호통상조약 100주년을 기념하여 1960년에 세워진 '간린마루 출항기념비(咸臨丸出港の碑)'와 함께 나카지마 사부로스케(中島三郎助)의 초혼비가 세워져 있다. 1891년 이 초혼비가 세워지면서 공원이 마련되었기에, 아타고야마 공원은 우라가에서 가장 오래된 공원이다. 초혼비의 비명은 에노모토 다케아키(榎本武揚)가 썼는데, 하코다테 전쟁(箱館戦争) 종전 이틀 전에 장렬히 전사한 나카지마 사부로스케 3부자를 추모하기 위한 것이었다. 당시 외무대신이었고 이후 농상무대신을 역임한 에노모토는 제막 당일 초대 중앙기상대장이던 아라이 이쿠노스케(荒井郁之助: 하코다테 정권 해군부교)의 제안을 받아들여 우라가에 근대식 조선소를 건설하기로 결정하였다.

나카지마 사부로스케는 1853년 페리가 내항할 당시 우라가 부교소의 여력(与力) 신분으로 페리의 서스퀴해나(Susquehanna)호에 올라 페리 일행을 접대하는 역할을 맡았으며, 1854년에는 막부의 명을 받아 우라가 조선소에서 일본 최초의 서양식 군함 호오마루를 건조하는 데 혁혁한 공을 세웠다.

따라서 새롭게 건설될 조선소는 바로 나카지마의 유지를 이어받은 것으로, 보통 '우라가 독(dock)'이라 불리던 이 조선소는 2003년 폐쇄될 때까지 무려 1,000여 척의 함선을 건조하면서 일본 조선산업에 커다란 족적을 남겼다. 한편, 우라가 옆 구리하마(久里浜)는 페리가 처음 상륙한 곳으로, 이곳에는 이토 히로부미(伊藤博文)가 휘호를 쓴 거대한 '페리 내항 기념비'가 세워져 있다.

도쿄 지하철 오에도(大江戶)선과 유라쿠초(有楽町)선이 만나는 쓰키시마(月島)역에서 얼마 떨어지지 않은 곳에 일본 근대 조선산업, 나아가 중공업의 출발점이라 할 수 있는 이시카와지마 조선소(石川島造船所)의 후신인 '주식회사 IHI'의 이시카와지마 자료관(石川島資料館)이 자리잡고 있다. 이곳은 원래 도쿄만 내 하중도에 자리 잡고 있었고, 페리의 내항과 함께 '대선건조금지령'이 폐지되면서 당시 해방괘(海防掛)를 맡았던 미토 번의 번주 도쿠가와 나리아키(德天斉昭)의 주도로 이곳에 조선소가 설립되었다. 여기서 1853년에 일본 최초의 양식 범선 군함 아사히마루가, 1864년에는 일본 최초의 증기 군함 지요다가타(千代田形)가 건조되었다. 이 조선소는 메이지 시대에 들어 민간에 이양되었고, 1877년 민간 조선소 최초의 증기선 쓰운마루(通運丸)가 완성되면서 본격적으로 조선산업에 뛰어들었다.

한편, 페리의 내항 직후 막부는 각 번에 개국에 대한 의견을 요청하였고, 이에 각 번은 국서평의서를 제출하였다. 이때 나리아키라는 증기선 건조를 요청하였고, 이후 대선 해금이 있은 직후인 1853년 11월 다시금 대선(범선) 13척과 증기선 3척의 건조 허가를 요청하였다. 아베 마사히로의 막각은 사쓰마의 계획을 허가하였고, 완성되면 2~3척을 막부에 유상으로 인도하라고 지시하였다. 1854년 7월 계획에 포함된 12척의 대선 중 4척이 건조되기 시작하였고, 1855년 9월부터 11월 사이에 완공되었다. 이 중 오모토마루(大元丸)와 호즈이마루(鳳瑞丸)가 막부에 인도됨으로써 이미 인도한 쇼헤이마루와 함께 막부의 주력 함선으로 활용되었다. 그리고 나머지 쇼텐마루(承天丸)와 만넨마루(万年丸)는 초기 사쓰마 해군의 주력함으로 운용되었다. 곧이어 언급될 나가사키 해군전습소(長崎海軍伝習所) 교관단장이었던 카텐데이커(Huijssen van Kattendijke)가 이들 함선을 보고 기록한 바에 의하면, 비록 구식의 조선 기술에 의거하였지만 함포 12문을 장착한 배수량 1,000톤 그리고 3본 마스트에 서양식 범선 군함이었다.

막말 사쓰마의 조선사업과 해군 건설에 관련해 빠뜨려서는 안 될 사항이 하나 있다. 그것은 막부가 주도하였고, 실제로는 네덜란드 해군교육단에 의해 시행된 나가사키 해군전습소 이야기이다. 1854년 막부의 부탁을 받은 네덜란드의 숨빙(Soembing)호 함장 파비위스(G. Fabius)는 3개월간의 단기 전습을 끝내고 자바로 돌아갔다. 나가사키 현지 관리와 나가사키의 방어 임무를 맡고 있던 사가 번과 후쿠오카 번 그리고 히고 번(肥後藩), 사쓰마 번 등 규슈 지역 번사와 선원들에게만 제한적으로 약 3개월간 단기 해군 전습이 실행되었다. 주로 증기선의 건조와 운영에 관한 초보적인 교육이 전습의 전부였다.

그 이듬해인 1855년 6월 파비위스는 다시 헤더(Hede)호를 이끌고 숨빙호와 함께 나가사키에 입항하였다. 숨빙호에는 나가사키 해군전습소에서 교육을 담당하게 될 펠스 레이컨(Pels Rijcken) 이하 22명의 승조원도 타고 있었다. 2척의 네덜란드 배가 입항하고부터 해군전습소 활동은 본격화되었다. 우선 시급한 것은 누구를 교육시킬 것인가에 관한 문제였다. 막부가 네덜란드에 주문한 3척의 배를 운용하려면 적어도 270명에 이르는 사관, 부

사관, 기관원이 있어야 하는데, 이를 한꺼번에 양성할 수는 없었다. 우선 기관 요원만 양성하기로 하고, 해군전습소 교관단장에 펠스 레이컨 대위, 일본 측의 전습소 총독에 나가이 나오유키(永井尙志)를 지명하였다.

1854년도 단기 전습 때와 마찬가지로 각 번에도 전습을 허용하였는데, 1855년부터 시작된 제1차 전습에 사쓰마를 비롯해 사가, 후쿠오카, 히고, 조슈 번이 참가하였다. 이 대목에서 막부는 최신의 군사 기술을 독점할 의사가 없었다고 보이는데, 이 시기만 해도 일본 정국은 막부가 주도하고 있었고, 웅번이라 할지라도 막부의 군사력에 대응할 수준은 아니었음을 엿볼 수 있다. 제1차 전습생의 교육은 항해술, 선구 운용, 전술 등 주로 실전 위주였다면, 제2차 전습에서는 젊은 생도들을 위한 기초학문 교육을 강화하면서 서구 해군사관학교의 교육 내용과 교육 방법에 보다 더 가까웠다. 또한 제1차에 비해 기관학 교육이 강화되었는데, 이는 범선 시대가 저물고 군함에서 증기기관 운용의 중요성이 점차 증대되고 있었기 때문이다.

한편, 카텐데이커는 일본인이 승마술, 활판 인쇄술, 양모 처리법 등을 배우고 싶어 한다는 이야기를 듣고, 이를 가르칠 수 있는 요원들을 자신의 교관단에 포함시켰다. 이외에 교관단 일행 중 하르데스(H. Hardes)의 나가사키 제철소 계획과 폼페(J. L. C. Pompe van Meerdervoorf)의 나가사키 양성소 계획은 비교적 장기간의 프로젝트였다. 해군전습소가 폐쇄되고도 이들 프로젝트는 계속 진행되면서 향후 일본-네덜란드 양국 관계가 오랫동안 지속되는 데 기여하였다. 전자는 기관수리 공장으로서 나중에 미쓰비시 중공업 나가사키 조선소의 전신이 되었으며, 후자는 군의관 양성기관으로서 메이지 시대 육해군 군의관 양성에 크게 기여한 의학교인 세이토쿠칸(精得館)의 전신이었다.

카텐데이커는 네덜란드를 떠나 2년 2개월간 일본에 머물면서 자신이 보고 들은 일본의 정세와 문화, 전습소의 일상을 한 권의 책으로 묶어 펴냈는데, 『나가사키 해군전습소의 나날들(Uittreksel uit het dagboek van W. J. C. Ridder H. v. Kattendijke gedurende zijm verblijf in Japan in 1857m 1858m 1859)』이 그것이다. 카텐데이커는 사관들의 실습을 위해 간린마루를 타고 규슈 근해를 모두 다섯 차례 항해하였는데, 주로 1857년 말부터 이듬해 초까지 실시되었다. 이 중 두 번째 항해는 1858년 3월 8일부터 13일간 진행되었고, 규슈를 일주하면서 사쓰마 번에 들러 당시 번주였던 시마즈 나리아키라를 만나기도 하였다. 주로 해안 방어에 대해 이야기를 나누었는데, 에도에서는 쇼군 후계 문제와 일미수호통상조약 조인으로 정국이 한창 복잡한 시기였다. 하지만 시마즈 나리아키라는 이로부터 4개월 후에 급사하고 말았다. 카텐데이커의 책 제11장 '사쓰마 번주를 만나다'에는 다음과 같은 구절이 있다.

> 그날 밤 일본인 사관들은 당직자를 제외하고는 모두 상륙하였다. 나는 감기가 심해 선내에 남아 있었다. 가쓰 씨[가쓰 가이슈(勝海舟)]는 나 때문에 예상처럼 상륙하지 않았다. 나는 그럴 필요 없다고 거절하였지만, 결국 아무 소용이 없었다. 그것은 일본의 관습, 다시 말해 그가 지키지 않으면 안 되는 예의였던 것이다. 우리 두 사람은 거기서 우리 배 옆에 묶여 있는 작은 외륜 증기선을 보러 갔다. 사람 키 두 배 정도 길이의 목조 기선인데, 구리로 마감되어 있었다. 그 배에는 1851년 일본, 즉 에도에서 만든 증기기관이 설치되어 있었는데, 그 기관은 훼르담 교수의 저서에 실려 있는 도면만을 의존해 만든 것이었다. 어쨌든 처음 시도한 것

이라 아주 불완전한 것이었다. 실린더 길이로 보니 그 증기기관은 약 12 마력 정도이지만, 콘덴서에 누출이 있고 그 외 여기저기 결점이 있어 실제로는 겨우 2, 3마력밖에 나오지 않았다. 그 이후 일본인은 더 좋은 것을 만든 것으로 알고 있다.

사쓰마는 1851년부터 증기기관과 증기선에도 관심을 보여 1855년에 증기선을 건조하였으나 실용성이 낮아 실패하였다. 이 증기선은 1854년 나가사키 단기 전습에 파견된 사쓰마 번사들이 자체 증기기관을 장착해 제작한 소형 선박이었다. 거의 같은 시기에 에도 사쓰마 번저에서도 나가사키 해군전습소 제1차 교육에 파견된 번사들이 증기선에 도전하였다. 자체 제작한 증기기관이 장착된 증기선은 운코마루(雲行丸)라 명명되었고, 이 배는 1857년 가고시마로 회송되어 사쓰마 해군 함선의 일익을 담당하였지만, 위카텐데이커의 지적처럼 그 성능은 초라한 수준이었다. 하지만 이와 같은 자체 함선 건조와 승조원 교육 의지는 결국 사쓰마 해군의 뿌리가 되어 막말 정국에서 큰 힘을 발휘하였다.

1850년 전후의 일본 정국

사실 사쓰마가 스스로의 무력을 과시하면서 막말 정국의 핵심으로 떠오른 것은, 1862년 히사미쓰가 대군을 이끌고 교토와 에도에 등장하면서부터라고 볼 수 있다. 번주의 아버지라는 애매한 신분임에도 불구하고 돌연 강성해진 조정의 권력을 등에 업고 막부의 인사에까지 개입하였으니, 이는 막부가 제대로 힘을 가지고 있을 때라면 상상조차 할 수 없는 사건이었다. 이 같은 돌발적이고 무도한 행위의 배경에는 페리 내항, 조약 칙허, 쇼군 후계 문제, 안세이 대옥(安政大獄), 이이 나오스케(井伊直弼)의 암살 등 일련의 사건들이 관련되어 있었겠지만, 한마디로 말하자면 서구의 등장에 따른 막부 권위의 실추에서 비롯된 것이다. 그리고 히사미쓰의 솔병상경(率兵上京) 후 단지 5년 만에, 사쓰마는 260여 년을 지속해 왔던 도쿠가와 막부를 쓰러뜨리는 주역으로 등장하였다. 따라서 1850년대 일본 정국을 이해하는 것은, 이후 사쓰마의 대두 그리고 막부 패망과 메이지 유신이라는 극적인 사건을 설명하는 데 필수적인 조건이 된다. 그러므로 시간을 잠시 거꾸로 돌려 보자.

미즈노 다다아키라(水野忠成)가 막정을 주도한 분세이(文政) 연간(1818~1830)에는, 만성적인 재정 적자와 외세의 위협 등 만만치 않은 내우외환에도 불구하고 풍작 등을 이유로 어렵지 않게 위기를 넘기는 듯했다. 하지만 일본 근세 최대 기근이라는 덴메이(天明) 연간의 기근을 연상할 정도의 대기근이 1833년부터 시작되었다. 이후 1837년 오사카에서 오시오 헤이하치로(大塩平八郎)라는 이전 막부 관료가 일으킨 대규모 반란, 같은 해에 일어난 모리슨(Morrison)호 포격사건, 1839년에 벌어진 만사의 옥(蛮社の獄)이라는 대규모 필화사건 등이 있었다. 이들 사건은 대기근으로 휘청거리던 막부에게는 충격적인 것이었지만, 쇄국이라는 막부의 외교 기조를 흔들 정도는 아니었다.

그러나 1840년 네덜란드 상관장이 전해 온 「별단풍설서」에 담긴 정보, 다름 아닌 아편전쟁에서의 중국 패전 소식은 당시 막부로서는 청천벽력과 같은 것이었다. 아편전쟁이 끝난 1842년, 이제 영국의 다음 목표가 일본이라는 네덜란드 상관의 정보에 따라 막부는 우선 기존의 '이국선타불령'을 철회하고 '신수급여령(薪水給与令: 이양선이 음식과 식수 등을 요청해 오면 공급한다)'으로 전환해야 했다. 이와 더불어 막부로서는 대대적인 변혁이 필요하였다. 당시 노중이었던 미즈노 다다쿠니(水野忠邦)가 도쿠가와 막부의 세 번째 개혁인 덴포 개혁을 단행하였다. 농촌·재정·문화·대외 정책 등 전방위에 걸친 개혁이 실시되었고, 특히 대외 정책으로는 서양식 포술의 채용, 군비 증강, 증기선 수입 등이 제시되었다.

하지만 막번 체제를 전제로 한 그 어떤 새로운 개혁 정책도 실시 이전에 이미 모순을 내포하고 있었고, 개혁 대상들 역시 그것을 회피하거나 무용화시킬 내공으로 단련되어 있었다. 따라서 엄청난 외부 충격과 같은 근본적인 변화가 주어지지 않는 한, 불안해 보이는 막번 체제라 할지라도 오랜 관성으로 제법 길게 그 목숨을 이어 갈 것처럼 보였다. 마리우스 잰슨(Marius B. Jansen)의 아래 글은 페리 내항 직전 일본의 모습을 잘 나타내고 있다.

> 각각의 개혁기는 문제처리가 더 힘들어지고 선택의 여지가 더 줄어들었음을 분명하게 보여 주고 있다. 일본 중부—막부의 심장지대인 오사카-교토와 에도 평야—는 점점 '봉건적' 색채를 탈피해 나갔다. 정부의 선언은 위태로울 정도로 공염불에 가까워졌다. 서민문화는 허례허식에 대한 조롱으로 가득했다. 상업화된 농촌은 도시 상인조합의 배를 불려 줄 뜻이 더 이상 없었다. 힘없는 다이묘와 하타모토는 행정합리화와 중앙집권화에 드는 비용을 부담하려 들지 않았고, 수입이 절실했던 막부는 자신이 거느리는 가신들에 대한 지원을 줄여야만 겨우 수요를 충족시킬 수 있었을 것이다. 관직을 얻을 수 있었던 극소수를 제외한 나머

지 사무라이들은 소비만 할 뿐 부를 생산하지 않는 쓸모없는 존재가 되어 갔다.

이제 페리 내항 당시로 돌아간다. 흔히 일본의 근대가 시작되었다고 말하는 페리의 일본 내항은 그 자체만으로는 큰 사건이 아니었다. 1853년 6월 3일 에도만 우라가 앞바다에 페리의 함대 4척이 나타났다. 나가사키로 가라는 막부의 요청을 거부한 페리의 함대는 에도만 깊숙이 들어와 무력을 과시하였다. 그 위세에 압도된 막부는 결국 관리를 보내 우라가 남쪽 구리하마(久里浜) 해안에서 미국 대통령 필모어(M. Fillmore)의 친서를 접수하였다. 접수하는 데 1시간도 채 걸리지 않았고, 페리는 답신을 듣기 위해 6개월 후 다시 오겠다는 이야기를 남기고 6월 12일 에도만을 떠났다.

그런데 이 사건은 두 가지 점에서 특별한 의미를 지닌다. 하나는 막부가 지난 200여 년 동안 고수해 왔다고 주장하는 쇄국조법관(鎖国祖法観)을 포기하였다는 사실이다. 다른 하나는 페리 함대가 떠난 후 막부가 대외 정책을 스스로 결정하지 않고 조정에 이 사태를 상신하였으며, 이후 대책에 대해 제후 및 막신과 지식인들에게 자문을 구했다는 사실이다. 소위 아베 마사히로의 '미국국서 평의정국(米国国書評議政局)'이라는 것으로, 이제껏 막부로서는 한 번도 보여 준 적이 없는 어떤 의미에서는 유약한, 다른 의미에서는 개혁·개방적 입장을 취하였던 것이다.

하지만 이러한 태도 변화는 예상치 못한 결과를 자아냈다. 지금까지 정치적 의사결정에서 배제되었던 도자마 다이묘나 신판 다이묘가 이제는 하나의 정치집단이 되면서 자신들의 목소리를 내기 시작하였으니, 이들이 막말의 유지 다이묘(有志大名)이다. 또한 막부가 지식인들의 개인적 의견까지 청취하면서, 바야흐로 지사(志士)를 자청하는 인물들이 등장하게 되었다. 게다가 여태껏 막부의 위세에 눌려 있던 천황이나 조정 대신도 하나의 정치 집단으로 독립해 자신들의 성가를 높이기 시작하였다. 그 결과 지금껏 쇼군을 정점으로 해 후다이 다이묘로 구성된 가신단이 주도해 온 막부의 정치체계가 이제 새로이 등장한 정치집단들과 경쟁해야 하는 상황을 맞이하게 되었다.

막부가 의뢰한 자문단으로부터 올라온 대답은 다양하였는데, 대부분은 쇄국의 지속을 원했지만 그렇다고 당장에 미국의 통상 요구를 거절할 필요는 없다는 애매한 태도를 보였다. 간단히 말하면, 현재 일본의 무력으로는 미국을 상대할 수 없으니, 가급적 시간을 벌어 해안 방어를 강화하자는 논리였다. 결국 해안 방어를 위해서는 당연히 대선건조금지령을 폐지해야 하고, 또한 실제로 해안 방어를 담당하고 있는 각 번이 그 비용을 염출하기 위해서는 참근교대제를 완화해야 한다는 결론에 이르렀다. 이는 막번 체제의 약화와 각 번의 자립화를 의미하는 것으로, 외부 방어 강화를 위한 정책이 오히려 내부 약화로 이어지는 모순에 빠지게 되었다.

페리가 에도만을 떠난 지 10일 후인 6월 22일에 12대 쇼군 이에요시(家慶)가 사망하였고, 그 후임으로 이에사다(家定)가 즉위하였다. 새로이 즉위한 쇼군의 보좌역으로 도쿠가와 나리아키가 선임되었으며, 쇼군의 해방 상담역인 해방참여(海防参与)직도 겸하게 되었다. 이제 아베 마사히로와 도쿠가와 나리아키라는 쌍두마차로 혼돈의 페리 내항 정국을 타개해야만 하였다. 이후 일본은 1855년까지 미국을 비롯해 러시아, 영국, 네덜란드 등 교역을 원하던 대부분의 나라와 화친조약을 맺음으로써 당장의 외교 현안은 사라졌다. 향후 외교 과제는 조약 18개월 후 일본으로 파견될 미국의 외교관에 대한 대응책이었다.

1855년 8월 마쓰다이라 노리야스(松平乘全)와 마쓰다이라 다다마스(松平忠優) 두 노중이 파면되었다. 이들은 페리 내항 직후 개국 방침을 표명하였고, 도쿠가와 나리아키의 해방참여직 수임을 반대한 이력이 있었다. 통상조약과 함께 전면 개국으로 나아가려는 막부의 입장에 대해 양이(攘夷)를 주창하는 도쿠가와 나리아키를 필두로 한 도쿠가와 가문의 막정 간섭이 시작되었던 것이다. 그해 10월 안세이(安政) 대지진이 일어나 막각의 업무량이 크게 증가하였고, 파면된 노중의 충원 겸 새로운 노중으로 홋타 마사요시(堀田正睦)가 취임하였다. 당시 노중 수좌였던 아베 마사히로의 천거가 있었고 아베보다 먼저 노중을 역임한 경력이 있었기 때문에, 홋타는 노중이 되자마자 새로운 노중 수좌에 오르면서 막정을 책임지게 되었다.

이제 막부는 후다이 다이묘의 지지를 받는 홋타 일파와 도쿠가와 일문의 지지를 받는 나리아키 일파에 의해 그럭저럭 세력균형을 이루게 되었다. 하지만 이는 향후 '개국이냐 양이냐', 그리고 현 13대 쇼군 이에사다의 후임으로 '요시토미(慶福)냐 요시노부(慶喜)냐'를 두고 두 세력이 격렬하게 대립할 소지를 안고 있었다.

아쓰히메와 나리아키라의 막정 진출

쇼군가와 이중 삼중으로 걸친 혈연관계뿐만 아니라, 세계정세를 바라보는 탁월한 식견과 사쓰마 번이 지닌 탄탄한 경제력 및 군사력, 그리고 아베 마사히로를 비롯해 막정을 주도하던 위정자들과의 친분 등을 감안한다면,

막말 대혼돈기에 나리아키라가 막정에 진출하려 하였다는 사실은 어쩌면 당연한 것으로 들릴 수 있다. 하지만 그는 막정에 관여할 수 없는 신분의 도자마 다이묘였다. 나리아키라의 막정 진출과 관련해 회자되는 한 가지 오해는, 자신의 정치적 배경을 강화하기 위해 양녀 아쓰히메(篤姬)를 쇼군의 정실로 만들었다는 사실이다. 오해의 이유는 여러 가지 사정으로 혼담이 지연되면서 아쓰히메가 13대 쇼군 이에사다의 정실이 된 것이 1856년이고, 이 시기가 이에사다의 쇼군 후계 문제를 두고 두 파벌 간에 본격적으로 쟁투를 벌인 때였기 때문이다.

아쓰히메 이야기는 2008년 NHK 대하드라마 '아쓰히메'에서 그 역을 맡은 미야자키 아오이(宮崎あおい)의 단아한 모습과 함께 선풍적인 인기를 끌었고, 우리나라 일드 마니아에게 각광을 받기도 하였다. 어쩌면 그 드라마로 말미암아 일드 팬이 되었다는 사람도 많은데, 나 역시 그중 하나이다. 더 솔직히 말하자면 이 드라마로 '아오이'의 팬이 되어, 이후 그녀가 주인공인 드라마 수 편을 보았다. 물론 나는 이 드라마가 막말과 메이지 초기를 이해하는 데 가장 좋은 교재 중의 하나라는 생각에는 변함이 없다. 당연히 불법이겠지만, 자막까지 붙은 드라마 50편은 인터넷에서 쉽게 확인할 수 있다.

실제로 이 혼담이 있었던 것은 1851년, 그러니까 나리아키라가 아직 번주가 되기 전의 일이다. 막부 오오쿠(大奧: 쇼군의 사저)의 고다인(広大院: 11대 쇼군 이에나리의 정실이자 사쓰마 8대 번주 시마즈 시게히데의 딸)에 속한 궁정 나인으로부터 오오쿠의 주인이 될 만한, 나리오키나 나리아키라에게 적당한 나이의 딸이 없느냐는 문의가 은밀히 왔다. 당시 세자 신분이었던 도쿠가와 이에사다(徳川家定)는 2년 전인 1848년에 상처하고는 아직 정실을 맞지 않고 있었다. 물론 자식도 없었다. 후사를 잇기를 희망하던 이에사다는 시마즈가로부터 정실을 맞이하기를 원했다. 왜냐하면 11대 쇼군 이에나리가 비록 시마즈가에서 시집온 정실 시게히메(茂姬)에게서는 한 명의 자식밖에 보지 못했지만 많은 후처로부터 53명의 자식을 낳았으며, 그 자신도 50년이라는 역대 최장의 권좌를 누리면서 장수하였기 때문이다. 이 같은 생각은 오오쿠도 마찬가지였다.

번주가 된 나리아키라는 이 혼담이 여전히 유효하다는 사실을 알고 있었고, 번주가 되어 처음 귀국하고는 적당한 여식을 수소문하였다. 그러다가 자신의 숙부이자 이마이즈미 시마즈가(今和泉島津家) 10대 당주가 된 다다타케(忠剛)의 딸 가쓰코(一子)를 보고는, 이 아이를 오오쿠로 보내기로 즉석에서 마음먹었다고 한다. 그녀가 바로 나중에 13대 쇼군 이에사다의 정실이 된 덴쇼인 아쓰히메(天璋院篤姬)이다. 나리아키라는 참근교대를 마치고 에도로 돌아오는 길에 교토에 들러, 아쓰히메 건에 대해 고노에가(近衛家)와 상의하였다. 이후 에도로 올라온 나리아키라는 1853년 3월 가쓰코를 자신의 양녀로 입적시키고는 아쓰히메로 개명하였고, 이를 막부에 보고하였다.

1853년 8월, 그러니까 나리아키라가 두 번째 귀국하여 본국에 있을 당시, 아쓰히메는 사쓰마를 떠나 에도의 사쓰마 번저로 옮겼다. 이 혼사가 순조로이 진행되었다면 1853년 가을쯤 약혼이 확정되고, 1855년 봄쯤 혼례가 이루어졌을 것이다. 하지만 1853년 6월 페리가 내항하였으며, 이어 12대 쇼군 이에요시도 사망하였고, 1855년 10월에는 에도에 대지진이 일어나 혼사는 미루어질 수밖에 없었다. 한편, 아쓰히메는 시마즈가 일문(一門)의 여식에서 다이묘의 여식으로 자격을 높였지만 그것만으로는 불충분하였다. 결국 아쓰히메는 관례에 따라 시마즈가와 밀접한 관계를 맺고 있던 다섯 섭관가(摂関家)의 하나인 고노에가의 양녀가 되어 쇼군의 정실이 될 수 있는 가격(家格)을 맞추었다. 이는 1856년 7월의 일이며, 결국 그해 11월에 13대 쇼군 이에사다와 혼사를 맺을 수 있었다.

쇼군 후계 문제가 본격적으로 거론되기 시작한 것은 1857년경이라, 나리아키라로서는 아쓰히메를 활용해 이 문제를 돌파할 수도 있었을 것이다. 하지만 나리아키라가 아쓰히메를 매개로 오오쿠에 접근하였다는 기록은 없다. 사실 오오쿠는 나리아키라가 지지하던 히토쓰바시 요시노부(도쿠가와 나리아키의 아들로 히토쓰바시가에 양자로 들어갔고, 나중에 15대 쇼군이 된다)에 대해 극렬하게 반대 의사를 표시하였는데, 왜냐하면 요시노부의 아버지 나리아키가 근검절약을 구실로 오오쿠의 사치스런 운영을 신랄하게 비판하는 입장이었고, 그 자신의 방탕한 생활도 문제였기 때문이다. 더군다나 나리아키라는 1857년 5월 참근교대로 귀국하였다.

나리아키라가 막정에 실질적으로 관여하기 시작한 것은 쇼군 후계 문제부터이다. 1856년 쇼군 이에사다가 아쓰히메를 정실로 맞아들였지만 여전히 후사가 없자, 이제 쇼군이 양자를 맞아들여야 하는 것이 아닌가 하는 관측이 정계에 유포되었다. 그 중심에 선 이는 다름 아닌 에치젠(越前) 후쿠이(福井) 번주 마쓰다이라 슌가쿠[松平春嶽, 슌가쿠는 별칭이고 공식 이름은 마쓰다이라 요시나가(松平慶永). 이 책에서는 슌가쿠로 통일하였다]였다. 앞서 언급하였듯이, 그 역시 어삼경의 하나인 다야스 도쿠가와가(田安徳川家) 출신으로 14대 쇼군 후보의 하나가 될 수 있었지만, 일찍이 양자로 가 후쿠이 번주가 되는 바람에 그 후보에 오를 수 없었던 인물이다. 쇼군 후보에는 오르지 못했지만 정치 참여의 꿈마저 포기한 것은 아니었다.

그는 이에사다의 취임 당시부터 요시노부를 쇼군의 적임자로 생각하였으며, 1856년 가을부터 사쓰마 번주 시마즈 나리아키라, 우와지마(宇和島) 번주 다테 무네나리(伊達宗城), 오와리(尾張) 번주 도쿠가와 요시카쓰(徳川慶勝), 도쿠시마(徳島) 번주 하치스카 나리히로(蜂須賀斉裕: 11대 쇼군 이에나리의 아들) 등과 어울리면서 후계 문제에 대해 이야기하기 시작하였다. 당시에는 나리아키라가 쇼군의 장인인 이상 자기들이 미는 요시노부가 쇼군이 된다면, 자신을 비롯해 지금까지 정치에 관여할 수 없었던 신분인 도자마 다이묘도 이제 정치 관여가 가능해질 것이라 확신하였던 것이다.

당시 막각을 주도하고 있던 아베는 이들의 움직임을 막았지만, 그 이듬해인 1857년 아베가 병사하자 슌가쿠는 요시노부 추대 운동을 공공연히 추진하였다. 게다가 도사 번주 야마우치 도요시게(山内豊信)를 비롯해 가와지 도시아키라(川路聖謨), 이와세 다다나리(岩瀬忠震), 나가이 나오유키(永井尚志) 등 아베 마사히로가 등용한 외교 관료 등도 요시노부 추대 운동에 끌어들이면서 슌가쿠를 중심으로 하는 하나의 정파가 탄생하였다. 바로 히토쓰바시 요시노부를 쇼군에 등극시키려는 모임이라는 의미에서 히토쓰바시파(一橋派)라 불리는 일단의 정치 세력이 등장하였다. 이에 대해 당시 막각을 주도하던 후다이 다이묘 출신들은 이에사다와 가장 가까운 혈연으로 어삼가의 하나인 기이(紀伊) 번주 도쿠가와 요시토미(徳川慶福)를 마음에 두고 있었으니, 이들 정치 세력을 난키파(南紀派)라 불렀다.

슌가쿠가 요시노부 추대 운동에 전념한 데에는 또 다른 이유가 있었다. 그것은 자신의 심복이라 할 수 있는 하시모토 사나이(橋本左内)의 정치 개혁 구상에서 비롯된 것이다. 우선 하시모토는 외교 정책으로 강대국과 동맹을 구축하고 스스로 독립하기 위해 영토를 확장해야 한다고 제시하였다. 이를 위해서는 탁월한 능력을 지닌 요시노부를 쇼군에 옹립하고, 막각을 후다이 다이묘가 아닌 도자마 다이묘가 장악하여 일본 전국의 힘을 하나로 결집시키며, 막부의 중추에 하타모토뿐만 아니라 다이묘의 가신이나 처사 등 신분에 관계없이 유능한 지식인을 발탁해야 한다고 주장하였다. 이 모두는 권위와 권력의 일치, 그리고 지위와 능력의 일치를 도모하자는 것이었다. 또한 그는 막각을 주도할 다이묘로 미토의 도쿠가와 나리아키, 에치젠의 마쓰다이라 슌가쿠, 사쓰마의 시마즈 나리아키라, 히젠사가(肥前佐賀)의 나베시마 나오마사(鍋島直正) 등의 이름을 거명하였다.

요시노부가 차기 쇼군이 되는 것을 오오쿠만 반대한 것이 아니었다. 난키파로 대별되는 막각을 주도하던 후다이 다이묘 역시 요시노부의 등극과 함께 그의 아버지 나리아키의 정치적 영향력이 확대되는 것을 두려워하였다. 왜냐하면 독단적 성격뿐만 아니라 그의 극단적 양이 정책이 당시 소극적 개국 정책에서 적극적 개국 정책으로 전환하려던 막부의 입장과는 상반되었기 때문이다. 이에 히토쓰바시파는 오오쿠의 일원이 된 아쓰히메를 활용하기로 작정하고, 귀국해 있던 나리아키라에게 도움을 청했다. 이에 나리아키라는 에도로 가서 하시모토 사나이와 협력하여 오오쿠의 아쓰히메에게 연락을 취하라고 사이고 다카모리에게 특명을 내렸다.

아쓰히메는 이에사다의 생모인 혼주인(本寿院)에게 그 뜻(요시노부의 쇼군 승계)을 밝혔지만, 의외로 쇼군 이에사다가 이를 거절하였다. 즉 아직 자신이 양자를 들일 정도의 나이가 아니며, 만약 양자를 들인다 하더라도 요시노부는 나이가 너무 많다며 거절하였다. 히토쓰바시파로서는 오오쿠를 통한 공작이 수포로 돌아가고 말았다.

나리아키라의 명령을 받아 사이고가 에도에 도착한 것은 1857년 12월 6일이며, 오오쿠를 통한 공작은 대략 1858년 초반의 일이었다. 비록 나리아키라의 명을 받들었다고는 하지만, 사이고가 단독으로 정치 일선에서 활약한 것은 이것이 최초였다.

사이고는 오오쿠 공작 실패를 만회하기 위해 교토로 향했다. 사이고는 아쓰히메의 양부이자 사쓰마와 친밀한 관계를 맺고 있던 고노에 다다히로(近衛忠熙)를 통해, 요시노부의 쇼군 후계를 막부에 요구하는 조정의 내칙이 내려지도록 공작에 나섰다. 하지만 이 역시 실패로 끝나고 말았다. 이후 난키파의 역공이 시작되었으니, 이이 나오스케(井伊直弼)가 주도한 안세이 대옥이 그것이다. 이에 관한 이야기는 다음 장으로 넘긴다.

제4장

성충조誠忠組

안세이 대옥으로 상징되는 대로(大老) 이이 나오스케(井伊直弼)의 독주를 계기로, 사쓰마에서는 이에 항거하는 주로 하급 무사들로 이루어진 정치결사가 등장하였다. 성충조라 불리는 이 정치집단이 번주를 비롯한 번의 중심 세력과 결탁하면서, 이후 막부 타도로 이어지는 정치공작의 중추로 활약하게 된다. 사이고 다카모리와 오쿠보 도시미치가 막말 정국의 핵심 인물로 등장한 것도, 이들이 성충조의 주도 세력이었기 때문이다. 이 장에서는 시마즈 나리아키라의 좌절과 사망, 안세이 대옥, 뒤이어 성충조의 형성 과정과 시마즈 히사미쓰의 등장에 대해 살펴보려 한다. 이 시기 사쓰마는 나리아키라의 유훈을 받든다는 대의명분하에 강력한 무력과 거번일치(挙藩一致)의 위세를 바탕으로 일본 정국의 핵심으로 부상하였고, 이는 막말 대혼돈의 서막을 알리는 신호탄이 되었다.

한편, 막말 정국을 이해하는 데 빠뜨리지 말아야 할 중요 인물 중 하나는 고메이 천황(孝明天皇)이다. 특히 1850년대 말과 1860년대 초 막부의 개국

정책에 번번이 발목을 잡으면서, 궁극적으로 막부 패망이라는 의도치 않은 길로 몰고 간 인물이 바로 그였기 때문이다. 고메이 천황은 막말 정국에서 그 비중이나 역할이 결코 가볍지 않았던 인물이지만, 유신사 평가에서 그에 대한 지면 할애는 의외로 제한적이다. 이는 메이지 유신을 성취한 집권 세력의 정치적 입장이 고메이 천황이 시종 보여 주었던 정치적 태도와 상반된 데서 그 이유를 찾을 수 있다. 즉 고메이 천황은 기존의 막번 체제 개혁이나 도막파들이 추진한 왕정복고에 동의하지 않았다는 사실, 그리고 왕정복고 쿠데타 이후 신정부가 추진한 문명개화 정책이 그의 극단적 양이 정책과 배치되었다는 사실에 기인한다고 판단된다.

1858년 안세이 대옥부터 1867년 왕정복고까지 막말 대혼돈의 절정이라 볼 수 있는 이 10년간, 사쓰마 번은 언제나 '조정 수호', 나아가 '왕정복고'라는 명분을 내세우면서 국정 참여의 길을 적극적으로 모색하였다. 또한 사쓰마 번은 1867년 고메이 천황의 서거 이후 '도막(倒幕)'에서 '토막(討幕)'으로 급격하게 정치노선을 변경하면서 결국 막부를 무너뜨렸다. 이 점에서 조정, 특히 고메이 천황에 대한 이해는 막말 사쓰마 번의 행보를 파악하는 데 큰 도움이 되리라 판단한다. 우선 고메이 천황부터 살펴보자.

고메이 천황의 등장

고메이 천황이 태어난 것은 1831년으로, 유신 3걸이라 일컫는 사이고 다카모리(1828년), 오쿠보 도시미치(1830년), 기도 다카요시(1833년, 가쓰라 고고로와 동일 인물)와 비슷한 시기에 태어났다. 이후 그가 천황에 등극한 1846

년부터 사망한 1867년까지 21년 동안, 막말의 대혼돈을 오롯이 체험하면서도 시종일관 양이(攘夷)라는 자신의 정치적 입장을 견지하였던 인물이다. 고메이 천황 이전의 천황과 조정은 도쿠가와 막부 창설 이래 정치적으로도 경제적으로도 막부에 완전히 종속된 '완전한 비권력체'로서, 오로지 의례적·종교적 상징에 불과하였을 뿐이었다.

하지만 고메이 천황은 달랐다. 그는 정치적 사안, 특히 외교 문제에 관한 일에는 빠짐없이 자신의 의견을 표출하였다. 때로는 막부 쪽, 어떤 때는 막부 반대쪽에 손을 들어 줌으로써 정국 주도권을 놓지 않으려 하였으며, 특히 교토와 지리적으로 가까워 조정의 안위와 직결되는 효고(兵庫) 개항 문제에 대해서는 지극히 민감하게 반응하였다. 물론 그 이전 조정이나 천황이 정치적 입장을 내놓은 경우가 전혀 없었던 것은 아니다. 고메이 천황의 조부인 119대 고카쿠 천황(光格天皇) 시절인 1788년의 존호사건(尊号事件)은, 조정이 막부의 뜻을 거스르면서 자신의 목소리를 낸 대표적인 사례이다. 고메이 천황은 바로 고카쿠 천황의 손자였던 것이다.

잠시 역사의 시곗바늘을 그 시기로 돌려 보자. 때는 1779년, 118대 고모모조노 천황(後桃園天皇)이 서거하였지만 황태자가 없자, 그 양자로서 고카쿠 천황이 119대 천황으로 즉위하였다. 막부가 제정한 공가제법도(公家諸法度)에 따르면 천황의 친부 간인노미야 스케히토 친왕(閑院宮典仁親王)의 서열이 섭관가의 서열보다 낮아, 친부임에도 불구하고 스케히토 친왕이 자신의 신하에게 예를 다해야 하는 것이 고카쿠 천황에게는 커다란 불만이었다. 1788년 고카쿠 천황은 스케히토 친왕에게 태상천황(太上天皇: 上皇)의 존호를 내렸음을 막부에 통보하라고 공가 나카야마 나로치카(中山愛親)에게 지시하였다. 하지만 당시 노중 마쓰다이라 사다노부(松平定信)가 이는 선례가 없는 일이라고 반대하였다. 그럼에도 불구하고 천황은 1791년 궁정 회의를 통해 다시금 존호 하사를 확정하였다.

사실 박학다식한 데다 주자학에 정통한 사다노부가 황위와 관계없는 자에게 황위 존호를 내린 예를 모를 리 없었건만, 그는 두 가지 이유로 끝까지 반대하였다. 하나는 당시 사다노부는 간세이 개혁(寬政改革)을 통해 막번 체제의 재건을 도모하고 있었으며, 그 사상적 근거로 주자학을 내세워 '이학의 금지(異學の禁: 막부가 승인한 주자학만을 인정)' 및 '처사횡단의 금지(處士橫斷の禁: 막부에 대한 정치 비판을 금지하고 난학을 공적 기관에서 폐지)' 등의 조치를 단행하였다. 이는 당시까지 일본 유교의 근간인 '효(孝)'보다는 '충(忠)'을 강조하는 것으로, 양명학, 고학, 존왕론 등 당시 유행하던 반주자학적 움직임을 억제해 막번 체제를 공고히 하려는 의도에서 비롯된 것이라 볼 수 있다. 물론 조정이 막부가 제정한 공가제법도를 준수해야 한다는 대의명분도 빠뜨리지 않았다.

한편, 같은 시기 11대 쇼군 이에나리는 친부인 히토쓰바시 하루사다(一橋治済)에게 오고쇼(大御所: 쇼군과 오고쇼의 관계는 천황과 상황의 관계와 마찬가지)라는 존호를 하사하려 하였다. 사다노부는 이에 반대하면서, 천황에게 존호 하사를 취소하게 하려면 마땅히 쇼군의 그것도 취소해야 한다는 논리였다. 사실 사다노부는 하루사다에게 악감정을 가지고 있었다. 11대 쇼군의 강력한 후보였던 사다노부는 하루사다의 농간에 소번인 시라카와 번(白河藩)의 번주로 방출되어, 쇼군이 될 기회를 하루사다의 아들인 이에나리에게 빼앗기고 말았던 것이다(이는 양자로 감으로써 쇼군의 기회를 잃었던 막말의 마쓰다이라 슌가쿠와 유사하다). 사다노부로서는 하루사다가 오고쇼에 취임하는 것을 막기 위해서라도 스케히토 친왕의 상황 존호 하사를 거부해야만

하였던 것이다. 여기서 등장하는 것이 소위 대정위임론(大政委任論)이다.

사다노부가 대정위임론을 끄집어 든 것은 대정을 위임한 천황의 권위를 높이려는 의도가 아니었다. 오히려 그 반대였다. 우선 14세의 어린 나이에 쇼군이 된 이에나리에게 무가(武家)의 동량으로서 그가 맡은 직분의 중차대함을 알리기 위함이며, 당시 대두하고 있던 존왕론을 견제하기 위해서였다. 즉 천황이 대정을 막부에 위임한 이상 쇼군의 직무인 대정에 대해 간섭할 수 없으며, 무가도 공가(公家)도 천황의 국가인 일본에 거주하고 있는 신하인 이상, 막부가 무가와 서민에게 처벌을 내릴 수 있는 것과 마찬가지로 공가에게도 처분을 내릴 권한이 있음을 분명하게 밝히기 위함이었다. 결국 대정위임론은 조정을 견제하기 위한 것으로 볼 수 있으며, 1791년 상황 존호가 다시금 확정되자 이듬해인 1792년 사다노부는 이 문제에 관여한 나카야마 나로치카를 에도로 불러 근신 처분을 내렸다.

대정위임론이라는 새로운 규범적 정치 질서가 당장 막부에 위협적인 것은 아니었다. 더군다나 이후 막부의 통치 자격에 대한 견제, 다시 말해 왕정복고론 역시 조정으로부터 나온 것도 아니었다. 오히려 18세기 국학(国学)의 성립으로, 황국 일본의 질서가 지닌 영속성과 순수성 그리고 그 담당자로서의 천황이라는 상상력이 탄생하게 되었다. 또한 대정위임론과 거의 같은 시기에 미토 번에서 시작된 '명분론'과 '존왕양이론'이 국학과 결합하면서, 현존하는 정치 질서와는 다른 새로운 정치 질서가 생겨났다. 즉 진정한 왕권은 교토에 있으며, 막부는 조정으로부터 통치를 일시적으로 위임받은 존재에 불과하다는 이미지가 창출되었다.

그 결과 어쩌면 대정봉환을 들고나온 막부 스스로가, 일본 전국 수준에 관한 한 조정의 발언을 거부할 수 없다는 명분을 제공한 결과가 되고 말았다. 물론 사다노부의 대정위임론을 막부가 공식적으로 인정한 것은 아니었다. 실제로 막부와 조정 사이에 대정위임론이 거론된 것은, 1863년 14대 쇼군 이에모치가 고메이 천황에게 대정위임의 칙명에 대한 감사의 뜻을 표명하기 위해 참내하였을 당시였다. 이때 천황은 칙명으로 대정위임을 확인해 주었고, 이러한 공식적 대정위임의 확인은 4년 후 요시노부에 의한 대정봉환, 즉 막부 멸망의 전제가 되었다.

고메이 천황이 등극한 1846년은 미국을 비롯한 서구의 함대들이 본격적으로 일본에 등장하기 시작한 해이다. 고메이 천황은 등극하자마자 당시 관백이었던 다카쓰카사 마사미치(鷹司政通)를 통해 막부가 이국선에 대해 적절한 조치를 취하라고 요구하였다. 이는 대외 문제에 관해 천황이 막부에 칙령을 내린 최초의 사례였다. 이에 막부 역시 교토소사대 사카이 다다아키(酒井忠義)를 통해 당시 류큐, 우라가(浦賀), 나가사키 등지에 내항한 외국선의 상황을 천황에게 보고하였다. 이에 관한 한 막부와 조정 사이에 더 이상의 진전은 없었지만 이제 둘의 관계가 정국 운영의 커다란 변수로 등장하는 계기가 발생하였으니, 그것은 다름 아닌 1853년 페리의 내항이었다.

페리 내항과 관련해 막부가 처음 조정에 요구한 것은 이국선 격퇴를 위한 기도를 신사와 사찰에 명령해 달라는 것, 다시 말해 막부는 조정에 단지 종교적 역할만을 요구하였던 것이다. 당시 조정의 전권을 쥐고 있던 다카쓰카사는 막부의 무위가 극도로 취약해졌고, 이에 미국의 개국 요구를 거부할 수 없음을 충분히 인지하고 있었기에, 막부의 소극적 개국론에 동조하였다. 하지만 다카쓰카사를 제외한 나머지 공가들의 생각은 달랐다. 미국의 통상 요구는 단지 미국 한 나라만의 요구가 아닐 것이며, 만약 미국과 통상 관계를 맺는다면 서구 세력들이 공동 보조를 취해 일본을 더욱 압박하게 될 것이라 생각하였다. 이러한 공가들의 막연한 불안감에 기름을 부은 것은, 극단적 양이론을 주장하면서 해방참여직에 임명된 전 미토 번주 도쿠가와 나리아키였다. 그는 미국이 통상 관계 수립을 막부에 강요하는 것은 황국을 모욕하는 무례한 행동이라고 통렬히 비판하는 입장이었다.

다카쓰카사는 공가들의 불안을 잠재우고 조막(朝幕) 간의 관계를 공고히 하기 위해 산조 사네쓰무(三条実万)와 보조 도시아키(坊城俊明) 두 명의 무가전주(武家伝奏)를 에도에 파견하였다. 무가전주란 막부와 조정 사이의 연락관으로 공가가 임명되지만, 녹봉은 막부로부터 받기에 조정 내 친막부 인사로 볼 수 있다. 막부는 이들 연락관에게 천황의 의지를 알려 주면 따르겠다고 답변하였지만, 그것은 어디까지나 립서비스에 불과한 것이었다. 하지만 막부의 기대와는 달리 고메이 천황은 그전 천황과는 달랐다. 그는 직접 교토 경비 계획을 교토소사대를 통해 막부에 제시하기도 하였다. 이러한 공방 속에서도 막부는 1854년 3월에 일미화친조약을 맺었고, 그해 4월 이 사실을 조정에 전달하였다.

그 후 1854년 9월 러시아의 프탸틴(Putjatin) 함대가 오사카에 등장하자, 천황을 비롯한 공가들의 불안은 더욱 가중되었다. 하지만 분명한 것은 이 같은 불안감에도 불구하고 화친조약 체결에는 동의하면서 이를 승낙하였다는 사실이다. 1855년 9월 교토소사대 등 교토에 파견된 막부 측 인사들은 공가들과의 회합에서 러시아, 영국, 미국 3개국과의 화친조약에 이르는 사정을 구체적으로 보고하였다. 관백은 이에 동의하였고 이후 이러한 사실은 천황에게도 보고되었는데, 천황 역시 만족의 뜻을 표했다고 한다. 화친조약이란 단지 양국 간 친선을 도모하자는 것이라 실질적인 무언가가 이루어지는 것이 아니었기 때문이다. 따라서 이 단계에서 화친조약에 관해 조정과 막부 사이에 심각한 갈등이 있었다고 볼 수는 없다.

조막 관계의 악화

일미화친조약을 맺은 후 16개월이 지난 1855년 7월, 미국 총영사 해리스(T. Harris)가 시모다(下田)에 나타났다. 해리스는 쇼군 면담을 지속적으로 요청하였는데, 면담의 목적은 미국 대통령의 친서 전달과 함께 통상조약 체결이었다. 한편, 이즈음 나가사키에 도착한 네덜란드 선박으로부터, 머지않아 영국 사절 일행이 일본에 내항하여 통상 관계를 요구할 것이라는 정보가 막부에 전달되었다. 이를 받아 든 막부의 외교 관료들은 이러한 흐름을 이제 거부할 수 없는 시대적 조류라 판단하였다. 즉 그들은 일본이 외국의 압박에 굴복하여 수동적으로 무역을 허락할 것이 아니라, 자주적이고 적극적으로 세계무역에 참여해야 한다고 주장하였다.

막부 수뇌부도 이에 공감하면서 그해 10월 적극적 개국론자인 홋타 마사요시(堀田正睦)를 외국사무 담당 노중에 임명하였다. 이는 막부의 외교 정책이 소극적 개국에서 적극적 개국으로 바뀌었음을 의미하는 것이다. 사실 페리의 내항 직후에는 막부 역시 어디까지나 전례의 양이론을 고수하였다. 이는 대표적 양이론자라 할 수 있는 도쿠가와 나리아키에게 해방참여직을 맡겼다는 점에서도 알 수 있다. 하지만 화친조약 체결 이후, 우선은 조약을 지키면서 급격한 대외 개방과 내정의 혼란을 회피해 보려는 의도에서 소극적 개국론으로 바뀌었다. 그 후 나가사키 해군전습소 개설에서 볼 수 있듯이, 통상에 의한 부국강병을 골자로 하는 적극적 개국론이 제기되었으며,

아베 마사히로 역시 이에 동의해 막부에서 정책 전환의 논의가 시작되었다.

이후 아베와 나리아키가 막정 일선에서 물러나고 홋타 마사요시가 등장하면서, 이제 막부의 외교 방침은 적극적 개국론으로 바뀌어 갔던 것이다. 이와 더불어 이전 양이론을 주장하던 지식인들까지 적극적 개국론으로 전환하기 시작하였는데, 후쿠이 번의 하시모토 사나이(橋本左內), 구마모토 번(熊本藩)의 요코이 쇼난(橫井小楠), 조슈 번의 요시다 쇼인(吉田松陰) 등이 대표적인 인물들이다.

그런 와중에 1856년 2월 애로(Arrow)호 사건을 계기로 영국과 청국의 갈등이 재현되었고, 이후 영불 연합군의 광둥 점령 소식이 전해졌다. 제2차 아편전쟁의 발발이었다. 중국에서 서양의 무력시위가 재현되자 막부는 이에 대처하지 않으면 안 되었고, 그 대응책이 바로 일미 간의 통상조약 체결이라 판단하였다. 즉 막부로서는 미국과의 통상조약이 체결되고 그 수준에서 다른 나라와도 관계를 맺는다면 상호 견제 속에서 외세의 침입으로부터 벗어날 수 있으리라는 계산이었다. 하지만 당시 해방참여직에 있던 도쿠가와 나리아키는 이러한 외교 정보를 조정 측에 흘리면서 막부의 개국 정책에 제동을 걸었다.

결국 1857년 7월 막부는 나리아키의 입을 막기 위해 그의 해방참여직을 거두었는데, 이는 당시 대두되고 있던 아들 요시노부의 쇼군 후계 운동에 제동을 건다는 의미도 있었다. 이해 11월 막부는 그간의 사정을 설명하고 통상조약 체결의 필요성을 납득시키기 위해 전 교토소사대이자 당시 노중이었던 와키사카 야스오리(脇坂安宅)를 교토로 파견하였다. 화친조약에서는 나가사키, 하코다테, 시모다 등 교토에서 먼 항구들이 개항되었지만, 이제 통상조약이 체결된다면 오사카를 비롯해 교토와 가까운 항구가 개방되지 않을 수 없었다. 이는 조정 측, 특히 천황을 공포로 몰아넣었다. 이러한 사실을 감지한 막부는 당시 대학두(大学頭)인 하야시 후쿠사이(林復斎)와 메쓰케 쓰다 마사미치(津田正路)를 파견해 조정 설득 작업에 매진하였고, 조만간 홋타 역시 교토로 파견될 것임을 조정에 통보하였다.

하야시 대학두와의 면담을 마친 후 조정은 가까운 장래에 교토에 올 홋타와의 교섭에 대비해 자문회의를 개최하였다. 1858년 1월의 일이다. 그 결과를 전해 들은 고메이 천황은 관백 구조 히사타다(九条尚忠)에게 자신의 견해를 피력하였다. 즉 막부가 진행 중인 개국통상 정책에 대해 부정적인 견해를 표명하였으며, 특히 '자신의 대에서' 그러한 일이 벌어지는 것에 극도의 수치심을 가졌던 것이다. 얼마 후 교토에 도착한 홋타 마사요시는 조정에 통상조약 체결의 승낙을 요청하였다. 지난번 미국국서 평의 때는 당시의 상황을 상신해 조정의 의견을 구하는 정도였다면, 이번에는 완전히 달랐다.

조정의 칙허, 다시 말해 승낙을 얻어 자신들의 정치 행위에 대한 책임의 일부를 전가하거나 그 정당성을 확보하려 한 것이다. 이럴 경우 승낙하는 쪽에 권한이 생기면서 정치적 가치도 상승하는 것은 당연한 일이었다. 조정은 기본적으로 현상 유지의 보수 지향적 존재이다. 황통의 존속은 막번제에 의해 보장받고 있었고, 막번제는 쇄국을 근간으로 하고 있으니, 당연히 조정은 개국에 반대하는 입장이었다. 막부는 쇄국을 유지하다가는 외국과 전쟁을 할 수밖에 없고, 전쟁에 패한다면 황통의 존속도 불가하니 개국해야 한다고 조정을 설득하였다.

하지만 고메이 천황은 지금까지의 천황과는 달리 자신의 견해를 관철하기 위해 정치적 행동에 나섰다. 우선 천황은 여전히 조정을 장악하고 개국에 찬성 입장인 전 관백이자 태합(太閤) 다카쓰카사 마사미치와의 대립각을 세우면서 현 관백인 구조를 포섭하기 시작하였다. 물론 천황은 다른 공가들에게도 자신의 뜻에 따르도록 권유하였다. 그리고 2월 22일 조의(朝議: 어전회의)에서 홋타가 요청한 조약 체결 칙허를 둘러싸고 천황과 태합 사이에 대충돌이 일어났다. 결국 둘 모두 조금씩 양보를 하고는, 막부가 도쿠가와 어삼가 이하 여러 다이묘에게 의향을 물은 후 그것을 천황에게 보고하도록 하는 선에서 낙착되었다.

이러한 결정은 막부로서는 예상 밖이었다. 막부는 당연히 조약 체결의 칙허가 내려질 것으로 예상하였지만, 조정은 전국 다이묘들의 의견을 감안해 다시 그 시비를 결정하겠다는 것이었다. 한편, 조약 칙허와 맞물려 조정에서는 쇼군 후계에 관한 공작도 진행되고 있었다. 한때 히토쓰바시파의 공작으로 조정의 의견이 요시노부 쪽으로 치우치기도 하였으나, 최종 내칙에서 요시노부를 지지한다는 내용이 빠지게 됨에 따라 나리아키라 등 히토쓰바시파의 공작은 수포로 돌아가고 말았다. 마침내 이 과정에서 태합이 사임하였고, 이제 조정은 고메이 천황이 완전히 장악하게 되었다.

1858년 4월 20일 홋타는 빈손으로 에도로 귀환하였는데, 이번에는 후다이 다이묘들의 반격이 기다리고 있었다. 홋타가 에도에 도착한 지 3일 후, 후다이 다이묘의 수장이었던 이이 나오스케가 대로(大老)에 취임하였다. 이이가(井伊家)는 후다이 다이묘 최고의 명문가로, 당시의 정치적 상황에서 이이 나오스케가 막정의 감시자로서 막부 최고위직인 대로에 임명된 것은 당연한 일로 볼 수 있다. 왜냐하면 쇼군이 건강하지 못해 후사가 없는 상황에서 관례상 막정에 관여해서는 안 되는 집단인 신판 다이묘와 도자마 다이묘가 막정에, 그것도 쇼군 후계라는 문제에 조정까지 동원하면서 적극적으로 개입하고 있었기 때문이다.

여기서 한 가지 짚고 넘어가야 할 것은, 설령 홋타 마사요시가 히토쓰바시파를 지지하였을지라도 어디까지나 막정을 책임지고 있는 집단은 후다이다이묘이며, 이들에게 히토쓰바시파는 쇼군의 전권 사항인 후계 문제를 거론하는 일종의 모반 세력이나 마찬가지였다는 사실이다. 더군다나 쇼군 이에사다의 의향 역시 혈통이 가까운 자신의 종제 '요시토미(慶福)'에게 기울어져 있었다. 그럼에도 불구하고 홋타 마사요시와 도쿠가와 나리아키 그리고 히토쓰바시파라 불리던 집단은, 조정으로부터 '개국'의 칙허를 받지 못했지만 '쇼군 후계'에 요시노부를 추대하려는 희망만은 버리지 않고 있었다.

이이 나오스케는 현안인 '개국'과 '쇼군 후계' 문제를 일사천리로 진행하였다. 우선 이이는 5월에 쇼군으로 하여금 자신의 의지가 '요시토미'에 있음을 공포하게 하였고, 실제로 6월 25일에 공포하였다. 또한 같은 달 19일에 에도만에 정박 중이던 미국 군함에 전권위원을 파견해 일미수호통상조약을 체결하였고, 노중 홋타 마사요시와 마쓰다이라 다다카타(松平忠固)를 전격 파면하였다. 이제 남은 것은 조정에 조약 조인을 설명하고 히토쓰바시파를 처단하는 것이었다.

7월 5일 마쓰다이라 슌가쿠, 도쿠가와 나리아키, 히토쓰바시 요시노부 등 히토쓰바시파에 가담한 신판 다이묘들을 은거, 근신, 등성 금지에 처하는 대숙청 작업이 진행되었다. 사실 '요시토미'의 쇼군 후계를 공포하기 전날인 6월 24일, 이들 신판 다이묘는 불시에 등성해서 이이 나오스케의 독주, 즉 조약 체결 강행을 쇼군에게 보고하면서 이이 나오스케를 비난하였다. 하지만 불시 등성은 엄연한 국법 위반이었기에, 이것이 빌미가 되어 히토쓰바시파가 탄핵당하고 말았다. 그리고 7월 6일 쇼군 이에사다가 사망하였다.

이미 통상조약을 맺어 버린 막부로서는 조정에 조약 조인을 보고해야만

하였다. 앞서 조정의 칙허에서 전국 다이묘의 의견을 물어보라고 하였지만 그럴 시간이 없었던 막부는, '노중봉서(老中奉書)'라는 막부 최고 격식의 문서를 조정에 보내면서 이번에는 이미 맺은 조약 체결에 대해 승인을 요구하였다. 보고를 받은 조정은 어삼가의 당주나 대로 중 한 사람을 교토에 보내라고 요구하였다. 개국 칙허 정국에서 천황은 물론 조정의 신하까지 정치화되면서 자신들의 정치적 능력을 과신하고 있었던 것이다. 물론 막부는 거절하였다. 이에 조정은 막부에 조칙을 내리면서 조약 조인을 비난하였고, 대숙청에 대해 의문을 제기하면서 한 가지 꼼수를 부렸다. 바로 '보고의 밀칙(戊午の密勅)' 사건이 그것이다.

조정의 조칙에는 막부를 비난하였다는 내용상의 문제도 있었지만, 그보다는 막부 관리에게 조칙을 전달하기 이전에 미토 번 번사에게 먼저 조칙을 전달하였다는 방식상의 문제가 있었던 것이다. 게다가 그 밀칙에는 다른 번주들에게도 전달해 달라는 별지가 첨부되어 있었다. 또한 조정의 최고 공가들은 자신들과 인연이 깊은 오와리(尾張), 에치젠(越前), 가가(加賀), 사쓰마(薩摩), 히고(肥後), 지쿠젠(筑前), 조슈(長州), 히젠(肥前), 쓰(津), 아와(阿波), 도사(土佐) 등 11개 다이묘에게도 밀칙 내용을 알리면서, 이제 밀칙의 존재와 내용은 일본 전역에 두루 알려지게 되었다. 1858년 8월경의 이야기이다.

안세이 대옥과 이이 나오스케의 암살

밀칙도 밀칙이거니와 막부로서는 당장에 해결해야 할 문제가 있었으니, 바로 14대 쇼군에 대한 천황의 추인이었다. 막부는 다양한 방법으로 공가들에게 압박을 가하면서 결국 10월에 추인을 이끌어 냈고, 이를 계기로 14대 쇼군은 '요시토미'에서 '이에모치(家茂)'로 개명하였다. 막부의 또 하나 남은 과제는 조정에 일미수호통상조약 조인의 양해를 이끌어 내는 것이었다. 이번에도 조약 체결에 반대하는 조정에 압력을 가하면서, 가까운 시일 내에 쇄국으로의 복귀를 전제로 조약 조인의 양해를 받아 냈다. 이와 함께 막부는 교토에서 가까운 효고항의 개항과 오사카에서의 외국 상인의 활동 금지라는 조정의 요구도 받아들였지만, 통상조약이 이루어진 이상 이러한 양보가 무의미하다는 것은 삼척동자도 아는 사실이었다.

조약 칙허 정국에서 조정은 이전과는 달리 번과 직접 접촉할 수 있었으며, 잠시나마 막부의 견제에서 벗어나 천황의 생각대로 조정을 움직일 수 있었다. 하지만 거기까지였다. 쇼군 후계 문제가 발생하였고, 다양한 집단으로부터 조약 체결의 반대에 직면하였으며, 더군다나 생각지도 않았던 '보고의 밀칙' 사건까지 겪게 된 막부로서는 더 이상 물러설 수 없었다. 이이 나오스케는 이 모든 사건을 통치 질서 문란 행위로 간주하고는 대대적인 반격을 개시하였다. 소위 '안세이 대옥(安政大獄)'이라는, 지금까지 막정에서 볼 수 없었던 강력한 대숙청 작업이 전개되었다.

우선 조정에서는 막부의 뜻을 받들어 천황의 명의로 총 12명의 조정 신하들에게 강력한 처분이 내려졌다. 막부 역시 총 69명에게 처벌을 내렸는데, 이 중 밀칙 교부에 관련되거나 막부의 처분에 강력하게 반발한 8명은 사형에 처해졌다. 이때 요시다 쇼인이 처형되었다. 도쿠가와 나리아키는 영구 칩거, 요시노부는 은거·근신 처분을 다시 받았고, 도사 번의 야마우치 도요시게도 은거·근신 처분을 받았다. 한편, 개국 정국에서 서양 제국과의 외교교섭에 탁월한 능력을 보였던 막부 관료인 가와지 도시아키라(川路聖謨),

이와세 다다나리(岩瀨忠震), 나가이 나오유키(永井尙志) 모두 이때 은거·근신 처분을 받거나 파면되었다.

이로써 페리 내항 이후 현안이었던 통상조약 체결과 쇼군 후계 선정이라는, 막부 체제 존립과 관련된 문제가 막부의 의도대로 해결되는 듯했다. 그리고 막부의 결정에 반하는 조정과 막부의 최고위직들이 천황과 쇼군의 이름으로 처분을 받았다. 이러한 공포정치는 정계의 동요를 잠재우는 것처럼 보였지만, 이면에는 커다란 위화감과 원한이 축적되었다. 예를 들어 이번 정변과는 무관한 요시다 쇼인이 처형당하자, 그에게 커다란 영향을 받았던 기도 다카요시(木戶孝允), 구사카 겐즈이(久坂玄瑞), 다카스기 신사쿠(高杉晋作) 등 조슈의 젊은 무사들이 막부에 강한 적의를 품게 되었고, 유폐 중이던 마쓰다이라 슌가쿠는 측근 하시모토 사나이의 죽음을 애석해하면서 그가 주장한 '공의(公議)' 추구의 의지를 다시금 가슴속에 담았다.

한편, 정변의 태풍이었던 미토 번의 경우 나리아키 등 수뇌부의 근신은 계속되었지만, 조정에서 내린 '밀칙'의 반납 여부를 놓고 가신들 사이에 파벌이 만들어지면서 대논쟁이 발발하였다. 사실 막부는 대대적인 숙청 작업을 완료하자, '밀칙'을 막부에 반납하라는 명을 미토 번에 내리도록 조정에 압력을 가했다. 이에 미토 번의 정권을 담당하고 있던 문벌파는 분쟁 확대를 방지하기 위해 반납에 찬성하였고, 양이파인 '덴구당(天狗党)'의 진파(鎮派)도 이에 찬성하였다. 하지만 격파(激派)는 '밀칙'이야말로 미토 번의 정당성을 상징하는 것이기에, 그것을 반납한다면 주군의 처분을 되돌릴 수 없을 뿐만 아니라 미토 번의 명예 회복도 불가능하다고 주장하였다.

마침내 둘 사이에 극적인 타협이 이루어져, '밀칙'을 막부가 아닌 조정에 반납하는 것으로 일단 결말을 보는 듯했다. 그러나 격파의 반납 반대가 계속되자 결국 나리아키가 개입하면서 반납 쪽으로 가닥을 잡게 되었다. 이에 반발한 격파의 지도자 다카하시 다이치로(高橋多一郎) 등이 미토를 탈출하면서 상황은 급전환되었다. 1860년 2월의 일이다. 격파의 원래 계획은 사쓰마와 연합해 대로 이이 나오스케를 습격하고 요코하마의 외국 상관을 불지르며, 동시에 사쓰마가 3,000의 병력을 이끌고 교토로 상경하는 것이었다. 그리고 천황의 칙허를 얻어 '왕정복고'와 '존왕양이'를 실현하는 것이었다. 하지만 다음 절에서 언급되겠지만, 사쓰마의 태도가 급변하였고 더군다나 미토 번의 탈주자가 극소수에 지나지 않아, 미토와 사쓰마를 주축으로 하는 제번연합에 의한 '거병토간(擧兵討奸)' 계획은 포기할 수밖에 없었던 것이다.

미토 번 격파의 음모가 진행되고 있었지만, 당시 이이 나오스케가 가진 권력은 막번 체제가 만들어진 이후 최강이라 해도 지나친 이야기가 아니었다. 그러나 대숙청이 있은 지 채 1년도 지나지 않은 1860년 3월 3일, 절대 권력자인 이이 나오스케가 암살을 당했다. 그것도 백주에 에도 성으로 들어갈 수 있는 공식적인 문인 사쿠라다 문(桜田門) 앞에서. 한 사람의 암살이 향후 정국에 엄청난 영향을 준 경우는 막번 체제에서 매우 드문 사건이었다. 우선 200수십 년간 지속되어 온 막부의 위광이 실제로 공허하다는 것이 사실로서 입증되었을 뿐만 아니라, 지금까지의 세상이 더 이상 통용되지 않을 것이라는 사실이 사람들 마음속에 각인되었다.

이제 막부 권력에 공백이 생기자, 천황은 과거 막부가 '조속한 시일 내 쇄국을 실시하겠다'고 약속한 사실을 들이대면서 막부를 곤경으로 몰아넣었다. 사실 안세이 대옥이 일어난 1858년부터 이이 나오스케가 암살을 당하는 1860년까지 고메이 천황은 실의의 나날을 보내야만 하였지만, '양이'라는 자신의 정치적 의지를 포기한 것은 아니었다. 이와 함께 천황의 측근인 이와쿠라 도모미(岩倉具視) 같은 하급 공가마저 왕정복고의 과제에 대해 본격적으로 고민하기 시작하였다. 게다가 '웅번'을 자처하는 지방 번주들은 변화하는 조정의 태도에 동조하면서 조정과 손잡고 막부를 흔들었다. 그뿐만 아니라 암살을 주도한 번사나 탈번 낭인들은 이제 '지사(志士)'를 자처하면서 교토로 몰려와, 막부 및 조정 요인은 물론 외국인들까지 마구잡이로 암살하면서 정국을 통제 불능 상태로 몰고 갔다.

돌이켜 보면, 2년도 되지 않은 짧은 시간에 히토쓰바시파의 처분, 왕정복고 운동가들의 체포와 처분, 공가들의 처분 등 막부 측의 일방적인 폭력 행사가 이어졌다. 그러다가 이이 나오스케의 암살이라는 극단적 사건을 계기로 사태가 급진전되었고, 이후 각 세력 간의 적대 의식은 회복 불가능한 상태로 바뀌었다. 즉 막부와 다이묘, 막부와 조정, 막부와 지식인들 사이에 발생한 갈등은 전대미문의 거대한 소용돌이로 전개되었으며, 결국 테러리즘의 모방이라는 형태로 확대, 재생되었다. 폭력은 피해 당사자와 그 주변에 치명적인 상처가 되었으며, 경쟁 상대는 이제 불구대천의 원수가 되고 말았다. 설령 누군가가 유화적인 자세를 보인다고 해도, 그것은 어디까지나 상대의 유약함에 불과하다고 판단하면서 보복은 더욱 가중되었다.

폭력을 저지하기 위한 폭력, 결국 질서 회복을 위한 노력 그 자체가 오히려 폭력을 불러일으키면서 이제 정치적 타협은 절망적인 상태로 변질되어 갔다. 이처럼 이이 나오스케의 암살은 막말 정국의 분기점이 된 것이다. 즉 페리의 내항 이래 막부 주도의 개혁 정국은 이제 모든 세력이 합종연횡하는 군웅할거 정국으로 바뀌면서, 막부는 서서히 무너져 내리고 있었다.

사이고 다카모리의 등장과
나리아키라의 사망

이러한 혼돈의 시기, 사쓰마 번의 동향은 어떠하였을까? 당시 사쓰마의 번주였던 시마즈 나리아키라가 정국 최대 과제인 쇼군 후계 문제의 핵심으로 떠올랐음은 이미 언급한 바 있다. 나리아키라는 번주로서 두 번째 귀국하고는 1854년 1월 복귀하면서 사이고 다카모리를 발탁하여 에도로 데리고 갔다. 이는 막말 희대의 풍운아 사이고 다카모리가 정치가로 입신하는 계기인 동시에, 막말 대혼돈 속 사쓰마의 웅비(雄飛)를 알리는 출발점이 되었다. 우선 사이고 다카모리에 대해 알아보자.

1828년 가고시마 성하 하급 무사의 장남으로 태어난 사이고는 13세에 성인식을 가졌고, 그즈음 사쓰마 하급 무사의 교육기관인 향중(郷中)의 유아조(稚兒組)에서 청년조(二才)로 승진하였다. 16세이던 1844년 무사로서는 가장 낮은 어소성여(御小姓与)라는 신분으로 군방서역조(郡方書役助)라는 직책을 맡았는데, 이는 사이고가 사쓰마 번에서 맡은 최초의 소임이었다. 이 직책은 농정을 관할하던 서기관의 보조역이라 비상근이었기에, 그는 향중 교육에 열중하였으며 21세가 되면서 향중두(郷中頭)가 되었다.

한편, 그가 제출한 농정 개혁 상서가 두 번째 귀국한 나리아키라의 주목을 받았고, 이것을 계기로 에도 근무 어정방(御庭方)에 임명되면서, 나리아키라를 따라 에도로 갈 수 있었던 것이다. 여기서 어정방이란 막부의 어정번(御庭番)을 모방하여 나리아키라가 신설한 역직으로, 낮은 신분에도 불구하고 번주를 배알할 기회가 있었다. 1854년 에도에 도착한 사이고는 미토 번의 후지타 도코(藤田東湖), 에치젠 번의 하시모토 사나이 등과 개인적으로 친교를 맺으면서 정치적 식견을 넓혀 나갔다. 하지만 나리아키라의 호출을 받고 처음으로 자신의 정치적 견해를 밝힌 것은 1856년 4월의 일이니, 무려 2년간이나 스스로 정치 공부를 한 셈이다.

나리아키라의 눈에 든 사이고는 이후 그의 수족이 되어 타 번들, 나중에는 조정과의 연락을 담당하게 되었다. 그 결과 나리아키라의 비밀스런 임무를 맡아 수행할 수 있었고 자신의 생각도 전할 수 있었기에, 당대 가장 선진화된 인물로부터 다방면에 걸쳐 교양과 견문을 넓힐 수 있었을 뿐만 아니라 다양한 계층과의 교류도 가능하였다. 이 시기가 바로 쇼군 후계 문제가 본격적으로 대두되고, 아쓰히메(篤姫)가 쇼군 이에사다와 혼례를 올린 때였다. 사실 사이고는 성격이 난폭해 주변 사람들과 잘 지내지 못했고, 또한 그런 소문이 나리아키라에게도 전해졌음이 분명하다. 하지만 나리아키라는 평시라면 그런 인물이 문제일 수 있으나, 이처럼 난세에는 사이고와 같은 혈기왕성한 인물이 더 좋다고 생각하면서 자신의 슬하에 두었다.

그 후로 사이고는 나리아키라의 손발이 되어 막부와 여러 번을 출입하면서 자연스럽게 이름이 널리 알려졌고, 이는 그의 정치 기반이 되었다. 사실 나리아키라가 없었다면 사이고는 존재할 수 없었다고 해도 지나친 이야기가 아니다. 나리아키라 밑에서 배우고 익힌 정치 경험 때문에, 나리아키라의 사후 새로이 정치 실세로 등장한 히사미쓰를 인정할 수 없어 그와 평생 불편한 관계를 맺을 수밖에 없었다. 그런데 오히려 그러한 정치 경험 덕분에, 사이고는 오랜 유배 생활로 초기 하급 무사들의 정치결사인 성충조에 늦게 참여하게 되었음에도 불구하고 늘 하급 무사들의 지도자로서 추앙받을 수 있었던 것이다.

1857년 4월 나리아키라는 번주로서 세 번째로 귀국하였는데, 이때 사이고도 함께 귀국하였다. 제3장에서 언급하였듯이, 이 시기에 이르면 아쓰히메를 통한 오오쿠(大奧)의 공작이 실패로 돌아서면서 에치젠 번주 마쓰다이라 슌가쿠가 주축이 된 요시노부 옹립 히토쓰바시파는 점점 더 수세에 몰리기 시작하였다. 형세가 불리해졌음을 전달받은 나리아키라는 10월 아쓰히메와 슌가쿠에게 보내는 편지와 함께 사이고를 에도로 급파하였다. 에도에 도착한 사이고는 곧장 후쿠이 번사 하시모토 사나이 등을 만나 대책을 강구하였다. 그들은 더 이상 오오쿠 공작은 난망하니, 아쓰히메의 양부인 고노에 다다히로(近衛忠熙)를 통해 조정을 움직여 요시노부를 차기 쇼군으로 삼는다는 조정 내칙을 내리는 쪽으로 가닥을 잡았다.

한편, 이 시기는 막부가 일미수호통상조약 체결에 대한 조정의 칙허를 받으려던 시기와 겹친다. 마쓰다이라 슌가쿠는 쇼군 후계 문제와 통상조약 칙허를 일거에 해결해야겠다는 판단으로, 칙허를 얻기 위해 교토에 가 있던 노중 홋타 마사요시를 지원하고자 하시모토 사나이를 교토에 급파하였다. 사이고 역시 교토로 가서 하시모토 사나이의 공작을 도왔다. 이때가 대략 1858년 3월의 일이니, 조약 칙허를 놓고 홋타와 조정이 격전을 벌이고 있을 무렵이다.

나리아키라의 명을 받아 에도와 교토에서 공작을 벌이던 사이고가 마쓰다이라 슌가쿠의 편지와 함께 가고시마로 귀국한 것은 1858년 6월 7일이었다. 이 편지에는 쇼군 이에사다의 후임으로 요시노부(慶喜)가 아닌 요시토미(慶福)가 결정되었다는 사실이 적혀 있었다. 이에 나리아키라는 사이고에게 밀명을 내려 다시 교토로 향하게 하였다. 그 밀명이 무엇인지는 밝혀진 것이 없다. 나리아키라 스스로 대병력을 이끌고 상경할 예정이니 이를 준비하라는 명령이었을 것이라는 주장도 있지만, 그럴 가능성은 희박하다.

오히려 조정과 막부의 갈등이 고조되어 정국이 내란 상태에 빠지는 것을 저지하기 위해, 히토쓰바시파의 경거망동을 막고 공무합체를 위한 조정 공작을 지시하였다고 보는 것이 합리적인 판단이라 생각된다. 왜냐하면 세계 정세에 정통하였던 나리아키라로서는 조막 관계가 악화되어 내란에 빠질 경우 외세의 침입이 불가피하다는 사실을 너무나 잘 알고 있었기 때문이다. 하지만 당시 존왕양이 사상에 경도되었던 사이고가 나리아키라의 밀명에 따르기보다는, 천황이 통상조약 체결에 반대하는 내칙을 내리도록 조정 공작을 벌이던 존왕양이파 지사들과 함께 움직였을 가능성이 더 높았다고 생각된다.

한편, 나리아키라가 사이고에 내렸다는 밀명은 이후 나리아키라의 유훈, 다시 말해 조정 수호 및 왕정복고를 위한 거병이라는 사쓰마 번시(藩是)로 탈바꿈하였다. 이는 다시 1859년 성충조의 탄생과 돌출(突出: 미토 번사들과의 공동 거사를 위한 거병) 시도, 1862년 히사미쓰의 솔병상경과 분큐의 개혁(文久の改革: 사쓰마의 군사력을 배경으로 조정의 압박에 의한 막부의 개혁), 나아가 이후 사쓰마의 적극적 국정 개입의 명분으로 이어졌다.

1858년 4월 이이 나오스케가 대로에 취임하여 정국을 장악한 후, 일미수호통상조약 체결, 요시토미 쇼군 후임 발표, 히토쓰바시파 처벌 등을 통해 그간 정국의 난맥상을 일거에 해결하려 들었다. 이에 조정은 '보고의 밀칙'으로 맞섰으나, 도리어 막부는 '안세이 대옥'으로 막부 조치에 반발하는 세력에 결정타를 가했음은 이미 언급한 바 있다. 한편, 슌가쿠 등 히토쓰바시파가 처분을 받았던 날로부터 3일이 지난 1858년 7월 8일, 나리아키라는 가고시마 성하 남쪽의 조련장에서 군사훈련을 시찰한 후 대포 사격 시범을 관전하였다. 하지만 다음 날부터 이질로 심한 설사를 만나면서 건강이 악화되었고, 끝내 회복하지 못한 나리아키라는 7월 16일 새벽 사망하고 말았다. 향년 50세.

나리아키라에게는 4남 데쓰마루(哲丸)가 있었지만 아직 돌도 지나지 않은 처지라, 임종 직전에 이복동생 히사미쓰의 아들 다다노리(忠德)를 양자로 입적하였다. 다다노리는 번주직에 오르면서 쇼군 이에모치(家茂)의 '茂' 자를 받아 모치히사(茂久)로 개명하였다가, 막부가 붕괴된 이후는 다다요시(忠義)로 다시 개명하였다. 이 글에서는 특별한 경우가 아니면 가급적 다다요시로 통일할 예정이다. 그가 바로 사쓰마 번의 마지막 번주인 12대 시마즈 다다요시이다. 앞서 이야기하였듯이, 오유라 소동에도 불구하고 나리아키라와 히사미쓰의 관계는 나쁘지 않았다. 오히려 나리아키라는 학문에 관한 한 자신은 결코 히사미쓰에 필적할 수 없다면서 그의 학문을 높게 평가하였다고 한다. 게다가 정치적 현안에 대해서도 히사미쓰와 상의하면서 신뢰를 보냈다.

당시 다다요시의 나이 18세라 아직도 건재하던 할아버지 나리오키(斉興)가 번정의 후견을 맡았다. 그러나 이듬해 나리오키가 사망하자 히사미쓰가 후견인 역할을 하면서 번정의 실권을 장악하였다. 이후 히사미쓰는 나리아키라의 유훈을 받든다는 명분으로 막말 정국에 적극 개입하게 된다.

아마미오시마: 사이고의 1차 유배

1858년 7월 14일 교토에 도착한 사이고는 당시 대표적인 존왕양이론자 야나가와 세이간(梁川星巌), 라이 미키사부로(頼三樹三郎), 전 청수사 성취원(清水寺成就院) 주지였던 겟쇼(月照) 등과 연락을 취하면서 조정 공작을 위한 정보 수집에 나섰다. 이들 중 겟쇼는 공가, 특히 고노에가를 출입하면서 존왕양이 활동가와 조정의 연결고리 역할을 하였는데, 사이고가 고노에 다다히로를 통해 쇼군 후계 문제로 동분서주할 당시 큰 도움을 주었다. 물론 사이고와 이들은 이이 막부의 요주의 인물들로, 이후 안세이 대옥을 맞으면서 전부 체포 대상자가 되었다. 한편, 사이고가 나리아키라의 급서 소식을 전해 들은 것은 7월 27일이었다. 이 소식을 듣자 사이고는 낙담 끝에 자살을 시도하려 하였으나, 겟쇼의 설득으로 단념하였다고 한다. 그리고 사이고는 겟쇼로부터 전달받은 고노에 다다히로의 편지를 미토 번과 오와리 번에 전하기 위해 에도로 출발하였다.

한편, 이 무렵(8월 7일) 존왕양이파 지사와 공가들은 칙허 없이 일미수호통상조약을 체결한 데 대한 고메이 천황의 분노에 편승해 칙허를 얻어 내는 데 성공하였다. 앞서 말한 '보고의 밀칙'이다. 칙허의 내용은 "칙허 없이 조약을 맺었다니 유감이다. 나리아키 등이 처벌을 받았다는데, 그 죄상이 불명확하다. 내우외환을 맞아 여러 다이묘들과 상의해 국정 안정에 노력하라."였다. 조정으로서는 요시토미의 쇼군 후계 결정을 이미 기정사실로 받아들였음을 알 수 있다. 또한 이 칙허가 '보고의 밀칙'으로 불리는 것은 막부에 내린 칙허가 지사나 공가들을 통해 사전에 유력 다이묘들에게 전해졌기 때문이다.

에도에 도착한 사이고는 '보고의 밀칙'으로 막부의 감시가 강화된 바람에 맡은 임무를 다하지 못하고 곧장 교토로 돌아왔다. 이때 에도에서 하시모토 사나이를 만난 것이 사이고로서는 하시모토와의 마지막 만남이었다. 이후 하시모토 사나이는 쇼군 후계 문제에 관여하였다는 혐의로 검거되어 이듬해인 1859년 10월 형장의 이슬로 사라졌기 때문이다. 다시 교토로 돌아온 사이고는 9월 9일 고노에 다다히로로부터 겟쇼의 보호를 부탁받았다. 이에 사이고는 당시 교토에 있던 존왕양이 지사이자 사쓰마 번사인 아리마 신시치(有馬新七)에게 부탁해 겟쇼를 오사카로 도주시켰다. 당시 사이고는 교토에서 이이 나오스케를 제거하려고 거병 계획도 세웠다고 알려져 있지만, 그 계획의 실현 가능성이 얼마나 되었을지는 수수께끼일 뿐이다.

그 후 사이고는 자신에게도 막부의 추적이 다가오자 오사카 역시 안전하지 않음을 인지하고는 겟쇼와 함께 사쓰마로 향했다. 시모노세키에 도착한 사이고는 겟쇼를 그곳에 두고 단신으로 가고시마에 도착하였으니, 이때가 10월 6일이었다. 도착하자마자 겟쇼의 보호를 번 당국에 요청하였지만, 당시 실권을 쥐고 있던 나리오키는 사쓰마 번이 중앙 정국에 휩쓸리는 것을 꺼려 거절하였다. 겟쇼는 10월 10일 천신만고 끝에 사쓰마로 들어왔지만, 닷새 후인 15일 번 당국은 사이고에게 겟쇼의 휴가오구리(日向送り)를 즉시 실행하라고 명령하였다. 잠시 이야기를 돌려 휴가는 당시 사쓰마 번의 동쪽에 위치한 지역으로, 현재 대부분은 미야자키현(宮崎県)에 속한다. 한때 시마즈가가 점령한 적도 있지만, 1587년 도요토미 히데요시의 규슈 정벌 당시 빼앗기고는 이후 천령(天領: 막부 직할령)이나 작은 번으로 나누어져 있었다. 따라서 휴가오구리란 문자 그대로 영외 추방을 의미하지만, 실제로는 번 경계에서 살해하라는 명령이었다.

번 당국의 결정에 실망한 사이고는 다음 날인 16일 아침 일찍 휴가로 향하는 배 위에서 겟쇼와 함께 가고시마만에 투신자살을 시도하였다. 겟쇼는 익사하였지만, 사이고는 다행히 주변의 도움을 받아 목숨을 구할 수 있었다고 한다. 이후 이 투신자살에 많은 역사적 의미가 부여되면서 목숨을 걸고 막부 타도의 길로 매진하는 사이고 다카모리의 영웅관이 탄생하였고, '허무'로 상징되는 그의 생명관 역시 이 당시의 투신자살과 연계 짓기도 한다. 한편, 사이고의 투신자살을 음모로 보는 시각도 있다. 조정 공작에서 자신을 도왔던 겟쇼, 고노에가로부터 생명 보호를 부탁받았던 겟쇼를 스스로 살해하였다는 불명예를 피하기 위해, 함께 투신자살하는 방책을 택하였고 자신은 살아남았다는 것이다. 심지어는 함께 물로 뛰어들고는 거구의 사이고가 물속에서 겟쇼를 한주먹에 때려죽였다는 믿기 힘든 이야기도 전해지고 있다.

번 당국은 두 사람 모두 익사하였다고 막부에 보고하였다. 사이고는 기쿠치 겐고(菊池源吾)라 개명하고는, 1858년 12월 말 가고시마를 출발해 1859년 1월 12일 아마미오시마(奄美大島)의 다쓰고(龍郷)에 도착하였다. 번으로부터 1년에 6석의 쌀을 지급받았기에 죄를 지어 귀양 간 것은 아닐지 모르나, 어쨌든 가고시마에서 400㎞가량 떨어진 섬으로 가라는 번의 명령이 있었다면 그것은 어디까지나 정치적 유배라고도 볼 수 있지 않을까?

이야기가 본론에서 잠시 벗어나지만, 사이고의 신화와 카리스마에 숨겨진 이야기 중에서 기쿠치 겐고라는 사이고의 이름과 관련된 일화를 잠시 소개하고자 한다. 물론 정사가 아닌 비사 수준이지만, 나름대로 수긍할 만한 이야기이기도 하다. 막말 유독 양이를 고집하면서 지금까지의 천황과는 달리 국정에 적극 개입하던 고메이 천황은 1867년 1월 30일 만 35세의 나이에 갑자기 사망하였다. 공교롭게도 이후 어린 메이지 천황(明治天皇)이 등극하고 1년도 채 지나지 않아 막부가 멸망하며 천황친정(天皇親政) 체제(왕정복고)로 전환되었다. 이는 바로 일반적으로 알고 있는 메이지 혁명과 그 후의 메이지 유신의 출발이다.

이런 우연성과 여러 숨겨진 증거와 추측들이 난무하면서 '고메이 천황 독살설'과 '메이지 천황 바꿔치기(天皇すり替え) 설'이 등장하게 되었다. 앞 장에서 언급하였듯이, 도쿠가와 막부가 들어서면서 학자 수준에서 남조정통론(南朝正統論)이 대두되었지만, 천황가가 북조(北朝) 기원인 것이 부정되지는 않았다. 하지만 메이지 천황의 등극 후 남조정통론이 정권 차원에서 공공연하게 제기되었고, 이를 바탕으로 수많은 의혹들이 등장하면서 '메이지 천황 바꿔치기 설'은 지금도 비사에서는 끊임없이 반복되고 있는 주제 중의 하나이다.

사이고의 호는 여럿 있지만 그중에서 가장 많이 알려지고 본인 역시 선호한 호가 난슈(南洲)인데, '바꿔치기 설'을 주장하는 이들은 여기에 남조에 대한 사이고의 경의가 숨겨져 있다고 주장한다. 또한 사이고가 아마미오시마로 귀향 갈 때 사용한 이름인 기쿠치 겐고(菊池源吾)를 거꾸로 읽으면, '吾源은 菊池다(나의 원류는 기쿠치이다)'가 된다. 여기서 기쿠치가(菊池家)는 히고[肥後: 현재 구마모토(熊本)]를 거점으로 한 남조의 무가로, 사이고가는 이 무가의 가신이었다. 따라서 사이고는 자신의 원류가 남조임을 스스로 밝히면서, 그것에 대한 긍지를 갖고 있었음을 엿볼 수 있다.

1867년 12월 왕정복고를 기해 '메이지 천황 바꿔치기'가 전격적으로 이루어졌다는 것이 이 설을 지지하는 이들의 주장인데, 당시 군권을 장악하고 있던 이가 바로 사이고였기에 그의 동의 없이는 불가능한 일이라 볼 수 있다. 그렇다면 기존의 메이지 천황 대신 새로 바뀐 천황은 누구인가? 바로 조슈 출신이며 남조의 후예인 오무로 도라노스케(大室寅之祐)라는 인물로, 그는 일반적으로 '후루벳키 군상사진[フルベッキ群像寫真: 여기서 후루벳키는 네덜란드 출신 미국인 선교사 베르베크(G. H. F. Verbeck)를 말한다]'이라 통칭되

후루벳키 군상사진(1865년경)
□가 사이고 다카모리로 추정되는 인물이며, ○는 오무로 도라노스케로 추정되는 인물이다.

는 막말의 사진 한 장에 등장하는 한 소년이라 주장되고 있다. 이는 오래전부터 알려진 사진으로, 이미 1895년 어느 잡지에 소개된 적이 있다. 하지만 이 사진에 사카모토 료마, 사이고 다카모리, 다카스기 신사쿠 등 소위 막말의 지사들이 담겨 있다고 주장하는 학술 논문이 발표된 것은 1974년의 일이며, 이로 인해 다시금 이 사진에 대한 관심이 급증하였다.

이 사진은 대략 1865년경에 46명이 함께 찍은 것이다. 사진 한가운데에 도라노스케로 추정되는 어린 무사가 성년의 무사들로 둘러싸여 있기에, '메이지 천황 바꿔치기' 비밀결사의 출정식 사진으로 추정하는 이도 있다. 게다가 이 사진에는 사이고 다카모리로밖에 볼 수 없는 거한 한 명이 등장하고 있다. 만약 도라노스케가 바뀐 메이지 천황이고 이 거한이 사이고라면, 이 사진이 의미하는 진실은 실로 충격적이다. 요점을 말하면 사쓰마와 조슈를 중심으로 한 도막파는 영국의 지원을 받았든 아니든, 국가 개혁을 목표로 하였든 아니든, 기본적으로 남조혁명동맹이라는 비밀결사이며, 그들의 무력도발은 아무리 선의로 '유신'이라 미화해 보아야 결국 권력욕에 불탄 하급 무사들의 쿠데타에 불과하다는 결론에 이르게 된다.

따라서 천황의 어릴 적 사진과 성년이 된 메이지 천황의 유사성은 어쩔 수 없다 하더라도, 메이지 유신의 상징인 사이고가 이 사진에서 확인된다면, 도막파의 원조는 남조혁명을 꿈꾸던 쿠데타 세력임을 만천하에 알리는 꼴이 되고 만다. 결국 사이고의 사진이 존재해서는 안 되는 것이다. 막말 그리고 메이지 초기 실세들의 사진은 대부분 확인되지만, 유독 사이고의 사진은 없다.

사이고의 장남 기쿠지로(菊次郎)는 후일 부친이 사진 찍는 것을 싫어하였다고 증언하였지만, 사이고는 사진을 남길 수 없었다. 어쩌면 실제로 있었을 수도 있는 사진은 모두 폐기된 것이 아닌가 추론해 볼 수 있다. 왜냐하면 이미 알려진 '후루벳키 군상사진'은 널리 유포되어 있어 그것까지 숨길 수는 없었기 때문이다. 우리가 일반적으로 알고 있는 사이고의 초상화는 이탈리아의 판화가이자 화가인 키오소네(E. Chiossone)가 그린 것인데, 그는 실제 사이고를 본 적이 없다. 이 초상화는 둘째 동생인 사이고 쓰구미치(西鄉從道)의 눈매와 사촌동생인 오야마 이와오(大山巖)의 입매를 합성한 것인데, 이를 근거로 현재 우에노 공원에 있는 사이고 동상이 만들어졌다고 한다. 동상 개막식에 참석한 사이고의 부인은 '이건 그이가 전혀 아니야', '욕의를 걸친 채 산보하다니 말이 되느냐'며 불평을 하였다는 이야기가 전해지고 있다.

역사적 인물로서 사이고만큼 각광을 받은 이도 많지 않다. 그러나 세월

과 함께 세평도 바뀌는 법. 2018년 메이지 유신 150주년을 맞아 방영되었던 드라마 '세고돈(西郷どん)'의 인기가 예상외로 저조해, 관계자들의 애를 태우고 있다는 소식을 어느 신문에서 본 적이 있었다. 시대착오적인 메이지 띄우기와 답답할 정도로 천편일률적인 연출 능력에 일본 시청자 역시 싫증이 났을 수도 있으며, 주인공의 매력이 과거 '료마전'에 등장한 후쿠야마 마사하루에 미치지 못하기 때문일 수도 있다. 여하튼 이 글을 쓰고 있는 나 자신도 일요일에 그 프로를 보았던 적이 드물었다.

다시 본론으로 돌아가, 사이고는 단신으로 아마미오시마에 도착해서는 초창기에 스스로 식사를 해결하면서 섬 생활에 정착해 나갔다. 이후 1859년 11월에 아이카나(愛加那)를 안고(島妻)로 맞아 가족을 이루었다. 사이고는 이미 1852년에 스가(須賀)를 첫 번째 아내로 맞아들였지만 2년 후인 1854년에 이혼한 바 있기에, 아이카나는 두 번째 부인이 되는 셈이다. 당시 가고시마로부터 외딴섬에 파견된 공무원이나 유형자들은 현지에서 안고를 맞아들이는 사례가 많았다. 부부의 인연을 맺었다고는 하지만 남편의 귀국 시에는 함께 갈 수 없었다. 그래도 태어난 아들은 가고시마에서 교육받을 기회가 주어졌고, 교육을 받은 후 섬의 공무원으로 근무할 기회도 주어졌다. 또한 안고에게도 녹봉이 주어지고 부역이 면제되었기에, 안고가 된다는 것이 아주 나쁜 것만은 아니었다.

1861년 1월 2일 장남 기쿠지로가 태어났으며, 이후 토지를 구입하고 집을 지었으니 어쩌면 사이고 본인은 소환되지 못한 채 아마미오시마에서 평생 살아야 할지 모른다는 각오를 하였을 수도 있다. 하지만 국내 정치 상황의 급변과 함께 번내 사정도 달라져, 사쓰마 번은 사이고를 소환하였다. 공교롭게도 집이 완공된 다음 날인 1861년 11월 21일, 사이고의 소환장이 다쓰고에 도착하였다. 소환장을 받아든 사이고는 다쓰고를 출발해 1862년 2월 12일 가고시마에 도착하였으니, 안세이 대옥을 피해 아마미오시마로 잠적한 지 무려 3년 이상의 세월이 흐른 뒤였다.

뒤이어 언급되겠지만, 히사미쓰의 솔병상경의 구체적인 날짜(1862년 2월 25일, 실제 출발은 3월 16일)가 확정되어 공포된 것은 1862년 1월 18일이다. 이는 사이고가 가고시마에 도착하기 한 달 전의 일이다. 사실 사이고가 나리아키라의 훈도를 받아 안세이기(安政期: 1854~1860)에 사쓰마의 다른 하급 무사와는 달리 국사주선(国事周旋: 막부 이외의 세력이 국정에 개입하는 행위)에 많은 경험을 가지고 있고 이들의 정치결사인 성충조의 리더였기에, 사이고의 소환은 성충조 구성원들의 숙원이었다. 그러나 히사미쓰가 사이고의 소환을 허락한 것은 자신의 정치적 행위(솔병상경)가 나리아키라의 유훈을 정당하게 계승한 것임을 대내외적으로, 특히 이제 수족이 된 성충조 일원에게 확인시켜 주기 위한 것으로 보아야 할 것이다. 이후 막말 대혼돈기 사이고의 대활약을 인지하고 있는 역사가나 일반인들은, 히사미쓰의 솔병상경을 준비하기 위해 사이고가 소환되었고, 실제로 사이고가 솔병상경에 커다란 영향을 끼쳤다는 선입견을 가질 수 있다. 하지만 이는 전혀 사실이 아님을 밝히고자 한다.

히사미쓰의 등장과 성충조

앞 장에서 언급하였듯이, 히사미쓰가 사쓰마 번 정치의 중추로 등장한 것은 1848년부터이며, 이해에 부친이자 번주였던 나리오키가 에도 참부를 떠나면서 그에게 정치 참여의 기회가 주어졌던 것이다. 하지만 1849년 오유라 소동을 거치면서 정치 일선에서 모습을 감추었고, 그 후 10년의 공백을 뛰어넘어 1859년 다시 정치 무대에 그 모습을 드러냈다. 히사미쓰는 이해 3월 15일을 기점으로 이제 일개 가신의 신분에서 벗어나, 아들이자 번주인 다다요시의 후견인으로서 성내에서 그를 직접 대면할 수 있게 되었다. 다시 말해, 번주의 사적 공간에서 실부로서 번주와 사적이자 내밀한 논의가 가능해졌다는 것이다.

물론 당시 정식 후견인은 나리오키였지만 노령임을 감안한다면 실질적인 후견인은 히사미쓰로 볼 수 있다. 그러던 중 1859년 9월 12일 나리오키가 사망하자, 이제 실질적인 정치권력을 확보하기 위한 정치 현실에 당당히 끼어들 수 있었다. 당시 사쓰마는 가지키가(加治木家) 당주 시마즈 히사타카(島津久宝) 중심의 분고파(豊後派)와 히오키 시마즈가(日置島津家) 당주 시마즈 히사나가(島津久徴)를 위시한 히오키파(日置派)가 가로직을 정점으로 하는 요직을 점유하고 있었다. 사실상 종가, 다시 말해 번주의 의사대로 번정을 이끌어 나갈 수 없었으며, 실제로 나리아키라마저도 이들의 의사를 완전히 무시하고 번정을 이끌 수 없었다.

히사미쓰는 번주(종가)의 친정을 구현하기 위해 인사 개혁을 단행하였다. 당시 번정을 책임지고 있던 히사타카 일파는 본래 다양한 사업으로 번의 재정을 방만하게 운영하는 나리아키라의 정책에 불만을 가지고 있었다. 그러던 차에 나리아키라가 사망하자 후견인이 된 나리오키의 뜻을 받아 나리아키라의 사업을 축소하거나 아예 중지시키고 말았다. 또한 가로 히사나가는 수석 가로 히사타카와의 의견 충돌 때문에 나리아키라가 사망한 지 반년이 지난 1859년 1월 15일에 면직되었다. 사실 히사나가는 나리아키라가 임용한 사이고 다카모리나 오쿠보 도시미치 등 하급 무사들이 신뢰를 보내던 인물이었다.

히사타카 일파는 특별한 자질을 지닌 것도 아닌 데다 반개혁적인 인물들이라, 나리아키라 시절에도 번주로부터 신뢰를 받지 못했었다. 히사미쓰는 우선 수석 가로직에 있던 히사타카를 명목직인 성대(城代)로 좌천시키고, 대신에 히사나가를 수석 가로에 임명하였다. 그 결과 나리아키라의 개혁적 정책에 심취해 있던 오쿠보와 같은 젊은 하급 무사들도 이번 히사미쓰의 인사에 공감하였다. 이후 1859년 연말에 이르면 히사미쓰의 번내 정치적 위상뿐만 아니라 시마즈 가문 내에서의 위계도 상승하여, 이제 본격적으로 사쓰마 번내 히사미쓰 체제가 공고히 구축되기 시작하였다.

히사미쓰 체제의 성립과 더불어 거의 같은 시기에 사쓰마에서는 주로 하급 무사들로 이루어진 정치결사, 즉 성충조가 등장하였다. 일반적으로 성충조는 1859년 가을경에 결성된 것으로 알려져 있다. 이이 나오스케의 안세이 대옥으로 여러 제후와 지사들이 처벌을 받았다는 소식이 사쓰마에 전해지자, 오쿠보 등이 극도로 분개하면서 결성되었다는 설이 일반적이다. 그들은 탈번하여 교토로 올라가 병력을 일으킨 후, 우선 구조(九条) 관백을 퇴진시키고 이어 교토소사대 사카이 다다요시(酒井忠義)를 제거한 후 천하의 인심을 각성시켜야 한다고 주창하였다. 이렇게 해서 모인 인원은 약 40명가량 되었다. 하지만 사이고가 아마미오시마로 떠나기 전 오쿠보로부터 받은 편지와 그에 대한 사이고의 답신에 '맹중(盟中)'이라는 단어가 나오는 것으로 보아 초보적인 형태로나마 하급 무사들의 조직이 이미 갖추어져 있었으며, 결국 이 '맹중'이라는 조직이 약 1년 후 결성되는 성충조의 모체가 된 것으로 볼 수 있다.

사이고가 가고시마만에서 자살을 시도하였으나 목숨을 건진 것이 1858년 10월 16일, 그로부터 한 달쯤 지난 11월 말 혹은 12월 초에 미토 번의 소식을 에도로부터 전해 들었다. 이에 사이고는 번병을 대규모로 일으켜 교토 황실을 보존하고 막부의 전횡을 응징하려는 생각을 포기하였다. 대신에 뜻있는 지사들의 '돌출(突出)', 즉 개인적 탈번과 테러로 계획을 변경하였는데, 이 '돌출' 계획이 동지적 결사체인 '맹중'의 결성 계기가 되었다고 판단되지만, 당시 그들이 스스로를 '성충조'라 불렀는지는 알 수 없다.

바로 이즈음인 11월 29일 번은 사이고에게 아마미오시마로의 잠적을 명령하였다. 당시는 새 번주 다다요시가 에도에서 번주 취임을 허락받으려던 때라, 번으로서는 거병을 생각할 수도 없던 시기였다. 오히려 번 당국에서는 나리아키라와 사이고를 비롯한 사쓰마 번사들의 지난 행적과 관련해 막부와 불편한 관계를 맺는 것을 극도로 꺼리던 때였다. 따라서 사이고 역시 번병으로 거병한다는 것은 상상조차 할 수 없는 시기였다. 이에 사이고는 전략을 바꾸어 '돌출'로 전환할 수밖에 없었고, 그 후 12월 말 아마미오시마를 향해 가고시마를 떠났다.

대략 이 한 달 동안이 '돌출' 계획을 급속히 진전시키면서, 사이고가 초기 성충조와 동지적 유대를 맺을 수 있었던 유일한 기회였다. 사쓰마의 '돌출' 계획은 구마모토, 에치젠, 후쿠오카, 돗토리, 조슈 등의 지사들과 연계 속에서 진행되어야 했지만, 실제로는 이들 번으로부터 아무런 협조도 얻을 수 없었다. 사실 성충조의 첫 번째 '돌출' 계획은 다른 번들의 상황을 너무 낙관적으로 판단한 데 반해 행동 계획은 구체성이 결여되어 있었고, 거병 후 어떻게 할 것인가에 대한 미래상도 불분명하였다. 게다가 '돌출' 계획의 최대 당사자인 사이고의 잠적으로, 이 계획은 유야무야되고 말았다.

앞서 짚어 보았듯이, 히사미쓰는 1859년 3월 15일을 기해 번주의 후견인으로서 아들이자 번주인 다다요시를 직접 만날 수 있게 되었고, 사쓰마 번의 새로운 실력자로 등장하였다. 오쿠보를 비롯한 하급 무사 집단은 이미 히사미쓰의 능력과 의지를 전해 듣고 있었기에, 나리아키라의 유지(솔병상경과 황국보위) 계승에 대한 기대도 컸다. 이전 나리아키라와 사이고의 관계처럼, 그들도 히사미쓰와 직접 대화할 수 있는 관계를 바라고 있었다. 1859년 전반기 사쓰마의 하급 무사 집단(초기 성충조)과 관련되어 눈에 띌 만한 사건은 없었다. 하지만 에도에서는 사쓰마 번사들과 미토 번 격파(激波) 사이에 모의는 계속되었다. 이 모의 내용을 요약하면, '보고의 밀칙' 내용을 뜻 있는 여러 번들에 전달하고, 이들 번으로 하여금 조정을 수호하도록 하여, 천황의 양의 의지를 거부한 간적 대로 이이 나오스케와 노중 마나베 아키카쓰(間部詮勝)의 척살을 도모하는 것이었다.

마침내 9월 17일 미토 번의 격파 영수인 가네코 마고지로(金子孫二郞)와 다카하시 다이치로(高橋多二郞) 등과 에도에서 교류하던 사쓰마 번사 가바야마 산엔(樺山三円)이 전하는 이 같은 에도 소식을 듣고는, 초기 성충조 동지들은 '돌출'을 결의하였다. 하지만 곧이어 에도에 있던 사쓰마 번사 아리무라 유스케(有村雄助)와 호리 지로(堀次郞)가 보낸 편지가 도착하면서(대략 9월 23일경), 돌출 계획은 이루어지지 않았다. 그 편지에는 미토 번 상층부의 의견이 나누어지면서 거번 결행은 불가능하지만, 격파의 의거(이이 나오스케 암살)는 준비 중이니 '돌출'을 연기하였으면 한다는 것이었다.

비록 '돌출' 계획은 좌절되었지만, 성충조 동지들은 의연하게 '돌출' 체제를 유지하고 있었다. 한편, 이들의 과열된 움직임을 전해 들은 번주 다다요시가 히사미쓰와 상담한 결과 11월 5일 번주 명의의 유서[諭書, 혹은 유고서

(諭告書)]가 나오는데, 여기에 처음으로 '성충사(誠忠士)'라는 단어가 나온다. 따라서 오쿠보 등이 자신들의 집단을 스스로 성충조(誠忠組)라 부르게 된 것은 이 유서 이후라고 보는 것이 올바른 판단이라 생각한다. 그리고 다음 날인 11월 6일에는 히사미쓰가 오쿠보에게 처음으로 서한을 보냈다. 이로써 성충조는 번주와 번의 최고 실력자가 인정하는 정치집단으로서 그 모습을 드러내게 되었다.

번시의 성립

번주 다다요시(모치히사: 아래 글은 유서의 실제 내용 일부라 원문대로 모치히사로 표기하였다)가 내린 유서의 내용은 다음과 같다.

> 지금 세상이 혼돈스러워 편치 않은 시절이 되었다. 그런 와중에 만일 '사변'이 일어난다면, 나 모치히사는 번을 걸고 천황과 조정을 지키기 위해 충성을 다할 예정이다. 이는 나리아키라의 유훈을 이어받아 실현시키는 것이라 생각한다. 이를 너희 유지들이 잘 받들어 번의 초석이 된다는 각오로 나를 지지해 주길 바란다.
>
> 1859년 11월 5일
>
> 모치히사가 성충사들에게

다시 말해, 다다요시는 오쿠보 등을 충의의 번사라고 평가하면서, 나리아키라의 유지를 받들어 만약의 사태가 발발한다면 자신이 선두에 서서 천황과 조정을 위해 진력을 다할 각오이기 때문에 그때까지는 자중하라고 경고하였다. 이에 감격한 오쿠보 등은 연명으로 혈서를 써서 답신을 보냈다. 성충조 동지들은 당시까지 은밀히 탈번 계획을 갖고 있었지만, 이제 동지들의 이름 전부를 만천하에 공개할 정도로 번주 및 히사미쓰의 정책과 각오를 신뢰하면서 긍정의 태도를 보이기 시작하였다. 그리고 히사미쓰가 오쿠보에게 보낸 글에는 "만약 번론이 분산되면 거번일치의 행동은 난망해지니, 에도와 미토 번에 관한 정보가 있다면 알려 달라."라는 내용이 담겨 있었다.

이는 사쓰마 번의 실질적 최고 책임자로서 다양한 정보를 파악하지 않으면 안 된다는 자각과 함께, 비록 하급 무사 집단이지만 성충조를 국정의 파트너로 인지하고 있음을 드러낸 것이었다. 이러한 태도는 현실을 직시하는 히사미쓰의 정치적 유연성을 가감 없이 보여 주는 대목이 아닐 수 없다. 게다가 번주와 사쓰마 번이 나리아키라의 유지를 받든다는 것을 정식으로 표명하면서, 결국 성충조의 기본 정신이 이제 번의 기본 방침[번시(藩是)]이 되었다는 사실을 서로 확인하는 계기가 되었다. 또한 번의 허락 없이는 성충조의 '돌출' 행위는 불가하다는 번과 성충조 동지들과의 합의도 이루어졌다고 볼 수 있다.

1860년 1월 10일 기무라 이츠(木村聿) 등 미토 번사들이 에도 사쓰마 번저에 들러 아리무라 유스케 등 사쓰마 번사들과 회합을 가졌다. 여기서 미토 번사들은 막부의 밀칙 반납 요구가 계속된다면 50명의 번사들로 궐기해 일부는 아이 나오스케를 척살하고, 다른 일부는 요코하마 상관을 방화할 계획임을 알리면서, 사쓰마에는 교토 수호를 위한 병력 파견을 의뢰하였다. 이 사실이 사쓰마의 성충조에게 전해진 것은 2월 4일이며, 오쿠보 등은 즉시 이를 히사미쓰와 수석 가로 시마즈 사에몬(島津左衛門)에게 보고하였다. 연이어 2월 21일에 에도로부터 이이 나오스케 습격에 관한 새로운 계획이 사쓰마에 전달되었다. 이 소식을 전하면서 출병을 요구하는 성충조에게, 히사미쓰는 사태가 일어난다면 당연히 출병해야겠지만 사전에 출병한다는 것은 명분이 없는 것이며, 천황의 칙서라도 있다면 모르겠지만 그것도 없다면 출병은 불가하다고 반박하였다.

이에 대해 성충조에서는 대토의가 벌어졌다. 이들 중 강경파는 성충조만이라도 '돌출'해야 한다고 주장하였지만, 최종적으로는 자중론으로 귀결되었다. 실제로 출병은 없었고, 강경파의 탈번 '돌출'도 없었다. 하지만 중요한 것은 사태가 발발할 경우 교토와 에도에 번병을 파견한다는 번 당국과 히사미쓰의 약속을 끌어냈다는 점이다. 다시 말해 이는 나리아키라의 유지가 명문화되면서, "천황과 조정에 충성을 다하고, 만약 사태가 발발한다면 솔병상경한다"는 약속이 정식으로 번의 정책이 되었음을 의미한다. 결국 이러한 번시는 1862년 히사미쓰의 솔병상경과 1867년 왕정복고 쿠데타 당시 번주 다다요시의 솔병상경의 근거가 되었다. 이와 동시에 성충조는 번내에서 특별한 의미를 지닌 집단이 되었고, 스스로도 그러한 집단이라 의식하면서 막말의 대혼돈을 돌파해 나갔던 것이다.

이이 나오스케의 암살이 자행된 것은 1860년 3월 3일이며, 이 소식이 파발을 통해 사쓰마에 전해진 것은 3월 23일이었다. 사쓰마 번 출신으로 이 사건에 가담한 자는 성충조 동지인 아리무라 지자에몬(有村次左衛門) 한 사람으로, 그는 부상을 입고 자결하였다. 함께 에도에 있었지만 습격에 가담하지 않았던 그의 형 아리무라 유스케는, 암살의 성공 사실을 고노에가를 비롯한 교토의 공가들에게 알리기 위해 교토로 향했다. 그러나 그는 막부에 체포될 것을 두려워한 사쓰마 번 관리에게 붙잡혀 사쓰마로 압송되었다.

아리무라 유스케가 가고시마에 도착한 것도 파발이 도착한 날과 같은 3월 23일이었다. 사쓰마 번 당국은 막부의 추급을 두려워한 나머지 성충조 동지들의 탄원에도 불구하고 아리무라 유스케의 절복을 즉석에서 명하였다. 다음 날 오쿠보는 히사미쓰를 만나, 에도에서 대란이 일어났으니 약속대로 거병해 천황과 조정을 수호해야 한다고 강력히 주장하였다. 하지만 히사미쓰는, 이번 사건은 병력이 출동한 대란이기보다는 미토 번 낭인들이 일으킨 소동에 불과하며, 사쓰마 번과 관련이 있기에 막부의 대응을 파악하기 전에 경솔히 출병할 수 없다고 오쿠보를 설득하였다. 현재 막부에 대한 천황의 지지가 여전한 이상 출병은 불가하지만, 사태가 급반전된다면 언제든 출병이 가능하다는 히사미쓰의 제안에, 오쿠보는 불만이지만 받아들이지 않을 수 없었다.

성충조는 1858년 12월 최초의 '돌출' 계획 이래로 이번의 '돌출' 요구까지 수차례 '돌출' 계획을 수립하거나 건의하였지만 한 번도 실행에 옮기지 못했고, 스스로의 '돌출' 계획은 다시는 등장하지 않았다. 사실 성충조의 돌출 계획은 정의의 행동이라는 자기중심적 발상과 열정에서 비롯된 것이지만, 구체적 방침이나 비전을 갖고 있지 못했다. 이에 대해 히사미쓰는 인내심과 상황 판단력을 바탕으로 성충조 동지들을 설득함으로써, 국정을 담당하는 책임자로서의 자세와 함께 뛰어난 정치적 자질을 보여 주었다. 이는 번주의 후견인이라는 소극적 역할에서 벗어나 '국부'로서 번정을 이끄는 적극적인 지도자임을 사쓰마 번내 상급 가신뿐만 아니라 백성 수준에까지 각인시키는 계기가 되었다.

물론 이러한 평가가 이후 무모하리만치 과감하고 담대한 자신의 정치 행보에 큰 밑거름이 되었음은 자명한 일이다. 한편, 비록 최초의 돌출 계획이 사이고의 구상에서 비롯되었지만, 그 후 계속된 '돌출' 시도는 오쿠보가 주도하였을 것은 분명하다. 이 과정에서 면담을 요청하고 직언을 서슴지 않는 등 오쿠보의 행동이 히사미쓰의 불만을 살 수도 있었지만, 오쿠보는 이를 개의치 않고 성충조의 지도자로서 동지들의 지원을 받으면서 자신의 역할을 다했다. 이 무렵인 3월 13일 번주 다다요시는 참근교대를 위해 가고시마를 출발하였다. 그런데 23일 이 소식을 전해 듣고는 급거 가고시마로 귀환하였다. 이후 사쓰마는 막부의 귀책을 피하기 위해 숨죽이고 있었으며, 이러한 칩거 상태는 1861년 하순 히사미쓰의 솔병상경을 도모하기 위한 여러 책략이 시도되기까지 쭉 이어졌다.

히사미쓰는 1862년 4월 1,000명에 달하는 군사를 이끌고 상경한 이후로 1863년 3월 그리고 10월에 다시 상경하였다. '국부'라 하지만 어디까지나 '무관(無冠)'의 지방 무사에 불과한 히사미쓰가 대담한 정치 행위를 할 수 있었던 것은, 나리아키라의 유지를 계승한다는 대의명분과 이에 대한 성충조 동지들의 지지가 바탕이 되어 사쓰마 번의 국론을 통일시킬 수 있었기 때문이다. 당시의 정치 쟁점이었던 '양이'에 관해서는 한발 비켜서서, 약소국 일본으로서의 개국은 불가피한 선택이며, 우선 해결해야 할 일은 거국일치 체제를 통한 충실한 무비(武備)를 갖추는 것이라고 주장하였다. 또한 이를 위해서는 조정뿐만 아니라 막부의 개혁이 필수적인데, 바로 이것이 솔병상경의 이유이며 나리아키라의 유지라 웅변하였던 것이다. 이러한 정치 구상과 대외 방침이 사쓰마의 상층과 하층을 막론하고 번의 통일된 정책(번시)으로 인지되면서 번의 힘을 하나로 모을 수 있었고, 마침내 사쓰마는 막말 정국의 핵으로 떠오르게 되었다.

제2부

막말 정치의 초점
시마즈 히사미쓰

제5장

히사미쓰의 솔병상경率兵上京

1860년 3월 3일 대로(大老) 이이 나오스케(井伊直弼)가 미토 번 번사들이 주축이 된 집단에게 암살되었다[사쿠라다 문 밖의 변(桜田門外の変)]. 여기에 사쓰마의 탈번 낭사인 아리무라 지자에몬(有村次左衛門)도 가담하였는데, 이이의 수급을 취한 이도 바로 그였다. 주지하다시피, 이이는 쇼군 후계와 조약 칙허를 구실로 막정에 개입하려 한 조정 공가, 막부 관료, 신판 다이묘 및 도자마 다이묘, 그리고 지사들을 철저히 응징하면서[안세이 대옥(安政大獄), 1858], 외세 개입과 내부 갈등으로 흔들리기 시작한 정국의 주도권을 다시금 장악하려 하였다. 하지만 이미 존왕양이 사상을 기반으로 도막(倒幕), 나아가 천황친정을 목표로 번을 넘어 횡적 연대를 시작한 지사들로서는 더 이상 이이의 전횡을 용인할 수 없었다. 마침내 그 분노의 결정적 폭발이 이이의 암살로 이어진 것이다.

막부 최고위 대로직에 있던 자가 에도 성문 앞에서 암살되었다는 사실은 막부로서는 커다란 충격이었다. 그뿐만 아니라 이제 막부는 안세이 대옥에서 보여 준 것과 같은 개국 반대 세력에 대한 무자비한 강경책을 더 이상 유지할 수 없었다. 막부의 이 같은 정책 전환이 조정의 권위 앙양과 웅번의 정치 개입으로 이어지면서 결국 막부 붕괴로까지 이르렀다고 본다면, 이이 대로의 암살은 막말 정치사에서 획기적 사건인 동시에, 사쓰마의 막정 개입의 신호탄이 되었던 것이다.

이이의 암살 소식이 아직 전해지기 전인 3월 13일, 번주 다다요시(忠義)는 자신의 첫 번째 참근교대를 위해 가고시마를 출발하였으나, 가는 도중 이 소식을 듣고는 즉시 귀환하였다. 대신에 동행한 가로 가와카미 구미(川上久美)를 에도로 보내 병 때문에 참부(参府: 다이묘 등이 참근교대 등의 이유로 에도로 가는 일)하지 못했음을 막부에 알려 양해를 구하였다. 이이의 암살 소식은 다다요시가 귀환하기 전에 이미 가고시마에 전해졌고, 이를 안 오쿠보를 위시한 성충조 동지들은 미토 번사들과의 약속에 의거해 교토 수호를 위한 상경을 시도하려 하였다. 하지만 아직 때가 아니며, 번시에 따른 솔병상경은 반드시 사쓰마 번 전체의 행동이어야지 개별 집단의 돌출은 불가하다는 히사미쓰의 압력과 설득을 받아들여, 성충조의 돌출은 또 한 번 좌절되었다.

다다요시의 참근은 후쿠오카 번주 구로다 나리히로[黑田斉溥: 사쓰마의 8대 번주 시게히데(重豪)의 아들로 히사미쓰에게는 고조부뻘이 된다] 등 인척의 주선으로 막부로부터 당해에 한해 면제를 받았다. 이는 사쓰마와 같은 유력 번으로서는 극히 예외적인 일이었지만, 이후 히사미쓰의 적극적인 국정 참여 때문에 다다요시는 단 한 번도 참근을 경험하지 못했다. 다다요시가 1,000여 명의 병력을 이끌고 가고시마를 떠나 교토로 향한 것은 1867년 11월의 일로, 이는 그해 다음 달에 벌어질 왕정복고 쿠데타를 위한 솔병상경

(率兵上京)이었다.

솔병상경, 다시 말해 막부의 허락 없이 병력을 이끌고 교토로 향하는 일은 당시 법규에 저촉되는 행동임은 말할 것도 없다. 그러나 히사미쓰는 이를 무시한 채 번의 존망을 걸고 실행에 옮겼다. 아무리 번의 주도권을 장악하고 있었다고 해도 단지 번주의 실부에 불과한 무위무관의 히사미쓰가 1,000여 명의 병력을 이끌고 상경한 행동은, 사쓰마가 막말 대혼돈에 개입하는 출발점인 동시에 260여 년 지속되어 온 도쿠가와 막부가 무력에 의한 쿠데타로 붕괴되는 계기가 되었다. 히사미쓰가 언제부터 어떤 이유로 이런 결심을 하게 되었는지 스스로 밝힌 바는 없다. 그러나 당시 자신과 아들 번주에게 처해진 대내적·대외적 정치 상황을 고려해 본다면 나름대로 그 해답을 얻을 수 있을 것이다.

우선 대내적으로 본다면, 취약한 번내 정치적 입지를 강화할 필요가 있었다. 1858년 7월 나리아키라가 죽은 후 어린 12대 번주의 후견인이 된 10대 번주이자 번주의 조부인 나리오키(斉興)는, 나리아키라의 각종 개혁 정책을 폐기하고 번정을 극도로 보수적으로 이끌었다. 나리오키가 1859년 9월 12일 사망하면서, 히사미쓰는 번의 실질적 책임이 번주가 아닌 자신에게 옮겨왔음을 스스로 자각하게 되었다. 이후 수차례에 걸쳐 시행된 인사 개혁과 성충조 발탁은, 취약한 정치적 기반 확보와 미래 정치 구상과 연계되어 있었음을 미루어 짐작할 수 있다. 하지만 돌출이란 방식으로 다른 번의 존왕양이 지사들과 마찬가지로 국사주선(国事周旋: 국정 개입)에 나서려는 성충조를 계속해서 자신의 수중에 장악하기 위해서는, 솔병상경을 전제로 한 국사주선을 히사미쓰로서도 의식하지 않을 수 없었다.

한편, 급속도로 이루어진 인사 개혁은 번내에서 곧장 효력을 발휘하였다.

1859년 12월 15일 번은 히사미쓰에게 '虎皮鞍蓋, 金紋先箱(호피 안장과 금장 상자: 다이묘급 대우의 상징물)'을 허락하였는데, 이는 일문(一門)인 시게토미 시마즈가(重富島津家) 영주에 불과하였던 히사미쓰의 가격(家格)을 다이묘급으로 인정한 것이다. 이와 동시에 1대에 한정해 5,000석을 증봉하였는데, 이로써 히사미쓰의 번내 정치적 입지는 더욱 강화되었다. 그뿐만 아니라 1861년 2월 18일 막부는 그간 번주 보좌의 공로를 인정해, 이듬해 번주의 참근 때 번정을 확실하게 책임지라는 통지를 보냈다. 사쓰마 번에서는 이를 계기로 히사미쓰를 국부(国父)로 대우하기 시작하였다. 이에 따라 시게토미 시마즈가는 히사미쓰의 셋째 아들 우즈히코(珍彦)가 가독을 상속받았다.

이제 자신의 휘(諱)를 다다유키(忠教)에서 히사미쓰로 바꾼 그는, 가로석으로 출근하는 것을 중단하고, 정무에 관해서는 가로뿐만 아니라 번주까지도 직접 히사미쓰를 찾아갈 수 있는 체제로 바꾸었다. 막부의 조치를 최대한 활용하면서, 마침내 히사미쓰는 번정의 중추에 당당히 입성하였다.

대외적인 측면에서 본다면, 당시의 혼란스러운 정국을 히사미쓰는 막정 개입의 호기로 보았던 것이다. 기본적으로 히사미쓰는 도쿠가와 막번 체제를 지지하고 그 존속을 염원하는 봉건주의자였다. 하지만 후다이 다이묘에 의한 현재의 과점적 정국 운영으로는 실추된 막부의 권위를 회복할 수 없을 뿐만 아니라 국정의 유지마저 힘들다고 판단하였다. 따라서 정치적으로나 경제적으로 급속히 성장한 사쓰마와 같은 도자마 웅번들이 막정에 직접 참여하여 거국일치 체제를 이룸으로써, 막번 체제를 보다 공고히 해야 한다는 것이 그의 정치 구상이었다.

솔병상경을 염두에 두었던 그즈음, 그는 결단코 막부를 무너뜨릴 의도는 없었다고 보아야 할 것이다. 그러나 이이 암살 이후 정국의 흐름을 관망하고 있던 히사미쓰는 이제 때가 되었다고 판단하면서, 솔병상경이라는 고도의 정치적 모험을 통해 지금껏 숨겨 놓은 자신의 정치적 야망을 드러내기 시작하였다. 다시 말해 막부의 혁신은 필수불가결하며 또한 필연적이라, 이제 그 임무가 자신에게 맡겨졌다고 판단하였던 것이다.

더군다나 나리아키라가 이루지 못하고 남긴 과제를 완수하는 일은, 사쓰마 번내 어느 누구도 부정하거나 도전할 수 없을 뿐만 아니라, 그것을 추진하는 히사미쓰 자신에게는 명분과 위세를 더해 주는 고도의 정치적 행위라 인식한 것이다. 당시 국정을 담당하고 있던 막부도 이러한 위기 상황을 모를 리 없었다. 막부는 조정과의 화해 및 조정 권위의 편승을 통해 실추된 정치적 위상을 회복하려 노력하였지만, 이러한 틈새를 히사미쓰도 놓치지 않았다. 히사미쓰는 자신의 정치 구상을 막부에 직접 요구하기보다는, 천황의 권위에 힘입어 막부에 압력을 가해 관철하려 하였다. 그래서 그의 군대는 쇼군이 있는 에도가 아니라 천황이 있는 교토로 향하였던 것이다.

이 장에서는 이이 횡사 이후 막부의 독자적인 개혁 정책 시도와 조정과 막부 간의 화해를 위한 다양한 국정 공작, 이 모두가 히사미쓰의 솔병상경이라는 대소용돌이 속으로 빨려 들어감에 따라 막말 정국이 크게 요동치는 일련의 모습을 살펴보려 한다. 물론 히사미쓰의 의도와는 달리 교토 정국은 존왕양이 공경과 지사들이 장악하였고, 이에 교토에서 밀려난 히사미쓰는 의도치 않은 영국과의 사쓰에이 전쟁(薩英戦争)을 겪게 되었다.

막부의 새로운 도전

평화와 풍요로 상징되는 260여 년간의 도쿠가와 막부 시대는 상품경제와 화폐경제를 바탕으로 한 대도시의 화려함과 풍요로움 뒤에 가난과 저항으로 점철된 농촌의 불안이 존재하였고, 성공한 상인들의 엄청난 부 뒤에는 가난에 찌든 사무라이의 실상이 감추어져 있었다. 이러한 모순을 해결하기 위해 시도된 세 번의 대개혁을 각각 18세기 초 '교호(享保) 개혁', 18세기 말 '간세이(寬政) 개혁', 19세기 초 '덴포(天保) 개혁'이라 한다. 이들 개혁은 모두 초기 막번 체제를 이상으로 삼아 추진된 보수반동적 개혁이라 볼 수 있는데, 대개 농본주의 정책을 기반으로 한 재정 개혁과 추락한 사무라이 계급의 사기 진작 정책이 주를 이루었다.

하지만 반대파 정치 세력뿐만 아니라 무사, 상인, 농민 등 다양한 계급의 반발에 부딪혀 모두 좌절되고 말았다. 페리의 내항 이후 안세이(安政) 연간(1854~1860)에 다양한 외압 대책이 강구되었지만, 이는 개국에 동반되는 한정적 응급조치에 불과하였다. 또한 강무소(講武所), 해군전습소(나중에 군함조련소), 번서조소(蕃書調所) 등 새로운 기구가 만들어졌지만 이 모두는 교육기관에 불과하였고, 여기서 중요한 역할을 담당한 인사들은 이 일 이외에 본래의 업무도 가지고 있었다.

1858년 미국과의 수호통상조약이 체결되면서 국가의 문호는 본격적으로 열렸고, 이에 근대화를 향한 막부의 행보는 나름의 큰 족적을 남길 수도 있었다. 그런데 이이의 등장으로 보수로의 대회귀는 피할 수 없었고, 특히 근대화의 상징이라 할 수 있는 나가사키 해군전습소(長崎海軍伝習所)의 폐쇄는 이를 여실히 보여 준다. 그럼에도 불구하고 서양 해군의 압도적 우위, 해군 교육이 지닌 특수성, 개국을 지지하는 정권이라는 점 등등을 감안해, 소극적이나마 막부의 서양식 해군 조련은 계속되었다. 미국과의 조약 비준을 위해 자국의 증기선 간린마루(咸臨丸)가 파견되었고, 해군 기술의 국내 보급을 위해 간코마루(観光丸)를 사가 번(佐賀藩)에 대여하기도 하였는데, 당시 사가 번은 막부의 명에 따라 후쿠오카 번(福岡藩)과 함께 나가사키 경비를 맡고 있었다.

하지만 이 시기 해군 조련의 특색은 한마디로 축소지향적이라는 점이다. 즉 서양인에게서 최소한의 기술을 습득한 후 기술의 연마와 보급을 자체적으로 추진하고, 외국 함대에 대항하는 해군 건설이 아니라 해운을 위한 항해술 습득에 주력하였다. 다시 말해 외국과의 조약이 체결되고 개항한다면, 아무리 강국이라 할지라도 당분간 침략 전쟁을 감행할 수 없을 것이라는 막부의 판단에 근거한 피전(避戰) 정책의 결과였다.

이이 정권을 뒤이은 구제·안도(久世·安藤) 정권은 이이 암살에 따른 혼돈이 확대되는 것을 막고자 특히 국내 정치에서는 소극적이고 유화적이었다. 관례와는 달리 이이가를 단절하지도 않았고, 안세이 대옥으로 처분을 받은 다이묘급뿐만 아니라 그들의 심복, 심지어 존왕양이 지사에게도 사면 조치를 내리지 않았다. 게다가 인사 정책 역시 이이 정권의 기조에서 별반 달라지지 않았다.

오히려 조정을 장악하기 위해 이이가 추진하려 하였던 가즈노미야 강가(和宮降嫁: 고메이 천황의 이복 여동생과 쇼군 이에모치의 혼사, 신분 위계로는 황녀가 쇼군보다 위이기에 강가라는 표현을 쓴다)를 막부에 대한 다양한 계층의 반감을 해소하는 차원에서 조속히 실현시켰다. 또한 그 반감의 원인이 개국 후의 물가 앙등과 수출품의 국내 품귀 등 경제 혼란이라 판단하고는, 이를 잠재우기 위해 물산 장려, 물류 장악 등 다양한 조치를 구상하였지만 별다른 소득을 얻지 못했다. 왜냐하면 이러한 부국 정책은 대내적으로는 상인 및 다이묘와의 이해 충돌을 피할 수 없었고, 대외적으로 자유무역에 반하는 것이라 입안 단계부터 흐지부지되고 말았기 때문이다.

하지만 근대화 및 대외 정책에서는 지금까지의 몇 차례 개혁과는 달리, 막부가 국제사회로의 참여를 전제로 미래를 위한 제도 개혁에 초점을 맞추었다는 점에서 최초의 것이라 할 수 있다. 특히 강병 정책은 막부 관리들의 적극적인 지지하에 제도 개선뿐만 아니라, 서양식 육해군 건설이라는 원대한 계획을 구상하기에 이르렀다. 1860년 5월 군제 개혁을 위한 군제괘(軍制掛: 군사평의회) 임원들이 임명되었고, 계속된 회의 끝에 1862년 3월 육군 편제를 위한 기본안이 노중에게 보고되었다. 그중에서 친위 육군을 창설한다는 계획은 개별 번의 군사력을 기반으로 하는 막번 체제의 기본 골격을 허물어뜨릴 정도의 혁신적 구상이었고, 이이 정권하에 검술과 창술 등 예로부터 전해진 무술이 강조되면서 등한시되었던 포술이 강무소 훈련에 다시금 강조되기 시작하였다. 그럼에도 서양식 근대 육군이 정식으로 발족된 것은 요시노부가 쇼군이 된 이후 프랑스의 적극적인 지원을 받았던 1867년이 되어서야 가능하였다.

해군과 관련된 획기적인 사건으로는 1861년 6월 군함조(軍艦組)의 창설을 들 수 있다. 군함조련소의 소장 격인 군함부교(軍艦奉行)를 제외하고는, 교수를 포함한 모든 임원이 다른 기관에 소속되면서 군함조련소에 파견된 신분이었다. 그런데 그들 대부분은 나가사키 해군전습소에서 서양식 해군 교육을 받은 정식 해군 사관들이라, 독립된 해군으로서 막부의 정규 관직에 임명되기를 원했고, 마침내 그것이 실현된 것이다. 교수의 일부가 군함조에 임명되었고, 함장에 해당하는 군함취두에 3명이 임명되었다. 이 시기 해군 건설과 관련된 몇 가지 사건을 열거해 보면 다음과 같다. 첫 번째는 간린마루에 승선해 태평양을 횡단하면서 높은 평가를 받았던 오노 도모고로(小野友五郎)가 귀국 후 제안한 소형 증기 군함 20척의 건설 계획이 막부로부터 받아들여졌다. 1861년 1월 그중 1척의 건조가 결정되었는데, 이렇게 만들어진 지요다가타(千代田形)는 비록 목조 군함이지만 막부, 더 나아가 일본 해군의 최초 증기 군함이 되었다.

두 번째로 막부는 미국으로부터 상선을 구입하였고, 일반인에게도 대선 건조와 외국 상선의 구입 및 국내 운송 사업을 허락하였다. 특히 막부는 미국에 군함 2척의 건조를 의뢰하였는데, 이에 관해 군함부교는 조선 관련 유학생 파견을 막부에 건의하였다. 하지만 미국은 남북전쟁으로 군함 건조 및 유학생 유치를 포기하였고, 그 대안으로 1862년 3월 유학지를 미국에서 네덜란드로 변경하면서 군함 1척을 발주하였다. 이 군함이 바로 막말 구막부군의 마지막 희망이자 에노모토 다케아키(榎本武揚)의 기함 가이요마루(開陽丸)였다[자세한 이야기는 졸저 『막말의 풍운아 에노모토 다케아키와 메이지 유신』(2017) 참조].

세 번째는 1861년 12월 항해 훈련을 겸해 오가사와라 제도(小笠原諸島) 개척사 일행이 간린마루를 타고 오가사와라 제도를 다녀온 일로, 간린마루는 1862년 3월 귀환하였다. 한편, 해군 건설과 관련된 또 다른 사건도 있었는데, 바로 러시아 해군의 쓰시마섬(対馬島) 체류 사건이다. 1861년 2월 쓰시마섬 오자키우라(尾崎浦)에 입항한 러시아 군함은 선박 수리 명목으로 체류하면서 번주 면담과 토지 조차를 요구하였다. 번 자체의 실력으로는 러시아에 맞대응하기 어렵다고 판단한 쓰시마 번주는 막부에 지휘를 요구하였고, 이에 막부는 외국부교(外国奉行) 오구리 다다마사(小栗忠順)를 파견해 교섭에 임하였다. 결국 이 사건은 영국의 개입으로 러시아가 물러났지만, 조약 준수만으로는 나라를 지킬 수 없다는 교훈과 함께 대해군 건설의 필요성을 절감하는 계기가 되었다.

마지막은 비록 실현되지 않았지만 당시 막부가 구상하고 있던 대해군 건설 계획이었다. 우선 에도와 오사카를 방비하는 1개 함대를 만들고, 장차 동해(에도 기지)에 3개 함대, 동북(하코다테 기지)에 4개 함대, 북해에 1개 함대[로슈(能州) 부근 기지], 서북해(시모노세키 기지)에 1개 함대, 서해(나가사키 기지)에 3개 함대, 남해(오사카 기지)에 3개 함대를 증설해 막부가 통괄한다는 계획이었다. 1개 함대는 대소 증기선 43척, 함장 및 사관 474명, 수부 3,860명, 병 570명을 포함한 4,904명으로 구성된다. 이는 국내 무력 진압용이라기보다는 대외 방비용임은 부인할 수 없는 사실이지만, 각 번의 번병에 의한 기존의 전국 해안 방어 체계를 대신하는 막부 주도의 대해군 창설 계획은 막부와 다이묘 사이에 긴장을 불러올 것임은 자명한 일이었다.

이에 막부는 참근교대 완화 및 대외무역의 일부 허용이라는 당근까지 계획하고 있었다. 한편, 1861년 5월 서양 문물 도입의 창구 역할을 해 왔던 번서조소[蕃書調所: 1811년 개설되어 주로 난서 번역을 담당해 온 만서화해어용(蛮書和解御用)이 양학소(洋学所)를 거쳐 번서조소로 개명]의 이전이 결정되었고, 막부뿐만 아니라 번 관료의 자제들까지 입학이 허용되면서 서양어 습득을 장려하였다. 이어 1862년 5월 이전과 함께 번서조소는 양서조소(洋書調所)로 개칭되었다. 이외에도 막부는 다양한 개혁 정책을 시도하거나 계획하였는데, 서양 문명에 대한 경계심이 흐려지고 점점 그 장점을 솔직하게 인정하면서 적극적으로 도입하려 하였다.

하지만 사쓰마를 비롯한 서남웅번(西南雄藩)의 등장과 존왕양이 지사의 세력화 및 과격화, 이에 동반된 천황과 조정의 실질적 권위 앙양으로, 막부는 국정의 주도권을 서서히 잃어 갔다. 결국 정국의 주 무대는 이제 에도를 떠나 교토로 옮아가고 말았다. 역사에 '만약?'이 있을 수 없지만, 만약 막부의 주도로 개혁 정책이 지속적으로 추진되었다면 그 결과가 어떠했을지 자못 궁금해진다.

이 시기 국사주선이라는 명분으로 정치 개입을 개시한 조슈나 사쓰마와 같은 서남웅번, 그리고 존왕양이를 슬로건으로 등장한 과격파 존왕양이 지사들이 정국의 추이에 커다란 영향을 끼쳤음은 주지의 사실이다. 그럼에도 막부는 여전히 뛰어난 인재와 자금을 보유한 일본의 정권 담당자일 뿐만 아니라, 일본의 미래를 책임지고 고민하는 가장 중요한 정치집단이었다는 점 역시 부인할 수 없다. 사실 구제·안도 정권이 기획하였던 개혁안 중에서 가장 혁신적인 것은 서양식 육해군 건설이었다. 당면한 재정난과 반개혁파의 저항도 문제였지만, 조정 권위에 의존하는 막부의 각종 조치와 히사미쓰의 갑작스러운 등장으로, 결국 막부는 장기적 대외 방비보다는 조정, 웅번, 지사들의 요구를 아우르는 단기적 내정 개혁에 몰두할 수밖에 없었다.

마침내 막부는 개혁 주도권을 상실하였고, 정국의 주도권은 천황이 있는 교토로 넘어갔다. 이후 막말 최종기에 프랑스의 원조를 바탕으로 오구리 다다마사가 주도한 막부 측 대개혁이 시도되었지만, 막부의 붕괴로 함께 좌절되고 말았다.

항해원략책

일반적으로 이 시기에 진행된 조정과 막부 사이의 화해 주선을 공무합체(公武合体) 운동이라 부른다. 사실상 토막을 전제로 한 일부 과격파 존왕양이 지사들의 폭주를 제외하고는, 막말에 일어난 정치적 사건들 거의 대부분은 공무합체를 명분으로 내걸면서 진행되었다. 물론 운동의 주체, 방법, 그 결과는 매 사건마다 다르지만, 히사미쓰의 솔병상경 이전에 진행된 대표적인 공무합체 운동으로는, 막부 측 제의로 성사된 가즈노미야 강가와 조정의 제안을 받아 막부가 추진한 항해원략책(航海遠略策)을 들 수 있다.

우선 가즈노미야 강가란 쇼군 이에모치와 고메이 천황의 이복 여동생 가즈노미야(和宮)와의 혼사를 말한다. 이 둘의 결혼은 이미 안세이 대옥으로 불편해진 조정과의 관계를 개선하기 위해 이이 대로 시절부터 계획된 것이었다. 하지만 실제로 조정에 정식으로 제안된 것은 이이 대로 암살 직후인 1860년 4월의 일이었다. 조정에서는 가즈노미야의 형식적 지위가 높고 이미 다루히토 친왕(熾仁親王)과 약혼한 사이라는 등의 이유를 들면서 막부의 요청을 거부하였다. 설령 조정 중신들이 동의한다고 하더라도 서양 세력에 극도의 혐오감을 지닌 천황을 설득하는 일이 난제 중 난제였다.

그러다가 막부의 적극적인 후원하에 친막부 성향의 관백 구조 히사타다(九条尚忠)와 천황의 시종 이와쿠라 도모미(岩倉具視)의 적극적 주선으로 천황의 재가를 얻는 데 성공하였다. 물론 향후 10년 이내에 원래의 쇄국 체제로 복귀시킨다는 막부와의 이면합의도 빠지지 않았다. 이후 존왕양이파 지사 및 공가들이 교토와 조정을 장악하면서 구조 관백은 존왕양이파 지사들의 암살 목표가 되었으며, 이와쿠라는 근신 처분을 받아 조정 권력에서 잠시 사라졌다. 그 후 이와쿠라는 1867년이 되어서야 사면, 복귀되어 다시금 왕정복고와 신정부 건설에 주역이 되었다. 1861년 10월 교토를 떠난 가즈노미야 황녀는 이듬해인 1862년 2월에 에도에서 쇼군과의 혼사를 성대히 치렀다. 졸지에 약혼녀를 빼앗긴 다루히토 친왕은 이후 보신 전쟁(戊辰戰爭) 때 스스로 신정부군의 동정대총독(東征大総督)에 올라 구막부군 토벌에 앞장서기도 하였다.

히사미쓰의 솔병상경 결심에는 라이벌 조슈 번의 항해원략책에 의한 국정 개입이 크게 작용하였다. 사쓰마와 마찬가지로 서남웅번의 하나이자 라이벌 관계였던 조슈 역시, 존왕양이 운동이 격화되고 막부 권력이 약화되면서 막정에 직접 참여할 기회를 호시탐탐 노리고 있었다. 게다가 조슈는 삼면이 바다로 둘러싸여 있고, 시모노세키를 중심으로 관무역 및 밀무역이 활발해 외국 선박의 왕래도 활발하였다. '양이냐 개국이냐'와 같은 해외 정책의 혼돈, 그로 인한 조정과 막부 사이의 분란은 무역에서 큰 이익을 얻고 있던 조슈 번으로서는 가장 바람직하지 않은 정치 상황이었다.

항해원략책은 기본적으로, 외국인 참살로 상징되는 단순한 외국인 배척의 소양이(小攘夷)나 막부가 외국과 체결한 불평등조약을 파기하자는 파약양이(破約攘夷)를 뛰어넘어, 넓은 세계와의 적극적인 무역을 통해 국력을 배양하고 궁극적으로 외세에 대항하자는 대양이(大攘夷) 사상에 기반을 두고 있었다. 따라서 개국론을 주장하는 막부와 일부 웅번을 만족시킬 수 있을 뿐만 아니라, 궁극적으로 여러 외국을 압도하여 일본이 우위를 확보할 수 있을 것이라는 점에서 존왕양이파도 조정도 수긍할 것이라는 논리였다. 더욱이 조정으로서는 현 상황의 타개책으로 항해원략책을 막부에 제시하고, 나아가 막부에 명령을 내린다는 점도 매력적이었다. 이는 조정이 막부에 대정을 위임하였음을 다시금 확인시키는 계기가 될 수 있었기 때문이다.

1861년 3월 조슈 번사 나가이 우타(長井雅楽)는 자신의 '항해원략책'을 번의 방침으로 채택해 달라며 번주 모리 다카치카(毛利敬親)에게 제안하였고, 스후 마사노스케(周布政之助) 등 번 수뇌부의 지원하에 조슈의 번론으로 채택되었다. 번주로부터 항해원략책을 조정과 막부에 제안하라는 명령을 받은 나가이는 즉시 교토로 향했다. 의주(議奏: 조정회의 결과를 천황에게 보고하고, 황명을 전달하는 임무를 맡은 공가) 오기마치산조 사네나루(正親町三条実愛)를 만나 항해원략책을 건언한 것은 그해 5월인데, 오기마치산조뿐만 아니라 천황까지 이에 만족하면서 막부에 제안해 줄 것을 명령하였다. 에도에 도착한 나가이는 7월에 노중 구제 히로치카(久世広周), 8월에 노중 안도 노부마사(安藤信正)를 만나 자신의 아이디어를 개진하였다.

도자마 다이묘의 일개 가신에 불과한 나가이가 조정과 막부의 요인을 만나 정치적 주선을 하는 행위는 극히 이례적인 일이었지만, 궁지에 몰린 막부는 항해원략책을 현상 타개책으로 받아들이면서 조정에 주선을 의뢰하지 않을 수 없었다. 하지만 나가이의 안에 반대하는 번내 상황도 만만치 않았는데, 특히 기도 다카요시[木戸孝允: 당시 이름은 가쓰라 고고로(桂小五郎)]와 구사카 겐즈이(久坂玄瑞) 등 요시다 쇼인계의 젊은 존왕양이파 번사들이 이에 반대하였다. 항해원략책을 추진하는 일은, 천황의 칙허 없이 조약을 체결한 막부의 행위를 인정하는 동시에, 자신들의 스승인 요시다 쇼인을 처형한 막부의 횡포마저 묵인하는 처사라 그들로서는 도저히 받아들일 수 없었다. 그들은 파약양이를 적극 주장하면서, 스후 마사노스케를 자신들 쪽으로 돌려놓는 데 성공하였다.

한편, 나가이의 입장에서는 이제 조슈 번주가 정식으로 항해원략책을 막

부에 상신해 막부의 정책으로 확정하고, 이를 조정에 주선하는 일이 남았다. 이를 위해 조슈 번으로 돌아온 나가이는, 스후와 구사카 등의 반대를 무릅쓰고 일단 번주 다카치카의 에도 참부까지는 성사시켰다. 1861년 11월 13일 에도에 도착한 다카치카는 구제와 안도 두 노중의 요청에도 불구하고 에도 번저 가신들의 반대 여론에 따라 항해원략책의 추진에 소극적인 자세를 보였다. 그러나 나가이는 12월 8일 정식으로 막부에 항해원략책을 건의하였고, 그 이듬해인 1862년 1월 3일 노중 안도의 피습 사건[사카시타 문 밖의 변(坂下門外の変)]에도 불구하고 2월 11일 쇼군의 혼사는 진행되었다. 그리고 2월 24일 막부는 나가이를 불러 정식으로 항해원략책에 의한 공무주선을 의뢰하였다. 막부의 이 같은 일련의 행위는 개국에 반대하는 조정을 무마하고, 개국에 소극적인 막부 내 세력을 설득하려는 노력의 일환으로 볼 수 있다. 즉 조정이 주장하는 바를 받아 조약국과의 교섭으로 고베의 개항과 오사카의 개시(開市)가 연기된다면 공무융합에 이로울 것이라 판단하였던 것이다.

그뿐만 아니라 그사이에 조정이 양이론을 포기한다면, 외국 측에도 일시 양보로 안정적 개국이라는 더 큰 과실을 얻을 것이라는 기대를 갖게 할 수 있었다. 이외에도 얼마 전 쇄국으로 전환하겠다고 조정에 약속한 바 있는 막부는 스스로 그 약속을 파기할 수 없는 상황이었기에, 적극적 개국론인 항해원략책을 내건 조슈의 제안은 그야말로 천재일우의 기회였다. 게다가 조슈는 자타공인의 웅번이었으나 번주가 야심가가 아니었고, 쇼군 후계 문제에도 관여한 바 없으며, 해안 경비 등 막부의 명령에 충실히 따르던 번이라, 막부에 위험도가 가장 낮은 번이라는 측면도 고려되었다. 이처럼 막부가 막정에 결코 참여할 수 없는 도자마 번을 끌어들이면서까지 항해원략책을 추진하려는 이유는, 정국의 주도권을 지키면서 자신들이 지향하는 부국강병, 특히 당시 현안이었던 대해군 건설이라는 목표로 나아가기 위함이었다.

고마쓰 다테와키

가즈노미야 황녀와의 결혼 성사와 조슈 번에 대한 조정 공작 의뢰 등 막부가 기존 막번 체제의 유지를 위해 안간힘을 쏟던 그즈음, 히사미쓰는 국정 개입을 위한 기초 작업에 시동을 걸었다. 그 첫 번째가 바로 번내 기반을 강화하기 위한 인사 개혁이었는데, 번 수뇌부 인사는 이미 마친 상태에서 이번에는 번의 중추이자 자신의 국정 구상 실현에 헌신할 측근을 발탁하는 일이었다. 1861년 5월 고마쓰 다테와키(小松帶刀)를 측역(側役)으로, 나카야마 주자에몬(中山中左衛門)을 소납호두취(小納戶頭取)로 발탁하였다. 측역은 가로 다음의 집정관이고 소납호는 번정에 참여할 수 있는 번주의 측근이라, 이 둘 모두 사쓰마에서는 큰 권한을 행사할 수 있는 자리였다.

당시 다테와키의 나이 26세, 나카야마는 28세로 둘 다 아주 젊은 나이에 요직에 발탁된 셈이다. 이어 10월에는 성충조 출신의 오쿠보 도시미치(大久保利通)와 호리 지로(堀次郞)를 소납호에 발탁하였는데, 일개 하급 무사에 불과한 이들을 번의 중요 직책에 임명한 것은 상식을 파괴한 획기적인 인사였다. 이외에도 다수의 성충조 구성원을 번 요직에 기용하면서 곧 있을 국정 개입에 대한 강한 의지를 드러냈다. 보통 고마쓰, 나카야마, 오쿠보, 호리 이 4명을 히사미쓰의 사천왕이라 하는데, 그중에서도 가장 나이가 어린 고마쓰의 존재는 주목할 필요가 있다.

1835년 가고시마 성하에서 기모쓰키 가네요시(肝付兼善)의 3남으로 태어난 고마쓰는 20세이던 1855년 나리아키라의 소생(小生)으로 발탁되어 에도에서 잠시 근무한 바 있었다. 그 이듬해인 1856년 고마쓰가의 양자로 가독을 이으면서 고마쓰 다테와키로 이름을 바꾸었다. 히사미쓰가 번의 권력을 장악한 이후 고마쓰는 여러 요직에 등용되었는데, 이 과정에서 고마쓰의 능력과 인간미가 히사미쓰의 주목을 받게 된 것으로 추측해 볼 수 있다. 사실 히사미쓰로서는 국정 개입이라는 대업을 앞두고 측근과 성충조를 융화하고 통제할 수 있는 가로 수준의 젊은 지도자가 필요하였던 것이다.

고마쓰가 측역으로 발탁되기 전인 1860년 11월, 히사미쓰는 측근인 나라하라 시게로(奈良原繁)로 하여금 성충조의 필두인 오쿠보와 고마쓰를 만나게 하였는데, 고마쓰가 다음 해인 1861년 1월 나가사키로 출장을 떠날 때까지 오쿠보와 빈번하게 만났다고 한다. 어쩌면 성충조에게 그들의 상급자로 고마쓰를 받아들일 만한지 아닌지를 판단하게 한 것이 아닌가 생각되는데, 여기서 히사미쓰의 용의주도함을 다시금 확인할 수 있다. 고마쓰는 나가사키에서 군함, 포술, 수뢰 등 주로 해군 관련 지식을 습득하고 3월에 가고시마로 돌아온 이후, 이제 본격적으로 번내 정치에 관여하기 시작하였다. 그의 일기에 따르면 1861년 한 해 동안 히사미쓰와 13회, 나카야마와 17회, 오쿠보와 24회, 호리와 6회 만났는데, 실제로 히사미쓰는 고마쓰를 번 정치의 중심에 두고 측근과 성충조의 연대를 확립하면서 이를 자신의 정치 활동의 원동력으로 삼았다.

이후 고마쓰는 경이로운 출세 가도를 달렸는데, 1862년 12월에 번의 최고위직인 가로에 임명되었다. 지금껏 가지키(加治木), 다루미즈(垂水), 시게토미(重富), 이마이즈미(今和泉) 등 종가를 제외한다면 가격이 가장 높은 이들 4개의 분가, 즉 일문(一門)에서만 가로가 배출되었다. 이러한 점을 감안하면, 그에 대한 히사미쓰의 신뢰가 어느 정도였는지 가늠해 볼 수 있다. 당시 그에게 주어진 직책은 재정담당관(御勝手掛), 군역담당관(御軍役掛), 류큐담당관(琉球掛), 류큐물산담당관(琉球産物方掛), 중국물산관리관(唐物取締役掛), 제약방담당관(御製薬方掛), 조사관담당관(造士館掛), 연무관담당관(演武館掛), 개혁방담당관(御改革方掛), 사도와라담당관(佐土原掛: 사도와라는 사쓰마의 지번), 증기선담당관(蒸汽船掛) 등으로, 번 사무 전 영역의 책임자로 등용되면서 실로 번의 군사, 외교, 재정, 산업, 교육 전반의 지휘 명령권을 갖게 되었다. 이제 고마쓰는 명실상부하게 웅번 사쓰마를 대표하는 27세 청년 재상의 자리에 우뚝 섰으며, 이로써 막말 대혼돈을 헤쳐 나가는 사쓰마의 히사미쓰-고마쓰 체제가 완성되었다.

고마쓰가 히사미쓰의 핵심 인물로 발탁된 데에는 나리아키라의 평가와 주변의 추천도 중요하였겠지만, 그에 못지않게 고마쓰의 정치적 기략이나 인물 됨됨이 그리고 리더십을 파악한 히사미쓰의 안목도 빼놓을 수 없다. 여기에 한 가지를 더한다면 히사미쓰와의 인척 관계가 그것이다. 히사미쓰가 시게토미가의 영주 시마즈 히사쓰라(島津久貫)의 뒤를 이을 시마즈 다다키미(島津忠公)의 양자가 되어, 장차 시게토미가의 당주가 될 예정이었음은 이미 밝힌 바 있다. 그런데 고마쓰의 어머니가 히사쓰라의 딸이었기에, 히사미쓰와 고마쓰는 형식적으로는 사촌 형제간이라는 점도 작용하였을 것이라 충분히 예상해 볼 수 있다.

일반적으로 막말에 대활약한 사쓰마의 영웅으로 가장 먼저 언급되는 이는 사이고 다카모리와 오쿠보 도시미치이다. 이들은 막말 최종기인 왕정복고 쿠데타와 뒤이은 보신 전쟁에서 사쓰마 번과는 관계없이 독자적으로 맹활약하면서 유신 3걸에도 올랐던 인물들이다. 하지만 이 시기 히사미쓰나 고마쓰는 여러 사정으로 가고시마에 머물러 있을 수밖에 없었다. 역사란 승자의 역사이며, 특히 우리 일반인이 알고 있는 메이지 유신은 사쓰마, 조슈, 사가, 도사의 하급 무사와 일부 공경들이 이룬 것이라는 삿초 사관(薩長史觀)에 기반을 두고 있다. 그러나 사이고나 오쿠보는 하급 무사 출신으로, 실질적 번주인 히사미쓰와 가로이자 교토에서 번주 대리인으로 맹활약한 고마쓰의 통제에 따라 움직이던 행동대원에 불과하였다고 볼 수 있다.

고마쓰의 존재가 일반 대중에게 알려진 것은 2008년에 방영된 NHK 주말드라마 '아쓰히메(篤姬)' 덕분이다. 이 드라마는 아쓰히메로 분한 미야자키 아오이(宮崎あおい)의 개인적 매력과 열연 덕분에 공전의 히트를 쳤는데, 사실 여부는 뒤로하고 쇼군의 본처가 된 아쓰히메와의 이루어질 수 없는 사랑 이야기의 주인공이 바로 고마쓰 다테와키였다. 막말 대변동의 핵심인 삿초맹약과 대정봉환에서 고마쓰의 존재는 상상 그 이상이었는데, 만약 그의 활약이 없었다면 유신사는 또 다른 방향으로 흘러갔을 수도 있었을 것이다. 하지만 지병 때문에 막말의 최후 결전에 참여할 수 없었고, 마침내 보신 전쟁 직후인 1870년에 사망하면서 그의 존재감은 점점 역사의 저편으로 사라지고 말았다.

가고시마 중앙공원 맞은편 가고시마 문화센터 앞에는 1993년에 세워진 고마쓰 다테와키의 등신상이 서 있다. 이 등신상 명문(銘文)에는 15대 쇼군 요시노부가 교토 니조 성(二条城)에 다이묘나 다이묘 대리인들을 불러 놓고 대정봉환에 대한 의향을 물었을 때, 찬성한다는 의사를 표시함과 동시에 가장 먼저 붓을 들어 서명하는 모습을 형상화한 것이라는 설명이 적혀 있다.

이 동상은 100m 정면에 우뚝 서 있는 사이고 다카모리의 동상이 아니라, 자신의 주군이었던 시마즈 3공(시마즈 나리아키라, 시마즈 히사미쓰, 시마즈 다다요시)의 동상이 서 있는 데루쿠니 신사(照国神社)를 향해 비스듬히 서 있다.

고마쓰는 족통(足痛)으로 왕정복고 쿠데타에는 직접 가담하지 않았지만 1868년 1월에 상경하여, 새로이 국정을 담당하는 최고 부서인 태정관의 외국사무담당관(外国事務掛)과 총재국 고문직을 맡아 신정부에서 큰 역할을 할 것으로 기대되었다. 이후 번정 개혁을 위해 잠시 가고시마로 귀국하였으나 병이 악화되어, 1870년 1월 7일 치료차 오사카로 가서는 얼마 지나지 않은 1월 18일에 사망하였다. 만 35세. 처음 장례는 오사카에서 치렀으나, 그 후 가고시마로 이장하여 현재는 자신의 과거 영지였던 요시토시[吉利: 현재 가고시마현 히오키시(日置市) 요시토시]에 있는 청정산 원림사터(清浄山園林寺跡) 내 고마쓰가의 묘지에 모셔져 있다. 2018년에 방문하였을 때, 그의 성품처럼 아무런 장식도 없어 자그마한 안내판이 없었다면 찾을 수도 없을 정도였다.

여담이지만 가고시마는 고구마 소주(芋焼酎)가 유명한데, 우연히 가고시마 쇼핑센터에서 고마쓰의 이름과 사진이 라벨에 붙어 있는 소주를 발견하였다. 어쩌면 내가 그의 자서전을 꼼꼼히 읽고 여기 지면에 다른 이와는 달리 길게 쓴 데는, 유명하지도 독특한 맛이 있는 것도 아닌 이 소주의 힘이 컸다. 나는 가고시마 방문 때면 늘 이 소주를 사서 귀국하는데, 도수는 36도이며 가고시마 시내에서만 판매되고 있다.

존왕양이 지사의 대두

이 시기 정국의 추이에 적지 않은 영향을 준 새로운 정치집단이 등장하였는데, 다름 아닌 존왕양이 지사이다. 개별 지사들의 준동은 개국과 더불어 개항장인 요코하마 등지에서 시작되었지만, 하나의 집단으로 세력을 과시하기 시작한 것은 안세이 대옥 이후로 볼 수 있다. 1858년 6월 안세이 대옥으로 처분을 받은 사람은 히토쓰바시파 다이묘급[도쿠가와 나리아키(徳川斉昭), 도쿠가와 요시카쓰(徳川慶勝), 마쓰다이라 슌가쿠(松平春嶽), 히토쓰바시 요시노부(一橋慶喜) 등등]뿐만 아니라 막부 관료, 조정 공가, 그리고 존왕양이 지사들도 있었다. 당시 처형된 대표적인 존왕양이 지사로는 조슈의 요시다 쇼인(吉田松陰)을 들 수 있다. 조슈의 대외 정책이 과격한 양이론(攘夷論)으로 전향되고, 조슈 번에서 수많은 존왕양이 지사가 배출된 데는 요시다 쇼인의 처형이 한몫을 하였다.

하지만 막말 초기에 과격한 존왕양이 지사가 유독 미토 번에서 많이 나온 이유는, 존왕양이를 기반으로 한 미토학이라는 번의 학문적·사상적 배경에다, 존왕양이의 거두로 인식되고 있던 미토 전 번주 도쿠가와 나리아키의 존재, 그리고 안세이 대옥 시 미토 번주 부자에게 가해진 은거·근신 및 등성 정지 등의 가혹한 처분에서 비롯된 것으로 볼 수 있다. 안세이 대옥 직후인 8월, 정국의 추이에 불안을 느낀 조정은 웅번들이 연합해 막정 개혁을 시도하라는 칙서[보고의 밀칙(戊午の密勅)]를 미토 번에 내렸다. 미토 번이 이를 받아들임으로써 막부의 강력한 견제를 받게 되었고, 이에 반발하는 미토 번 사족과 평민들에 대한 막부의 처분은 가혹하였다.

결국 이듬해인 1859년 8월 27일, 막부는 쇼군 후계 문제와 밀칙 모두 나리아키의 음모에서 비롯되었다는 결론을 내리면서 나리아키에게 영구 칩거의 처분을 내렸다. 또한 막부는 이튿날인 8월 28일 당시 와카도시요리(若年寄) 신분의 안도 노부마사(安藤信正)를 미토 취재역으로 임명하고, 조정이 내린 칙서의 반납을 요구하는 임무를 맡겼다. 이 과정에서 미토 번의 존왕양이파는 막번 체제를 인정하고 칙서 반납을 주장하는 진파(鎮派)와, 막부 타도를 꿈꾸며 칙서 반납에 반대하고 오히려 천황의 칙서를 받들어야 한다는 격파(激派)로 나뉘었다. 둘 사이의 갈등 끝에 진파가 미토 번을 장악하였고, 결국 격파는 1860년 3월 3일 이이 나오스케의 암살로 치닫게 되었던 것이다[사쿠라다 문 밖의 변(桜田門外の変)].

암살 후 막부는 암살에 가담한 격파뿐만 아니라 진파가 장악하던 미토 번 당국에도 강력한 처벌을 내렸지만, 8월에 나리아키가 사망하면서 칙서 반납은 유야무야되고 말았다. 그럼에도 불구하고 에도를 중심으로 한 격파의 돌출은 계속되었는데, 1861년 5월에는 영국 영사관을 습격하는 일이 벌어졌고, 1862년 1월에는 노중으로 승진한 안도 노부마사를 습격하는 사카시타 문 밖의 변(坂下門外の変)에 가담하기도 하였다. 이후 격파는 1864년 덴구당(天狗党) 사건 등을 일으켰지만, 나리아키라는 번의 구심점이 사라지고 그 결과 번의 일치된 정치 활동이 없어지면서 미토 번은 막말 대혼돈기의 주역에서 점점 밀려나게 되었다.

한편, 사쿠라다 문 밖의 변으로 미토 번 존왕양이 지사의 위세는 한풀 꺾였지만, 이에 자극을 받은 새로운 존왕양이 지사들이 이번에는 교토를 중심으로 모여들었다. 이들은 주로 규슈의 여러 번과 조슈 등 서국의 지사들이 연합한 집단으로, 히사미쓰의 상경을 계기로 하나의 중요한 정치집단으로 결집하였다. 물론 히사미쓰가 주도한 데라다야(寺田屋) 사건으로 존왕양이

지사의 일부 세력이 척살되었지만, 대부분의 존왕양이파 지사들은 번시를 항해원략책(개국론)에서 존왕양이(쇄국론)로 바꾼 조슈 번과 조정의 존왕양이파 공가들의 지원을 받으면서 교토 정국의 한 축으로 등장하였다.

당시 서국의 존왕양이파 지사 결집을 주도한 인물로 기요카와 하치로(清河八郎)와 다나카 가와치노스케(田中河内介) 두 사람을 들 수 있다. 기요카와는 쇼나이 번(庄内藩) 향사로 일찍부터 에도에서 학문과 무술을 익혀, 기요카와주쿠(清河塾)라는 학당을 개설하였다. 이 학당에는 에도의 우국지사들이 모여들었는데, 그중에는 막신이자 무술의 달인인 야마오카 뎃슈(山岡鉄舟)도 있었다. 야마오카는, 보신 전쟁 당시 사이고 다카모리와 가쓰 가이슈(勝海舟) 사이에 벌어졌던 에도 무혈개성(江戸無血開城) 협상 직전, 쇼군 도쿠가와 요시노부의 명을 받아 사이고 다카모리와 담판을 벌인 에도 무혈개성의 입안자로 알려진 인물이다. 기요카와는 야마오카 등과 함께 도라노오노카이(虎尾の会)를 결성해 요코하마 외국인 거류지 방화, 존왕양이 정신 고무, 도막의 계획 등을 세웠으나, 이러한 사실이 막부에 발각되어 쫓기는 입장이 되면서 교토로 잠입하게 되었다.

또 하나의 중요한 인물인 다나카 가와치노스케(1815~1862)는 공가 나카야마 다다야스(中山忠能: 메이지 천황의 외조부로서 막말과 메이지 초기의 정치인)의 제대부(諸大夫)직을 맡으면서 주로 그의 자식들 교육에 전념한 인물이었다. 다나카는 막정, 특히 가즈노미야 황녀의 강가에 특히 비판적이었기에, 나카야마의 공무합체적 정치 성향에 반대하면서 그의 곁을 떠났다. 이후 1861년 봄 다나카는 규슈 각지를 여행하면서 구루메 번(久留米藩)의 신관 마키 이즈미(真木和泉), 후쿠오카 번사 히라노 구니오미(平野国臣) 등과 만나 존왕양이 실현을 위한 상호 협력을 논의하였다. 이는 서국 지사들이 연대하는 최초의 움직임인데, 그 결과 다나카는 교토 존왕양이 운동의 중심적 인물이 되었다.

기요카와가 사쓰마 번 낭사 이무타 쇼헤이(伊牟田尙平: 1867년 사이고 다카모리의 밀명에 따라 에도 소란에 가담하였고 그로 인해 사쓰마 에도 번저 화공 사건이 일어났으며, 결국 이로 말미암아 도바·후시미 전투가 격발되었다)와 함께 다나카를 찾은 것은 1861년 11월 12일이었다. 기요카와 자신은 번 권력에 의존하지 않고 양이 지사만으로 거병할 계획이며, 사쓰마 번 역시 성충조 지사만을 포섭 대상이라 주장하였다. 그런데 다나카는 미토 번과 서국 지사들이 교토로 잠입해 황족 나카가와노미야(中川宮)를 탈취한 후 정이대장군으로 추서해 달라고 조정에 상신하고, 이를 바탕으로 양이를 실행한다는 것이 기본 방침이었다.

다나카의 계획을 대체적으로 받아들인 기요카와는, 11월 15일 나카야마 다다야스의 아들 다다나루(忠愛)의 밀서와 다나카의 첨서를 휴대하고 규슈로 가서 여러 지사들을 만나 향후 의거에 대해 논의하였다. 한편, 12월 10일 히라노와 이무타는 동지 규합을 위해 사쓰마로 갔으나 바로 체포되었다. 관대한 처분을 받아 추방 직전에 고마쓰와 오쿠보와의 면담이 성사되었고, 이 자리에서 자신들의 거사 계획을 설명하였다. 하지만 고마쓰는, 사쓰마는 번 단위의 거병만이 허락될 뿐 개별 지사들의 의거에 관여하지 않으며, 머지않은 장래에 히사미쓰가 주도하는 솔병상경이 있을 것이라는 사실을 그들에게 전했다.

히라노로부터 사쓰마 번의 동향을 보고받은 기요카와는 즉시 교토로 귀환한 후, 다나카와 다다나루를 만나 거사를 보다 신속하게 추진하는 문제와, 나카가와노미야의 명령서를 가지고 셋이 함께 규슈로 가서 거사를 재촉하는 일에 대해 논의하였다. 한편, 히라노는 사쓰마에 들렀다가 나오는 길에 성충조의 일원이자 사쓰마 존왕양이파의 핵심 인물인 아리마 신시치(有馬新七), 시바야마 아이지로(柴山愛次郎), 하시구치 소스케(橋口壮助), 다나카 겐스케(田中謙助) 등과 만났다. 사쓰마 번의 방침과는 달리 이들은, 히사미쓰를 중심으로 에치젠(越前), 이나바(因幡), 도사, 조슈 등 웅번들과 연합하여, 교토에서는 교토소사대 사카이 다다아키(酒井忠義)와 에도에서는 노중 안도 노부마사를 제거한 후, 막정을 개혁하고 양이를 실행하자는 구상을 하고 있었다.

히라노로부터 국내 정세와 성충조 동료인 아리마 등에게서 거병 계획을 전해 들은 사쓰마의 존왕양이 격파는 처음으로 의거의 결심을 굳히게 되었다. 이는 성충조의 일부가 번의 정책에서 이탈하여 번외 존왕양이 격파와 함께 행동하는 계기가 되었고, 이후 전개된 데라다야 사건에서 희생자가 되고 말았다.

상경 공작 I

1,000여 명의 무장 군인을 대동하고 히사미쓰가 가고시마를 출발한 것은 1862년 3월 16일이지만, 성충조 간부들을 포함해 번 중추부의 인사가 확정되었던 1861년 10월 즈음에 이미 솔병상경에 대한 결심이 굳어진 것으로 볼 수 있다. 왜냐하면 이 시기를 기점으로 히사미쓰의 지휘하에 솔병상경을 위한 구체적인 행동이 전개되었기 때문이다. 우선 10월 7일 호리 지로(堀次郎)가 소납호(小納戶)에 임명되면서 에도 출장 명령이 내려졌고, 그가 에도

로 출발한 것은 10월 11일이었다. 그에게 주어진 명령은 첫째, 에도 정세를 탐색하는 것이었고, 둘째는 이듬해 봄으로 도래한 번주 다다요시의 참부를 연기하는 것이었다. 다다요시의 참부는 이미 한 차례 연기한 바 있어 또다시 연기한다는 것은 어려운 일이었다. 따라서 후쿠오카 번주 구로다 나리히로(黑田斉溥), 하치노헤(八戶) 번주 난부 노부유키(南部信順), 사도와라(佐土原) 번주 시마즈 다다히로(島津忠寛) 등 근친 제후들과 협동으로 이를 관철하려 하였다.

이어 솔병상경과 관련된 여러 조치들도 이루어졌다. 자신의 솔병상경이 외국의 간섭으로 이어질 것을 극도로 우려한 히사미쓰는, 외국인의 중심지인 요코하마의 정세를 탐색하는 정보원으로 난부 야하치로(南部弥八郎)를 파견하였다. 1862년 4월부터 1866년 12월까지 그의 정보 수집 결과는 '난부 야하치로 풍설서(南部弥八郎風說書)'라는 월례 보고 형식으로 남아 있다. 그리고 시모노세키의 해운업자 시라이시 쇼이치로(白石正一郎)에게 출병 시 필요한 군량미 구입과 간몬 해협을 건너는 도선 제작을 위한 비용을 건넸다. 또 다른 조치는 아마미오시마에 강제로 도피해 있던 사이고를 소환하는 일이었다.

사실 대대적인 수뇌부 인사 혁신으로 이전에 번정을 장악하고 있던 분고파(豊後派)와 히오키파(日置派)의 위세는 거의 사라졌지만, 그래도 남아 있던 일부 세력은 히사미쓰의 솔병상경에 대해 비우호적이었다. 또한 성충조 내에서도 히사미쓰에 경도되어 거번일치와 사쓰마 단독 개혁 노선을 지지하는 오쿠보와는 달리, 아리마 신시치 등 일부 급진 과격파는 제번연합 개혁 노선을 주장하였다. 당시 이러한 혼란을 수습할 수 있는 이는 사이고밖에 없다고 판단한 오쿠보는 히사미쓰에게 그의 소환을 제의하였다. 일단 솔병상경을 결심한 이상 도움이 될 만한 인물이라면 누구라도 받아들여야 할 입장에 놓인 히사미쓰로서는 사이고의 소환을 승낙할 수밖에 없었다.

호리가 종횡무진 노력하였음에도 불구하고 막부로부터 다다요시의 참근 연기는 허락되지 않았다. 호리는 이 사실을 급보로 번에 전달한 후, 12월 7일 에도 번저의 방화라는 비책을 꺼내 들었다. 이 비책이 번 내부의 밀약하에 전개된 것인지 아닌지는 분명하지 않지만, 대단한 효과를 끌어낸 것만큼은 틀림없는 사실이다. 사쓰마의 자작극임을 눈치채지 못한 막부는 다다요시의 참근을 연기해 주었다. 그뿐만 아니라 에도 성 조성 분담금 잔액 4만 냥과 기소천(木曽川) 치수 보청금(보청이란 막부가 웅번에 부담시키는 토목공사이며, 이때 발생한 부채) 7만 2,000냥을 면제시켜 주는 동시에, 사쓰마 번과 덴쇼인(天障院: 아쓰히메)의 인연을 들어 2만 냥의 번저 건축비를 대여해 주었다. 물론 갚을 의무는 없는 돈이었다. 하지만 히사미쓰의 노림수는 다른 곳에 있었다. 히사미쓰는 호리를 통해 이러한 조치에 대한 사례와 번저 건축 감독을 위해 다음 해 봄 출부(出府: 에도 출장)를 막부에 상신하였고, 막부로부터 승낙을 받았다. 이 소식이 가고시마에 전해진 것은 1862년 1월 15일이며, 18일 사쓰마 번은 히사미쓰의 2월 25일자 출부(실제 출부는 3월 16일)를 공식적으로 발표하였다.

한편, 호리의 에도 공작이 성공할지 여부가 불분명하였던 1861년 11월 9일, 히사미쓰는 최측근인 나카야마 주자에몬을 교토로 파견해 천황의 칙명을 받고자 하였다. 칙명의 내용은 당연히 국사주선(国事周旋), 즉 조정과 막부의 관계 개선 및 막부에 대해 개혁을 요구함에 있어 그 역할을 사쓰마에 의뢰함과 동시에 히사미쓰의 상경을 허락한다는 것이었다. 이는 무위무관의 히사미쓰에게 솔병상경의 대의명분을 준다는 점에서 의미가 컸다. 나카야마는 사쓰마와 혼인 관계로 오랜 기간 밀접한 관계를 유지하고 있던 고노에가의 주선을 통해 칙명을 받고자 하였다. 당시 고메이 천황의 신뢰가 두텁던 전 관백 고노에 다다히로(近衛忠熙)는 안세이 대옥으로 실각 중이라 그의 아들 다다후사(忠房)가 나설 수밖에 없었다.

다다후사는 조정 내에서 영향력이 큰 의주(議奏) 오기마치산조 사네나루에게 이 사실을 알리고 칙명을 의뢰하였으나, 가즈노미야 강가의 조건으로 '황국의 안전과 공무일체'를 막부가 약속한 상태라 이 시기에 도자마 번인 사쓰마에 새로운 국사주선을 의뢰하는 것은 곤란하다는 답변을 받았다. 물론 나카야마가 다다후사에게 요청한 건은 두 가지가 더 있었는데, 하나는 시마즈 나리아키라 때부터 추진해 온 어검헌상(御劍獻上)을 다시 추진하는 일과, 다른 하나는 시마즈가와 고노에가 사이에 새로운 혼담을 추진하는 일이었다. 천황의 칙명 강하는 불발되었지만, 이 두 건은 조정의 승낙을 받아 다다후사로부터 상경하라는 명령이 히사미쓰에게 내려졌다. 어쩌면 나카야마는 이번 상경에 히사미쓰가 대규모의 병력을 동반한다는 사실과 번주 다다요시를 대신해 에도로 참부한다는 사실을 숨겼을지도 모르겠다.

하지만 국사주선에 대한 칙명이 없다면 히사미쓰의 솔병상경에 아무런 명분이 없었기에, 칙명 요청을 위해 오쿠보를 교토로 다시 파견하였다. 1861년 12월 25일의 일이다. 이때는 이미 에도 번저의 방화 소식이 가고시마에 전해진 이후라, 히사미쓰로서는 칙명이 없더라도 자신의 거사를 추진하지 않을 수 없는 상황이었다. 조정과의 교섭 과정을 전하러 가고시마로 내려오던 나카야마와 상경 중이던 오쿠보가 도중에 만났고, 둘은 일단 함께 가고시마로 귀환하였다. 상경을 재촉하는 다다후사의 편지를 받아 든 히사미쓰는, 이제 솔병상경을 직접 조정에 상신해 천황에게서 이를 허락한다는 칙명을 받는 것을 목표로 다시금 오쿠보를 교토로 파견하였다.

1862년 1월 14일 고노에 부자를 만난 오쿠보는 히사미쓰의 상경에 대한 구체적인 취지를 전했다. 다다후사는 이를 문서로 만들어 이틀 후 의주 오기마치산조에게 전했고, 다음 날인 17일 고메이 천황의 총신인 내대신 고가 다케미치(久我建通)로부터 돌려받았다. 이는 히사미쓰의 취지가 조정 내 많은 유력 인사 사이에 공람이 이루어졌음을 의미한다. 그렇다면 오쿠보가 전한 히사미쓰의 솔병상경의 취지는 어떤 내용이었을까? 「国事関係書類」, 『孝明』(고메이 천황기에 남겨진 조정 문서를 통합한 자료집)에 남겨진 글을 현대어로 일부 옮긴 것(町田明広, 2009)을 인용하면 다음과 같다.

> 양이에 관한 천황의 생각에 대해 고식적이고 불성실한 막부의 태도 때문에, 조정은 맹렬한 기세로 위험에 빠졌습니다. 그 때문에 고메이 천황이 몹시 탄식하고 있다는 소식을 접하고 슬픈 나머지 눈물을 흘릴 수밖에 없습니다. 게다가 가즈노미야 강가 때 천황의 지시도 이제는 소용없게 되었음이 확실합니다. 또한 막료들은 할 일을 소홀히 하고 눈앞의 안락을 탐닉하고 있지만, 천하 국가의 멸망은 개의치 않고 있습니다. 가즈노미야도 이제 막부가 장악하고 있는 지금, 막부에 선수를 빼앗겨 주객전도의 형세를 보이며 이후 아무런 조치도 취할 수 없어 두려운 마음에 몸이 떨립니다. 지금의 막부에 의존하지 않고 금후 조정 측이 주도권을 잡으려면 기선을 제압해야만 합니다. 지금의 상황은 국가의 중대사임은 물론이고 조정의 안위와도 관계가 있기에, 타개해야만 합니다. 그러기 위해서는 매우 유감스럽지만 어쩔 수 없는 사태이기 때문에 군사를 움직이지 않을 수 없습니다. 그리고 왕신으로서 참을 수 없기에 '황국복고

(皇国復古)'의 대업을 이룰 것을 다짐합니다. 아울러 교토의 수호가 충분하게 이루어지지 않는다면, 비록 천황께서 비상한 결단을 내린다 하더라도 '보고년의 전철(戊午ノ覆轍)'을 되풀이하게 됩니다. 따라서 오히려 난제가 증폭될까 걱정이 이만저만 아닙니다. 따라서 솔병상경을 시도하려 합니다.

한마디로 말해 천황의 용단을 실현시키기 위해, 그리고 보고(戊午)년의 전철(보고의 밀칙에 대한 막부의 처벌/안세이 대옥)을 밟지 않기 위해 교토의 방위가 필요하니, 솔병상경과 체경수위(滯京守衛)를 위한 칙명을 내려 달라는 것이었다. 구체적인 계획으로는 우선 550명을 인솔해 해로로 상경한 후, 그 배로 시모노세키에 대기 중인 540명을 다시 입경시킨다는 것이었다. 입경 후 고노에가로 찾아가서 여러 가지 시책을 조정에 건의할 계획임을 밝히겠다는 것이었다. 그 시책의 구체적인 내용으로는 조정 칙사를 막부에 파견해, 히토쓰바시 요시노부와 마쓰다이라 슌가쿠의 등용 그리고 오와리, 센다이, 돗토리, 도사 번에 칙령을 별도로 내려 황정회복(皇政回復 혹은 황국복고)을 위한 일치단결을 요구한다는 것이었다. 조정의 권위를 앞세워 나리아키라가 시도하였던 제번연합파를 복원시키고, 나아가 요시노부와 슌가쿠를 자신의 브레인으로 삼아 당시 정국의 지도자로 우뚝 서겠다는 대담한 구상이었다. 히사미쓰의 취지는 계속 이어진다.

만약 막부가 칙령을 받아들이지 않을 경우 국가의 간적인 노중 안도 노부마사를 조속히 처벌하라는 칙명을 내리고 여러 번이 연합하여 근황의거(勤皇義挙)를 일으킨다면, 막부는 전율하면서 칙명을 받들 것입니다. 그리고 모반의 경우 조슈 번과 기타 미토 번을 비롯한 여러 번의 낭인들이 사방에서 봉기하여 의거를 일으켜 결국에는 막부가 실패할 것이 틀림없습니다. 또한 여러 가지 논의가 있는데, 이 시기에 이르러서는 도쿠가와가를 버리고, 대의명분을 걸고 정정당당하게 천하에 의기(義旗)를 내걸어 전쟁을 벌여야 한다고 주장하는 폭론도 존재하고 있습니다. 결국 그 책임은 막각에 있으며, 쇼군가 자체는 황국복고에 지성을 다하고 있기에 무력을 동반하지 않고 대정위임(大政委任)을 유지하면서 봉칙체제[奉勅体制: 국가 주요 현안은 천황의 재가를 받아야 한다는 의미로 황정회복, 황국복고, 천황친재(天皇親裁)는 같은 의미이다] 구축을 위한 방안을 세우려 합니다.

이 같은 히사미쓰의 취지는 자신의 솔병상경에 관한 그랜드 디자인이자 향후 사쓰마 번의 행동이 이에 따라 진행된다는 점을 처음으로 천하에 공표한 것으로, 막말 사쓰마 번뿐만 아니라 국내 정국의 기본 방침이 되었다는 점에서 주목할 필요가 있다. 하지만 1월 21일 오쿠보는 다다후사에게서 관백 구조 히사타다의 힘이 너무 세서 그 취지를 달성할 수 없다는 답변을 받았다. 그리고 첨서에는 "막정 개혁을 위해서라면 삿초(薩長)와 같은 웅번이 히토쓰바시 요시노부의 등용을 막부에 요청해 보라. 만약 그것이 받아들여지지 않는다면, 당당하게 조정에 요청해 칙명을 받으라." 정도였다. 실망한 오쿠보는 2월 초순에 귀번하였다.

상경 공작 II

오쿠보가 귀번한 직후인 2월 13일, 소환 명령을 받은 사이고가 가고시마로 돌아왔다. 돌아오자마자 고마쓰의 자택에서 오쿠보, 나카야마와 회합하였는데, 그 자리에서 사이고는 히사미쓰의 솔병상경과 에도 출부를 강력하게 반대하였다. 이틀 후인 15일 사이고는 도목부(徒目付)로 복직하면서 아직 시게토미가 저택(重富邸: 히사미쓰는 머지않은 2월 24일에 이곳에서 가고시마 성내 새로이 신축한 저택으로 이사를 하였다)에 머물고 있던 히사미쓰와 회합을 가졌다.

사이고는 이 자리에서도 자신의 생각을 굽히지 않고 히사미쓰의 계획을 연기하자고 주장하였다. 출부를 한다고 해도 등성할 수 없으며, 사쓰마 단독으로는 목적을 달성하기 어렵고, 게다가 칙명이 내려지기가 난망하다는 것이 그의 주장이었다. 게다가 사이고는 '당신은 무위무관의 촌뜨기(地ゴロ)라 국사주선은 무리'라고 면전에서 힐난하였는데, 히사미쓰는 충격을 받았지만 내색하지 않고 듣기만 하였다고 한다. 히사미쓰는 성충조의 위세를 자신의 솔병상경의 전초로 삼으려 하였으니 그 실질적 리더인 사이고를 내칠 수 없었고, 또한 그의 인식이 나름대로 일리가 있다고 판단하였을 수도 있다. 한편, 사이고의 인식은 기본적으로 당시의 상식에 기반한 것이라 그에게는 히사미쓰의 시도가 무모하게 보였겠지만, 히사미쓰로서는 그 상식을 뒤엎고 혁명적 개혁을 시도하려 한 것이다.

이 사건은 이후 히사미쓰와 사이고의 관계에 변함없이 영향을 미쳤다. 하지만 위계질서를 무시하고 자신의 소신을 분명히 밝히는 사이고의 담대함이 돋보이는 대목인 동시에, 거사를 앞두고 내부 단결을 끝까지 관철해야만 하는 리더로서의 책임감과 더불어 뛰어난 인물에 대한 관대함을 히사미쓰에게서 발견할 수 있다. 사이고의 귀환을 요청하였던 오쿠보로서는 난감하였지만, 히사미쓰와 사이고 쌍방을 설득하면서 결국 접점을 찾아 나갔다. 나중에 언급하겠지만, 당시는 서국의 존왕양이 지사들이 히사미쓰의 상경에 호응하여 교토로 몰려들고 있었다. 이에 오쿠보는 이들의 형세를 탐색하는 한편으로 자제시키기 위한 적임자로서 사이고가 최적이라는 이유로 그의 파견을 제안하였고, 사이고와 히사미쓰 모두 승낙하였다.

그 후 솔병상경 출발 3일 전인 3월 13일, 사이고는 무라타 신파치(村田新八)를 데리고 가고시마를 떠났다. 여기서 한 가지 확인할 사항이 있다. 사이고에 대한 소환장이 아마미오시마에 도착한 것은 1861년 11월 23일이었으며, 그가 가고시마에 도착한 것은 1862년 2월 12일이었다. 그때는 이미 상경 공작이 진행되고 있었기에, 히사미쓰의 솔병상경 거사에서 사이고가 차지하는 비중은 세간에 알려진 것만큼 컸던 것은 아니라 볼 수 있다.

아리마 신시치와 더불어 사쓰마 의거파(존왕양이 격파)의 핵심인 시바야마 아이지로, 하시구치 소스케는 에도 근무라는 번의 명령에 따라 1월 23일 에도로 떠났다. 번에서 그들의 실체를 파악하지 못했던 것인지 아닌지는 알 수 없으나, 그들은 출부 도중 규슈 지사들을 만나 황정회복 책략을 확정하였다. 여기서의 책략이란 히사미쓰의 솔병상경은 예정대로 진행될 것이기에, 히사미쓰가 상경하기 전에 교토 인근 후시미(伏見)에서 봉기하여 간계를 기획하고 있는 교토소사대 사카이 등을 척살하고, 이후 히사미쓰를 앞세워 금기(錦旗: 천황의 군대임을 상징하는 깃발)를 휘날리며 에도에서도 노중 안도 등의 막적을 척살해 동서 호응을 한다는 계획이었다. 이들은 무신은 단지 천황친정(天皇親政)을 보조하는 역할에 불과하니, 도쿠가와가로부터 쇼군직을 박탈해 황족에게 대신하게 한다는 점에서 도막(倒幕)을 전제로 한 천황친정을 목표로 하였다. 이는 천황친재(天皇親裁: 막부의 대정위임을 전제로 주요 국사만 천황의 재가를 받는 체제)를 목표로 하는 히사미쓰의 취지와는 완전히 달랐다.

2월 25일 교토에 도착한 시바야마와 하시구치는 자금 부족으로 서국 순방을 지연시키고 있던 기요카와와 다나카에게 후시미 거사를 통보하고, 다다나루와 함께 서국 순방을 하는 대신 다나카가 서국 지사들에게 격문을 보내 히사미쓰에 앞서 상경하도록 촉구하였다. 이 격문은 대단한 효력을 발휘해 서국 지사들이 대거 교토에 몰려들기 시작하였다. 한편, 히사미쓰의 상경 소식을 접한 조슈를 비롯한 규슈의 지사들이 가고시마를 내방하였다. 이들은 히사미쓰의 조기 상경과 자신들의 의거에 사쓰마 번이 참여할 것을 권유하였으나, 사쓰마 번은 이들과의 연대를 거절하고 기존 방침대로 상경한다는 사실을 분명히 밝혔다.

한편, 구루메 번의 신관 마키 이즈미는 존왕양이 지사들의 영수라는 죄목으로 번의 처분을 받아 근신 상태에 있었다. 그는 다나카의 서국 순방을 기다리다 번의 탄압이 거세지자 2월 27일 탈번하여 가고시마에 들어왔고, 히사미쓰에게 '의거3책(義挙三策)'과 함께 히사미쓰의 조기 상경, 구루메 번주 아리마 요리시게(有馬頼咸)의 의거 참가 요청, 자신의 상경 참여 등 3개 안을 제시하였다. 3월 2일 고마쓰는 그의 3책에 대해서는 모두가 감복한다고 전했지만, 3개 안에 대해서는 전부 거절하였다. 곧이어 마키는 방면되었으나, 사쓰마를 떠나면 즉시 위해를 받을 것이라는 이유를 들어 그를 재소환해 억류하였다. 그의 억류가 해제된 것은 히사미쓰가 가고시마를 떠난 이후인 3월 30일이었다. 어쩌면 마키의 노선이 사쓰마의 그것과 완전히 달라서,

혹시나 히사미쓰의 솔병상경에 장애가 될지도 모른다는 것이 그를 억류한 정확한 이유였을 것이다.

마키가 제안한 3책은 히라노 구니오미의 기본 전략과 유사한 것으로, 천황의 칙명을 얻은 후 웅번들의 무력에 의한 도막과 황정회복을 목표로 하였다. 3책을 구체적으로 살펴보면, 상책은 3,000~9,000명의 병력을 동원할 수 있는 번들의 의거에 호응해 다른 번의 제후나 인민들이 합심해서 황정회복을 성취하는 것, 중책은 제후로부터 차출한 병력 1,000과 의인 1,000을 합쳐 막부의 진압을 주창하는 것, 하책은 존왕양이 지사들이 에도와 도쿄에서 동서 호응하기 위한 의거 계획을 상세히 설계한 후 양이와 외국인 배격을 시도하고, 하코네(箱根)로 천황을 모시고 와서 쇼군가의 사죄를 요구한다는 것이었다. 그러나 교토에 몰려든 존왕양이 지사들은 하책마저 실현하지 못하고 오히려 히사미쓰에 의해 붕괴되고 말았다.

히사미쓰의 솔병상경은 그야말로 번의 명운을 건 일대 모험으로, 번내에서도 우려의 목소리가 적지 않았다. 게다가 솔병상경이 공식적으로 공포된 이후 서국 지사들의 내방이 잦아졌고, 존왕양이파 지사의 거두인 마키 이즈미마저 가고시마를 찾아 성충조 격파와의 연합을 도모하려 하였다. 그뿐만 아니라 에도 근무를 명 받은 시바야마 아이지로와 하시구치 소스케가 탈번하여 교토로 몰려드는 존왕양이 지사들과 합세하였다. 이에 히사미쓰는 자칫하면 내부 소요 및 이반으로 자신의 구상이 좌초될지 모른다는 위기감에, 3월 10일과 14일 훈령을 발표하였다. 3월 10일자 훈령의 일부를 소개하면 다음과 같다.

외국과의 통상이 열린 이래 천하의 인심이 흐트러져 각국의 유지라 칭하는 자들이 존왕양이라는 미명 아래 격설을 주창하고, 사방으로 교분을 맺어 쉬운 계략을 하고 있다고 듣고 있다. 우리 사쓰마에서도 그들과 몰래 서한을 주고받는 이가 있다고 한다. 이는 근왕의 뜻에 감격해서 그랬겠지만, 낭인들의 경솔한 행위에 동의하는 것은 우리 번에 화는 물론 일본국 전체의 소란을 야기하고 결국 군웅할거의 상태가 되어, 오히려 외국의 술책에 빠져 불충불행하기 짝이 없는 중대한 일이 되고 말 것이다. 나도 공무(公武)를 위해 다소 생각하는 바가 있기에, 앞으로 우리 번 사람들은 그와 같은 자들과 일체 교류하지 말고 명령에 따라 움직여 주었으면 좋겠다. 만약 지금까지의 관계 때문에 절교할 수 없는 자는 그대로 신고한다면 상황에 따라 조치하겠다. 이번 행차 중 또는 에도 체류 중 이 같은 자들이 다가온다면, 함부로 만나지 말라. 그럼에도 불구하고 거절하지 못해 응접하였을 때는, 논의하지 말고 그 책임자와 담판하듯 대답하라. 이를 위반한 자는 반드시 처분할 것이다.

이 훈령에서 히사미쓰는 존왕양이 지사에 대해 일정 부분 이해를 나타내고는 있지만, 과격한 존왕양이 운동과 위계질서를 무시하는 행위에 대해서는 극도의 혐오감과 엄벌주의로 일관하고 있다. 게다가 공무합체를 지향하면서 막부 보좌에 매진한다는 자세도 견지하고 있다. 이제 히사미쓰는 그 어느 누구도 꿈꾸지 못했던 정치적 대모험, 막말 대변혁(일본식으로 말하자면 大廻天)을 향한 일보를 내딛게 되었다.

제6장

히사미쓰의 종횡무진

당시 막부는 당면 과제인 조정과의 협력 관계를 조성하기 위해, 교토에서 가까운 효고(兵庫)항의 개항과 오사카의 개시를 연기한다는 방침을 세웠다. 이에 막부는 1862년 1월 다케우치 야스노리(竹內保德)를 정사로 하는 제1차 유럽사절단[분큐유럽파견사절(文久遣欧使節 혹은 제1차 유럽파견사절(第1次遣欧使節)]을 파견하였다. 이들 일행은 프랑스, 영국, 프로이센, 러시아, 포르투갈, 네덜란드를 1년 동안 순방하고는 1863년 1월에 귀국하였다. 사절단은 영국과의 협상을 통해 일미수호통상조약에 따른 기존의 개항지 중에서 효고와 니가타(新潟)의 개항과 에도와 오사카의 개시 기한을 기존의 1863년 1월 1일에서 5년 후인 1868년 1월 1일로 연기하는 쪽으로 합의하였다. 1862년 6월에 맺은 소위 '런던각서'가 그것인데, 이를 근거로 유럽의 다른 조약국들과도 같은 조약을 맺을 수 있었다.

효고항의 개항 연기 마감일인 1868년 1월 1일은 막말·유신 정국에서 중요한 의미를 지닌다. 사실 서구와의 조약에 따라 1867년 말 개항을 강행하려는 쇼군 요시노부와 이를 저지하려는 사쓰마·조슈 세력 간의 갈등이 결국 '대정봉환'과 '왕정복고 쿠데타'라는 각자의 정치적 승부수로 표현되었다. 다시 말해, 이 시기(1862년 즈음) 정치적 위상이 한껏 높아져 있던 천황과 조정에 대해, 막부는 서구와의 조약 협상과 같은 실질적인 노력을 하지 않을 수 없었다. 결국 히사미쓰는 이 같은 막부와 조정 간의 빈틈을 노려 정치적 도전에 나섰던 것이다.

히사미쓰는 예정대로 1862년 3월 16일, 측근인 고마쓰 다테와키, 나카야마 주자에몬, 오쿠보 도시미치 등과 함께 1,000여 명의 병력을 이끌고 가고시마를 출발하였다. 출발 이틀 후인 3월 18일, 히사미쓰는 서국의 지사들이 준동하기 시작해 교토 정세가 불온하다는 연락을 받았다. 이에 가이에다 노부요시[海江田信義: 이후 아리무라 슌사이(有村俊斎)라는 이름으로 활약]를 선발대로 파견하면서, 히메지(姫路)에서 대기하라고 지시하였다. 3월 28일 시모노세키에 도착한 히사미쓰는 자신보다 먼저 출발한 사이고가 시모노세키에서 대기하라는 명령을 어기고 오사카로 떠난 사실을 확인하였고, 4월 1일 선편으로 시모노세키를 출발해 6일 히메지에 도착하였다. 이미 사이고는 3월 22일 시모노세키에서 교토로 향하던 후쿠오카 번 출신 히라노 구니오미 등 존왕양이 지사들과 합류하여 시모노세키를 출발하였고, 26일 오사카를 거쳐 29일 후시미에 도착하였다.

한편, 에도에 있던 호리는 조정 공작을 위해 교토로 호출되었고(3월 5일 에도 출발), 이때 항해원략책의 주창자인 나가이와 동행하였는데 교토에 도착한 것은 3월 20일이었다. 이후 후시미에서 호리를 만난 사이고는 나가이와의 동행 사실을 전해 듣고, 만약 호리가 항해원략책을 지지한다면 죽여버리겠다고 면전에서 위협을 가했다. 또한 오사카에 도착한 가이에다는 거기서 히라노를 만났는데, 사이고가 목숨을 걸고 그들의 의거에 합류하겠다고 한 이야기를 전해 들었다. 호리와 가이에다는 4월 7일 히사미쓰가 기다리고 있던 히메지에 도착하였고, 그간 사이고의 언동에 대해 히사미쓰에게 보고하였다.

히사미쓰는 격노하였다. 이전 사이고의 구명에 혼신의 힘을 다했던 오쿠보는 난처한 입장에 처했고, 히사미쓰는 오쿠보를 만나 주지도, 그에게서 어떠한 변명도 들으려 하지 않았다. 히사미쓰는 측근 나카야마의 의견을 청취한 후, 사이고의 체포와 본국 송환을 명령하였다. 이후 사이고는 가고시마 남쪽 도쿠노시마(徳之島)에 이어 오키노에라부지마(沖永良部島)로, 동행한 무라타는 기카이시마(喜界島)로 귀양을 떠났다. 사이고로서는 두 번째 귀양인 셈인데, 4월 11일 호송되었으니 사이고가 교토 부근에 머문 것은 겨우 16일에 불과하였다.

히사미쓰가 이처럼 엄격한 처분을 내린 데는 출발 전 자신을 무시하는 불손한 태도와 이후 자신의 명령을 어겼다는 점도 이유가 되었을 것이다. 하지만 무엇보다도 절체절명의 위기 속에서 진행되고 있는 솔병상경의 각오를 다시 한번 다짐하고, 부하들에게 누구든 경거망동하지 말라며 긴장을 고조시키기 위함이었다고 볼 수 있다. 물론 사이고는 히사미쓰의 솔병상경을 성공시키기 위해 호랑이 굴에 들어가는 심정으로 그들과 합류하였다고 변명하였지만, 과연 그랬을지는 의문이다. 당시 사이고의 성정이 그처럼 냉정하고 정략적이지는 않았을 것이라 보는 것이 타당하리라 판단된다.

한편, 이 사건으로 인해 사이고와 히사미쓰의 최측근인 나카야마 및 호리와의 관계가 급격히 틀어졌다. 왜냐하면 자신을 변호해 주지 않았던 일뿐만 아니라, 어느덧 번내 최고 실세가 된 그들에게 못마땅한 마음과 시샘도 일부 작용하였을 것으로 판단된다. 그 후 사이고가 재등장하여 막말의 총아가 되면서 이 둘은 큰 역할 없이 역사의 뒤안길로 사라졌는데, 특히 막말 최후에 토막을 주장하였던 사이고와는 달리 호리가 마지막까지 공무합체를 주장한 점도 크게 작용하였다.

입경

호리가 히사미쓰의 명령에 따라 교토에 도착한 것은 3월 12일이니, 아직 히사미쓰가 가고시마를 떠나기 전의 일이다. 당시 교토와 오사카에는 히사미쓰가 도착하기 전에 이미 수십 명의 존왕양이 지사들이 규슈 전역에서 몰려와 있었다. 호리는 이들이 히사미쓰 도착 이전에 폭발할 것을 염려해, 막부의 감시로부터 보호한다는 명목으로 오사카에 있는 사쓰마 번저에 수용하였다. 여기에는 에도에서 탈번한 사쓰마 번사 하시구치 소스케와 다나카 겐스케뿐만 아니라, 핵심 인물인 기요카와 하치로, 이무타 쇼헤이, 히라노 구니오미, 다나카 가와치노스케도 포함되어 있었다. 이때가 3월 25일이었다. 게다가 조슈 번과 도사 번의 지사들은 교토와 오사카에 있는 조슈 번저에 몸을 의탁하면서, 조슈 지사들과 연락을 취하고 있었다. 아직 호리에게는 주어진 임무가 하나 더 남아 있었다. 즉 히사미쓰가 조정 개혁과 막부 개혁을 위해 상경하였음을 조정에 알리고, 히사미쓰의 입경을 공식적으로 허락한다는 조칙을 받아 내는 일을 해결해야만 하였다. 3월 27일 호리는 고노에가로 찾아가 에도의 정세와 히사미쓰의 상경 취지를 설명하고는, 조정에 히사미쓰의 입경을 허락해 달라는 요청을 의뢰하였다. 하지만 고노에 부자는 여전히 소극적인 자세로 일관하였다. 난감한 상태에 빠진 호리에게 이와쿠라 도모미(岩倉具視)로부터 만나자는 뜻밖의 소식이 전해졌다. 만약 호리와 이와쿠라의 만남이 이루어지지 않았다면, 히사미쓰의 입경도 그 후 조정에 대한 건백(建白)도 원활하게 이루어졌을지 장담할 수 없다.

여기서 잠시 이와쿠라 도모미라는 인물에 대해 살펴보자. 히사미쓰의 입경 당시 조정은 관백 구조 히사타다(九条尙忠)와 교토소사대 사카이 다다요시(酒井忠義)의 연계하에 막부의 의도대로 공무합체 노선이 전개되고 있었다. 따라서 양이주의자 고메이 천황은 막부를 일방적으로 추종하는 구조 관백과는 관계가 원활하지 않아, 양역(兩役) 혹은 양경(兩卿)이라 불리는 무가전주(武家伝奏: 막부와의 교섭역) 나카야마 다다야스(中山忠能)와 의주(議奏: 황명 출납역) 오기마치산조 사네나루(正親町三条実愛)에 의존해 조정을 이끌고 있었다.

당시 이와쿠라는 천황을 가까이에서 수발하는 근습(近習)이라는 직분을 맡고 있었다. 천황은 이와쿠라의 뛰어난 정치적 판단을 인정하면서 그에게 두터운 신뢰를 보내고 있었다. 따라서 조의에 참석할 수 없는 신분이지만 천황과 양경의 굳건한 신뢰를 바탕으로 조의의 조정자 역할을 맡은 이가 바로 이와쿠라 도모미였던 것이다. 일반적으로 이와쿠라는 1867년 왕정복고 쿠데타 전후 부상한 인물로, 그리고 메이지 신정부 초반 이와쿠라 사절단의 정사로 알려진 인물이다. 하지만 이와쿠라는 1858년 3월 일미수호통상조약의 칙허를 저지하기 위해 88명의 조정 당상관들의 궁중시위(堂上八十八卿列参)를 획책하면서 두각을 나타내기 시작하였고, 그 후 가즈노미야 강가 때도 천황을 적극적으로 설득한 것으로 알려져 있다. 이후 이와쿠라는 천황, 양경, 교토소사대 3자의 윤활유적 존재로 막후에서 중앙 정국을 조정하는 핵심 인물로 활약하였다.

정치적으로 이와쿠라는 천황친정주의자였지만, 당시는 막부의 위세를 무시할 수 없는지라 막부에 대한 대정위임을 인정하면서도 주요 국사는 천황의 재가를 받아야 한다는 잠정적 천황친재주의를 견지하고 있었다. 이와쿠라는 천황친재라는 측면에서 히사미쓰와 접점을 찾을 수 있었기에, 솔병상경 당시 좌절 직전의 히사미쓰에게 손을 내민 것이었다. 그러나 결국 자신의 목표대로 막부를 무너뜨리고 천황친정을 획득하면서 메이지 유신이라는 새 시대를 열 수 있었다. 속단할 수는 없지만, 막말 대혼돈의 최종 승리자는 이와쿠라 도모미로 볼 수 있다.

히사미쓰는 상경 도중 고노에 다다후사(近衛忠房)로부터 이왕 상경길에 들어섰으니 꼭 만나고 싶다는 서한을 받았다. 자신의 상경에 소극적이던 다다후사의 전언이라, 칙명이 내려질 가능성에 대한 불안감을 여전히 떨쳐 버리지 못했다. 그러나 히메지에 체류 중이던 4월 6일, 호리에게서 천황의 뜻을 받들어 히사미쓰의 입경을 환영한다는 이와쿠라의 서신을 받자, 히사미쓰는 뛸 듯이 기뻐하였다고 한다. 호리는 교토로 돌아와 고노에 부자, 양경, 이와쿠라를 알현하고 히사미쓰의 입경 날짜를 보고하였다. 이와쿠라가 즉시 그 취지를 주청하였더니, 천황은 이와쿠라에게 양경과 함께 히사미쓰를 응접하라고 명령하였다.

일이 순조롭게 진행되는 듯했으나, 히사미쓰로서는 두 가지 난관을 해결해야만 하였다. 하나는 상경에 대한 번 내외의 반론을 해소하는 일이었다. 4월 10일 오사카에 도착한 히사미쓰에게는 사쓰마 에도 번저에 근무하는 2명의 대목부(大目府)와 지번인 사도와라(佐土原) 번주 시마즈 다다히로(島津忠寛)가 보낸 사자가 기다리고 있었다. 이들 모두 입경 주선을 중지하였으면 좋겠다는 충언을 하였으나, 히사미쓰는 단칼에 거절하였다. 한편, 또 다른 친족인 후쿠오카 번주 구로다 나리히로(黑田斉溥)가 참근 도중 히사미쓰를 만나 그의 행동이 무모하니 포기하라고 경고할 것이라는 소문이 파다하였다. 이 소문에 놀란 히라노 구니오미가 이곳에는 위해를 가하려는 자들이 많으니 귀번하는 것이 좋겠다고 자신의 번주를 설득한 결과, 번주와 함께 후쿠오카로 돌아갔지만 그는 번내에 구금되었다. 또한 구로다를 설득하기 위해 히라노와 함께 갔던 이무타 쇼헤이는 가고시마로 압송되어 기카이시마로 유배되었다.

다른 하나는 중앙 정국의 집정관인 관백과 교토소사대의 양해를 구하는 일이었다. 왜냐하면 히사미쓰의 상경은 조정과 다이묘 간의 접촉을 금지하는 금중병공가제법도(禁中並公家諸法度)에 저촉되는 행위였기 때문이다. 히사미쓰는 일부 병력을 남기고 4월 13일 오사카를 출발해 그날 후시미에 도착하였다. 이 소식을 전해 들은 교토의 존왕지사들은 흥분을 감추지 못했고, 위기를 직감한 교토소사대 사카이는 교토 경비를 담당하는 번들에 엄중한 경호를 명령하였다. 이 기회를 놓칠 리 없는 이와쿠라는 사카이에게 서한을 보냈다. 히사미쓰의 상경은 존왕 이외에는 아무런 의도가 없고, 교토에 모인 부랑자들은 히사미쓰에게 몸을 의탁하고 있으니, 히사미쓰로 하여금 이 사태를 처분하게 하지 않는다면 소요를 막을 방법이 없다는 내용이었다.

이와쿠라는 이 같은 협박을 통해 히사미쓰 입경의 명분과 위법(공가와의 접촉)에 대한 양해를 구하고자 하였다. 결국 사카이는 고노에가 저택에서 양경의 입회하에 이와쿠라와 히사미쓰의 면담을 허락하고 말았다. 게다가 이를 전해 들은 관백 역시 면담을 추인하는 서한을 양경의 한 명인 오기마치산조에게 보냈다. 아무리 존왕양이 지사들의 위세가 급박하였다고 하지만, 마침내 두 집정관 모두의 양해하에 히사미쓰의 합법적인 입경이 허락된 것이다. 여기에는 천황의 의향도 반영되었다고 볼 수 있고, 시마즈가와 고노에가 그리고 시마즈가와 쇼군가의 인척 관계도 작용하였으리라 본다. 여하튼 히사미쓰의 입경은 주도면밀한 정략가 이와쿠라와 대담무쌍한 정치가 히사미쓰의 승리인 동시에, 중앙 정국의 기존 질서가 붕괴되는 시발점이 되었다는 점에서 그 의미를 찾을 수 있다.

4월 16일 히사미쓰는 고마쓰를 비롯한 측근들을 대동하고 고노에 저택을 방문해 고노에 다다후사와 양경을 면담하였는데, 여기에 이와쿠라는 참석하지 않았다. 그리고 히사미쓰는 이 자리에서 건백서를 제출하였다. 결과적으로 이 건백으로 말미암아 이후 조정과 막부의 인사 개혁이 개시되었고, 히사미쓰와 같은 제후들이 무단으로 등장하였으며, 이로써 막부의 권위가 끝없이 실추되는 대혼돈이 개시되었다는 점에서 히사미쓰의 솔병상병이 막말사에서 주목받는 이유가 된다.

우선 히사미쓰는 공무합체, 황위진흥, 막정변혁을 위해 입경하였음을 양경에게 밝히면서, 다음과 같은 건백 내용을 조의에 부쳐 줄 것을 간청하였다.

1. 나카가와노미야(中川宮), 고노에 다다히로(近衛忠熙), 다카쓰카사 마사미치(鷹司政通), 히토쓰바시 요시노부(一橋慶喜), 마쓰다이라 슌가쿠(松平春嶽)의 근신 해제와 고노에의 관백 취임, 그리고 다야스 요시요리(田安慶頼)의 장군후견직 파면과 안도 노부마사(安藤信正)의 노중 파면.

2. 노중 구제 히로치카(久世広周)의 상경 및 1의 하달.
3. 막부 각료들이 1, 2를 따르지 않을 경우, 신속하게 그 행위가 도리에 적합한지 아닌지 명확히 하기 위해 2~3개 번에 그 내용을 내칙으로 하달.
4. 낭인들에 천황의 의도 누설 및 낭인 언설에 대한 정신(廷臣)들의 신뢰, 엄중 단속.
5. 슌가쿠의 대로 취임 및 상경, 히토쓰바시 요시노부의 후견직 취임 칙명.
6. 개항과 쇄항 건은 공론에 따라 항구적 시책을 제정하고, 황위의 해외로의 진흥.

즉 안세이 대옥 당시 처분받은 자를 복권하고, 관백, 대로, 후견직에 대한 인사로 조정과 막부를 개혁하며, 조정에 낭인 대책을 요구면서도, 양이 문제에는 명확한 주장을 하지 않았다. 여기서 주목할 점은 조정 개혁이 건백에 포함되지 않았다는 점과, 막부 시책을 그대로 수용한 채 조정 측의 대외정책만 개국으로 바꾸겠다는 조슈의 항해원략책과는 확연히 구분된다는 사실이다. 좀 더 구체적으로 살펴보면, 조슈의 경우 번이 조정에 의견을 제시하고 조정이 받아들인다면, 그것을 제안한 번이 막부에 상신해 둘(조정과 막부) 사이의 절충을 거치는 것이 운동의 절차이며, 방침이나 정책 차원에서 합의 형성이 운동의 목적이었다. 이에 반해 사쓰마 번의 경우 정책이나 방침이 아닌 인사 개입이 목적이었고, 조직화된 군사력이 수단이자 절차였던 것이다. 히사미쓰의 취지에 공감한 양경은 즉시 조정으로 돌아가 천황의 동의를 얻어 칙명이 내려졌다. 즉 낭인들이 불온한 기도를 하고 있고, 만약 교토에서 소란을 일으킨다면 천황의 고민은 이루 말할 수 없기에, 히사미쓰가 교토에 머물면서 낭인들을 진압하라는 내용이었다.

결국 히사미쓰의 체경(滯京)이 합법화된 동시에, 온갖 비난을 무릅쓰고 선대 나리아키라로부터 이어진 막정 참여의 첫 관문을 무위무관의 그리고 번주의 실부에 불과한 '촌뜨기' 히사미쓰가 당당히 돌파한 것이다. 한편으로는 교토의 치안을 전적으로 책임지고 있는 교토소사대가 그 권한을 일개 필부에게 넘겨 버렸다는 사실은 막부 위세의 실추를 백일하에 드러내는 통한의 실책으로, 이후 중앙 정국에서 큰 변수로 작용하게 되었다.

데라다야 사건

앞서 언급하였듯이, 교토와 오사카 등지에 몰려든 서국 지사들이 소란을 일으킨다면 히사미쓰의 상경 계획에 장애가 될지 모른다고 판단한 호리는, 이들을 오사카 사쓰마 번저로 받아들여 동태를 감시하였다. 그렇다면 이렇게 모여든 지사의 수는 얼마나 될까? 사쓰마 번 이외의 번사나 낭사로 사쓰마 번저에 수용된 인원은 45명, 여관에 모여든 에도 탈출 사쓰마 번사가 13명, 소재 불명의 사쓰마 번사가 5명이니 약 60여 명이 된다. 여기에 히사미쓰의 상경에 동반된 사쓰마 격파가 20명 정도 되니 아무리 많아도 90명이 되지 않는다.

하지만 서국 지사들의 핵심 인물인 히라노 구니오미가 번주와 함께 떠났고, 사쓰마 번저에 있던 또 다른 핵심 인물인 기요카와 하치로 역시 내부 갈등으로 무리에서 이탈하면서 서국 지사들의 응집력은 약화되었다. 이때 대안으로 등장한 것이 사쓰마 격파이다. 히사미쓰와 함께 상경하였지만 오사카에 잔류한 아리마 신시치, 다나카 겐스케, 에도에서 탈번한 시바야마 아이지로, 하시구치 소스케가 다시 만나면서 새로운 돌파구를 찾기 시작하였다. 실제로 이들은 지난해 히라노가 사쓰마에 들렀을 때 함께 만났던 사쓰마 격파의 중심 인물들이었다.

우선 사쓰마 격파는 히사미쓰의 언동에 동의할 수 없었고, 교토에 동행하지 못하고 잔류한 데에도 불만을 갖고 있었다. 이들은 이번 거사의 또 다른 핵심 인물인 다나카 가와치노스케에게 자문을 구한 후, 에도와 교토에서 동시에 거병한다는 지금까지의 동서 호응책을 포기하고 교토에서만 거병하기로 전략을 수정하였다. 즉 구조 관백과 사카이 교토소사대를 척살한 후 니조 성(二条城: 교토 황궁 가까이에 있던 막부의 성)을 습격해 왕정복고의 계기로 삼겠다는 전략이었다. 아리마 신시치에 동조한 사쓰마 번사는 36명에 달했는데, 히사미쓰와 함께 가고시마에서 온 자, 에도 번저에서 탈출한 자, 탈번 낭사들이 포함된 숫자였다. 이 의거파는 천황친정을 목표로, 그리고 히사미쓰의 황정회복 주선의 선봉에 선다는 논리로 4월 18일을 의거 실행일로 확정하였다.

이에 호리는 4월 17일 시바야마와 하시구치에게 편지를 보내 천황의 가납하에 히사미쓰의 체경이 확정되었으니 당분간 오사카에 머물라고 요청하였고, 그것이 받아들여져 4월 18일 의거는 연기되었다. 이후 21일로 의거 일자가 결정되었다는 소식을 들은 히사미쓰는 두 차례에 걸쳐 사람을 보내 설득에 나섰지만, 의거파의 결심은 변하지 않았다. 두 번째로 파견된 오쿠보는 의거파 전부를 어친병(천황의 친위대)으로 추천하겠다는 제안까지 하였다. 하지만 또 다른 사소한 이유로 다시 거사일이 연기되자, 이번에는 조슈 번 의거파의 강력한 항의 때문에 더 이상 의거 날짜를 미룰 수 없게 되었다. 결국 4월 23일로 거사일이 확정되었다.

한편, 도사 번을 비롯한 다른 번에서는 의거 참여자가 예상보다 적었다. 이에 병력의 부족으로 교토소사대와 관백의 제거가 불가능해지자, 소사대 척결은 조슈 지사들에게 맡기고 사쓰마 의거파는 관백만을 제거하기로 결정하였다. 거사 하루 전인 4월 22일, 가고시마에 억류되었다가 방면된 서국 지사의 거두 마키 이즈미가 의거파에 합류하였다. 그는 여전히 천황의 칙명에 따른 제후연합의 무력 거병을 고집하였지만, 의거파는 기존 계획대로 구조 관백을 처단하고 천황–나카가와노미야–히사미쓰로 이어지는 연계 체제를 통해 막부 타도와 천황친정을 도모하려 하였다. 어쩌면 이 계획이 허술하기 짝이 없는 탁상 논의에 불과하였다고 폄하될 수 있으나, 당시 의거파 무사로서는 거사의 성공 여부보다는 의거라는 행위 그 자체, 나아가 황정회복의 선두에 선다는 정신 승리에 목적이 있었음을 엿볼 수 있다.

의거파 36인은 22일과 23일에 걸쳐 후시미에 있는 데라다야(寺田屋)로 이동해 23일 해 질 무렵 모두 집결하였다. 아리마 신시치의 상관이었던 나가타 세이이치로(永田佐一郎)는 번저에서 출발하려는 아리마 일행을 저지하려 하였으나 실패하자, 스스로 목숨을 끊었다. 또다시 오사카 번저의 불온한 기운을 전해 들은 히사미쓰는 세 번째로 사람들을 보냈지만, 이미 아리마는 출발하였고 나가타가 절명한 사실을 확인하였을 뿐이었다. 이 소식이 교토 번저에 도착한 것은 23일인데, 나카야마와 호리가 이 소식을 히사미쓰에게 보고하였다. 히사미쓰는 주모자들을 송환해 자신이 직접 설득하겠다고 말했고, 만약 거절한다면 임기응변으로 사태를 처리하라고 명령을 내렸다. 이에 나카야마와 호리는 아리마 일행과 친하고 검술도 뛰어난 나라하라 시게루(奈良原繁)를 비롯한 9명의 진무사를 파견하였다.

데라다야에 도착한 진무사의 요청으로 데라다야 2층에 있던 의거파 지휘부 4명(아리마, 다나카, 시바야마, 하시구치)이 아래로 내려왔고, 진무사는 이들에게 히사미쓰가 면담을 요청한다는 말을 전했다. 그러나 아리마는 자신들은 이미 나카가와노미야의 명에 따라 움직이고 있으며, 이 일을 끝낸 후 찾아가겠다고 말했다. 이 말을 들은 진무사 중 하나인 미치지마 고로베(道島五郎兵衛)가 '조이(上意: 윗분의 뜻)'라 외치며 다나카의 미간을 찌르면서 격전이 벌어졌다. 결국 지휘부 4명 중 다나카 이외 3명이 절명하였고, 아래층 소란을 듣고 내려온 2명도 현장에서 죽었다. 다나카를 포함해 부상당한 2명은 번명에 따라 할복하였으며, 오사카에 있던 1명도 자살하였다.

이 사건으로 죽은 의거파 지사는 모두 8명이며, 진무사로 파견된 9명 가운데 미치지마가 죽었고 나머지 중 3명도 부상을 입었다. 우여곡절 끝에 나머지 의거파는 교토 번저로 갔고, 모두 거기에 감금되었다. 이후 마키 등 귀번이 가능한 자는 자신의 번으로 돌아갔고, 22명의 사쓰마 번사와 귀번이 불가능한 타 번 무사 5명은 해로를 통해 가고시마로 호송되었다. 귀번이 불가능하였던 5명 중 2명(다나카 부자)은 선상에서 척살, 나머지 3명은 상륙하자마자 죽임을 당했다. 호송된 사쓰마 번사 중에는 오야마 이와오(大山巖), 사이고 쓰구미치(西鄕従道), 시노하라 구니모토(篠原国幹) 등 막말뿐만 아니라 메이지 신정부에서 맹활약한 인물들도 포함되어 있었다.

히사미쓰의 상경과 더불어 진행된 서국 지사들의 의거는 일단 괴멸되었다. 자신의 번사도 척살하는 마당에 다른 번의 번사들은 말할 것도 없다는 인식이 팽배해지면서, 히사미쓰에 대한 조정과 천황의 신뢰는 더욱 두터워졌다. 한편, 교토의 조슈 번 수뇌들은 자기 번 존왕양이 지사와 함께 번의 역량을 총동원해 이번 의거에 개입할 계획이었다. 그러나 사쓰마 수뇌부는 데라다야 사건 이전에 이미 사쓰마의 의거파와 조슈 번이 혼연일체가 되어 있음을 인지하고 있었다. 만약 의거가 진행되어 이 둘 모두를 진압한다면, 조슈 번과의 관계가 나빠지는 것은 불을 보듯 자명한 일이었다. 히사미쓰가 조급히 진무사를 파견한 것도 조슈 번과의 관계를 고려한 결정이었을 것으로 판단된다.

조슈 번 의거파는 데라다야 소식을 듣고는 교토소사대를 공격하겠다는 계획을 중단하였다. 하지만 데라다야 사건이 끝난 직후 히사미쓰는 한발 더 나아가, 이번 의거 계획에 가담한 조슈 번사들의 인도를 조슈 번에 요구하였다. 물론 조슈 번이 이에 응할 리 만무하였다. 이 사건을 계기로 조슈와 사쓰마의 관계는 극도로 악화되었고, 조슈 번은 기존의 번시인 항해원략책에서 파약양이론(破約攘夷論: 서양 제국과의 조약을 파기하고 외세를 배척)으로 바뀌었다. 이후 자연스럽게 항해원략책의 주창자인 나가이는 실각되었으며, 이제 중앙 정국의 실권을 장악하기 위한 새로운 시도를 할 때마다 조슈와 사쓰마의 충돌은 피할 수 없게 되었다.

한편, 데라다야 사건은 불온한 동기를 지닌 낭사들과 결탁한 사쓰마 번사들에 대한 척결이지, 결코 황정회복을 주창하는 존왕양이 지사 모두가 대상은 아니었다. 이는 천황의 정치적 기반인 존왕양이 지사들을 배려한 것은 물론, 타 번과의 마찰도 고려한 히사미쓰의 노련한 정치 행위라 할 수 있다. 그럼에도 불구하고 히사미쓰로서는 자신의 번사를 희생하고서야 비로소 정치적 야망을 실현시킬 수 있었다는 점, 그리고 자신의 정치적 기반인 성충조의 와해를 목도할 수밖에 없다는 점도 데라다야 사건이 지닌 또 다른 측면이라 볼 수 있다. 마지막으로 살펴볼 것은 이 사건을 앞둔 사쓰마 의거파의 입장이다. 의거 계획 초창기인 기요카와의 서국 방문 때 거병 계획에 동의한 오카(岡) 번사 오고 가즈토시(小河一敏)는 4월 23일 사건 직전에 의거파 지도자 4명과 다나카 가와치노스케가 나눈 이야기를 『왕정복고의거록(王政復古義挙録)』에서 다음과 같이 밝히고 있다.

> 지금은 정상적인 방식으로 악인을 제거하기 어렵다. 그러니 군사를 이끌고 관백과 소사대를 제거할 수밖에 없다. 지금의 시대에 비상한 일을 하지 않으면 존왕양이의 길로 나아갈 수 없다. 그러므로 히사미쓰 전하의 명을 기다리지 않고 간적들을 쓰러뜨린다면, 히사미쓰 전하는 이를 계기로 반드시 '큰 시혜'를 맞게 될 것임에 틀림없다. 이 거사는 히사미쓰 전하의 뜻을 저버린 것이지만, 실제로는 이 거사를 수행해야 전하의 '공업'도 크게 오를 것이 틀림없다. 따라서 히사미쓰 전하에 대한 충절도 이 길밖에 없다.

이 이야기에는 의거파의 무모함과 명령 불복의 책임을 희석시켜 보려는 오고의 의도가 내재되어 있음을 추측해 볼 수 있다. 그렇다고 해서 시대의 모순을 타파해 보려는 이 시대 젊은이의 열정을 폄하해서도 안 될 것이다. 당시 히사미쓰에게 체경의 칙허가 내려져 있음에도 불구하고, 그에 대한 조정과 천황의 신뢰는 반신반의 정도였다고 보는 것이 타당하다. 따라서 이 이야기를 문자 그대로 받아들인다면, 의거파는 이를 타개할 수단으로 히사미쓰의 뜻에 반하고 오히려 목숨마저 내놓을지라도, 종국적으로 히사미쓰의 향후 계획에 이바지한다는 각오로 거사를 추진하였던 것이다. 어찌 되었든 결국 이 사건으로 말미암아 황실에 대한 히사미쓰의 언행일치가 확인될 수 있어 천황과 조정 공가들의 신뢰는 한층 두터워졌고, 향후 히사미쓰의 전망이 활짝 열렸다는 점에서 의거파 수뇌부의 고뇌를 읽을 수 있는 대목이다.

오하라 칙사 파견과 막부의 사전 대응

히사미쓰의 건백이 전해진 1862년 4월 16일, 무가전주 나카야마 다다야스(中山忠能)는 교토소사대 사카이 다다아키에게 노중 구제 히로치카의 상경을 요구하는 조명(朝命)을 전했다. 구제의 상경은 히사미쓰의 건백 중 막부의 개혁에 관한 사안들을 직접 지시, 확인하기 위함이었다. 상경 요구를 전달받은 막부는, 4월 25일 아직 조정으로부터 전달되지 않은 히사미쓰의 건백 일부를 실현시킴으로써 선수를 쳤다. 물론 가즈노미야 강가에 맞추어 안세이 대옥으로 처분받은 일부 인사의 사면을 실시할 예정이었는데, 아무리 조정의 명령이라 하더라도 그 배후인 히사미쓰의 건백에 따라 막부를 운영한다는 모습을 보이지 않기 위함이었다.

그 결과 히토쓰바시 요시노부, 도쿠가와 요시카쓰(徳川慶勝: 전 오와리 번주), 마쓰다이라 슌가쿠(전 에치젠 번주), 야마우치 요도[山內容堂: 전 도사 번주 번주. 야마우치 도요시게(山內豊信)와 동일 인물]의 근신 처분이 해제되었고, 나카가와노미야, 다카쓰카사 부자[전 관백 다카쓰카사 마사히로(鷹司政熙)와 다카쓰카사 마사미치(鷹司政通)], 고노에 다다히로(전 관백) 등의 사면을 조정에 요청하였다. 사면 요청이 조정에 전해진 것은 4월 30일로, 공가들에 대한 사면을 즉시 실시하였다. 하지만 자신의 막부 대리인으로 활용할 목적으로 추천한 슌가쿠와 요시노부의 막정 참여 소식이 막부의 사전 조치에 담기지 않았음을 확인한 히사미쓰는, 이제 노중의 상경에 별 관심이 없게 되었다. 이에 히사미쓰는 칙사 파견과 자신의 칙사 수행에 관해 조정에 건의하였고, 이를 관철하기 위해 오쿠보를 비롯한 측근의 맹렬한 공작이 전개되었다.

결국 5월 6일 조의에서 칙사 파견이 결정되었고, 이틀 후인 5월 8일 이와쿠라의 적극 추천으로 오하라 시게토미(大原重徳)가 칙사로 임명되었다. 11일 조의에서는 칙서에 담을 내용으로 ① 쇼군의 상경과 국시(国是: 국가 시책) 논의, ② 5대 번주로 이루어진 5대로[시마즈(島津: 사쓰마), 모리(毛利: 조슈), 야마우치(山内: 도사), 다테(伊達: 센다이), 마에다(前田: 가가)]의 창설, ③ 요시노부를 쇼군후견직에, 슌가쿠를 대로에 등용 등 세 가지 안을 결정하였다. ①안은 조슈의 기본 방침이며, ②안에서 5대로에 모리가를 넣음으로써 사쓰마의 독주를 견제하고자 하는 조정의 희망을 엿볼 수 있다.

앞서 언급하였듯이, 교토의 치안을 담당하고 있던 교토소사대가 존왕양이 지사의 폭거를 앞두고 그 권능을 일개 배신(陪臣: 다이묘 신하)에 불과한 히사미쓰에게 위임함으로써 권위는 이미 크게 실추된 상황이었다. 그러므로 노중의 상경은 전세를 만회하기 위한 방편으로 교토소사대로서는 필수불가결한 정치 행위였다. 하지만 칙사 파견과 자신의 수행이 결정된 이상 히사미쓰에게 노중의 상경은 의미가 없어졌고, 도리어 자신의 에도행에 장애가 될 뿐이었다. 칙명을 받은 히사미쓰가 노중 상경 저지 공작에 나섰으니 교토소사대와의 갈등은 필연이었다. 게다가 관례와는 달리 교토소사대의 승인 없이 칙사 파견의 칙명이 내려진 것 역시 막부에 대한 배려 없이 오로지 히사미쓰의 무위에 굴복한 모양새이기에, 교토소사대로서는 감내하기 어려웠다. 이에 교토소사대는 조정 공가에 압력을 가해 히사미쓰의 칙사 수행을 막으려 하였으나, 그 뜻을 이루지 못했다.

한편, 조정은 히사미쓰가 칙사 수행으로 교토를 비울 경우 치안 부재가 염려되어 잠시 교토소사대의 공작에 동조한 측면도 있었다. 하지만 5월 18일 예기치 않은 사태가 발발하였다. 바로 노중 구제가 5월 19일 에도를 출발해 늦어도 6월 4일에 교토에 도착할 것이라는 소식이었다. 이에 조정은 칙사 연기와 히사미쓰 수행 제외라는 안을 제시하였지만, 히사미쓰는 귀번이라는 최후의 카드로 맞서면서 끝끝내 자신의 주장을 관철시켰다. 5월 20일 조정은 막부에 보내는 칙서를 오하라 칙사에게 전달하면서, 앞서 결정된 3책 중에서 ①과 ②는 막부로서도 난제일 것이니 ③을 실현시키는 데 주력하라고 지시하였다. 또한 히사미쓰에게는 에도에서 조슈 번주 모리 다카치카와 협력해 공무융화에 힘쓰라고 전달하였다.

그러나 귀번하는 다카치카는 히사미쓰와의 조우를 피하기 위해 히사미쓰가 통과하는 도카이도(東海道)가 아닌 나카센도(中山道)를 택했다. 이 상황을 사쓰마 번의 중앙 정국 주도에 반발하는 행위라 판단한 히사미쓰는 크게 마음이 상했고, 이는 향후 사쓰마–조슈 간 불화의 계기가 되었다. 조슈 번의 입장에서는 기존의 항해원략책에서 파약양이론으로 번시를 전환한 이상, 히사미쓰와 만날 이유가 없다고 판단하였을 수 있다. 오하라 칙사와 히사미쓰는 5월 22일 800여 명의 사쓰마 번병의 호위를 받으면서 교토를 출발하였고, 6월 7일 에도에 도착하였다. 오하라는 6월 10일 등성해서는 막부에 칙명을 전달하였다. 히사미쓰는 출발 열흘 전인 5월 12일, 고노에가의 권유에 따라 자신의 이름(通稱)을 이즈미(和泉)에서 사부로(三郞)로 바꾸었는데, 에도에서 만나게 될 노중 미즈노 이즈미노카미[水野和泉守: 미즈노 다다키요(水野忠精)]와 같은 이름을 쓰는 것을 피하기 위함이었다.

한편, 막부는 앞서 사면과 더불어 마쓰다이라 슌가쿠를 정무참예직(政務参預職)에 임명하면서, 구제 노중의 상경 시 동행을 의뢰하였다. 여기에는 슌가쿠가 지닌 과거 히토쓰바시파 수장으로서의 성망을 이용해 조정의 양이론을 개국론으로 바꾸어 보려는 의도가 숨어 있었다. 물론 개국론자인 히사미쓰의 군대가 조정을 장악하고 있다는 점도 고려되었다. 하지만 슌가쿠는 거절하였다. 그 이유로 대외 정책을 논하기 전에 우선 내치에 관한 부동의 국시를 결정해야 한다는 점을 내세웠다. 즉 후다이 다이묘의 독재가 아닌 친족 제후 및 도자마 다이묘의 정치 참여, 조정과 다이묘에 대한 사죄와 융화가 선결되어야 한다는, 다시 말해 막부의 개혁이 전제되어야 한다는 점이었다. 이에 더해 슌가쿠는 쇼군의 상경을 주장하였는데, 이는 당시 조슈 번과 슌가쿠의 밀접한 관계에서 비롯된 것이었다.

잠시 이야기를 조슈 번으로 돌려 보자. 이는 조슈 번과 미토 번, 더 나아가 존왕양이파와의 결합, 항해원략책에서 파약양이론으로의 번시 전환, 그리고 슌가쿠와 조슈 번의 관계를 이해하는 데 도움이 될 것이다. 1860년 이이 대로의 암살 당시 에도에 머물고 있던 조슈의 상급 무사 가쓰라 고고로[桂小五郎: 유신 3걸 중 하나로 기도 다카요시(木戸孝允)라는 이름으로 더 알려져 있다]는 막정 개혁의 필요성을 절감하고는 위칙(보고의 밀칙을 의미) 반납 문제로 궁지에 몰려 있던 미토 번의 격파와 연대를 맺고 있었다. 막부가 노중에 의해 전횡되고, 어삼가와 다이묘에 인재가 있어도 막정에 참여할 수 없다는 사실에 서로 동의하면서, 간적을 제거하고 인재를 추천함(除奸薦賢)에 있어 암살이라는 비상수단도 불사한다는 것이었다. 이 같은 상급 무사들 사이의 맹약(成破の盟約)은 여러 사정으로 번 수준의 결실로 이어지지는 못했지만, 이후 조슈 번은 파약양이론의 선두 주자로 변신하였고, 미토의 격파는 노중 안도 노부마사의 암살을 시도하기에 이르렀다.

가쓰라 고고로는 1861년 즈음부터 존왕양이, 막정 개혁을 위해 쇼군의 상경을 주장하면서 주요 번들의 참여 속에 국시를 확정해야 한다는 주장을 하고 있었다. 게다가 이해 8월 그는 에치젠 번을 찾아가 연대를 제안하였다. 당시 그는 막부 체제를 전복시키기 위해 우선 번내 실권자인 스후 마사노스케(周布政之助)와 요시다 쇼인 문하의 제휴, 대외적으로는 슌가쿠와의 제휴가 필요하다고 판단하였던 것이다. 당시 슌가쿠는 근신 중이라 이에 응하지 않았지만, 정계 복귀 후 자신과 가쓰라의 정견 일치를 확인하고는 적극적인 제휴에 들어갔다. 당시 에도에서 조슈의 번정을 주도하고 있던 스후는 5월 2일 번주 다카치카에게 쇼군 상경론을 막부에 제출하도록 건의하였다. 이처럼 존왕양이로 조슈 번시가 전환된 데에는 히사미쓰 등장 이외에도 또 다른 요인이 있었음을 알 수 있다.

5월 8일 슌가쿠는 노중들로부터 조슈의 의견서를 건네받았고, 비용 때문에 쇼군의 상락[上洛: 쇼군 등 막부 고위직의 교토(조정)행]이 불가하다는 주장에 대해 본말이 전도된 것이라 비판하였다. 이에 노중 구제는, 현재로는 기한부 쇄국 복귀를 약속해 주기 전에는 조정에 개국 설득이 불가하며, 더군다나 상경 시 조정으로부터 어떤 약속을 강요받을지 알 수 없기에 자기 혼자만으로는 상경할 수 없다고 주장하였다. 하지만 이미 가즈노마야 강가를 성사시켰을 때 조정에 기한부 쇄국 복귀를 비밀리에 약속하였다는 사실이 막부 관리들 사이에 퍼지면서 구제는 정치적 곤경에 빠져들었다. 결국 구제의 상경 중지가 결정되었고, 더 나아가 구제는 사퇴의 압박을 받게 되었다. 5월 22일 구제는 사직서를 제출하였고, 그 후임으로 와키사카 야스오리(脇坂安宅)가 재임용되었다.

와키사카는 교토소사대 경력 등으로 1858년 일미수호통상조약 체결 때 조정 설득에 나섰으며, 이이 암살 사건 후 노중 자리에서 사직한 바 있는 인물이다. 와키사카가 재임용된 데는 사쓰마 번과의 인척 관계도 한몫을 하였다고 한다. 국시 선정 후 쇼군 상락이라는 슌가쿠의 완강한 주장에 결국 막부 관리들이 굴복하면서, 기한을 정하지 않은 채 쇼군의 상락이 수용되고 말았다. 그리고 5월 26일 쇼군에게 상락을 진언하였고 가납을 받아 냈다. 하지만 작금에 진행되고 있는 조정의 월권과 강압적 태도 역시 막부로서는 용납할 수 없었다. 이에 막부 수뇌부는 노중 이타쿠라 가쓰키요(板倉勝静)의 상경과 슌가쿠의 동행, 그리고 조슈 번주의 합류를 바탕으로 한 강력한 조정 개국론을 위한 설득단을 구성하였다. 이때가 5월 29일이며, 6월 1일 쇼군은 자신의 상락을 천명하였다. 이상의 개략적 내용이 히사미쓰가 에도에 당도하기 전에 벌어진, 오하라 칙사 파견에 대비한 막부의 대응이었다.

에도에서의 히사미쓰

히사미쓰의 에도 입성 전 슌가쿠는 막부 수뇌부와의 정치적 경합 끝에 잠시나마 승리를 맛보고 있었다. 그러나 이는 오래 지속되지 않았다. 6월 2일 노중 상경을 중지하고, 곧 도착할 오하라 칙사에게 막부와의 교섭을 일임한다는 칙서가 조정으로부터 막부에 전달되었다. 이제 슌가쿠는 노중 이타쿠라 및 조슈 번주와 함께 할 예정이었던 조정 개국론 설득단 구상을 접어야 했고, 때맞추어 조슈 번주는 히사미쓰의 에도 입성 전날에 에도를 떠나 교토로 향했다. 내부적으로는 조슈 번내 존왕양이파의 급부상에 따른 내부 알력을 가라앉히고, 외부적으로는 쇼군 상락을 성사시킨 공적을 배경으로 조정에 영향력을 확대하기 위함이었다. 결국 히사미쓰의 국정 개입으로 중앙 정국에서 그리고 에도 정국에서 잇달아 실패를 맛본 조슈는 새로운 돌파구가 필요하였던 것이다.

사쓰마와 조슈의 협력하에 쇼군 상락의 지지자를 확대하고 조정 개국론을 설득하고자 한 슌가쿠로서는 당황하지 않을 수 없었다. 더군다나 교토에서 존왕양이파의 득세로 조정 개국론 설득이 쉽지 않다는 에치젠 번 가신들의 진언과, 칙사에 앞서 에도에 도착한 호리에게서 같은 정보를 듣게 되었다. 게다가 슌가쿠가 쇼군 상락과 함께 주장한 요시노부의 등용에 대해서도 막부 수뇌부가 반대하고 있었기에, 결국 그는 6월 중순에는 일단 막부에서 몸을 뺀다는 결심을 하게 되었다. 6월 7일 히사미쓰는 오하라 칙사를 수행하면서 이 같은 혼돈 속의 에도에 입성하였다.

입성 다음 날인 6월 8일 히사마쓰가 슌가쿠를 만나 자신의 정견을 전달하였고, 10일 칙사 오하라가 등성해 칙서를 전달하였으며, 13일에도 오하라가 다시 등성해 칙서에 대한 답신을 요구하였으나 계속 미루어졌다. 히사미쓰는 이튿날인 14일과 그 후 16일에 노중 와키사카를 만나 답신을 재촉하였다. 결국 18일 막부는 슌가쿠의 정사총재직[政事総裁職: 후다이 다이묘만 임용되는 막부 최고위직인 대로(大老)라는 직명을 피하기 위해 새로이 마련된 막부 최고위직]만을 받아들인다는 답신을 칙사에게 전달하였다. 막부는 이미 쇼군의 상락을 공포한 이상 조정의 칙사 3책 중 하나를 충족시켜 주었기에, 사쓰마가 주장하는 것으로 알려진 슌가쿠와 요시노부, 특히 요시노부의 쇼군후견직은 거부하였다. 여기에는 쇼군직을 걸고 현 쇼군과 경쟁하였다는 것이 표면적인 이유였지만, 그의 탁월한 정치적 감각 역시 부담으로 작용하였다고 볼 수 있다.

이런 와중에도 막부는 육해군 건설 준비와 제도 및 인사 개혁에 박차를 가했다. 그 내용으로 막부 관료들과 노중과의 협의, 조칸(冗官: 필요 없는 관직)의 정리, 사무 수속의 간소화, 다이묘 비용의 경감 등이 들어 있었는데, 특이 사항은 2남, 3남 그리고 식객, 배신(陪臣)도 직급을 부여하여 막부 관료로 임용할 수 있다는 안도 포함되었다는 점이다. 후자를 슌가쿠에게 제안한 또 다른 노중 미즈노 다다키요로서는 신분제의 일부를 무너뜨리면서도 막부 중심의 집권화를 시도하겠다는 극도의 대담한 제안이었다. 하지만 슌가쿠의 입장에서 그 제안은 막부 독재를 향한 또 하나의 시도에 불과하다고 판단하였다. 슌가쿠는 기존 생각대로, 막부는 종전의 실정을 천하에 사죄하는 것이 질서 회복의 출발점이며, 당장 그 증거로 요시노부를 쇼군후견직에 임용하고 구체적인 수단으로는 쇼군 스스로 상락을 하는 것이라 판단하였다. 결국 미즈노의 제안은 받아들여지지 않았고, 이후 미즈노는 하코다테부교(箱館奉行)로 좌천되었다가 스스로 정계를 은퇴하였다.

칙사 오하라는 6월 22일과 25일 연이어 노중을 호출해 칙서에 대한 답신을 요구하였으나, 잠시 기다려 달라는 말뿐 명확한 회답이 없었다. 26일 이타쿠라 가쓰키요, 와키사카 야쓰오리 두 노중이 칙사를 방문한다는 소식을 전해 들은 오쿠보와 나카야마는, 칙사를 만나 이번에도 요시노부의 임용을 허락하지 않는다면 노중들을 돌려보내지 않겠다고 칙사에게 압박을 가했다. 이에 칙사도 노중들에게 강력하게 요구하였다. 우선 이 상황을 모면하려던 두 노중은 임용 쪽으로 노력하겠다는 답변만 남기고 돌아갔지만 여전히 대답이 없자, 29일 칙사는 네 번째로 등성하여 또다시 요시노부의 임용에 대해 건의하였다.

결국 7월 1일 등성한 칙사에게 쇼군이 직접 요시노부를 쇼군후견직에, 슌가쿠를 정사총재직에 임명하겠다는 답신을 주었다. 모두가 무모할 뿐만 아니라 불가능할 것이라 여겼던 일을 히사미쓰는 해냈다. 같은 날 막부는 히사미쓰에게 교토에서의 낭사 진무에 대한 공으로 칼 한 자루를 선사하였지만, 히사미쓰는 배신에 불과해 등성할 수도 직접 받을 수도 없는 신분이었다. 결국 번주 시마즈 다다요시를 대신해 사쓰마의 지번인 사도와라 번주 시마즈 다다히로가 받았다. 7월 6일 요시노부는 쇼군후견직에, 9일 슌가쿠는 정사총재직에 정식으로 임명되었다.

그사이 7월 7일 히사미쓰는 노중 이타쿠라에게 서한을 보내, 막부 개혁에 관한 자신의 요구를 처음으로 제시하였다. 막부 개혁에 관한 요구는 7월 23일에 칙사 오하라가 요시노부와 슌가쿠에게, 그리고 히사미쓰가 에도를 떠나기 직전인 8월 19일 요시노부 저택을 직접 방문해 요시노부와 슌가쿠에게 전달하였다. 이는 대체로 막부에 대한 사쓰마 측의 요구인데, 이를 요약하면 다음과 같다.

1. 막부에서 국시를 평결한 이후 8월 중순에, 노중 1명을 동반해 슌가쿠가 상경하여 조정의 뜻을 받는다.
2. 막각은 요시노부와 슌가쿠와 함께 실질적으로 대정을 평의하도록 노력한다.
3. 대외 정책의 결정보다도 내정 치정(治定)을 우선한다.
4. 안세이 5년(1858) 이래 국사범 전부의 사면과 명예 회복을 실시한다.
5. 이이 대로의 협력자들을 처벌한다.
6. 조정을 존숭(尊崇)하고 대우를 개선한다.

7. 다이묘의 부담을 경감하고 전국적 결정에 참여시킨다.

1) 참근 완화, 서자 본국 거주, 막부 부조 폐지, 영지 해방 강화.

2) 교토 경비에 대번 4~5번 참여.

3) 외국인 접대에 10~20만 석 도자마 네 번과 후다이 네 번 참여.

히사미쓰와 오하라의 요구에 대해 막부는 7월 9일부터 평결을 진행하였다. 사면은 슌가쿠의 강력한 주장에 따라 7월 18일에 완전히 결정되었고, 사쓰마가 강력히 원했던 교토 경비는 후다이 다이묘로 임명되던 기존의 교토소사대에 더해 신판(親藩)의 아이즈 번(会津藩)을 교토수호직(京都守護職)에 임명하였다. 여기서도 막부가 도자마 다이묘를 강력히 견제하고 거부함을 확인할 수 있다. 칙사 오하라는 7월 23일 요시노부와 슌가쿠를 숙소로 불러들여 회의를 열었는데, 이 자리에 히사미쓰도 배석하였다. 칙사는 가즈노미야에 대한 예우 및 천황계 산릉(山陵)의 보수를 명령하였고, 히사미쓰는 슌가쿠의 상경을 역설하였다.

한편, 칙서 중 3책(요시노부와 슌가쿠의 막정 참여)을 성공한 공으로 히사미쓰에게 종사위상중장(從四位上中將)의 관위가 주어진다는 소식이 교토에서 전해진 것은 8월 5일의 일이었다. 막부는 번주도 아닌 이에게 관위를 주는 것은 질서를 문란케 하는 일이라면서 좀처럼 승인하지 않았다. 사실 막부는 히사미쓰의 돌발 행동에 적잖이 불편한 심정이었는데, 8월 1일 호리의 에도 번저 방화 사건이 발각되면서 히사미쓰에 대한 태도가 급변하였다. 막부는 호리의 즉시 귀번을 명령하였고, 그와 더불어 히사미쓰의 관위 수여 문제도 난항을 겪었던 것이다. 그 결과 희사미쓰가 역점을 기울였던 막부 개혁은 그가 에도를 떠날 때까지 막부가 성의를 보이지 않았기에, 결국 그 추진은 슌가쿠에게 기대할 수밖에 없었다.

그럼에도 히사미쓰의 에도 참부에서 얻어 낸 결정적 결과도 있었는데, 그것은 다름 아닌 주전(鑄錢)의 허가였다. 사쓰마 자체의 주전은 원칙적으로 불가하지만, 오키나와와의 무역을 위해 불가피한 측면도 있어 나리아키라 번주 시절부터 번의 숙원 사업이었다. 막부는 나리아키라의 요청을 계속 거부하였으나, 어찌 된 영문인지 이번 히사미쓰의 참부 때 막부로부터 주전 허락을 받아 냈다. 1862년 12월부터 1866년까지 290만 냥의 주전이 발행되었는데, 이 돈은 번의 근대화 사업과 사쓰에이 전쟁(薩英戰爭) 피해 복구, 그리고 토막 전쟁에서의 결정적인 자금원 역할을 하였다. 이 이야기와 관련해서는 또다시 언급할 기회가 있을 것이다. 히사미쓰는 2개월 남짓 막부와의 절충을 끝내고 8월 21일 에도를 출발해 교토로 향했다. 이날 도중에 행렬로 끼어든 영국인 상인이 히사미쓰의 번사에게 살해되는 소위 '나마무기(生麦) 사건'이 발생하였다. 이에 대해 영국은 막부와 사쓰마 번에 범인 처벌과 배상금 지불을 요구하였으며, 이를 계기로 프랑스와 영국은 자국 국민을 보호한다는 명분으로 요코하마(横浜)에 해병대를 상륙시켰다. 현재 요코하마 구시가지의 야마테(山手) 언덕에 있는 프랑스와 영국의 영사관 유적지는 이때 파견된 해병대의 주둔지이며, 나중에 영사관으로 바뀌었다

막부의 개혁 추진과 좌절

히사미쓰의 요청에 더해 슌가쿠의 오랜 열망이었던 참근 완화는 이런저런 이유로 쉽게 이루어지지 않았다. 참근 완화는 다이묘의 해방(海防) 충실

을 위해 슌가쿠가 1855년에 노중 아베 마사히로(阿部正弘)에게 제안하였는데, 당시는 양이와의 전쟁을 위한 정책이라면 이번에는 다이묘와의 화해로 국내 정국의 안정을 도모하는 정책이었다. 물론 장기적 관점에서는 참근 완화가 다이묘의 경비 절감과 해방 충실 모두에 도움이 될 것임은 분명하다. 하지만 슌가쿠는 참근 완화와 함께 쇼군 상락도 추진하였다. 7월 22일 처음으로 막부 관료들에게 9월 중순 쇼군 상락의 가능성을 검토해 보라고 지시하였다. 이에 노중 및 관료들의 반대 목소리가 쏟아졌고, 사쓰마까지도 상락에 반대하기 시작하였다. 사쓰마는 슌가쿠의 상경만으로 충분하며, 막부가 국시를 확정한 후 자신들과 함께 귀경하기를 권하였으나 슌가쿠는 거절하였다. 아마 슌가쿠로서는 쇼군 상락을 주장하는 조슈 번과의 관계도 고려해야 하였기 때문으로 판단된다.

막부 관료들의 반대에는 재정상의 어려움과 어린 쇼군의 위험 노출 문제도 내재되어 있었다. 쇼군 상락에는 150만 냥이 소요될 것이라 이를 군함 구입에 전용하면 제법 어엿한 함대가 만들어질 것이라는 논리였는데, 막부는 군함 구입을 위해 에도로 들여오는 술에 과세를 해 40만 냥을 염출할 계획을 세울 정도였다. 이에 대해 슌가쿠는 작금의 막부는 해군 확장과 같은 장기적 관점에서의 대외 방비보다 훨씬 시급한 국내적 과제를 안고 있다고 주장하면서, 계속해서 쇼군 상락을 주장하였다. 그러다가 앞서 이야기한 호리의 방화 문제가 대두되면서, 이 논의와 함께 막부 개혁 논의는 뒤로 미루어졌다.

히사미쓰의 에도 퇴거와 함께 막부 개혁 논의는 다시 가동되었다. 히사미쓰가 에도를 떠난 3일 후인 8월 24일 막부는 대대적인 인사 개혁을 단행하였는데, 이이·구제 정권의 요직자들은 모두 물러나고 오쿠보 다다히로(大

久保忠寬)를 비롯한 개혁파 신인들이 대거 기용되었다. 윤 8월 1일 교토수호직이 정식으로 신설되어 아이즈 번주 마쓰다이라 가타모리(松平容保)가 그 자리에 임명되었다. 한편, 참근 완화와 쇼군 상락 논의의 지지부진함에 불만을 품은 슌가쿠는 8월 24일 돌연 태업을 선언하였다. 결국 막부는 슌가쿠의 몽니에 손을 들고는 8월 27일 참근 완화에 동의하였고, 이어 윤 8월 22일 적자와 처자의 거주지 자유화를 시작으로 하는 참근완화령을 발표하였다. 슌가쿠가 다시 업무에 복귀한 후인 윤 8월 11일에 막부는 쇼군 상락에 동의하였고, 이어 9월 7일에 내년 2월 쇼군 상락을 공포하였다. 이제 막부 관료들이 그토록 염원하던 육해군 건설 계획이 슌가쿠에 의해 좌절되는 이야기를 할 차례이다.

그런데 그전에 슌가쿠가 왜 그토록 히사미쓰의 건의를 실행시키기 위해 동분서주하였는지 그 뒷이야기를 하고자 한다. 물론 히사미쓰의 일부 건의는 자신의 오랜 지론과 일치한 점도 있지만, 그에 앞서 히사미쓰의 형 나리아키라를 배신한 지난 일을 사죄한다는 점도 자리하고 있었다. 슌가쿠는 안세이 연간 요시노부를 쇼군 후계자로 삼으려는 히토쓰바시파를 주도하였고, 나리아키라도 이에 가담하였다. 나리아키라는 이를 실현하기 위한 내칙을 받고자 고노에가에 주선을 의뢰하는 밀서를 작성하였는데, 여기에 자신의 이름도 연서되어 있는 것을 슌가쿠는 확인하였다. 모의가 실패할 경우 신판 다이묘로서 후환이 두려웠던 슌가쿠는 이 밀서를 당시 노중 마쓰다이라 다다카타(松平忠固)에게 보여 주고 말았다. 결국 히토쓰바시파의 교토 공작이 백일하에 드러났고, 이는 히토쓰바시파의 몰락과 함께 이이 나오스케 정권의 탄생과 직결되었다. 어쩌면 막부 노중들뿐만 아니라 요시노부마저 도외시한 히사미쓰의 제안(그것은 나리아키라의 유지) 실현에 슌가쿠가 그토록 적극적으로 나선 것은, 앞서 말한 것처럼 나리아키라에 대한 사죄도 한몫한 것으로 볼 수 있다.

한편, 막부는 에도·오사카에 배치할 1함대를 막부의 비용으로 건설하고, 향후 전국에 15개 함대를 구축할 계획이었음은 이미 밝힌 바 있다. 이 대함대의 운용을 전적으로 막부가 전담할 예정이었다. 이는 조약 체결 담당자로서 대외 방비뿐만 아니라 함대 운용의 효율성도 고려한 것이지만, 참근교대의 대체 수단으로 다이묘들을 통제하기 위한 것이기도 하였다. 막부 관료들은 참근교대를 완화해 주는 대신, 대함대를 건설하기 위한 해군 공채 발행도 고려하고 있었다. 하지만 막부 주도의 대해군 건설은 슌가쿠에게는 극도의 기피 대상이었다. 그에게는 다이묘의 막정 참여와 막부 독주 완화 그리고 조정과 막부의 화해로 대변되는 내치가 우선이었고, 사쓰마 번이 요구하는 참근 완화와 조슈 번이 요구하는 쇼군 상락을 관철시키는 것이 자신의 정치적 소신과도 일치하였다.

또한 다이묘와의 화해를 급선무로 한 슌가쿠로서는 막부의 해군 공채 발행에도 동의하지 않았다. 당시 막부는 무역 확대로 다량의 금은이 확보되어, 이를 바탕으로 막대한 양의 저품위 금은화를 발행하였다. 덕분에 일시적으로 막부의 재정은 나름의 여유가 있었다. 그럼에도 에도·오사카 1함대 건설에 187만 냥이 소요되고, 아무리 절약한다고 하더라도 쇼군 상락에 80만 냥이 요구되었기에, 이 두 계획을 동시에 진행할 수는 없었다. 결국 쇼군 상락이라는 내정을 위해 대해군 건설, 나아가 막부 건재를 위한 자구 및 자강책이 와해되고 말았던 것이다. 또 다른 정치적 의미에서 살펴보면, 이는 신판 출신 슌가쿠와 도자마 출신 히사미쓰의 결합이 만들어 낸 결과이자, 후다이 다이묘가 주축이었던 막부 와해의 빌미가 되었다.

한편, 윤 8월 20일 해군 개혁을 위한 평의회에서 1함대 계획은 완전히 수포로 돌아가는데, 이때 등장하는 인물이 다름 아닌 가쓰 린타로[勝麟太郎: 나중에 가쓰 가이슈(勝海舟)라는 이름으로 활약한 막말과 메이지 시대의 정치가]였다. 평의회 직전인 17일에 군함부교대리(軍艦奉行並)에 임용된 그는, 이함대 계획은 500년 후에야 빛을 볼 것이라 격하하면서, 비록 군함은 갖춘다고 하더라고 이를 운용할 승조원은 어떻게 마련할 것인지의 대안이 없다고 강력히 주장하였다. 그는 쇼군 상락과 같은 다른 정치적 요소는 일절 언급하지 않고 단지 군사 계획에 대한 근본적인 결함을 폭로하였다.

나가사키 해군전습소 1기 출신인 가쓰는 해군에 관한 전문성을 바탕으로 막부의 대해군 건설 계획이 터무니없는 탁상공론임을 강력하게 주장하였던 것이다. 이후 가쓰의 건의에 따라 항해술을 갖춘 선원 배양에 초점이 맞추어지면서 고베(神戶)에 해군조련소가 만들어졌고, 여기에 등장하는 인물이 바로 그 유명한 사카모토 료마(坂本龍馬)이다. 이 해군조련소는 가쓰의 정치적 패퇴와 함께 폐쇄되었는데, 이를 기화로 오갈 데 없는 사카모토 료마를 해군력 강화를 추진하던 사쓰마가 받아들였다. 사카모토 료마가 삿초맹약(薩長盟約)을 주선한 데는 이러한 배경이 크게 작용하였다.

가쓰는 쇼군 상락 시 해로를 이용해야 한다고 주장해 일단 수용되기도 하였으나, 실제로는 이루어지지 않았다. 한편, 대해군 건설 계획을 강력하게 주장한 군제괘(軍制掛)의 일원이자 간조부교(勘定奉行: 재정담당관)였던 오구리 다다마사(小栗忠順)는 함대 구입과 승조원 양성 못지않게 함선 수리의 중요성을 자각하면서, 결국 프랑스의 협력을 받아 요코스카 제철소, 요코스카 조선소 설립에 온 힘을 바쳤다. 1860년 이이 나오스케 정권의 퇴진 후 막부 관료들이 추진한 공상적 대해군 건설 계획은 마침내 승조원 양성과 수리 시설 건설이라는 보다 근본적인 방법으로 해군 육성에 이바지하게 되었다.

처음부터 그들은 해군을 양이 전쟁에 사용할 생각은 없었고, 단지 국력 신장의 일환으로 장기적 계획하에 해군을 건설할 계획이었던 것이다. 이후 막부는 군함 대신 상선을 주로 구입하면서, 결국 막말의 해군은 해군이 아니라 수송부대로 발전하고 말았다.

개혁파 정신의 탄생과 조정의 양이화

1862년 8월 21일 칙사 오하라 일행을 앞세우고 에도를 출발한 히사미쓰는 시나가와(品川) 숙소 바로 앞의 나마무기촌(生麦村: 현재 요코하마시)에서 다음 장에 소개할 나마무기 사건을 일으켰지만, 행렬은 그대로 나아갔다. 오하라 칙사 일행은 윤 8월 6일 교토에 도착하였고, 히사미쓰는 같은 날 오쓰[大津: 현재 시가현(滋賀県)]에 도착하였으며, 고노에가의 연락을 받고는 다음 날 교토로 들어갔다. 9일 히사미쓰는 조정회의에 참석하여 에도에서의 성과를 보고하면서, 우선 칙사와 자신이 요청한 막정 개혁을 지켜보는 것이 좋겠다는 의견을 제시하였다. 그렇게 하지 않으면 조정 측이 막부를 의심하는 것으로 받아들일 것이며, 공무융화도 불가능할 것이라는 이유를 들었다.

히사미쓰에게는 에도에서의 공을 상찬하면서 검이 하사되었다. 하지만 히사미쓰가 교토를 비운 3개월여 사이에 조정과 교토의 분위기는 완전히 달라져 있었다. 가즈노미야 강가를 추진한 이와쿠라 도모미를 비롯한 사간이빈(四姦二嬪: 4명의 공가와 2명의 여관)의 배척 운동이 확산되었고, 이이 정권에 협력하였던 관백 구조가(九条家)의 가신인 시마다 사곤(島田佐近)의 암살과 같은 천주(天誅)가 시작되었다. 게다가 지금까지 아무런 움직임도 없던 각 지방의 번주들이 급하게 입경해 조정으로부터 국사주선의 명을 받는 등, 조정은 이제 완전히 다른 세력에 의해 좌지우지되고 있었다. 더구나 6개월간 가고시마를 비운 사이, 그간 자신의 행적과 관련해 본국에서 여러 가지 나쁜 소문이 무성해져 히사미쓰로서는 더 이상 교토에 머물 수 없게 되었다.

교토 정국의 급격한 변화에는 구사카 겐즈이(久坂玄瑞)와 가쓰라 고고로(桂小五郎) 등 조슈 번 존왕양이 격파의 조정 공작이 큰 역할을 하였다. 그들은 개국을 전제로 한 항해원략책에 대해 근본적인 불만을 갖고 있었고, 나가이 우타(長井雅楽)의 조정 공작이 실패로 돌아가자 번시를 바꾸고 번의 주도권을 장악하기 위해 조정 공작에 나섰다. 즉 나가이의 항해원략책에는 과거 융성하였던 조정에 비해 현재 조정은 외세에 압박을 받고 있다는 등 현 조정을 비방하는 내용이 들어 있다는 것이 조정 공작의 이유였다. 결국 조정이 나가이에게 유감의 뜻을 전달하면서(1862년 5월 5일), 나가이에 대한 비난은 높아만 갔다.

이러한 비난이 자신에게도 돌아올 것을 두려워한 조슈 번주 모리 다카치카는 가로를 보내 조정에 사과를 하였고, 이어 6월 5일 나가이에게 귀국 근신을 명했다. 또한 다카치카는 이 문제를 직접 해결하기 위해 다음 날 6일 교토로 출발하였는데, 히사미쓰가 에도에 도착한 날은 그다음 날인 6월 7일이었다. 어쩌면 다카치카로서는 국사주선에서 입장이 완전히 달라진 히사미쓰를 만날 이유가 없었을 뿐만 아니라, 교토 정국을 추스르고 번의 정책을 다시 정립해야 할 급박한 사정이 있었던 것이다. 교토에 온 다카치카는 가신들과 회의를 거듭한 끝에, 7월에 들어 나가이의 항해원략책을 파기하고 번론을 파약양이로 대전환하였다. 즉 천황의 칙허 없이 조인한 조약을 파기하고 양이를 수행하겠다는 것으로, 조슈의 존왕양이 격파의 주장이 관철된 것으로 볼 수 있다. 나가이는 이듬해 2월 절복을 명 받고 최후를 맞았다.

사실 조슈는 사쓰마와는 달리 번주가 번정을 완전히 장악하지 못해, 번내 정치 역학 구도에 따라 번의 방침은 언제든 달라질 수 있었다. 이번 번론 변경 역시 그 같은 배경의 산물이었다. 이후 조슈 번내 주도권의 향방에 따라 번론이 달라졌는데, 이 역시 막말 정국의 커다란 변수 중의 하나였음도 지적해 둘 만하다. 항해원략책 파기의 유탄은 막부에도 떨어졌는데, 항해원략책의 추진을 뒷받침하였던 노중 구제 히로치카(久世広周)는 6월 2일 사임하고, 대신 앞서 오하라 칙사를 찾아갔던 이타쿠라 가쓰키요(板倉勝静)가 노중으로 취임하면서 막각을 지휘하게 되었다.

한편, 이러한 교토 정국의 변화에는 국정에 대한 천황의 기본적인 태도도 한몫하였다. 천황은 공무융화를 중시하였지만, 기본적으로 파약양이를 강력히 원했기 때문에 교토에서 반막적인 존왕양이 과격파 세력이 확대될 수 있었고, 거기에 덧붙여 조정 내 개혁파 정신(廷臣: 조정 신하)들이 탄생할 수 있었던 것이다. 조슈는 파약양이로 번론을 바꾸고는 끊임없이 조정을 설득하기 시작하였고, 마침내 7월 27일 조슈 번주 부자에게 교토에 머물면서 조만간 에도로 가 국사를 주선하라는 조명이 내려졌다. 기세가 오른 조슈 번은 윤 8월 4일 파약양이의 확정을 압박하는 건백서를 조정에 제출하였고, 같은 달 27일 조정은 다카치카에게 막부의 파약양이 결정을 주선하라는 명령을 내렸다.

한편, 도사 번(土佐藩)에서는 존왕양이를 기치로 내건 도사근왕당(土佐勤王堂)이 번내 주도권을 장악하고, 번주 야마우치 도요노리(山內豊範)의 참부 행렬을 주도하면서 에도로 향하는 도중에 오사카에 도착하였다. 여기서 도사근왕당 내 노선 투쟁이 벌어졌다. 이참에 교토로 들어가 이미 내려진 조정의 입경 허가에 따라 조슈와 함께 존왕양이파 대열에 가담하자는 도사근왕당의 맹주 다케치 한페이타(武市半平太)와 교토에 들르지 않고 곧장 에도로 가자는 수구파의 갈등이 그것이다. 번의 실권자인 전 번주 야마우치 요도(山內容堂)가 다케치 한페이타의 손을 들어 주면서 교토의 입성이 가능해졌다. 8월 25일 도요노리는 조슈 번과 마찬가지로 교토 경비와 국사주선의 칙명을 받았고, 이로써 도사 번과 조슈 번의 존왕양이파 지사들이 연대를 맺는 계기가 되었다. 히사미쓰가 에도에서의 공무주선을 마치고 돌아온 것이 윤 8월 6일이니, 그에게 교토는 그가 떠나기 3개월 전과는 완전히 다른 세상으로 바뀌어 있었다.

이러한 정국에서 히사미쓰는 고노에가로부터 천황에게 품신할 국사에 관한 의견서 제출을 요구받고는, 윤 8월 21일 12개 조에 달하는 의견서를 제출하였다. 이는 공무합체를 기조로 하는 의견서로 막부와 조정의 개혁 요구가 주를 이루는데, 특히 주목할 부분은 양이에 관한 그의 견해이다. 즉 '현재 양이 문제는 공무대립의 근원으로, 막부가 조약을 체결한 이상 양이를 받아들여서는 안 되며, 전쟁을 하면 외세는 단결해 함대를 파견할 것이고 일본은 패전을 면치 못할 것이 자명한 일이다. 조의에서는 양이를 무비 충실의 기회로 삼고 있고, 그것을 기화로 양이파는 세를 불려 요코하마나 나가사키의 외국인들을 공격할 구실로 삼고 있다. 어쩌면 이는 외세가 노리는 바이며, 국내 혼란으로 청국의 전철(태평천국의 난)을 밟게 될 것이다.'라는 논조였다.

히사미쓰는 이틀 후인 윤 8월 23일 교토를 떠나 9월 7일 가고시마에 도착하였다. 그는 떠나기 전 조정에 쌀 1만 석을 헌납하였는데, 이는 당시까지 제후가 조정에 어떤 금품도 제공하는 것이 허락되지 않던 시절이었다. 귀국 시 히사미쓰의 심정은 어떠했을까? 비록 조정이 다시금 양이파의 손에 들어가고 말아 참담한 심정은 이루 말할 수 없었겠지만, 아무도 상상하지 못했고 그 성공마저 담보할 수 없던 시절에 세상을 움직이려 나섰던 스스로에게 나름의 후한 점수를 주었을지도 모르겠다. 이제 막말 정국에 히사미쓰의 솔병상경이 남긴 또 다른 의미에 대해 언급하면서 이 장을 마무리하고자 한다. 히사미쓰의 솔병상경으로 관백, 의주, 무가전주 등으로 이루어진 조정회의는 근본적으로 흔들리기 시작하였다. 이에 불안을 느낀 하급 정신들은 조정의 권위를 되찾아 고양시키고, 히사미쓰가 주창한 황정복고를 진정으로 실현시키며 나아가 천황친정을 기획하면서 스스로의 발언권을 신장시키는 계기로 삼았다. 또한 소위 개혁파 정신들은 무력으로 조의를 좌지우지할 수 있음을 히사미쓰의 솔병상경에서 배웠고, 이후 조슈와 도사의 강한 연대를 배후로 해 이들의 무력을 바탕으로 스스로 조의의 일원이 되기 위해 매진하였다.

이상을 정리해 보면, 조정에서 개혁파 하급 정신들에 의해 하극상의 풍조가 나타나고, 중앙 정국에서 교토소사대의 권위가 바닥에 떨어졌으며, 무대 밖의 인물이었던 요시노부를 새로이 끄집어내 일약 막말 정국의 히어로로 등장시키는 등, 막말사 흐름에 히사미쓰의 솔병상경이 미친 영향은 한마디로 충격 그 자체였다고 판단된다.

제7장

사쓰마와 조슈의 쟁투

히사미쓰의 솔병상경을 전후로 양이의 주체가 완벽하게 달라졌다. 1853년 페리의 내항 이전 막부의 외교 정책은 개국과 양이 사이를 왔다 갔다 하였지만, 내항 이후 막부는 국가의 미래를 염려하면서 개국의 입장을 고수하였고, 이에 동조한 것은 일부 번주(특히 히토쓰바시파 개명 번주들)에 불과하였다. 반면에 대부분의 지배층과 서민들은 개인적 수준에서 정서적 양이론에 머물러 있었다. 외국인을 살상하고 막부 최고위층에 위해를 가하며 결국 자신들의 의지를 관철하기 위해 교토에서 봉기를 주도하던 존왕양이 지사들 역시 이러한 정서적 수준의 양이라는 틀에서 크게 벗어나지 않았다.

공무합체와 국사주선이라는 측면에서 시도되었던 조슈의 항해원략책 역시 큰 틀에서 보면 개국론에 불과하였다. 하지만 개국론, 막정 참여, 막부 및 조정 개혁을 슬로건으로 한 히사미쓰의 국사주선이 예상 밖으로 성공을 거두자, 정국의 주도권을 빼앗긴 조슈는 양이론으로 완전히 돌아섰다. 이제 조슈 번은 존왕양이 과격파 지사는 물론 새로이 등장한 천황친정을 노리는 개혁파 정신들마저 포섭하면서, 일시에 중앙 정국을 양이의 세로 몰아갔다. 그리고 존왕양이론으로 무장한 하급 무사들이 번의 주도권을 완전히 장악한 도사 번이 이에 합류하면서, 이제 존왕양이론은 강력한 위세를 지닌 일부 번들의 정책이자 목표가 되고 말았다.

이러한 정국의 변화를 배경으로 조정 내 양이파는 잠정적 천황친재주의자인 이와쿠라 도모미를 좌막파(佐幕派)라 비난하면서, '근습(近習)'이라는 직분을 박탈하라고 천황에게 권고하였다. 이에 이와쿠라는 1862년 7월 24일 '근습'직을 사임하였다. 이어 8월 16일 산조 사네토미(三条実美)와 아네가코지 긴토모(姉小路公知) 등 13명의 급진적 젊은 공경들이 앞 장에서 언급한 '사간이빈(四姦二嬪)'의 탄핵도 주장하였는데, 결국 8월 20일 이들에게 칩거 처분 및 사관(辞官: 관위의 포기)과 출가(出家) 명령이 내려졌다. 이와쿠라 역시 이를 받아들이면서 조정을 떠났다.

조슈 번의 주도하에 양이파 일색으로 변한 와중에, 히사미쓰가 에도에서 귀경한 것이다. 자신에게 정치적 공간이 더 이상 주어지지 않을 것임을 직감한 히사미쓰는, 귀경 후 조정 개혁 건백서를 올린 후 교토를 떠나 가고시마로 향했다. 히사미쓰가 급히 교토를 떠난 데에는, 나마무기 사건에 대한 보상과 책임 추궁을 위해 영국의 군함이 직접 가고시마로 갈지 모른다는 막부의 정보가 한몫을 하였다. 교토 정국은 완전히 조슈의 세상이 되었다. 히사미쓰가 교토를 떠나기 직전인 윤 8월 18일, 천황은 공가들에게 양이에 관한 의견을 구하였는데, 군비 확충과 즉시 양이를 주장하는 일부 급진적 존왕양이 공경들을 제외하고는 별다른 의견이 없었다.

이에 조정에서는 막부에 칙사를 파견하자는 의견이 대두되었다. 조슈와 도사 번이 동의하고 사쓰마 번도 이에 동조하면서, 9월 21일 산조를 정사,

아네가코지를 부사로 하는 양이별칙사(攘夷別勅使: 양이 독촉 특별칙사) 파견이 조정회의에서 결정되었다. 실제로 히사미쓰가 떠난 이후 교토의 사쓰마 번사들 역시 과격 양이파로 채워져 있었다. 10월 11일에 출발한 칙사는 10월 27일에 에도에 도착하였지만, 쇼군 이에모치의 병환으로 칙서가 전달된 것은 11월 27일이었다. 이 칙서에는 막부에 양이를 재촉하고 조정에 친병을 설치하겠다는 요청 등이 담겨 있었다. 12월 5일 막부는 조정의 요구를 일부 제외하고는 대부분 수용하였으며, 친병 설치는 군사지휘권에 관련된 것이라 향후 쇼군의 교토 행차 때 협의하겠다고 밝혔다. 칙사는 에도를 떠나 교토로 돌아갔으니, 이때가 1862년 12월 23일이었다.

이번에는 칙사의 호위 임무가 도사 번 16대 번주 야마우치 도요노리(山內豊範)에게 맡겨졌다. 도요노리는 12대 번주의 아들로 13, 14대 번주가 된 형들이 일찍 죽자 후사를 이으려 하였으나 당시 나이 3세였다. 어쩔 수 없이 분가에서 번주가 된 인물이 바로 유지 다이묘로 유명한 15대 번주 야마우치 요도(혹은 야마우치 도요시게)였다. 그가 안세이 대옥으로 은거·근신 처분을 받자, 번주 자리는 자연스럽게 도요노리로 넘어갔다. 하지만 도요노리는 번을 장악하지 못했고, 도요시게의 심복으로 번정을 개혁하고 있던 요시다 도요(吉田東洋)는 다케치 한페이타[(武市半平太) 혹은 다케치 즈이잔(武市瑞山)]가 주도하던 양이 세력인 도사근왕당의 모반으로 척살되었다. 이제 도사 번에서 양이파 세력의 위세는 절정에 다다랐고, 도사근왕당의 책임자였던 다케치는 상급 무사로 승격하였다.

도사근왕당은 에도에 있는 전 번주 야마우치 요도의 의중이 '양이'라고 판단하고는 도요노리의 호위단에 참가하면서 교토로 향했다. 이를 계기로 도사 출신 양이 지사들이 교토의 존왕양이 운동에 본격적으로 참여하게 되었지만, 도사근왕당 일원이었던 사카모토 료마는 이 호위단에 참여하지 않았다. 상급 무사 자격으로 번주 일행을 교토까지 수행한 다케치는 다시 에도행 수행단의 일원이 되어 부사 아네가코지를 호위하는 임무를 맡았다. 1년 전만 해도 하급 무사에 불과하였던 그가 이제 가마를 타는 신분으로 바뀌었다. 그는 아내에게 보낸 편지에 당시의 감격을 이와 같이 전했다.

> 에도에 도착하면 나는 성에 들어가 쇼군을 알현하고 공물을 헌상하게 된다오. 쇼군께서는 답례로 의복을 하사하실 것이오. 그야말로 놀랄 만한 일이 아니겠소? … 내가 어디를 가든 이자들(자신의 수행원)이 나를 따른다오, 마치 꿈만 같소.

뭐 이 정도의 인식이었다. '양이'니 '존왕'이니 부르짖었지만 당시 양이파 지사들의 대표적 단체인 도사근왕당 책임자의 인식이 이 정도 수준이었으니, 다른 양이파 지사의 수준이야 미루어 짐작할 수 있다. 당시 지사라는 젊은이들은 그저 막부의 우유부단한 대응에 불만을 품은, 외세의 압박에 감정적으로 반항하는, 양이라는 민족주의 정서에 부화뇌동하는, 어찌 보면 순수한, 또 다른 측면에서 보면 무모하기 짝이 없는 과격주의 행동파에 불과하였다고 볼 수 있다.

막부의 국시 논쟁과 히사미쓰의 교토수호직 취임

앞 장에서 언급하였듯이, 히사미쓰가 에도를 떠난 직후인 1862년 9월 7

일에 쇼군의 내년 2월 상락이 포고되었고, 9월 16일에는 일시는 확정되지 않았지만 쇼군 상락의 선발대로서 히토쓰바시 요시노부의 상경이 결정되었다. 막부는 가즈노미야 강가를 요구하면서 천황에게 양이를 약속한 바 있지만, 공식적으로는 개국의 당사자로서 개국에 찬성하는 입장인 동시에 현실적으로 양이 실현이 불가능하다는 사실을 너무나도 잘 알고 있었다. 따라서 먼저 입경할 예정인 요시노부에게 조정에 개국을 건의하도록 할 계획이었다. 그러나 조슈와 정치적 연을 맺고 있던 슌가쿠가 이전과 달리 파약양이를 주장하면서, 막부의 외교 노선은 혼돈에 빠지고 말았다. 게다가 양이 별칙사가 조만간 올 것이라는 소식이 전해지자, 막부로서는 이제 '개국이냐 양이냐' 하는 국시를 결정해야 할 중요한 시점에 이르렀다. 슌가쿠의 논리를 정리하자면, 우선 조약을 파기한 후 전국 다이묘들이 모여 회의를 하고, 이후 거국일치로 개항을 결정하자는 것이었다. 즉 공론에 의한 자주적 개국을 하자는 논리였다.

막부 고위직들의 반대도 있었지만, 결국 막부는 9월 30일 슌가쿠의 파약양이론을 받아들이는 방향으로 결정하였다. 하지만 쇼군후견직인 요시노부는 슌가쿠의 양이론에 결단코 반대하였다. 그는 비록 이 조약이 불리하다고 하더라고 정부와 정부 간의 약속이기에 지켜야 하고, 조약을 파기할 경우 전쟁이라도 난다면 패배는 피할 수 없으며, 전국 다이묘를 모아 회의를 해 현명치 못한 정책이 결정된다면 이를 수습할 방도가 없다고 주장하였다. 막부 고위층은 요시노부의 주장에 손을 들어 주면서, 다음 날인 10월 1일 요시노부의 상경과 개국 상주(조정에 개국을 건의)를 결정하였다.

일단 요시노부의 개국론에 동의한 슌가쿠는, 만약 조정이 개국을 받아들이지 않는다면 정권반납(대정봉환)을 각오해야 한다고 주장하였다. 이에 대해 요시노부는 별다른 대답을 내놓지 않았다. 이 시기에 또 한 가지 문제가 대두되었다. 윤 8월 1일 양이별칙사로 파견될 예정이었던 산조 사네토미가 교토수호직에 임명된 아이즈 번주 마쓰다이라 가타모리(松平容保)에게, 막부의 칙사 대우에 관한 예우의 개정을 요구하는 조정의 명령을 전달하였다. 이 소식을 전해 들은 요시노부는, 대우 개정 자체에는 찬성하지만 조정이 막부에 명령하는 것은 막부의 체면을 무시하는 것이라는 의견을 냈다. 정권반납에 대해서도, 대우 개정에 대해서도 요시노부는 분명한 대답을 내놓지 못했고, 대우 개정에는 노중 이타쿠라도 반대하였다. 요시노부의 개국론이 지닌 모호함과 칙사 대우 개정에 관한 막부의 대응에 불만을 품은 슌가쿠가, 이번에는 정사총재직 사표를 제출하고 등성을 거부하였다. 결국 이에 굴복한 막부는, 10월 20일 개국 상주에서 양이 봉칙(奉勅)으로 또다시 국시를 변경하고 말았다.

요시노부는 자신의 지론은 개국이며 어쩔 수 없이 양이의 봉칙에 찬성하지만, 그 실행에 자신은 방책이 없기에 쇼군후견직을 사임한다고 발표하였다. 이러한 논란 끝에 마침내 막부의 외교 노선은 슌가쿠의 파약양이론으로 결정되었다. 막부는 조정의 양이 노선을 받아들이며 그 방책은 중의를 거쳐 쇼군의 상락 때 회답하겠다는 답변을 산조 양이별칙사에게 전했다. 이때가 1862년 12월 5일이었고, 이즈음 교토에서는 사쓰마 번이 관백 고노에를 통해 공무합체파의 세를 불리고 있다는 소문이 에도에 전해졌다. 이 소식을 전해 들은 칙사 일행은 자신들의 임무가 완수되었음을 확인하고는 급히 교토로 귀환하였다.

한편, 교토에서는 또 다른 일이 벌어지고 있었다. 히사미쓰가 교토를 떠난 지 한 달이 조금 지난 9월 말, 히사미쓰의 상경을 요청하는 천황의 서한

이 관백 고노에에게 내려졌다. 조슈·도사 양 번 지사들의 국사주선은 큰 행운이지만 각자 생각한 바가 다른 것 같고, 곧 요시노부가 입경할 예정인데 이때 문의할 바도 있으니 급히 상경해 달라는 취지였다. 10월 1일자 고노에의 편지가 10월 16일 가고시마에 도착하였다. 이 편지와 함께 교토수호직에 히사미쓰를 임명하겠다는 천황의 의사가 구두로 전해졌다. 물론 히사미쓰의 교토수호직 임명이 전적으로 천황의 뜻이라 볼 수는 없다. 교토수호직 임명 시도가 히사미쓰의 명령에 의한 것인지는 확인할 수 없지만, 교토 사쓰마 번사들의 공작과 공무합체파 공경인 나카가와노미야(中川宮), 의주 오기마치산조 사네나루(正親町三条実愛)와 무가전주 나카야마 다다야스(中山忠能)의 협력하에 교토 정국의 재탈환을 목표로 이루어진 것이라고 봄이 타당할 것이다.

11월 12일 조정은 히사미쓰의 교토수호직 임명을 막부에 요청하였다. 이에 조정의 일부 공경과 조슈·도사 양 번은 격하게 반발하였고, 기존의 교토수호직을 맡고 있던 마쓰다이라 가타모리도 반대하였다. 조정 측에서는 가타모리가 아직 교토에 오지 않은 상태이며, 2명의 수호직이 교대로 그 직을 수행해도 무방하다고 판단하였다. 조정의 명령에 히사미쓰의 수락 답신이 전해진 것은 12월 20일이며, 오쿠보가 이 답신을 관백 고노에에게 전했다. 한편, 조정의 명령을 받은 막부는 설왕설래 끝에 그의 취임을 승낙하였고, 이를 12월 5일 에도 성에 입성한 양이별칙사 산조 사네토미에게 히사미쓰의 취임을 수락하는 공식적인 의사표시를 하였다.

하지만 막부는 히사미쓰의 취임에 반대하는 자들을 우선 무마하기 위해, 쇼군이 상락할 때까지 취임을 연기하는 쪽으로 결정하였다. 막부가 이처럼 히사미쓰의 취임을 수락한 데는 여러 가지 이유가 있겠지만, 무엇보다도 곧 있을 쇼군의 상락에 대비해 조정의 정보가 필요하였던 것이다. 사임한 교토 소사대 사카이의 후임인 마키노 다다유키(牧野忠恭)가 교토에 부임한 것은 8월 24일이고, 교토수호직 가타모리 역시 아직 부임하지 않은 상태이며, 현 관백인 고노에뿐만 아니라 다수의 공무합체파 공경과 끈끈한 관계를 유지하고 있던 히사미쓰가 막부 측으로는 반드시 필요한 존재였다.

게다가 슌가쿠뿐만 아니라 슌가쿠의 부탁을 받은 도사 전 번주 야마우치 요도 역시 히사미쓰의 상경을 요청하는 편지를 보냈다. 여기에는 극단적인 파약양이론에 반대하고 있던 요시노부, 슌가쿠, 요도, 히사미쓰가 함께 모여, 쇼군 상락 전에 국시에 관해 논의해 기본 방침을 정하자는 또 다른 이유도 있었다. 정리하자면, 국시 결정에는 당연히 조정의 동의가 필요하였고, 조정 수뇌부와 긴밀한 연계를 가진 히사미쓰의 도움이 절실하였던 것이다. 이제 히사미쓰는 정국의 일개 조연이 아니라, 막부와 조정의 중대사에 없어서는 안 되는 인물로 부상하였다. 그러나 히사미쓰는 번내 여러 사정으로 쉽게 움직일 수 없었고, 결국 교토수호직 취임은 유야무야로 끝나고 말았다.

막부의 교토 대책과
급진파 존왕양이 정신들의 득세

1862년 말 막부는 이듬해 쇼군의 상락에 대비해, 번론을 양이로 바꾼 조슈, 새로이 등장한 급진파 존왕양이 정신 그리고 여전히 그 위세를 떨치고 있는 과격파 존왕양이 지사 등 교토의 급진 과격파를 대응하기 위한 대책에 몰두하였다. 당시 프랑스 군함이 오사카만으로 들어와 교토에 조약 칙허를 요구할 것이라는 풍문이 막부로 전해지자, 막부는 이를 이용해 교토를 제압할 구상을 하였다. 즉 교토수호직을 맡은 아이즈 번과 막신 하타모토로 이루어진 병력을 보내 긴기(近畿) 지역 제후들과 연합해 방어를 공고히 하고, 요시노부가 1차 대군을 이끌고 상경한 후 마지막으로 쇼군이 상락하여 직접 교토를 수호한다는 계획이었다.

11월 28일 요시노부가 슌가쿠를 방문해 이 같은 자신의 안을 제시하였지만, 슌가쿠는 즉답을 피했다. 사실 슌가쿠에게는 다른 계획이 있었기 때문이다. 막부 전제(專制)를 기본으로 하는 요시노부와는 달리, 슌가쿠는 어디까지나 공무합체와 웅번연합이 자신의 국정 운영 기조였다. 요시노부와 만난 다음 날인 11월 29일 슌가쿠는 막부에 다음과 같은 공무합체파 연합책을 제안하였다.

1. 조슈·도사 양 번에 기피되고 있는 공무합체파 사쓰마 국부 시마즈 히사미쓰의 상경.
2. 공무합체파 다이묘 마쓰다이라 슌가쿠(전 에치젠 번주이나 현 정사총재직)와 야마우치 요도(전 도사 번주)의 상경.
3. 조정의 공무합체파인 고노에 관백과 나카가와노미야와의 연대.

이에 대해 막부도 요시노부도 찬성하였고, 막부는 히사미쓰에게 상경을 요청하였다. 이로써 막부의 교토 무력 제압 정책은 폐기되었다.

12월 들어 슌가쿠와 요도의 상경 요청 서한을 받은 히사미쓰는 답신에서, 자신의 상경은 받아들이지만 그 대신 번주 다다요시(忠義)의 참근교대를 연기해 줄 것을 요청함과 동시에 쇼군 상락에 대해서는 반대한다는 입장을 밝혔다. 국시를 확정하지 않은 채 쇼군이 상락하여 존왕양이 급진파의 폭론에 노출된다면 난처한 일이라는 것이 반대하는 이유였다. 따라서 자신과 슌가쿠, 요도가 먼저 상경하여 교토의 정세를 회복시키는 것이 우선이라는 논리였다. 이 답신이 슌가쿠에게 전해진 것은 12월 28인데, 히사미쓰는 그사이에 오쿠보 등을 보내 조정 공작을 개시하였다.

오쿠보가 가고시마를 떠난 것은 12월 9일이며 20일 교토에 도착해서는 쇼군 상락의 연기를 위한 건백서를 관백 고노에 다다히로와 나카가와노미야에게 제출하였다. 건백서의 내용도 슌가쿠와 요도에게 보낸 답신과 대동소이한데, 교토수호직에 대해 사의를 표명하였고, 나마무기 사건이 아직 해결되지 않아 해방에 힘써야 하므로 상경이 어렵다는 점도 추가되었다. 하지만 건백서의 주안점은 바로 쇼군 상락의 연기였다. 양이 독촉의 칙지에 답해 쇼군이 상락한다면 결국 양이 실행을 약속할 수밖에 없기에, 지금은 쇼군이 상락해서는 안 되며 요시노부나 슌가쿠가 쇼군 대신에 칙명을 받아야 한다는 것이 히사미쓰의 판단이었다. 고노에와 나카가와노미야 그리고 오기마치산조와 나카야마 양경 역시 히사미쓰의 견해에 동의하였다.

그러나 이 시점에서 유의해야 할 사항은 양이별칙사 산조 사네토미 일행이 12월 23일 교토에 도착하였고, 그들이 받아 온 쇼군 이에모치의 봉답서(양이 칙지 존봉과 상락)의 내용을 히사미쓰도 오쿠보도 몰랐다는 사실이다. 게다가 조정 내 반양이파 공경들이 히사미쓰의 쇼군 상락 연기 건을 가지고 조슈 번을 설득하기란 불가능하였다. 이에 오쿠보는 독자적으로 이 상황을 타개하기 위해 또 다른 공작에 나섰다. 슌가쿠와 요도가 1863년 1월 7일 에도를 떠나 상경할 계획임을 알고 있었기에, 우선 그들의 출발을 연기시켜야 하고, 쇼군 상락 연기의 칙명이 내려지는 것에 그들이 찬성한다면 그 후에 칙명을 내려도 되지 않겠느냐는 안이었다. 고노에가 이에 동의하였고, 이 내용을 담은 고노에의 밀서를 가지고 이번에는 막부 공작을 위해 에도로 향했다. 이때가 12월 25일이었고, 마쓰다이라 가타모리가 교토수호직으로 교토에 부임한 것은 이보다 하루 앞선 24일이었다.

해가 바뀌어 1863년 1월 3일 고노에의 밀서가 슌가쿠에게 전해졌고, 4일에는 슌가쿠와 요도로부터 동의를 얻었다. 슌가쿠는 미즈노 다다키요(水野忠精)와 이타쿠라 가쓰키요(板倉勝静) 양 노중에게서 동의를 얻은 후, 오쿠보 등에게 쇼군 상락 연기의 칙령을 얻기 위한 교토 공작을 의뢰하였다. 하지만 이번에도 막부의 결정이 뒤집어졌다. 이미 발표한 쇼군 상락을 무기한 연기하는 일은 막부의 체면에 손상을 입히는 것이라는 주장과 함께 막부의 분위기가 일시에 바뀌면서, 쇼군 상락 연기안은 폐기되었다. 또한 교토로부터 양이 강경론자들의 폭론이 극에 달했다는 소식을 들은 오쿠보는, 더 이상 막부 공작이 불가능하다는 판단에 자신의 안을 철회하고 말았다.

사실 교토의 양이 강경파 득세는 예견된 일이었다. 12월 9일 조정은 국사를 논의하는 기구인 국사어용괘(国事御用掛)를 설치하였는데, 여기에는 문벌이나 관위에 관계없이 29명의 공가를 임명하였다. 기존의 조의에는 관백, 우대신, 좌대신, 내대신, 의주, 무가전주, 권대납언 및 나카가와노미야가 참여하였지만, 이제 조의에 참여하는 정신의 범위가 확대되었다. 그 결과 국사어용괘에는 고노에 다다히로나 나카가와노미야와 같은 공무합체파도 포함되었지만, 오히려 조슈·도사 양 번의 지원을 받고 양이별칙사로 파견되었던 산조 사네토미와 아네가코지 긴토모가 이 조직을 주도하였다.

1월 9일 산조 사네토미가 의주에, 17일에는 조슈 번주 모리 다카치카(毛利慶親)가 참의(参議)에 임명되었다. 후자의 경우 막부의 의사를 묻지 않고 조정이 직접 무가를 서임(敍任)한 것은 금중법도(禁中法度: 조정에 관련된 법도)에 어긋나는 일인데, 당시 쇼군후견직인 요시노부가 교토에 머물던 시기임에도 불구하고 그에게조차 상담하지 않고 진행하였다. 그리고 1월 23일에는 고노에 다다히로가 관백직을 사임하였고, 그 후임으로 친조슈 성향의 다카쓰카사 스케히로(鷹司輔熙)가 관백에 취임하였다. 이어 오기마치산조와 나카야마 양경이 사임하면서, 이제 조정 내 유력 공무합체파는 나카가와 노미야만이 남게 되었다.

1863년 1월 1일 요시노부를 시작으로, 1월 13일에 노중격(老中格: 노중 대우)인 오가사와라 나가미치(小笠原長行), 1월 25일에는 야마우치 요도, 2월 4일에는 슌가쿠가 입경하였다. 하지만 교토는 이미 조슈 번과 과격파 존왕양이 지사 그리고 급진파 존왕양이 정신들 일색이었고, 천주(天誅)라는 이름으로 막부나 공무합체파에 가까운 정신들에 대한 암살이 계속되었다. 한편, 요시노부는 양이 실행 기일을 결정하라고 압박하는 급진파 존왕양이 정신과 과격파 존왕양이 지사들에게, 쇼군이 상락하면 결정하겠다고 계속해서 회피하고 있었다. 실제로 이들 급진 과격파는 쇼군이 상락하면 공무합체파가 득세할 것을 우려해, 미리 기한을 정해 놓으면 쇼군이 상락해서도 양이를 결행할 수밖에 없는 상황을 만들고자 기도하였던 것이다.

그러던 중 2월 11일에 조슈의 구사카 겐즈이(久坂玄瑞)를 비롯한 일부 과격파 지사들이 다카쓰카사 관백의 저택을 방문해, 쇼군 상락 전에 양이 기일을 정하고 언로를 확대해 인재를 폭넓게 등용하라고 요구하였다. 이에 동조해 급진파 정신 13명 역시 관백 저택을 방문해 구사카 등의 요구를 천황에게 보고하라고 압박을 가했다. 결국 조정은 산조 사네토미를 칙사로 삼아 요시노부의 숙소를 찾아가 양이 기일의 즉결을 요구하였다. 이에 요시노부는 급거 슌가쿠, 가타모리, 요도를 초치하여 칙사를 맞았고, 마침내 쇼군의에도 귀환 후 20일까지라는 실행 불가능한 양이 기한을 정하고 말았다.

이어 2월 13일에는 국사어용괘를 엄선해 달라는 구사카의 건백에 기초해, 국사참정직(国事参政職) 4인과 국사기인직(国事寄人職) 10명이 새롭게 조정에 설치되었다. 여기에는 산조 사네토미와 아네가코지 긴토모를 비롯해 총 14명 중 13명의 급진파 존왕양이 정신들로 채워졌다. 또한 20일에는 인재 등용에 대한 건백에 대응해, 비천한 신분이라도 학습원(学習院: 공가들의 학당)에 나와 국사에 관해 건백할 수 있도록 허가하였다. 이제 조정에서는 급진파 존왕양이 정신들의 영향력은 높아졌고 다수를 차지하였기에, 천황이라 할지라도 조의의 결정을 뒤집는 것은 곤란해졌다.

공무합체파의 좌절과 조슈의 독주

앞서 개국·양이 논의에서 이견을 보였던 슌가쿠와 요시노부는 쇼군 상락에 즈음하여 이번에는 대정위임이냐 정권반납이냐를 놓고 다시 격돌하였다. 슌가쿠는 작금의 상황(조정이 양이 기한의 설정을 요구하고, 막부는 신속하게 실행하는 것이 불가능함에도 반론할 수 없고, 게다가 조정의 비호로 과격파 존왕양이 지사들을 처리할 수 없다는 사실 등등)은 모두 정령이 막부와 조정 두 곳에서 나오기 때문으로 파악하였다. 따라서 이를 해결하기 위해서는 쇼군직을 사임하고 정권을 반납하는 길뿐이라 판단하여, 3월 4일 교토에 도착한 쇼군에게 자신의 의견서를 제출하였다. 한편, 요시노부는 이 상황을 타개하기 위해서는 천황으로부터 대정위임을 재확인하는 것이 보다 나은 방책이라 판단하였다.

3월 7일 쇼군 이에모치는 요시노부와 함께 천황을 알현하고는, 서정위임(庶政委任) 요청서를 제출하였다. 이에 관백에게서 받은 사태서에는 서정 전부를 막부에 위임한다는 내용이 아니라, 정이대장군(征夷大将軍)으로서의 임무(내정 관리)는 위임하지만 국사에 대해서는 조정이 직접 제 번에 분부를 내릴 수도 있다는 것이었다. 막부로서는 혹을 떼려다가 오히려 혹을 붙인 꼴이 되었다. 도쿠가와 막부의 출발을 생각해 보면 처음부터 천황이 막부에 대정을 위임한 것이 아니라 단지 상호 묵계 속에 그 위임이 인정되어 왔던 것이다. 따라서 단지 정령 일치를 실현하기 위해 새롭게 대정위임의 칙을 받으려는 막부의 공작은 오히려 역효과를 내고 말았다. 결과론적으로 말하자면, 쇼군의 상락으로 파약양이가 국시로 확정되었고, 막부의 권능은 서정을 총괄한다는 기존의 관례에서 벗어나 단지 양이를 실행하는 쪽으로 위축되고 만 것이다.

슌가쿠는 자신의 의견이 받아들여지지 않은 것에 반발해, 3월 9일 정사총재직의 사표를 제출하였다. 15일 노중 이타쿠라 가쓰키요를 불러 다시금 자신의 의견을 피력하였지만 아무런 효력이 없자, 21일에는 사표에 대한 허가를 받지 않은 채 교토를 떠나 귀국하기에 이르렀다. 이에 막부는 슌가쿠의 정사총재직을 파면하고, 슌가쿠에게는 핍색(逼塞: 문을 잠그고 낮에 출입하는 것을 금하는 형벌)을 내렸다. 슌가쿠가 사표를 제출하고 얼마 지나지 않은 3월 14일에 히사미쓰는 교토에 들어섰다. 이미 1월 14일 번주 다다요시의 참근 유예 소식이 교토 번저에 전해졌고, 16일에는 고노에 관백이 천황의 뜻을 받아 히사미쓰의 상경을 요구하였다. 물론 이때를 즈음해 고노에 부자, 나카가와노미야, 다카쓰카사 스케히로(1월 23일 사임한 고노에 관백 대신에 관백 취임), 요시노부로부터도 상경 요청 서한을 받았다.

당시는 나마무기 사건의 배상 문제로 영국 함대의 기습이 예상되던 터라, 히사미쓰로서는 상경을 주저할 수밖에 없는 처지였다. 하지만 교토의 사쓰마 번사에게서 교토 정세에 대한 보고는 계속해서 가고시마에 답지하였다. 즉 요시노부, 요도, 슌가쿠가 매일 모여 회의를 하였지만 별다른 수가 없고, 그들의 건백마저 조정이 받아들이지 않으며, 심지어 조정에서는 요시노부를 제외한 나머지에 대해 적대시하는 분위기였다. 공무합체, 양이 실행 신중파 정신들은 그 세를 잃었고, 과격파 존왕양이 지사들은 개혁급진파 정신을 매개로 폭론을 주창하고 있는 분위기였다. 그럼에도 불구하고 이 사태를 진압할 수 있는 인물은 히사미쓰뿐이라는 히사미쓰 대망론이 교토 정국의 한 축을 지배하고 있었다. 물론 과격파 존왕양이 지사들은 히사미쓰의 상경을 저지하기 위해 다양한 노력을 시도하기도 하였다.

히사미쓰는 700여 병력을 이끌고 나가사키에서 매입한 기선 하쿠호마루(白鳳丸)를 이용해 해로로 가고시마를 출발하였다(1863년 3월 4일, 이날은 공교롭게도 쇼군 이에모치가 교토에 도착한 날이다). 실로 두 번째 상경이었다. 그러나 이때는 파약양이가 교토 정국을 최고조로 지배하고 있던 시기로, 3월 11일에는 조슈의 공작 아래 천황의 가모샤(賀茂社) 행차가 있었다. 물론 천황의 양이 기원이 주목적인데, 여기에 쇼군 이하 막료와 제 번의 다이묘급들이 참가하였다. 히사미쓰가 교토에 도착한 것은 3월 14일이며, 도착하자마자 고노에 저택으로 가서 14개 조에 달하는 건백서를 제출하였다. 당시 고노에 저택에는 고노에 부자뿐만 아니라 다카쓰카사 관백, 나카가와노미야, 요시노부, 요도 등도 히사미쓰의 도착을 기다리고 있었으니, 중앙 정국에서 히사미쓰의 정치력에 기대하는 바가 얼마나 컸던가를 미루어 짐작할 수 있다.

건백의 내용은 대략 다음과 같다. 양의 결의를 경솔하게 해서는 안 되고, 부랑 번사들의 폭설을 신뢰해서는 안 되며, 이들을 신뢰하는 공가들을 조의에서 퇴출해야 한다. 또한 막부는 이들에 대해 적절한 조치를 해야 하며, 나카가와노미야를 조의에 복귀시키고, 1월에 사직한 전 관백 고노에 다다히로, 오기마치산조와 나카야마 전 양경을 원대복귀시키며, 쇼군에 대정을 위임하고, 조정이 상경을 명한 다이묘나 교토의 치안을 담당하는 다이묘를 제외한 모든 다이묘와 가신들은 자국으로 복귀해야 한다는 것이었다. 이는 히사미쓰가 지난해 처음 상경해 고노에 다다히로에게 제출한 건백과 일치하는 것으로, 히사미쓰의 지론이라 할 수 있다. 하지만 자신의 건백에 대해 막부도 조정도, 심지어 공무합체파 다이묘나 정신들마저도 별다른 반응을 보이지 않자, 교토 체류 5일 만인 18일 오사카로 되돌아갔고 20일에는 가고시마로 발길을 돌렸다.

히사미쓰에 이어 21일에는 슌가쿠가, 이어 26일에는 요도가, 27일에는 전 우와지마(宇和島) 번주 다테 무네나리(伊達宗城)가 교토를 떠나면서, 3월 말에 이르면 공무합체파 다이묘는 한 사람도 남지 않게 되었다. 히사미쓰를 비롯해 공무합체파 다이묘들의 실망은 이만저만이 아니었다. 게다가 고노에 전 관백이 내람직(內覧職)마저 사직하였고, 받아들여지지는 않았지만 나카가와노미야 역시 국사부조직(国事扶助職)의 사임서를 제출하였다. 결국 쇼군 상락과 함께 세력의 만회를 위해 슌가쿠가 구상하였던 공무합체파 연합 계획은 완전히 좌절되고 말았다. 이제 교토는 조슈의 독무대였다.

앞서 3월 11일 가모샤 행차에 이어, 4월 11일에도 양이 기원을 위한 이와시미즈샤(石清水社) 행차가 진행되었다. 이 행차에 소극적이었던 천황은 건강상의 이유로 연기를 요청하였으나, 국사참정 산조 사네토미의 강력한 반대로 무산되었다. 이 행차를 수행하라는 명령을 받은 쇼군은 칭병하며 빠졌는데, 쇼군 대신 요시노부가 천황을 수행하였으니, 막부의 위신은 또다시 추락하고 말았다. 한편, 4월 23일로 파약양이 기일을 약속하였지만 이를 지킬 뜻이 없었던 막부는, 기일이 촉박해지자 어쨌든 쇼군이 교토를 벗어나야 한다고 판단하였다. 4월 18일 막부는 쇼군의 오사카만 순시와 쇄항양이(鎖港攘夷)를 위한 요시노부의 에도행을 조정에 상신하였다. 그러나 조정은 양이 기일을 확정하기 전에 요시노부의 에도행은 불가하며, 쇼군 역시 교토로 돌아와 보고하라고 명령하였다.

결국 4월 20일 막부는 조정에 파약양이 기일을 5월 10일로 약속하였고, 이를 모든 다이묘에게 포고하였다. 막부 포고문에는 외국선이 내습할 때 양이를 실행하라는 조건이 포함됨에 따라, 막부의 양이는 무차별 외국선 격퇴가 아니라 쇄항양이임을 밝혔다. 그럼에도 조슈는 양이 기일인 5월 10일이 되자 간몬(関門) 해협을 통과하던 미국 상선에 포격을 가했고, 23일에는 프랑스 군함, 26일에는 네덜란드 상선에 포격을 가했다. 불의에 포격당한 외국 선박은 급히 도주하였고, 조슈 번은 승리의 환호에 의기양양하였다. 조정은 칙사를 보내 조슈의 행위를 상찬하였는데, 이는 무모하고 과격한 양이 행동을 자제하라는 막부의 명령을 무시한 처사였다.

외국 측은 막부에 대한 엄중 항의와 함께, 6월 초순에 미국과 프랑스가 시모노세키로 군함을 파견해 보복 공격을 단행하였다. 이에 큰 피해를 입은 조슈는 근신 중이던 다카스기 신사쿠(高杉晋作)를 재기용하였고, 그는 당시 출신 및 계급을 불문한 새로운 군사 조직인 기헤이타이(奇兵隊)를 창설하였다. 하지만 기헤이타이가 조슈의 정규군이 되는 것은 1865년 이후의 일이

다. 그리고 조슈 번은 외국선 포격 당시 대안에 있던 고쿠라 번(小倉藩)이 응원하지 않았던 사실을 빌미로, 6월 18일 고쿠라 번을 침공해 다노우라(田ノ浦)에 포대를 건설하였다.

이 같은 과격 양이 실행과 때를 맞추어 이노우에 가오루(井上馨), 이토 히로부미(伊藤博文) 등 5명의 조슈 번사(소위 조슈 파이브)는 막명을 어기고 몰래 영국 상선을 타고 요코하마를 떠나 상하이를 거쳐 영국으로 향했다. 이들 유학에 조슈 번의 명령이나 영국의 배려가 없었다고 말한다면, 그것은 상식 밖의 일이다. 출발일이 5월 12일이라는 점에서 특히 양이에 대한 조슈의 극단적 이중 행태, 그리고 영국과의 밀무역 및 유착 관계를 심히 의심하지 않을 수 없는 대목임에 틀림없다.

나마무기 사건 배상금 문제와 쇼군의 귀환

이 시기를 즈음해 막부 최대의 외교 현안은, 히사미쓰가 에도에서 교토로 귀환하던 1862년 윤 8월에 일어난 나마무기 사건의 배상 문제였다. 1863년 2월 19일 영국공사는 요코하마에 함대를 파견해 막부에 사죄와 배상금 10만 파운드를 요구하였고, 뒤이어 함대를 직접 사쓰마로 파견해 범인의 체포와 참수 그리고 2만 5,000파운드의 배상을 요구하였다. 이때는 이미 쇼군이 상락을 위해 에도 성을 떠난 이후였다. 이 소식을 급보로 전해 들은 쇼군 수행 중의 노중들은 쇼군 상락 후 요시노부와 슌가쿠 등과 상의하겠지만, 우선 회답 기한에 대해 영국 측과 교섭하라고 막부 관료들에게 명령을 내렸다. 교섭 결과 영국공사는 지불 기한을 5월 3일로 하는 데 동의하였다.

한편, 이 문제를 처리하기 위해서는 쇼군의 에도 귀환[동귀(東帰)]이 절실하다며 수차례에 걸쳐 조정에 동귀를 요구하였으나, 그때마다 조정은 허락하지 않았다. 오히려 쇼군이 교토에 있으면서 교토와 근해를 수비하고, 오사카에서 나마무기 사건 배상의 거부 교섭을 실시하며, 쇼군 스스로 오사카만의 양이 전쟁을 지휘하라는 조명이 내려졌다. 결국 천황의 칙허를 얻지 못하자, 쇼군은 자신의 대리인으로 상락 수행 중이던 미토 번주 도쿠가와 요시아쓰(徳川慶篤: 히토쓰바시 요시노부의 장형)와 노중격(老中格)인 오가사와라 나가미치에게 동귀를 명령하였다. 이때가 3월 25일의 일이었다. 4월 11일 에도에 도착한 이들은, 에도에 체재 중인 다른 막각들과의 계속된 논의 끝에 4월 21일이 되어서야 배상하기로 결정하였다.

하지만 앞서 언급하였듯이, 4월 20일 교토의 막부는 5월 10일 양이 기한의 포고를 수락하는 대신, 쇼군의 퇴경(退京: 교토를 벗어남)과 요시노부의 동귀를 허락받았다. 요시노부는 4월 22일 에도로 출발하였고, 가는 길에 파약양이와 배상금 지불 거절을 지시하자 에도 막부는 대혼돈에 빠지고 말았다. 5월 3일 배상금 지불 기한이 되자 담당자인 오가사와라는 자신의 병을 이유로 지불 연기를 영국 측에 요청하였고, 이에 영국 측은 3일 유예를 줄 것이라 통보하고는 전쟁 준비를 개시하였다. 결국 8일 오가사와라는 직접 배편으로 요코하마로 가서는 나마무기 사건의 배상금을 지불하라고 명령을 내렸다.

오가사와라가 요코하마에 도착하기 직전 요시노부 역시 요코하마에 도착하였는데, 그는 다른 바쁜 일이 있다면서 곧 도착할 오가사와라를 만나지 않고 곧장 에도로 떠났다. 둘 사이에 어떤 묵계가 있었다고밖에 볼 수 없다. 실은 요시노부 역시 배상금 지불은 어쩔 수 없다고 생각하고 있었고, 교토에 있을 때도 다카쓰카사 관백과 나카가와노미야와도 그 점에서 합의를 본 바 있었다. 따라서 요시노부의 파약양이와 배상금 지불 거절의 지시는 단지 제스처에 불과하며, 교토를 떠나 16일간이나 천천히 여행한 것도 자신이 에도에 도착하기 전에 배상금 지불이 완료되기를 바랐기 때문이다.

요시노부는 5월 9일 등성해서 쇄항양이의 칙지를 전하고 교섭 개시를 지시하였지만, 5일 후인 14일 쇼군후견직 사표를 관백에게 제출하였고, 그 뜻을 막각에도 전했다. 제출된 사표 이유는, 노중들을 비롯해 에도 막부에는 파약·쇄항 양이에 동의하는 이가 거의 없어 칙지의 실행이 불가능하다는 점이었다. 이 당시만 해도 쇼군, 막각, 요시노부 모두 일체가 되어 양이 실행은 불가하며, 개국은 당연한 것으로 받아들이고 있던 시절이었다. 그러나 천황의 양이 성향과 과격파 존왕양이 지사, 조슈 번, 급진파 존왕양이 정신들에 편승한 조정의 극단적 세력화 때문에, 막부로서는 양이를 즉시 실행하겠다는 약속을 할 수밖에 없었던 것이다.

5월 19일 배상금을 지불하지 않을 수 없는 사정을 교토에 설명하라는 요시노부의 명을 받고, 오가사와라는 교토로 출발하였다. 그런데 오가사와라는 곧장 육로로 향하지 않고 요코하마에 머물다가 28일이 되어서야 교토로 출발하였다. 놀랍게도 그는 영국 군함을 빌려 보병과 기병으로 이루어진 1,600명의 병력을 이끌고 해로로 오사카를 향했다. 소위 오가사와라의 솔병상경이라는 대규모 군사행동이었다. 6월 1일 오가사와라는 오사카에 도착해 병력과 함께 상륙하였다. 이 소문이 전해지자 조정은 교토수호직 마쓰다이라 가타모리에게 상경 저지를 명령하였다. 그 외에도 조정 여러 곳에서 상경 저지 서한이 보내졌지만, 결국 6월 4일 쇼군이 직접 입경을 중지하라는 명령을 내리자, 오가사와라는 솔병 입경을 단념하였다.

요시노부–오가사와라(에도 막부)의 솔병상경 계획은 쇼군–가타모리(교토 막부)와의 상의 없이 진행되었기에 좌절되고 말았지만, 그 덕분에 발이 묵였던 쇼군은 동귀의 칙허를 받을 수 있었다. 쇼군의 동귀 허락에는 쇼군 측의 계속된 요구도 한몫하였을 것이다. 게다가 조정의 급진파로서는 막부가 교토에서 멀어지면 이제 막 무르익기 시작한 왕정복고의 분위기를 북돋우고, 또한 양이를 실행하지 않을 경우 천황친정의 구실을 마련할 수 있었기에 쇼군의 동귀에 동의하였을 수 있다. 물론 조정에서 쇼군의 동귀를 내정한 것은 5월 29일의 일이라, 오가사와라의 출병도 적지 않은 영향을 미쳤다고 볼 수 있다.

쇼군은 6월 9일 퇴경해서 오사카로 갔으며, 13일 해로로 오사카를 떠나 16일 에도에 도착할 수 있었다. 약 4개월간의 상락 여정이었다. 조정은 오가사와라의 행위(배상금 단독 처리와 솔병상경)에 대해 처벌하라는 명령을 내렸지만, 막부는 오가사와라의 행위에 동정적이라 7월 10일 에도로 돌아온 그에게 별다른 처분을 내리지 않았다. 오가사와라의 솔병상경의 이유에 관해서는 다양한 설이 있다. 무력을 과시해 양이의 조정을 일신하려 하였다는 설, 교토에 발이 묶인 쇼군을 구출하려 하였다는 설, 영불 양국의 협조 아래 급진 과격파를 타도하려는 쿠데타였다는 설 등 다양하지만, 오가사와라 스스로 밝힌 바가 없기에 분명한 것은 알 수 없다. 게다가 그와 내응한 공경이 불의의 화(다음에 언급할 아네가코지 긴토모의 암살)를 입자 계획에 차질을 빚었다는 설, 요시노부는 자신과 관련 없음을 주장하였지만 실은 함께 상경하기로 하였다는 설 등 다양하다. 하지만 이 모두 교토의 양이파를 무력으로 제압하려 한 에도 막부 강경파의 계획과 그 궤를 같이한 것으로 볼 수 있다.

이제 쇼군이 떠난 후 막부 측 중요 인사로는 교토수호직 가타모리만 남게 되었다. 쇼군이 떠난 직후인 6월 25일 가타모리에게 동귀의 칙명이 내려졌다. 겉으로는 쇼군의 귀부 후의 에도 정세를 시찰하고 양이 실현을 재촉하기 위함이라지만, 실은 가타모리를 퇴경시키고 이어 칙명으로 교토수호직에서 퇴임시키려 하였던 것이다. 그러나 천황은 퇴경 요구가 자신의 뜻이 아님을 전 관백 고노에를 통해 가타모리에게 전달하였다. 여기서 주목해야 할 점은 천황이 아무리 체질적으로 양이주의자라 할지라도, 어디까지나 공무일체의 사상을 지닌 보수적 군주였다. 그는 하급 정신들에 의해 자신의 뜻이 왜곡되는 것을 극도로 혐오하였기에, 쇼군의 체경을 희망하였다. 이후 천황은 이 문제를 스스로 해결하기 위해 조슈와 결탁한 급진파 존왕양이 정신들을 일소하라는 칙서를 사쓰마에 내렸던 것이다. 이것이 바로 8·18정변의 불씨가 되었다.

아네가코지 긴토모의 암살과 사쓰마 위기

아네가코지 긴토모의 암살 사건, 일반적으로 사쿠헤이 문 밖의 변(朔平門外の変)으로 칭해지는 이 사건은 단순한 암살극으로 치부할 수 없을 정도로 중대한 배경을 지녔으며, 정치적으로 활용된 중요 사건이었다. 이 사건으로 인해 사쓰마 번은 중앙 정국에서 일시적으로 실각하였고, 사쓰마와 정략적 제휴 관계에 있던 나카가와노미야 역시 이 사건에 연루되어 활동에 구속을 받았다. 이후 이 사건은 정국 추이에 극심한 영향을 미쳤고, 나아가 8·18정변의 원인이 되기도 하였다.

아네가코지는 1840년생으로 참변 당시 23세에 불과한 젊은 공경이었지만, 1858년 통상조약 칙허 저지, 1862년 사간이빈 배척 운동과 양이별칙사(부사, 정사는 산조 사네토미)에 참여하는 등 즉시파약양이 운동의 핵심적 인물이었다. 1862년 12월 국사어용괘의 일원으로 조의에 참여할 수 있었고, 의주 산조 사네토미와 연대해 관백 다카쓰카사 스케히로를 좌지우지하면서 위칙을 내리기도 하였다. 바로 그가 1863년 5월 20일 조의를 마치고 나오던 중 자객에게 암살되었다. 하지만 이 사건은 특이한 점이 한둘이 아니었다.

당시 교토에서 천주라는 이름으로 횡행하던 암살극은 주로 즉시파약양이파에 속하는 과격파 존왕양이 지사에 의해 자행되었다. 그 대상은 농민부터 공가의 여러 대부까지 다양하였으나, 당상관이 목표가 된 것은 이 사건이 유일하였다. 게다가 아네가코지는 즉시파약양이파의 수령이었기에 천주의 대상에서 가장 거리가 먼 인물이었다. 사쿠라다 문 밖의 변에서는 에도 막부가 그 대상이었다면, 그 정반대의 교토 조정이 이 사건의 무대가 되었고, 사건의 영향력으로 본다면 또 하나의 막말 최대 암살 사건으로 볼 수 있다.

사건 발생 다음 날인 5월 21일, 조정은 쇼군 이에모치와 교토수호직 가타모리에게, 그리고 그다음 날 교토에 있던 요네자와(米沢) 번주, 와카야마(和歌山) 번주, 이와쿠니(岩国) 번주 등에게 범인 색출을 명령하였고, 쇼군 역시 제 번에 같은 명령을 내렸다.

사실 범인 색출은 어렵지 않았다. 사건 현장에 범인이 버리고 간 칼에는 '오쿠이즈미노카미 다다시게(奥和泉守忠重)'라는 이름이 새겨져 있었는데, 이는 17세기 후반 사쓰마의 대표적인 검 제작 장인의 이름이었다. 이어 이 검이 사쓰마의 중신 시마즈 우치구라(島津内蔵)의 가신 다나카 신베에(田中

新兵衛)의 것임이 확인되었는데, 그는 뛰어난 검술과 무차별 살인으로 막말 4대 살인자 중 한 사람으로 불린 인물이었다. 다나카는 교토수호직 아이즈 번 군사들에게 체포되어 교토마치부교쇼[京都町奉行所: 당시 부교는 나가이 나오유키(永井尙志)였다]에 구금되었지만, 자결하고 말았다. 이에 진상 규명이 불가능해졌지만, 5월 28일 18개 번의 중신들이 회합한 결과 암살범은 다나카인 것으로 결론을 내고 사건을 종결지었다.

사실 다나카는 도사 번의 오카다 이조(岡田以蔵)와 더불어 대표적인 파약양이파 자객이었다. 그러므로 그가 파약양이파의 대표적 공경인 아네가코지를 암살하였다는 것은 상상할 수 없는 일이었기에, 사쓰마를 궁지로 몰아넣기 위해 살인자의 칼을 다나카의 칼과 바꾸어 놓았다는 풍문도 있었지만 이 역시 근거 박약한 풍문에 지나지 않았다. 사쓰마 번에 대한 혐의는 점점 깊어만 갔고, 마침내 5월 29일에는 어소의 이메이문(乾門) 경비를 맡고 있던 사쓰마가 그 직무에서 배제되었고, 사쓰마 번사들의 어소 9문 출입이 금지되었다.

사쓰마로서는 작년 솔병상경 이래 천황의 두터운 신뢰를 바탕으로 승승장구하면서 그토록 꿈꾸던 막정 참여의 길이 이제 눈앞에 온 것만 같았다. 그런데 이 우연한 사건으로 인해 그간 천황과의 신뢰 관계가 한꺼번에 무너졌고, 계속해서 사쓰마의 혐의가 사라지지 않는다면 조적(朝敵)의 딱지도 면치 못할 것이라는 절체절명의 위기감에 사로잡히게 되었다. 이를 해결하기 위해서는 히사미쓰가 직접 상경해 해명하는 길밖에 없다는 판단이 사쓰마 번사들로부터 가고시마에 전해졌고, 이에 대해서는 고노에 부자와 나카가와노미야도 마찬가지였다. 이 사건은 사쓰마의 명운과 관련된 것인 동시에, 그들 자신의 정치적 운명과도 직결되는 사건이었다. 이 사건으로 말미암아 그들 역시 등성이 금지되었기에, 히사미쓰의 상경을 재촉하는 서한을 가고시마로 보냈다. 그러나 당시 히사미쓰는 영국과의 긴장 관계가 최고조에 이른 상태라 솔병상경이 불가하였고, 히사미쓰의 사천왕마저 가고시마에 있었기에 오로지 교토 주재 사쓰마 번사들의 활약만을 기대할 뿐이었다.

한편, 파약양이파 공경들이 이 사건과 관련 있다는 풍문과 함께, 5월 28일 취조를 위해 어소로의 출입을 금지하는 명령이 내려졌다. 덕분에 사쓰마의 혐의가 가라앉으면서 6월 11일에 이르러 번사들의 9문 출입이 허락되었다. 이번에는 사쓰마와 깊이 연계된 나카가와노미야가 이 사건과 관련이 있다는 풍문이 번졌고, 이에 나카가와노미야는 스스로 양이의 선봉에 서겠다고 응수하면서 상황 타개를 시도하였다. 그러나 산조 사네토미가 이 사건에 나카가와노미야 역시 관련되었다고 주장하면서 6월 22일 그의 가신들을 억류하였는데, 산조의 행위는 정적(양이 실행 신중파) 제거가 그 목적일 가능성이 높았을 것으로 판단된다. 결국 나카가와노미야는 당분간 핍색(逼塞) 상태에 놓이게 되었다.

사쓰마, 나카가와노미야, 심지어 막부마저 이 사건에 관련되었다는 소문이 있었다. 하지만 이 소문만으로는 파약양이파 공경이 파약양이파 자객에게 살해되었다는 모순을 해소하기에는 어딘가 불완전하였다. 이들 소문에 또 한 가지 풍문이 더해졌으니, 바로 아네가코지 긴토모의 변절과 관련되어 파약양이파 공경이 사주하였다는 설이다. 앞서 언급하였듯이, 쇼군 이에모치는 4월 21일 오사카만 순시 명목으로 교토를 벗어나 오사카로 내려왔는데, 조정의 파약양이파 사이에서는 쇼군이 천황과의 약속을 지키지 않고 곧장 에도로 귀환하는 것이 아닌가 의심하였다. 이에 아네가코지는 23일 쇼군의 동태를 감시하기 위해 급진파 존왕양이 지사 120여 명과 함께 오사카로 내려갔다. 여기서 공교롭게도 당시 막부의 군함부교대리(軍艦奉行並)인 가쓰 가이슈(勝海舟)를 만났는데, 그로부터 세계정세와 해군의 필요성에 대해 들을 수 있었다. 그의 절절한 설득과 개인적 매력에 감동을 받은 아네가코지는 통상조약 허락 쪽으로 생각이 바뀌었다.

아네가코지가 교토로 귀환한 이후인 5월 5일, 막부는 무가전주로부터 오사카만 방어총독의 임명과 나가사키에 거함 제조를 위한 제철소 설치 명령을 받았는데, 이 명령에 아네가코지가 영향을 미쳤음은 자명한 일이었다. 또한 산조 사네토미 역시 태도 변화의 기미를 보이자, 양자가 막부의 뇌물에 농락당하였다는 소문이 공가와 과격파 존왕양이 지사 사이에 파다해졌다. 결국 이에 불안을 느낀 급진파 존왕양이 공가들이, 비교적 신분이 낮은 공가들을 배후로 하여 다나카 신베에를 포섭해 일으킨 사건이 바로 사쿠헤이 문 밖의 사건이란 결론에 도달하였다. 사실 사건 다음 날 산조 사네토미의 저택과 학습원에 산조 사네토미를 협박하는 대자보가 붙었다는 점이 이 같은 결론을 뒷받침해 주었다. 이 대자보는 양이 신중파, 특히 사쓰마 번에 모든 죄를 덮어씌우는 동시에 통상조약 용인 쪽으로 발을 디딘 산조 사네토미에 대한 경고의 의미를 담고 있었다.

사쓰에이 전쟁

1863년 5월 9일 막부가 나마무기 사건의 배상금 10만 파운드를 영국 대리공사 존 닐(John Neale)에게 지불하였음은 앞서 밝힌 바 있다. 하지만 사쓰마 번이 계속해서 영국의 교섭 요구에 응하지 않자, 존 닐은 직접 담판을 짓겠다는 각오로 7척의 군함을 이끌고 6월 22일 요코하마를 출발해 27일 가고시마만 인근에 도착하였다. 그렇다면 히사미쓰는 영국과의 전쟁을 회피할 생각은 없었을까? 우선 히사미쓰는 나마무기 사건의 잘못은 상대방에 있다고 확신하였기에, 그들의 범인 처형이나 배상금 지불 요구에 일절 응할 수 없었다. 게다가 당시는 양이가 칙령으로 내려져 있고 전국적으로 양이의 분위기가 팽배하던 상황이라, 설령 자신의 지론이 개국일지라도 그것을 관철하기에는 외적 상황뿐만 아니라 번내 보수주의자들의 반발도 만만치 않았다.

한편으로는 사쓰마가 1862년 11월부터 군제 개혁 작업을 실시하면서 구식 포가 장착된 해안포대를 나름대로 최선을 다해 구축하였다. 그 결과 사쓰마로서는 설령 영국 해군이 들이닥쳐도 충분히 해볼 만하다고 판단하였던 것이 또 다른 이유였다. 마지막으로 과연 영국 해군이 가고시마로 올 것인가 아닌가의 판단에서도 나름의 착오가 있었다. 사쓰마 번은 나가사키 주재 네덜란드인, 프랑스인, 미국인에게 영국 해군의 내습 여부를 탐문하였고, 그들 대부분은 그럴 가능성이 낮다고 판단하였다. 결국 무력으로 나마무기 사건의 해결과 보상을 원하는 영국과 주권 및 통치권 확립, 그리고 병제의 근대화에 대한 신뢰를 바탕으로 한 사쓰마와의 충돌은 불가피한 것이었다.

6월 27일 사쓰마는 총동원 체제에 들어갔고, 심지어 데라다야 사건 관계자들마저 근신에서 해제하였다. 28일 영국 함대는 가고시마만에 들어섰고, 이를 방문한 사쓰마 연락관에게 나마무기 사건 범인의 체포와 처형, 유족에 대한 보상금 2만 5,000파운드를 요구하였다. 물론 24시간 내에 답변하라는 요구도 빠뜨리지 않았다. 이에 연락관은 번주가 기리시마 온천에서 요양 중이라 기한 내 답변은 무리이니 6시간 연장을 요구하였다. 또한 범인 색출은 어렵고, 다이묘의 행렬에 관한 것을 조약에 포함시키지 않은 것은 막부의 잘못이니 막부의 입회하에 이 문제를 논의해야 하며, 보상금 논의는 당연히 그 뒤의 일이라 답변하였다. 게다가 다음 날 가고시마 성내에서 회담할 것을 요구하였다.

당일 영국 측은 이를 거절하면서 즉각 답변해 주길 요구하였는데, 사쓰마번은 나마무기 사건에 책임이 없다는 답변으로 영국 함대의 요구를 거부하였다. 한편, 사쓰마는 영국 함대에 대한 위장 기습 작전도 감행하였지만 별다른 성과 없이 끝나고 말았다. 이때 동원된 인물 중에는 나라하라 기자에몬(奈良原喜左衛門), 가이에다 노부요시(海江田信義), 구로다 기요타카(黑田清隆), 오야마 이와오(大山巖) 등이 있었는데, 나라하라와 가이에다는 나마무기 사건에 직접 관여한 인물들이었다. 그리고 일찍(1865년) 사망한 나라하라를 제외하고는 모두 막말과 메이지 신정부 초기에 사쓰마를 대표하는 군인 혹은 정치인으로 맹활약하였다.

7월 1일 존 닐은 자신들의 요구를 받아들이지 않는다면 무력행사를 하지 않을 수 없다고 통보하였고, 이에 사쓰마 역시 개전을 각오하였다. 히사미쓰와 번주 다다요시는 가고시마 성이 영국 함대 포함의 사정거리 안에 있다고 판단하고는 내륙 쪽으로 본영을 옮겼다. 7월 2일 영국 측은 교섭을 유리하게 전개하기 위해 사쓰마의 기선 3척을 나포하였고, 이때 고다이 도모아쓰(五代友厚)와 데라시마 무네노리(寺島宗則)가 포로로 구금되었다. 이들은 영국 측의 행위가 부당함을 호소하기 위해 일부러 하선하지 않았다. 사쓰마 측은 이를 계기로 7군데 포대에 발포 명령을 내렸다.

정오에 덴포산(天保山) 해안포대로부터 시작된 양측의 포격은 오후 8시경까지 계속되었다. 오후 3시경에는 사쓰마 측 포대에서 발사된 포탄 한 발이 기함 에우리알로스(HMS Euryalus: 3,125톤) 갑판에 떨어져 함장과 부함장이 즉사하였다. 다음 날 3일 오전, 영국 해군은 전날 전투에서 사망한 기함의 함장을 비롯해 11명을 가고시마만에 수장하였다. 이후 전열을 정비한 영국 함대는 시가지를 향해 맹폭을 가했고, 사쓰마의 포대도 최선을 다해 반격하였다. 그리고 4일 영국 함대는 탄약과 연료가 거의 소모되고 사상자도 많이 나옴에 따라 가고시마만에서 철수하였다. 그러고는 7월 11일 함대 전 군함이 요코하마로 귀환하였지만, 함대가 입은 손상은 거의 괴멸 수준이었다.

영국 측은 기함의 함장과 부함장의 전사를 비롯해 전사 13명, 전상 50명의 희생자가 발생하였다. 군함은 대파 1척, 중파 2척의 피해를 입었다. 사쓰마 측은 사망 5명, 부상자 13명 등 상대적으로 피해는 경미하였으나, 해안 포대는 거의 괴멸 수준이었고 집성관의 대포제작소를 비롯해 가고시마 성, 사찰, 민가 등 시가지 전체의 1할가량이 소실되었다. 특히 전년부터 이해 봄까지 사쓰마 번이 구입한 증기선 3척은 모두 소실되었는데, 그 가격이 무려 7만 5,000파운드에 달해 영국 측이 요구한 2만 5,000파운드의 3배에 달했다.

이 전쟁은 상호 오판에서 비롯된 것이지만, 오히려 전쟁 이후 강화회담을 거치면서 서로의 이해는 깊어졌다. 사쓰마 번은 다시 올지 모르는 영국 함대의 내습에 대비함은 물론, 이제 무모한 양이는 지양해야 한다는 목소리가 나오기 시작하였다. 그리고 영국과의 강화 교섭도 시작되어 수차례에 걸쳐 회담이 지속되었다. 10월 들어 사쓰마 번은 보상금 지급과 범인의 색출을 약속하였고 군함 구입의 희망을 전했는데, 이에 영국 측도 동의하였다. 당시 상경 중이던 히사미쓰의 허락을 얻어, 11월 1일 보상금 2만 5,000파운드를 지급하면서 원만하게 타결되었다. 보상금은 막부로부터 빌려 영국 측에 건넸지만 막부에는 반환하지 않았고, 범인 색출도 유야무야 상태로 종결되고 말았다. 비록 양측 모두 심대한 피해를 입었지만, 둘 사이에 이루어진 강화 교섭은 이후 양국 관계뿐만 아니라 막말 정국에 매우 큰 영향을 끼쳤음은 자명한 일이다.

교토 정국의 혼란과 히사미쓰 상경 요청

앞서 이야기하였듯이, 아네가코지는 가쓰 가이슈와의 대화를 통해 해군 창설, 식산흥업, 정한론이라는 국가 방위에 관련된 논리를 받아들이고, 지금까지의 무이념타불과 같은 극단적 양이론에서 통상조약 용인과 같은 점진적 양이론으로 전향하였다. 이를 감지한 즉시파약양이파 공경들이 최고위 지도자의 변심에 위기감을 느끼면서 일으킨 것이 바로 사쿠헤이 문 밖의 사건이었음을 밝힌 바 있다.

처음 조정에서는 사쓰마 번 관계자들의 혐의가 농후하다는 판단에 이들을 체포하였고, 또한 적대 세력의 중심인 사쓰마 번의 정치적 위세를 무너뜨리려는 계획하에 이 사건을 이용하였다. 게다가 나중에는 친사쓰마 성향의 조정 내 최고 실력자인 나카가와노미야에 대한 압력 수단으로도 이용하였다. 하지만 이 같은 정치 행위는 도리어 사쓰마 번과 나카가와노미야에게 위기감을 가져다주었고, 이는 이어 벌어질 막말 대반전 중의 하나인 8·18 정변의 도화선이 되었다.

사쓰마에서 영국 함대와의 전쟁이 벌어지던 시기를 전후로, 교토 정국 역시 쇼군 이에모치의 에도 귀환 이후 존왕양이 급진파의 부상으로 혼미를 거듭하고 있었다. 가장 과격한 주장은 쇼군이 떠나고 마치 쇼군의 대체 인물로 등장한 듯한 구루메 번(久留米藩) 신관 마키 이즈미(真木和泉)의 양이친정(攘夷親政), 다시 말해 토막론(討幕論)이었다. 마키 이즈미는 1862년 데라다야 사건으로 1년 이상 본국에서 유폐 생활을 하였지만, 조슈 번의 공작으로 5월 17일 칙명에 의해 사면을 받았다. 이후 6월 8일 교토에 들어서면서 마키는 다시 한번 교토 정국의 핵심으로 등장하였다.

그는 정치적 슬로건에 불과하였던 양이친정론을 보다 구체화하여 조슈 번에 제안하였고, 이는 조슈 번의 지원을 받던 급진파 존왕양이 공경들의 공감을 얻었으며, 이 제안은 나중에 대화친정행행론(大和親征行幸論)으로 발전하기에 이르렀다. 대화친정행행론에 대해서는 곧이어 자세히 다루겠지만, 우선 천황이 직접 신사를 찾아 양이친정을 천명하고, 이후 군의를 열어 자신이 공가와 무가를 이끌고 양이 선봉에 서겠다는 각오의 의지를 표명하는 것으로 대화친정행행론을 요약할 수 있을 것이다. 조슈 번을 포함한 존왕양이 과격파는 양이친정이 실현될 수 있도록 맹렬하게 운동을 전개하면서, 친정에 부정적인 공경[막부의 뇌물을 받고 양이위임(攘夷委任: 양이는 막부의 몫)을 주장하는 자도 포함]들에 천주를 가하겠다고 위협하였다. 이에 조정의 실세인 나카가와노미야마저도 친정이 이루어진다면 양이의 선봉에 서겠다고 공언할 정도였다.

7월 6일 조정 내 일부 강경파 공가들은 양이에 대한 막부의 의지 박약과 민심 이반을 이유로 들면서, 양이친정을 연명으로 건백하였다. 이어 7월 18일 이와쿠니(岩国: 1863년 2월부로 조슈 모리가의 분가로 승격) 영주 깃카와 쓰네마사(吉川経幹)가 조슈 번주 부자의 친서를 지니고 교토로 들어와, 교토 소재 조슈 중신들과 함께 다카쓰카사(鷹司) 관백의 저택을 찾아갔다. 친서의 내용은, 공가와 무가 모두에게 성스러운 장소인 이와시미즈하치만구(石清水八幡宮)로 천황이 직접 행차하여, 칙명으로 번들에서 근왕의 병사를 소집해 양이 전쟁을 직접 지휘해야 한다는 내용이었다.

여기까지는 천황의 상징적 행위를 통해 거국일치 체제를 이루어 양이에 매진하자는 건의로 볼 수 있다. 하지만 뒤이은 친서에서는, 양이에 회의적인 막리나 제후를 교토로 소환하여 재삼 양이친정에 동참하도록 권유하지만, 이에 불응할 경우 칙명으로 천주를 내리라는 것이었다. 이는 양이친정에 모두 동의하지 않는다면 조슈 혼자서라도 추진할 것이라는 언설이지만, 5월 10일 양이 포격 이후 자신들이 공격을 받을 때 주변 번들(특히 고쿠라번)이 수수방관하였다는 데 대한 불만과 고립감이 묻어 있었다. 이에 조정에서는 신중론과 반대론이 격렬하게 대립하였고, 결론에 도달하지 못하고 있었다.

비록 양이주의자이지만 그것은 어디까지나 공무일화를 통해 이루어지길 바랐던 천황은, 친정을 주장하는 존왕양이 급진파를 견제하고자 7월 12일 칙령으로 히사미쓰의 상경을 직접 명령하였다. 사실 히사미쓰 상경 요청은 그의 두 번째 상경(1863년 3월 14~18일 교토 체류) 직후 겨우 두 달이 지난 5월 20일자 편지에서부터 나타난다. 이 편지는 사쓰마의 교토 파견 번사인 혼다 지카오(本田親雄)가 본국의 나카야마 주자에몬(中山中左衛門: 측역)과 오쿠보 도시미치(측역 겸 어소납호)에게 보낸 것이다. 이 편지에서는 파약양이 기일이 5월 10일로 확정되었지만 별다른 구체적 논의가 없는 조정의 상황을 보고하면서, 궁정에서의 나카가와노미야와 관백 다카쓰카사 스케히로 사이의 대화를 언급하였다. 즉 다카쓰카사가 히사미쓰의 상경에 대해 이야기하자, 나카가와노미야는 조정의 상경 명령만으로는 히사미쓰가 응하지 않을 것이라는 의견을 피력하였다고 전했다.

5월 26일자 고노에 부자의 편지도 히사미쓰에게 전해졌는데, 여기서는 산조 사네토미 등의 폭렬 당상들로 인한 조정의 혼란과 질서 파괴의 위기감을 전하면서, 이들을 제압하기 위한 히사미쓰의 상경을 기대한다는 내용이었다. 마침내 6월 9일 혼다가 직접 가져온 편지에는 5월 30일자 고노에 다다히로의 편지와 나카가와노미야의 첨서, 그리고 히사미쓰의 상경을 요청하는 천황의 내칙이 들어 있었다. 하지만 이에 대해 오쿠보는, 폭렬 당상들을 제압하고 조의의 방향을 전환하기 위해서는 조정 내에 의욕적인 협력 세력이 있어야 하는데 아직 시기상조라 지난 3월의 실수를 되풀이할 수 없다고 주장하였다. 이후에도 교토로부터 비슷한 내용의 정보가 계속해서 가고시마로 들어오고 있었다.

한편, 히사미쓰에게 칙령이 내려진 시점에는 조정에서 참모로 임명되어 6월 말에 입경한 이후 조정에 자문을 하던 일단의 제후들이 있었다. 이들은 쇄항양이파이지만 막부의 골간을 흔드는 친정에는 반대하는 무리로, 이나바(因幡) 번주 이케다 요시노리(池田慶徳), 히젠(肥前) 번주 이케다 모치마사(池田茂政), 요네자와(米沢) 번주 우에스기 나리노리(上杉斉憲), 아와(阿波) 번 세자 하치스카 모치아키(蜂須賀茂韶) 등 4명의 제후들인데 대표자 격은 당연히 이케다 요시노리였다. 이케다 요시노리는 미토 번 9대 번주 도쿠가와 나리아키의 5남으로 히토쓰바시 요시노부의 이복형인 동시에, 나리아키의 여동생을 어머니로 하는 다카쓰카사 관백이나 니조(二条) 우대신과는 사촌간이다. 물론 나머지도 도쿠가와가의 방계이거나 공경들과 인척 관계인 인물들이었다.

친정에 신중한 태도를 보이던 이케다 요시노리는 교토에 친정론이 대두되고 있음을 요시노부에게 알리고 막부의 양이 단행을 촉구하는 동시에, 7월 14일에는 조정에 친정 포고를 연기하라는 건백을 하였다. 하지만 친정 반대파와 히사미쓰 상경파 공경에게 천주의 위협은 계속되었고, 결국 7월 16일 조의에서는 히사미쓰의 상경 명령을 철회하고 말았다. 실제로 상경 명령을 받은 히사미쓰 역시 사쓰에이 전쟁 직후라 이에 응할 입장이 아니었다. 히사미쓰는 작금의 상황이 자신이 솔병상경을 해야 할 정도로 긴급하지 않다고 판단하였으며, 또한 친정의 주체는 천황이고, 설령 과격파 공경들의 압력에 어쩔 수 없이 동조할 수밖에 없다면 그러한 천황의 칙서만 믿고 상경하는 것은 난센스라 해석하였다. 게다가 당시 교토에는 이해 3월 두 번째 상경 때와는 달리 자신을 지지해 줄 제후들이 없다는 점도 크게 작용하였다.

8·18정변

7월 12일 조슈 번 가로 마스다 단조(益田弾正)가 1,100명가량의 병력을 이끌고 교토에 정착하였다. 이에 힘입어 7월 18일에는 조슈 번이 번론으로서 양이친정을 건백하고 조정에 결단을 촉구하였다. 그러나 앞서 언급한 4명의 재경 유력 제후들이 인척 관계에 있는 조정의 반친정 공경들과 제휴하면서 강력한 반친정 세력을 규합하였으며, 조의 참여도 가능해졌다. 이즈음 조슈 번이 고쿠라 번 해안을 점령하고 포대를 설치한 것을 두고 막부 문책단이 파견되었는데, 이에 조슈가 문책단 함정을 나포하고 대표를 연금한 것은 7월 23일에 벌어진 일이었다. 이는 당시 조슈 번의 고립감을 반영한 것으로 볼 수 있다.

이와는 달리 조슈 번은 마키 이즈미와 함께 상황을 타개하기 위해 새로운 길을 모색하기 시작하였다. 마키는 7월 26, 27, 29일 계속해서 나카가와노미야에게 찾아가 양이 선봉에 설 것을 요구하였다. 나카가와노미야는 이미 과격파 존왕양이 지사들의 위협에 굴복해 양이 선봉에 설 수 있음을 천명한 바 있어, 그것이 압박의 빌미가 되었다. 여기에 마키는 고쿠라 번 처분 문제를 꺼내 들었고, 천황 역시 이에 동의하면서 나카가와노미야는 더욱더 궁지에 몰렸다. 즉 조슈가 양이를 거행할 당시 인근의 고쿠라 번이 방관한 것을 문제 삼아 나카가와노미야에게 서국진무 장군직을 맡겨 양이친정의 활로를 찾고, 나아가 나카가와노미야를 교토 정국에서 축출하려는 것이 마키를 비롯한 과격파 존왕양이 지사들의 의도였다. 실제 고쿠라 번 처분은 번주의 관위(從四衛下)를 삭탈하고 영지 15만 석을 몰수한 후 3만 석을 상속자에게 준다는 가혹한 것이었다.

한편, 이즈음 천황을 비롯해 반친정파의 조정 공경들이 기대한 공무합체파 히사미쓰 및 슌가쿠의 솔병상경이 무산되자, 그 틈을 타 반친정 4제후의 우두머리인 이케다 요시노리가 새로운 활로를 제시하였다. 즉 교토수호직의 아이즈 번병과 자신들의 재경 반친정 번병들로 덴란우마조에(天覧馬揃え: 어전 관병식)를 실시할 것을 조의에 건의하였다. 7월 30일 아이즈 번 단독으로, 8월 5일에는 아이즈, 돗토리, 오카야마, 요네자와, 아아 다섯 번의 합동으로 덴란우마조에가 개최되었다. 이때 동원된 병력은 2,800명에 달했다. 이는 친정파와 반친정파 공경들을 향한 시위인 동시에, 앞으로 있을 사

태에 대한 대비 연습의 의미가 있었다. 하지만 조슈 번을 비롯한 존양왕이 친정파는 나카가와노미야의 서국진무 장군 임명안을 더욱 밀어붙였다. 마침내 8월 8일 나카가와노미야에게 내명이 하달되었으나 극구 고사하였으며, 오히려 하치만구 행차(八幡宮行幸)의 포고와 제후 소집을 건의하였다.

이후 반친정 4제후와 나카가와노미야를 비롯한 양이신중론 공경들이 양이친정을 연기시키기 위해 백방으로 노력하였지만 별무소득이었다. 게다가 다카쓰카사 관백은 친정과 나카가와노미야의 서국진무 임명은 천황의 결정 사항이라 향후 어떠한 일이 있어도 변경은 불가하다고 공언하였는데, 그때가 8월 12일이었다. 결국 8월 13일 조의에서 대화행행(大和行幸)의 칙소가 공포되었다. 즉 고메이 천황이 양이 기원을 위해 야마토(大和)로 행차하여 진무 천황(神武天皇) 능에 참배하고, 이어 양이친정의 군의를 개최한 후 다시 이세신궁(伊勢神宮)에 보고한다는 것이었다. 같은 시각 다카쓰카사 관백은 조슈 번주 부자의 무조건 상경을 명령하였다.

진퇴양난에 처한 나카가와노미야는 사쓰마 번사 다카사키 사타로(高崎左太郎)를 불러 면담하면서 현 상황을 타개하기 위한 자문을 구했다. 마침 그 전날 밤 혹은 이날 아침 가고시마에 교토의 정세를 전하고 사쓰마 수뇌부로부터 향후 전략을 받아 온 무라야마 사이스케(村山斉助)가 교토의 사쓰마 번저에 도착하였다. 그 전략의 구체적인 내용은 알 수 없지만, 이후 전개된 교토 사쓰마 번사들의 행동으로 유추해 볼 뿐이다. 다카사키는 대응책으로 급진파 공경들을 처분해야 한다고 천황에게 직소하라고 제안하였고, 이에 나카가와노미야도 동의하였다. 하지만 2,600명에 달하는 조슈의 병력에 맞서 싸우기에 사쓰마의 병력은 태부족(150명)이었다. 이에 다카사키는 평소 교분이 있던 아이즈 번의 아키즈키 데이지로(秋月悌次郎)를 찾아가 정변 계획을 알렸다. 이에 공감한 아키즈키는 자신의 번주이자 교토수호직 마쓰다이라 가타모리에게 이 사실을 알렸다.

정변 계획에 동의한 가타모리는 마침 교토수호직 병력의 교대기라 막 교토를 떠난 병력 900명을 다시 교토로 불러들여 1,800명이 넘는 병사들을 휘하에 둘 수 있었다. 그리고 15일 자신의 거사 계획을 에도의 막각에 보고하였다. 13일 밤 다카사키는 고노에가로 가서 거사 계획을 알렸으나, 이번에도 고노에 부자는 머뭇거리면서 신중론으로 대응하였다. 14일 나카가와노미야는 천황에게 정변의 징후에 대해 보고하였다. 그리고 15일 다카사키가 지금까지의 경과를 나카가와노미야에게 보고하였고, 이를 전달받은 나카가와노미야는 마침내 결단을 내렸다. 이어 나카가와노미야 혼자 천황을 만나는 것보다 고노에 부자와 함께 만나는 것이 보다 설득력이 있을 것이라는 판단에, 고노에가를 다시 찾았지만 여전히 냉담하였다.

16일 아침 나카가와노미야는 양이급진파 공경들의 처분을 진상하였으며, 이에 천황이 동의를 표하면서도 내칙을 내리지 않아 일단 거사는 중지되었다. 그날 밤 천황은 은밀히 나카가와노미야에게 사자를 보내 자신의 뜻을 전했다. 천황은 나카가와노미야의 진상 내용을 검토한 결과, 나카가와노미야나 사쓰마 번이 직접 나서지 말고 거사를 획책한 아이즈 번과 반친정파 제후의 수장인 이나바 번(因幡藩)에 이번 거사를 맡기는 것이 좋겠다는 칙명을 내렸다. 이는 거사가 실패할 경우 최측근인 나카가와노미야와 자신의 마지막 보루인 사쓰마를 보호하기 위한 조치로서, 이 둘에 대한 천황의 신뢰와 고민을 엿볼 수 있는 대목이다. 하지만 다카사키나 나카가와노미야는 이에 연연하지 않고 원래 계획대로 실행하기로 결심하였다.

8월 17일 정변 주도자들의 회합 끝에 세부 일정을 확정하였고, 니조 우대신과 고노에 부자의 동의까지 얻어 냈다. 8월 18일 0시를 기해 나카가와노미야, 고노에 부자, 니조 우대신, 도쿠다이지(徳大寺) 내대신 등 반친정 공무합체파 공경과 마쓰다이라 가타모리가 몰래 참내하였다. 이를 전후해 어소의 외측 9문과 내측 6문 모두 아이즈, 사쓰마, 소사대 병력이 장악하였으며, 호출을 받지 않은 자는 지위고하를 막론하고 출입을 막았다. 그리고 이나바, 히젠, 요네자와, 아와 번을 제외하고는 9문 안으로의 출입을 제한하였다. 또한 아네가코지 암살 사건으로 지난 5월 26일부터 배제되었던 사쓰마의 어소 경비가 재개되도록 명령이 내려졌다. 오전 8시경부터는 즉시 참내하라고 명령을 받은 번주들만 계속해서 어소 문 안으로 들어오기 시작하였다.

잠시 이야기를 돌려서, 사실 데라다야 사건에서 보았듯이 다카사키 정도의 일개 번사가 이 엄청난 일을 독단으로 처리한다는 것은 사쓰마, 나아가 히사미쓰의 정국 운영 방식에서는 거의 불가능한 일이었다. 다카사키는 사쓰에이 전쟁 당시 전령의 역할을 하였기에, 그가 교토에 온 것은 그 이후라 아무리 빨라도 7월 중순경이었다. 하지만 하루가 달리 급변하는 교토 정세에 맞추어 사쓰마 수뇌부가 그에게 이 정변의 세세한 부분까지 지시할 수는 없었을 것으로 판단된다. 게다가 7월 20일 교토의 정세를 전하러 가고시마에 도착한 무라야마 사이스케가 다시 교토로 수뇌부의 지령을 가지고 왔다 할지라도, 그것 역시 마찬가지일 것이다.

그러므로 이 시점에서 정변을 현장에서 주도한 다카사키를 비롯한 사쓰마 번사들과 나카가와노미야의 돈독한 신뢰 관계를 확인할 수 있다. 이는 다카사키와 나카가와노미야가 1862년 여름부터 서로 친숙한 사이였으며, 히사미쓰-나카가와노미야-교토 사쓰마 번사 사이에는 정치적 연대가 이 시기부터 이미 마련되어 있었기 때문이다.

중앙 정국에서 사쓰마 번의 이익 대변인은 당연히 고노에가였다. 하지만 1862년 히사미쓰가 솔병상경의 명분으로 고노에 부자에게 천황의 내칙 강하 주선을 요청하였을 때도, 노중 구제 히로치카(久世広周)의 상경을 저지하고 오하라 칙사(히사미쓰 수종)의 조기 동하(東下)의 주선을 요청하였을 때도 고노에 부자는 미온적이었다. 게다가 히사미쓰의 노력에 힘입어 관백으로 복귀하였음에도 불구하고 줄곧 사퇴 의사를 내비치기도 하였다. 물론 이번 정변에서도 그러한 태도로 일관하였다.

히사미쓰로서는 자신을 대신해 교토의 사쓰마 번사들을 지휘할 인물을 찾아야만 했고, 그 인물로 나카가와노미야를 선택하였던 것이다. 한편, 당시 나카가와노미야는 기존의 섭관가(섭정과 관백을 맡는 5대 최고위 공가)를 대신해 자신이 조정을 장악하고, 막부에 대한 대정위임을 용인하면서도 그것을 압도할 천황의 권위를 신장시킬 수 있는, 다시 말해 천황친정을 후원할 실력자를 찾고 있었다. 마찬가지로 히사미쓰는 후다이 다이묘를 대신해 자신이 막정에 깊이 관여할 수 있도록, 계속해서 막부 인사 개혁에 관여하고자 하였다. 따라서 이를 실현시키기 위해 천황의 권위가 필요하였다. 마침내 당대 걸출한 정략가 둘은 이렇게 서로의 보완 관계로 만나 하나의 목표를 향해 나아가게 되었다.

어떤 기록에 의하면, 8월 12일에 나카가와노미야가 먼저 정변 결행의 결심을 다카사키에게 말했다고 한다. 이에 따라 다카사키를 비롯한 사쓰마 번사들이 정변을 향해 공식적으로 움직일 수 있었던 것으로 볼 수 있다. 결국 8·18정변은 궁지에 몰린 나카가와노미야가 이미 구축된 히사미쓰–나카가와노미야–사쓰마 번사라는 연대를 바탕으로, 여기에 교토수호직과 반친정

4제후를 끌어들임으로써 이루어 낸 결과로 볼 수 있다. 사쓰마로서는 히사미쓰 없이, 그리고 오쿠보를 비롯한 사천왕 없이 히사미쓰가 발굴한 또 다른 번사들이 히사미쓰 나아가 사쓰마를 위기에서 구할 수 있었다.

8월 18일 오전 8시 조슈 번과 급진파 존왕양이 공경들이 배제된 채 어전 회의가 개최되었고, 여기서 다음과 같은 조칙이 내려졌다.

1. 양이친정(야마토 행차) 연기.
2. 산조 사네토미 등 의주, 무가전주, 국사어용괘 20여 명(급진파 공경)의 참내 정지 및 타인 면회 금지.
3. 급진파 공경들의 소굴인 국사참정, 국사기인 역직 폐지.
4. 의주 경질.

게다가 조슈 번의 어소 경비[사카이마치 문(堺町門)] 중지 및 교토에서 번병 추방도 결정되었다. 이러한 결정이 이루어진 후에 다카쓰카사 관백의 참내가 허용되었다. 한편, 정변의 기미를 알아차리지 못했던 조슈 번사와 급진파 공경들은 다카쓰카사의 집에 모였고, 조슈를 비롯해 이에 연대를 이룬 무장 병력은 대형을 유지한 채 사카이마치 문을 경비하고 있던 아이즈와 사쓰마 병력과 대치하였다. 이에 천황 측은 칙사를 다카쓰카사 집으로 보내, 천황의 양이 의지는 변함이 없고 조슈 번 역시 그것을 원하니 자중하라는 서한을 보냈다. 이어 또 다른 칙사를 보내 산조 사네토미 등 급진파 공경들에게 참내와 타인 면회를 금지한다는 칙명에 따라 교토를 떠나라고 명령을 내렸다.

당시 조슈의 총 병력은 2,600명가량 되었는데, 정변 주도 측의 병력은 이

보다 많았다. 아이즈 1,888명을 비롯해 거의 30개 번에서 가세해 당시 어소 경비를 맡았던 병력은 총 6,829명으로 조슈의 2배가 넘었다. 무혈 궁정 쿠데타로 완결된 8·18정변으로 조슈 번과 함께 산조 사네토미를 비롯한 7명의 급진파 공경들이 교토에서 추방되었으며, 이제 조정은 공무합체파가 장악하게 되었다. 8·18정변의 과정과 성공은 이후 1867년 왕정복고 쿠데타로 대변되는 도쿠가와 막부 마지막 정변의 전범이 되고 말았다.

제8장

금문의 변과 삿초맹약

막말 개국 이래 시종 자신의 정치적 입장을 바꾸지 않으면서 막말 정국을 주도한 정치인을 하나 고르자면, 다름 아닌 고메이 천황(孝明天皇)일 것이다. 그는 극단적인 외국인 혐오주의자였는데, 논리적 판단에서가 아닌 생리적·정서적으로 외국인을 혐오하였다. 그러나 천황 스스로가 정치를 하겠다는 입장은 아니었고, 그것은 도쿠가와 막부의 일이라 시종 생각하고 있었다. 다시 말해 고메이 천황은 결단코 도막파의 보스는 아니었으며, 개국을 진행하려는 막부에 대해 양이 실행을 기대하는 모순된 입장이었다. 조정 내부에서는 천황의 의견 중 입맛에 맞는 부분만 취해 자신의 이익과 결부시켜 정국을 농단하려는 공경들이 암약하고 있었다. 그들은 개국이 필요하다고 심정적으로는 이해하고 있었지만, 도쿠가와 정권을 비판하기 위한 도구로서, 나아가 개국파 및 공무합체파 공경들을 제거하기 위한 수단으로서 양이 실행을 부르짖었다. 물론 기회가 온다면 막부를 무너뜨리고 스스로 권력을 잡을 야심을 가진 이도 있었다.

조정 내에서 확신에 찬 양이파는 천황뿐이었다고 해도 과언이 아니며, 대부분의 양이파 공경들이란 그저 막부의 정책에 반대하기 위한 양이파에 불과하였다. 이는 양이를 번시로 내건 조슈 번과 일부 조슈를 지지하는 번이나 이들을 배후로 암약하던 과격파 존왕양이 지사들도 마찬가지였다. 마침내 1865년 10월 5일 일미수호통상조약(1858년 체결)에 대한 칙허가 내려졌고, 1866년 12월 25일 고메이 천황이 죽자 양이파는 언제 그랬냐는 듯이 일소되고 말았다.

어쩌면 천황의 애매한 입장(막부를 포기할 수도, 양이를 버릴 수도 없는)으로 말미암아 막말의 정국은 더욱 복잡해졌고, 결국 교토가 본격적인 정치 무대로 탈바꿈하였다고 볼 수 있다. 막말 개국 이래 막부의 정권 운영 방식을 전기와 후기로 나눈다면, 1863년 3월 쇼군 도쿠가와 이에모치의 상락 이전과 이후로 나눌 수 있다. 즉 1863년 3월 이전의 일본 정치는 막부를 정점으로 에도에서 작동하였다면, 이후의 정치와 정국은 교토를 중심으로 움직이기 시작하였다. 앞 장에서 살펴본 8·18정변, 그 후 금문의 변(1864), 왕정복고 쿠데타(1867), 도바·후시미 전쟁(1868) 이 모두는 천황이 있던 교토에서 벌어졌다.

당시 교토에는 니조 성의 막부 수뇌부를 중심으로 교토소사대, 교토수호직 등이 엄연히 존재하였고, 조정을 자신들 보호하에 두면서 정권의 정당성을 과시하고 있었다. 하지만 1862년 이래 교토에서 일어난 일련의 사건들(여기에는 히사미쓰의 솔병상경도 포함된다)은 막부의 힘만으로 해결할 수 없었고, 결국 사쓰마 번을 비롯한 외부 세력에 의지하거나 결탁하지 않을 수 없었다. 8·18정변 이후 히사미쓰 나아가 사쓰마가 오랜 기간 갈망하였던 국정 참여의 길이 열렸고, 비록 짧은 기간이나마 정치인 히사미쓰 개인으로서 최절정기를 맞이하는데, 제8장에서는 주로 이 이야기를 다루려 한다. 그러나 히사미쓰는 막부, 특히 쇼군후견직 히토쓰바시 요시노부와의 정치적 다툼에서 패배해 교토에서 물러나면서 또 다른 기회를 모색하게 된다. 이제 막말은 종국을 향해 치닫는다.

히사미쓰의 세 번째 상경

8·18정변으로 교토에서 즉시파약양이(卽今破約攘夷)파 세력(조슈 번, 과격파 존왕양이 지사, 친정파 공경 등)이 축출되었지만, 정변 후를 이끌고 갈 혁명 세력은 존재하지 않았고, 양이를 재촉하는 천황의 의지도 바뀌지 않았다. 어쩌면 천황의 후원하에 이루어진 궁정 쿠데타의 당연한 결과일 뿐이었다. 실제로 정변 다음 날인 8월 19일, 천황은 막부에 양이 성공을 재촉하는 명령을 내렸다. 또한 조슈 번의 상경과 역습의 가능성은 변함없이 남아 있었고, 조정 내 양이강경론자와 교토 시내 과격파 존왕양이 지사들은 변함없이 있었다. 그뿐만 아니라 정변 직후 어소로 불러들인 30개 가까운 번 중에서 이번 정변에 결정적인 역할을 한 반친정 양이파 4개 번[이나바(因幡), 히젠(肥前), 요네자와(米沢), 아와(阿波)]은 양이강경론에 대해서는 부정적이었지만, 그렇다고 해서 조슈 번의 축출에까지 동의하는 것은 아니었다.

이들에게 이번 사변은 권력 쟁투를 위한 정변이 아니라, 양이의 방침과 방법을 놓고 벌이는 정쟁 수준쯤으로 인식되었던 것이 아닌가 판단된다. 이들은 정변 후인 8월 23일 조슈 번과 조슈로 함께 내려간 산조 사네토미를 비롯한 7명의 공경에게 관대한 처분을 내려 달라고 조정에 상신하였으며,

8월 28일에는 막부에 양이 실행을 재촉해야 한다는 건의서를 조정에 제출하기도 하였다. 그러나 다음 날(29일) 천황은 조슈 번주 부자의 취조, 조슈 번사의 어소 외곽 9문 출입 금지, 번주 부자의 상경 금지, 필요 불가결한 인원을 제외한 조슈 번사들의 귀국 등 조슈 번에 대한 강력한 조치를 내렸다.

정변 후 혼돈 상황에 천황 스스로 기름을 붓기도 하였다. 8월 26일 천황은 교토에 체재하고 있는 제후들에게, 지금까지의 칙명은 진위 불명한 것이기 때문에 이번 정변 후의 칙명이 진실된 것이라는 서한을 보냈다. 하지만 지금까지의 칙명 중 어느 칙명이 진실된 것인지 알 수 없게 만듦으로써, 천황 스스로 칙명의 가치를 실추시키고 말았다.

정변 후 이러한 위기 상황을 알리고 가급적 빠른 시일 내 솔병상경을 해 달라는 교토 주재 사쓰마 번사들과 고노에 부자의 서신이 계속해서 가고시마에 답지하였으며, 마침내 8월 28일 천황에게서 상경 칙명이 내려졌다. 물론 상경 칙명은 히사미쓰에게만 내려진 것이 아니었다. 8월 19일 가나자와 번(金沢藩) 세자 마에다 요시야스(前田慶寧), 후쿠오카 번(福岡藩) 세자 구로다 요시스케(黒田慶賛), 구루메(久留米) 번주 아리마 요시요리(有馬慶頼), 구마모토(熊本) 번주의 동생 나가오카 모리요시(長岡護美)에게 내려졌고, 28일에는 전 사가(佐賀) 번주 나베시마 나오마사(鍋島直正), 전 도사(土佐) 번주 야마우치 요도(山内容堂) 그리고 히사미쓰에게, 30일에는 전 우와지마(宇和島) 번주 다테 무네나리(伊達宗城)에게 상경 칙명이 내려졌다.

히사미쓰가 가고시마를 출발한 것은 9월 12일이며, 이때 동원된 병력은 무려 1,700여 명에 달했다. 여기서 확인해야 할 사실은 정변의 유무, 정변의 성공 여부에 관계없이 히사미쓰가 이미 상경할 것을 결심하였다는 사실이다. 왜냐하면 히사미쓰가 교토의 위급한 상황을 이유로 자신의 상경을 번내에 포고한 것이 정변 직전인 8월 13일의 일이기 때문이다. 이러한 결정의 배경에는 기존의 사쓰마, 후쿠이, 도사, 우와지마 번주 간의 동지적 연대에 더해, 사쓰마, 구마모토, 후쿠오카, 구루메, 후쿠이 번주 간에 공무주선에 관한 합의가 이루어지고 있었던 이유가 있다.

한편, 막부에 대한 조정의 양이 재촉은 그 도를 더해 갔다. 9월 1일 조정은 또다시 양이별칙사를 에도에 파견하기로 하고, 칙사에 아리스가와노미야(有栖川宮), 부사에 오하라 시게토미(大原重德), 그 수행에 교토수호직 마쓰다이라 가타모리를 임명하였다. 또한 쇼군후견직 히토쓰바시 요시노부에게도 양이 재촉의 명령이 내려졌다. 이에 막부는 각국 공사들과 쇄항 담판을 시도하였지만 난항에 부딪혔고, 결국 12월 말에 유럽으로 제2차 쇄항교섭사절단(제2차 유럽파견사절)을 직접 보내기로 결정하였다. 막부가 외국과의 교섭을 개시하였다는 보고를 가타모리로부터 받은 조정은, 양이별칙사 파견은 유예하였다. 이어 쇄항 교섭에 관해 상세히 설명하라는 칙명이 1863년 10월 7일 요시노부에게 내려졌고, 이어 11일에는 쇼군의 상락까지 요구하였다. 막부는 쇼군의 상락에 대해서는 거부하였고, 우선 요시노부의 상경을 결정하였다.

이에 조정이 다시금 쇼군 상락을 요구하자, 11월 15일 막부는 쇼군의 상락을 최종 결정하였다. 이후 쇼군은 12월 27일 에도를 출발해 28일 막부 군함 쇼카쿠마루(翔鶴丸)를 타고 교토로 떠났다. 한편, 정변 직전인 8월 17일 요시노부는 에도 주재 사쓰마 번저를 통해 히사미쓰에게 서한 한 통을 보냈다. 거기에는 히사미쓰의 상경 요청과 함께 막의에서 3개 개항 예정인 항 중에서 1개(요코하마)만 쇄항하기로 결정하였으며, 에치젠, 도사, 이나바, 후쿠오카 등 제후들에게도 상경을 요청해 함께 회합을 갖고 싶다는 내용이 담겨 있었다. 막부로서는 요코하마 1항 쇄항 방침이 조의에서 통과되기 위해서는 나카가와노미야와 고노에 부자의 동의가 필수 불가결하였으며, 이들을 설득하는 데 히사미쓰의 협조는 절대적이었다.

지금까지 히사미쓰는 육로로 규슈를 관통해 북상하고는 시모노세키에서 해로로 효고나 오사카에 상륙해 교토로 향하는 경로를 거쳤다. 하지만 이번 상경에서는 조슈의 보복을 우려해 구마모토 남쪽 가와시리(川尻)까지 북상한 후 동쪽으로 아소(阿蘇)를 거쳐 횡단하고는 분고사가노세키(豊後佐賀関: 현재 오이타시 동쪽 끝에 있는 작은 항구, 사가노세키)에 도착하였다. 여기서 6척의 배에 옮겨 탄 후 9월 29일 효고에 상륙하였으며, 이후 10월 3일 교토에 입성하였다. 당시 사쓰마에는 사쓰에이 전쟁 직후라 살아남은 증기선이 하나도 없었고, 상경 직전에 구입한 이루하마루(安行丸)만 상경에 동원되었다. 나머지는 막부 배 3척과 에치젠과 후쿠오카 배 각 1척이었다.

앞서 언급하였듯이, 막부는 조정의 즉시파약양이 요구 대신에 1항 쇄항을 관철시키기 위해 사쓰마의 협조가 절실하였으며, 이에 따라 히사미쓰의 상경에 필요한 선박을 선뜻 협조해 주었던 것으로 볼 수 있다. 또한 에치젠의 슌가쿠를 위시한 과거 공무합체파와 후쿠오카를 비롯한 규슈 제 번과의 연대도 이 대목에서 확인할 수 있다. 이후 고베에서 오사카를 거쳐 교토로 오는 길에는 조슈 번사나 과격파 존왕양이 지사들의 공격이 우려되어 한밤중에 가마를 타기도 하였는데, 히사미쓰 스스로 일생에서 가장 치욕적인 순간이라 되뇌기도 하였다. 교토에 도착해서는 1862년 9월 쇼코쿠지(相国寺)에서 빌린 부지 위에 새로이 건축한 니혼마쓰(二本松) 번저로 들어갔다.

이 저택은 어소 북쪽에 인접해 고노에가 저택을 마주 보고 있었는데, 삿초맹약(薩長盟約) 등 사쓰마 막말 정치에서 아주 중요한 거점으로 활용되었다. 현재 이곳에는 도시샤 대학(同志社大学)이 자리잡고 있는데, 당시 사쓰마 번 저택의 면적은 현재 대학 부지의 1/3에 달했다고 한다. 이 대학에 일제강점기 윤동주, 정지용 등이 유학한 바 있다.

참예회의의 성립

번저에 들어가자마자 나카가와노미야의 명령이라면서, 다음 날 참내하여 천황을 알현하라는 소식이 히사미쓰에게 전해졌다. 그러나 무위무관의 일개 배신(陪臣)이 칙명도 없이 참내하는 것은 부당하니, 히토쓰바시 요시노부의 상경 이후 결정하겠다고 거절하였다. 그러고는 10월 15일 나카가와노미야를 통해 조정에 건백을 하였는데, 대체로 천황과 조정은 구습을 일소하고 천하의 형세, 인심과 세상사의 흐름을 제대로 파악한 후, 확고한 기본을 세워 작은 것에 흔들리지 않아야 하며, 대책(국시) 결정에는 반드시 제 번 상경에 의한 '천하의 공의(公議)'를 채택해야 한다는 내용이었다.

이 건백서 내용은 평소 히사미쓰의 정치 지론으로, 이미 여러 차례 조정 건백에서 밝힌 바 있다. 한마디로 말하면, 자신의 이번 상경 목적이 조정 개혁과 국정 참여임을 다시금 강조하고 있다는 사실이다. 히사미쓰로서는 조슈 번이 물러나면서 생긴 권력 공백을 자신을 비롯한 공무합체파가 메우는 동시에, 공식적인 국정 참여를 요구한 것으로 볼 수 있다. 또한 공무합체파의 힘을 배경으로 막부에 파약양이를 강력하게 요구할 수만 있다면, 천황은 기꺼이 자신들에게 국정 참여의 기회를 허용할 것이라는 계산도 깔려 있었다. 히사미쓰가 국정 참여 파트너로 생각하고 있던 제후 중, 10월 18일 마쓰

다이라 슌가쿠, 11월 3일 다테 무네나리, 11월 26일 히토쓰바시 요시노부, 12월 28일 야마우치 요도가 상경하였다. 하지만 쇼군은 에도 성 화재 등의 이유로 1864년 1월 15일에야 교토에 입성하였다.

상경 후 히사미쓰는 나카가와노미야와 고노에 부자를 비롯한 여러 공가들, 그리고 당시 상경해 있던 여러 다이묘들과 긴밀하게 교류하면서 자신의 상경 목적에 대해 동의를 구하고 있었다. 마침내 11월 15일 전 관백 고노에를 통해 21개 조의 천황 밀칙이 내려졌는데, 그중 중요한 사항은 다음과 같다.

8·18정변은 천황의 뜻에 따른 것임을 확인하고,
무비(武備)가 불충분한 상태에서 무리한 양이는 불가하고,
급진파가 주장하는 왕정복고(천황친정)는 불가하고,
막부에 대한 대정위임에 동의하고,
산조 사네토미를 비롯한 7명의 공가들과 관백 다카쓰카사를 처분한다.

여기서 '무리한 양이는 불가하다'는 언명은 천황의 평소 '즉시파약양이론'과는 배치된다. 이는 당시 정국의 주도권을 쥐고 있던 히사미쓰를 배려함과 동시에, 권력 공백 상태를 돌파하기 위한 천황의 궁여지책으로 볼 수 있다. 천황의 밀칙에는 히사미쓰의 의견을 구한다는 내용도 들어 있었는데, 이에 히사미쓰는 천황의 뜻에 대체적으로 동의한다는 답서를 제출하였다. 답서 중에는 "양이에 관해서, 현재 개국이냐 쇄국이냐의 선택권은 외국의 손에 있기에, 우리 쪽에서 쇄항을 요구해도 실현될 수 없으며, 더더욱 중요한 것은 그에 따른 위험함이다. 그 선택권이 우리에게 있으려면 무비 충실 이외

에는 대안이 없다."라며 양이에 대한 자신의 신념을 확실히 밝힌 내용도 있다. 무위무관의 배신이 천황에게서 직접 서한을 받는다는 것은 전대미문의 일이며, 히사미쓰로서는 개인적 영광인 동시에 이복형 나리아키라 이래 사쓰마가 추구해 온 국정 참여의 길이 이제야 열릴 것 같다는 희망에 크게 감격하였을 것임은 충분히 예상된다. 그러나 그 감격은 오래가지 않았다.

히사미쓰는 국정 참여 파트너 중 가장 먼저 상경한 슌가쿠에게 가로 고마쓰 다테와키를 보내 자신의 국정 참여 구상을 밝혔다. 즉 막부의 노중은 소번의 후다이 다이묘가 아니라 대번의 다이묘가, 조정 정사는 섭관가가 아닌 황족이 맡아야 한다는 것이었다. 이후 슌가쿠를 직접 만난 히사미쓰는, 국시 확정을 위해 대번 다이묘들이 조의에 참여해야 할 당위성을 설명하였으며, 자신의 사쓰에이 전쟁 경험을 바탕으로 양의 불가론과 서양식 무비 충실을 강조하였다.

11월 26일 요시노부가 상경한 후, 히사미쓰의 구상대로 요시노부의 주도하에 대번 다이묘들의 회합이 성사되었다. 12월 5일 히가시혼간지(東本願寺)에 있던 요시노부의 숙소[이후 12월 21일에 니조 성 옆 오바마(小浜) 번주의 저택으로 옮겼다]에서 회합을 가졌는데, 여기서 히사미쓰는 '현명제후'의 조의 참여를 제안하였고 그 주선을 일임받았다. 히사미쓰의 조정 공작 결과, 12월 30일 요시노부, 슌가쿠, 요도, 무네나리, 가타모리를 조의참예(朝議参預)에 임명한다는 칙령이 내려졌다. 히사미쓰는 다음 해 1월 14일 종4위좌근위권소장(従四位左近衛権小将)에 임명되면서 무위무관에서 벗어날 수 있었고, 동시에 참예로 임명되었다. 하지만 참예는 조정의 정식 직책이 아니었을 뿐만 아니라, 쇼군후견직 요시노부와 교토수호직 가타모리가 참가하였다고는 하지만 막부의 기관도 아니었기에 그 운명은 처음부터 예견되었는지도 모른다. 다시 말해, 쇼군과 노중들이 교토에 와 있는 와중에 사쓰마의 주도로 새로운 정치기구가 창출되었으니, 이에 대한 막부의 견제는 명약관화한 것이었다.

곧장 참예회의 이야기로 들어가기 전에, 8·18정변 직후 조슈 번의 상황을 먼저 살펴보자. 죠슈 번은 9월에, 그리고 11월에 가로를 오사카로 보내, 자신들의 행동은 존왕양이의 대의를 지키기 위한 것이었을 뿐이라는 탄원서를 조정에 제출하려 하였다. 하지만 조정은 이들의 상경을 허락하지 않았다. 이즈음에 사쓰마와 조슈가 직접 부딪히는 사건이 발발하였다. 12월 24일 밤 사쓰마가 막부로부터 빌린 나가사키마루(長崎丸)가 면을 싣고 효고에서 나가사키로 향하던 도중, 고쿠라 번내 조슈 포대의 포격을 받아 침몰하였다. 이때 우슈쿠 히코에몬(宇宿彦右衛門)이라는 사쓰마 최고의 기술자도 잃고 말았다. 이에 분노한 히사미쓰는 조슈 정벌과 번주 부자의 오사카 소환을 강력하게 주장하였지만, 별다른 소득 없이 끝나고 말았다. 조슈의 이 같은 행동은 사쓰마가 밀무역을 하고 있다는 사실을 세상에 폭로해, 사쓰마의 이중적 행동과 야심을 고발하기 위함이었다.

참예 제후들은 1864년 1월부터 3월까지 조의에 참여하여 국정의 주요 사항의 결정에 관여하였다. 참예회의의 과제 중에서 가장 중요할 뿐만 아니라 논란이 많았던 것은 조슈 번의 처분과 대외 방침(국시: 양이의 범위와 속도)의 결정이었다. 게다가 막 출범한 참예회의에 새로운 변수가 등장하였으니, 바로 히사미쓰가 참예가 된 그 이튿날인 1월 15일에 상락한 쇼군 이에모치였다. 그는 1월 21일과 27일 두 번에 걸쳐 참내하였고, 그때마다 천황의 친필 서한이 내려졌다. 그 내용 대부분은, 21일자 서한에서 참예 제후들의 이름을 일일이 거명하면서 국정 참여를 지시한 것 이외에, 11월 15일 천황이 히사미쓰에 내렸던 것과 거의 일치하였다.

이제부터 막부는 노중들의 반대에도 불구하고 니조 성으로 참예 제후들을 초치하여 국사를 협의하기 시작하였으나, 어용부옥(御用部屋: 막부의 최고 의사결정 기구)의 출입은 슌가쿠에게만 허용하였다. 하지만 슌가쿠와 나카가와노미야의 강력한 요구에, 결국 2월 16일 무네나리, 요도, 히사미쓰의 어용부옥 출입이 허용되었다. 마침내 히사미쓰에게 자신의 오랜 숙원이었던, 참예 제후로서 공무 쌍방의 정책 결정에 참여할 수 있는 길이 열렸다. 그러나 히사미쓰가 맛본 정치가로서의 절정기는 그다지 오래 지속되지 않았다.

참예회의의 한계와 히사미쓰의 좌절

이제 참예회의가 당면한 두 가지 주요 과제의 경과에 대해 살펴보자. 앞서 조슈 번은 두 차례에 걸쳐 자신들의 무죄를 주장하는 탄원서를 조정에 제출하려 하였지만 거부당한 사실을 언급한 바 있다. 천황을 참내한 쇼군에게 내린 1864년 1월 27일자 서한에서는, 강한 어조로 조슈 번과 산조 사네토미 등 7명의 공경에 대한 처벌을 요구하였다. 아직 참예 제후들이 어용부옥에 출입하기 전이지만, 다음 날인 28일에 니조 성에서 참예 제후와 막각 사이에 회의가 열렸다. 여기서 작년 나가사키마루의 피격에 격분한 히사미쓰가 쇼군이 상락한 이때 조슈 정벌군(征長軍) 파견과 번주 부자의 소환을 주장하였는데, 이에 반해 요도는 쇼군 동귀 후 에도로 조슈 번주 부자를 소환하자고 주장하였다. 이 둘은 격렬하게 대립하였지만, 별다른 결론 없이 회의는 끝나고 말았다.

2월 8일 관백 니조 나리유키(二条斉敬) 저택에서 열린 막부와 조정 수뇌부 그리고 참예 제후들이 모인 회의에서, ① 조슈 지번 가로의 오사카 소환 및 힐문, ② 산조 사네토미 등 7공경의 교토 송환, ③ 이를 따르지 않을 경우 조슈 정벌을 결정하였다. 이에 2월 24일 조정참예회의에서 조슈 번 말가(末家) 이와쿠니(岩国) 영주 깃카와 쓰네마사(吉川経幹) 등 3명의 오사카 소환을 결정하였고, 다음 날 조정과 막부로부터 소환 명령이 내려졌다. 조슈 번 처분 문제는 비교적 수월하게 진행되는 듯했다. 하지만 아직 넘어서야 할 산은 곳곳에 널려 있었다.

한편, 조슈 번 처분 건과는 달리, 양이에 관한 국시 결정 문제는 처음부터 난관에 봉착하였다. 정변 후에도 천황은 막부에 파약양이를 요구하였고, 이에 막부는 요코하마 1항 쇄항으로 맞섰다. 그러나 참예 제후들 모두, 그중에서 히사미쓰는 적극적으로 개항을 주장하였고, 막부의 1항 쇄항을 고답적이라 비판하면서 쇄항교섭사절단의 파견을 중지하라고까지 주장하였다. 쇼군의 상락 전까지 요시노부의 입장도 히사미쓰와 별반 다르지 않았고, 히사미쓰의 조정 공작 끝에 무모한 양이를 지양하라는 내용의 서한이 쇼군에게 내려졌다.

그러던 중 요시노부는 쇼군의 상락과 더불어 쇄항론으로 돌아섰는데, 그로서는 쇼군 및 쇼군과 함께 상경한 막각의 눈치를 살피지 않을 수 없었던 것이다. 막각의 입장에서는 지난번 상경에서 조슈의 파약양이에 휘둘려 곤욕을 치렀는데 이번에 다시 사쓰마의 개국론에 흔들린다면, 막부의 체면은 말이 아니게 된다는 판단에서 개국론을 부정할 수밖에 없었다. 조약을 체결한 당사자인 막부, 그에 동조할 수밖에 없는 요시노부의 쇄항론에는 나름의 이유가 있었던 것이다. 또한 두 번에 걸친 천황의 서한에 담긴 개항론이 히사미쓰의 계략에 의한 것임이 밝혀짐으로써, 히사미쓰에 대한 요시노부와 막각의 의심은 깊어만 갔다.

양이에 관한 국시 결정에서 결정적인 반목은 2월 14일 쇼군이 참내하여 제출한 답서(1월 27일자 천황의 서한에 대한)가 그 시발점이 되었다. 거기에는 "파약양이는 요코하마 1항 쇄항에 한정되며, 그 가능성은 이미 외국에 사절을 파견하였고 여하튼 성공 가능성이 높지만, 외국의 사정은 예단하기 어렵다."라는 다소 애매한 내용이 담겨 있었다. 이에 대해 조정도, 히사미쓰를 비롯한 참예 제후들도 그 모호함을 지적하면서, 요시노부 역시 한발 물러섰다. 하지만 15일 조의에서는 '요코하마 급속쇄항' 명령서가 나카가와노미야에 의해 제시되었다. 이에 대해 히사미쓰는 무모한 조치라면서 격렬하게 반대하였고, 요시노부는 막부에 돌아가 상의 후 청서를 제출하겠다고 주장하면서 격론을 벌였지만, 결국 요시노부의 의견대로 결론이 났다.

16일 참예 제후들이 처음으로 참가한 어용부옥 회의에서 전날 천황 명령서의 위조 여부가 논란이 되었고, 요시노부 이하 모든 참예 제후들이 이를 확인하기 위해 나카가와노미야 저택으로 찾아갔다. 이 자리에서 요시노부는 조령모개(朝令暮改) 같은 조의를 맹비난하면서, 막부 쪽에서 결단코 쇄항하겠다는 청서를 별도로 제출하겠다며 그 자리를 박차고 일어섰다. 이 자리에서 요시노부는 나카가와노미야에게 사쓰마의 간계에 놀아나지 말라고 힐난하면서, 히사미쓰, 슌가쿠, 무네나리 3명을 '천하의 어리석은 자이자, 간교한 자(天下之大愚物, 天下之大奸物)'라 폭언을 퍼부었다. 이에 개항파인 히사미쓰, 슌가쿠, 무네나리는 요코하마 쇄항 불가의 뜻을 거둘 수밖에 없었고, 슌가쿠는 요코하마 쇄항에 대한 청서를 제출하겠다고 나카가와노미야에게 약속하였다.

이 3일간의 사건은 참예 제후(요시노부 대 히사미쓰·슌가쿠·무네나리)들 사이의 분열뿐만 아니라, 요시노부에 대한 히사미쓰의 불신에서 나아가 토막의 결심으로까지 이어지는 결정적인 계기가 되었다. 물론 히사미쓰의 정치적 참패였다.

18일 요시노부는 위 3명의 참예 제후의 등성을 요청하였고, 어용부옥에 들어선 3명에게 쇼군의 친필 서한(16일에 나카가와노미야에게 약속한)을 보여주었다. 참예 제후 3명은 이에 연명으로 서명하였고, 이 서한은 다음 날 조정에 제출되었다. 이제 요코하마 쇄항만으로 한정해 이를 완수하겠다고 약속하였으니, 새로운 국시가 결정된 것이다. 그리고 21일 조정에서 요코하마 쇄항을 반드시 이루고, 오사카만 등의 무비 충실이 급무라는 칙지가 쇼군에게 내려졌다. 결국 조정이 요구하고 막부가 답하고, 이에 참예 제후들이 동의하는 모양새가 되었으니, 국시에 관해 더 이상의 논의는 불가능해졌다.

그렇다면 이 논의에 참가한 천황과 조정 수뇌부, 막부와 요시노부, 참예 제후 모두 요코하마 쇄항이 가능하다고 보았을까? 조정의 파약양이 요청에 밀린 막부 수뇌부는 그것이 불가함을 알고는 요코하마 1항 쇄항으로 대치한 것이며, 시간이라도 벌겠다는 요량으로 교섭사절단을 보내기는 하였지만 그 일이 가능하리라 보지도 않았다. 요시노부 역시 성공에 자신이 없기는 마찬가지였다. 하지만 천황과 조정이 희망하고 있는 양이를 실행하겠다고 단언함으로써, 개국파에 경도된 조정의 신뢰를 회복하고 나아가 서정위임을 통해 향후 정국의 주도권을 확보하기 위함이라 볼 수 있다.

한편, 히사미쓰를 비롯한 3명의 참예 제후들이 순순히 서명한 이유는 이제 더 이상 이 문제에 대한 논쟁을 피해야겠다는 판단 때문이었다. 물론 그들이 계속 주장해 오던 '무비 충실'이 새로운 국시에 반영되었다는 점도 작용하였겠지만, 무엇보다도 천황과 조정 수뇌부, 막부와 막부 수뇌부, 심지어 요시노부마저 쇄항이 불가함을 알면서도 계속 주장하고 있는 상황에서 더 이상의 노력은 무의미하다는 판단이 더욱 크게 작용하였다.

앞서 언급하였듯이, 조슈 처분과 요코하마 쇄항 두 논의는 쇼군의 상락 이후 1864년 1월 하순부터 본격적으로 개시되었고, 2월 21일 요코하마 쇄항이 결정되고, 다시 2월 25일 조슈 처분에 대한 조명(朝命)이 조슈 측에 전달됨에 따라 일단락되는 듯했다. 하지만 2월 27일 후쿠오카 번 세자 구로다 요시스케(黒田慶賛: 2월 24일 조슈 처분 조의에 참여한 참예 제후 이외의 제후 중 하나)는, 이번 소환 조명이 조정에서 나온 것이니 적어도 교토로의 입경은 허락해야 한다며 조정에 건백하였다. 오사카까지냐 아니면 교토까지냐를 두고 조정, 막부, 제후들 간에 의견이 분분해졌고, 마침내 29일 교토 주재 조슈 번사 노미 오리에(乃美織江)에게 25일자 조명을 철회하고, 다시 조의를 열어 중론을 모아 결정하겠다고 통보하였다.

히사미쓰는 조슈 처분 논의에서 조슈 사죄사절단의 교토 입성을 완강하게 반대하였다. 그리고 조슈에 대한 처분은 조슈 번 군사들과 함께 교토를 떠난 산조 사네토미 이하 7명의 공경을 처분한 이후에 논의해야 한다고 일관되게 주장하였다. 데라다야 사건 때 과격파 존왕양이 지사들을 불러들인 것도, 양이친정을 주장하면서 조슈 번을 불러들인 것도 바로 이들 공경이라는 점을 지적하면서, 조슈 처분에 앞서 조정의 자기반성과 자기개혁이 우선해야 한다는 논리였다. 물론 히사미쓰로서는 조슈와의 극단적 대립을 회피해야겠다는 정치적 복안도 있었으리라 예상되는데, 이러한 태도는 이후

1, 2차 조슈 정벌 전쟁에서, 삿초맹약에서, 마침내 토막 전쟁에서 그 결실을 맺게 되었다.

조정의 우유부단함에 실망한 히사미쓰는 3월 2, 3, 5일 조의에 참가하지 않았고, 다른 참예들도 마찬가지라 조정참예회의는 점점 유야무야 상태로 빠져들었다. 그사이 조슈 처분 건에 대해 조정은 막부에, 막부는 조정에 무언가 결론을 내주길 바라면서 결론을 내지 못하고 있었다. 결국 3월 5일 니조 성 회의(히사미쓰 불참)에서 '오사카까지'로 결론을 짓고 조정에 전달하자, 조정 역시 이 사실을 조명으로 조슈 번에 전달함으로써 조슈 처분 건도 어쨌든 일단락되었다. 4월 들어 천황의 상경 요청에 따라 교토에 온 제후들이 떠나기 시작하였고, 히사미쓰 역시 떠났다. 히사미쓰는 첫 번째 상경에서 막정 개혁이라는 나름의 성과를 거두었지만, 조정 개혁을 염두에 두고 천황의 요청에 응해 상경한 두 번째와 세 번째 교토행에서는 아무런 성과도 거두지 못한 채 귀국길에 오르고 말았다.

히사미쓰 실패의 일차적 책임은 당연히 그의 정치력 부재와 한계에 있음은 자명한 일이다. 물론 막부와 조정의 정치력 부재와 고답적 자세 탓도 있겠지만, 260년 이상 구축해 온 조막 간의 연대와 결속의 벽을 당시 웅번들의 결속력만으로는 쉽게 넘을 수 없음을 확인한 것일 수도 있다. 히사미쓰, 슌가쿠, 무네나리가 모두 떠난 4월 20일, 참내한 쇼군 이에모치에게 서정위임의 칙서가 내려졌다. 그리고 별지에 요코하마 쇄항 실현과 급무인 해안방어, 조슈 처분을 막부에 일임한다는 지시가 내려졌다. 이이 대로의 참살 이후, 조정과 막부 사이의 공무일화, 여기에 더해 웅번연합의 정치 참여로 상정되는 거국 체제로의 구상이 일거에 서정위임 체제로 바뀌었으니, 교토 정국의 주도권은 자연스럽게 막부가 장악하게 되었다.

사쓰마 번의 혁신

조정과 막부의 우유부단함과 요시노부의 변심에 실망한 히사미쓰는, 1864년 3월 6일 가로 고마쓰 다테와키 편으로 나카가와노미야와 고노에 다다히로에게 참예 사직과 관위 반납의 요청서 초안을 보냈다. 그리고 17일 히사미쓰는 조의참예 면제를 이유로 어용부옥 출입까지 사퇴하였다. 4월이 되면서 지난해 천황의 상경 요청에 따라 교토에 올라온 제후들이 하나둘 떠나기 시작하였으며, 히사미쓰 역시 4월 18일 교토를 떠났다(5월 8일 가고시마 도착). 7개월 가까운 외유 끝에 돌아온 가고시마에는 많은 난제들이 히사미쓰를 기다리고 있었다.

사쓰에이 전쟁 직후 영국과의 강화는 외유 중에 진행되었다. 영국과의 강화회의 결과, 1863년 11월 1일에 배상금 2만 5,000파운드(금 6만 333냥)를 지불하는 것으로 원만하게 타결되었고, 그 대금은 막부로부터 빌려 지불하였다. 물론 그 차입금을 나중에 막부에 갚지 않았으며, 범인의 색출 역시 약속으로 끝났다. 사쓰에이 전쟁의 후유증은 막심해, 그 피해 복구와 새로운 군비 확충을 위해 많은 노력과 투자가 절실하였다. 또한 장차 있을 수 있는 조슈와의 대결 및 국내 정변 등을 대비해 새로운 군제 개혁이 요구되었다. 그뿐만 아니라 산업화와 근대식 교육 그리고 유학생 파견 등에도 심혈을 기울이면서 번정 개혁 사업도 추진해야 했다.

히사미쓰는 귀국 후 사쓰에이 전쟁으로 황폐화된 시가지와 군사력 복구에 매진하였다. 사쓰에이 전쟁 당시 영국군 무장의 위력에 압도되었음을 자각하고는, 이제까지의 구식 총포 대신 후장식 소총과 장거리 사격이 가능한 암스트롱 포의 구입에 나섰다. 실제로 사쓰에이 전쟁으로 반사로를 제외한 거의 모든 시설이 파괴되었을 뿐만 아니라, 무기의 경우 짧은 시일 내 서구의 수준을 따라잡을 수 없다는 판단에 따라, 자체 개발보다는 구입 쪽으로 선회하였다. 어쩌면 향후 벌어질 내란 등에 대비해 하루라도 빨리 군사력을 강화할 필요성을 인식하였다고 볼 수 있다.

그리고 앞서 언급하였듯이, 이전에 구입한 증기선 4척은 사쓰에이 전쟁 때 모두 침몰해 버려 새로운 증기선의 구입이 절실한 상태였다. 영국 측과의 강화 때부터 증기선 구입을 요청하였으며, 1864년부터 1865년 2년 동안 사쓰마는 11척의 증기선(그중 1척은 정식 군함)을 구입하였다. 이는 다른 번들뿐만 아니라 막부의 증기선 구입에 비해서도 더 많은 양이었다. 정국의 중심인 교토와 에도에서 가장 멀리 떨어진 사쓰마로서는 신속하게 물자와 병력을 수송해야만 하였기에, 해군력 증강은 필수적이었다. 그 후 사쓰마는 증기선 구입보다 총포 구입에 매진한 반면, 막부의 경우 1865년 이후(특히 제2차 조슈 정벌 전쟁에서 패배한 이후) 프랑스와 영국의 협조를 받아 무기 및 함선 구입뿐만 아니라 육해군의 조련, 나아가 조선소 건설에 이르기까지 군사력 강화에 총력을 기울였다.

사쓰마에는 나리아키라 이래 서구의 과학기술을 도입해 무기, 기계, 조선 등을 자립할 목적으로 집성관(集成館)이라는 종합기계공작소를 건설한 바 있었다. 사쓰에이 전쟁으로 파괴된 집성관을 복구하기 위해 나가사키 제철소에서 기술자를 초빙하였고, 그 결과 1864년 10월부터는 25마력 크기의 증기기관과 서양식 공작기계를 갖춘 기계공장이 가공되기 시작하였다. 이후 주변에 많은 공장들이 세워지면서, 집성관은 과거에 비해 더 훌륭한 시설로 재건될 수 있었다. 이 기계공장은 우리가 가고시마 여행 때 꼭 들르는 센간엔(仙巖園) 옆 쇼코슈세이칸(尙古集成館) 본관(중요문화재)이 바로 그곳이다. 이 공장은 1861년부터 계획되었다고 하는데, 이때는 히사미쓰가 권력을 장악한 시기와 일치한다. 따라서 히사미쓰는 이복형 나리아키라의 정치적 유업을 이어받았을 뿐만 아니라, 그의 과학기술 입국 기조도 이어받았다.

한편, 1864년 육해군 여러 학과의 교육기관으로서 가이세이쇼(開成所)라는 양학교를 개설하였는데, 여기서는 해군 포술, 병법, 축성, 측량, 항해, 조선 등을 가르쳤다. 이어 1865년에는 가이세이쇼 학생들을 중심으로 15명의 유학생과 4명의 인솔자로 구성된 영국 유학생단이 파견되었다. 당시는 해외 도항이 금지된 시절이라 밀항을 할 수밖에 없었다. 유학생단 파견은 강화회담으로 영국 측과 가까워진 것이 계기가 되었으며, 무기 및 함선 구입 등을 알선한 나가사키 중개상 글로버(T. Glover)의 도움을 받아 실행에 옮길 수 있었다. 가고시마에서 1시간 남짓 로컬 기차를 타고 구시키노역(串木野駅)에 도착해 택시를 타고 하시마(羽島: 이곳에서 출항)에 가면 사쓰마번영국유학생기념관이 있으며, 가고시마역 앞의 '젊은 사쓰마의 군상'이라는 인상적인 기념탑은 바로 이들 19명의 유학생단을 기려 만든 것이다.

이상의 부국강병 사업을 위해서는 재정적 뒷받침이 필수적이다. 류큐를 매개로 이루어지는 중국과의 중계무역과 류큐와 가고시마 사이의 여러 섬들, 그중에서도 아마미오시마(奄美大島)에서의 사탕 전매사업 수익은 사쓰마만의 확고하고도 오래된 재원이었다. 그런데 히사미쓰 등장 이래 시행된 각종 사업과 군사 원정에 소요되는 막대한 비용을 충당할 수 있는 또 다른 재원이 있었으니, 바로 주전(鑄銭) 사업이었다. 1855년 나리아키라는 류큐 방어와 무역을 위해 오키나와에서만 통용되는 화폐(철전)의 주조를 막부에 신청하였는데, 만약 허락이 내려진다면 그것과 같은 크기의 동전[간에이 통보(寬永通宝)]을 밀주해 사쓰마의 재정을 확충할 계획이었다.

그러나 그 이듬해인 1856년 4월 막부는 이를 불허하였다. 다시 1862년에 사쓰마 번은 류큐와 가고시마에서만 통용되는 동전[류큐 통보(琉球通宝)]의 주조를 막부에 신청하였다. 1862년 8월 히사미쓰가 솔병상경 후 오하라 시게토미(大原重徳) 칙사를 수행하여 에도로 갔을 때, 확실한 연유는 알 수 없지만 막부로부터 1년에 100만 냥씩 3년간 300만 냥의 주전을 허락받았다. 사실 류큐 통보의 형태와 중량이 덴포 통보(天保通宝)와 같기 때문에 막부로서는 사쓰마의 주전사업에 난색을 표시하였는데, 사쓰마는 그 우려대로 류큐 통보를 만드는 한편, 덴포 통보를 밀주하여 통용시켰다. 당시 통용되던 간에이 통보 1문(文) 동전 6매로 100문으로 통용되는 덴포 통보 1매를 만들 수 있으니, 그 차이는 엄청난 수익이었다. 이러한 재원을 가지고 사쓰마는 막부를 쓰러뜨리고 보신 전쟁까지 수행할 수 있었던 것이다.

이 시기에 특기할 만한 사항은 사이고 다카모리의 재등장이다. 사쓰에이 전쟁에서 맹활약한 성충조 출신 번사들, 그중에서도 사이고의 동생 쓰구미치(従道)와 오야마 이와오(大山巌) 등의 강력한 요청과 오쿠보의 간청도 히사미쓰를 설득하는 데 한몫을 하였을 것이다. 하지만 그보다는 참예 제후들이 사라지고 이제 막부, 특히 요시노부의 독주가 예상되는 교토 정국에서 고마쓰 다테와키를 보좌할 인물이 필요하였고, 그렇다면 타 번과 긴밀하게 연대할 수 있는 능력을 지닌 최적의 인물은 바로 사이고 다카모리라는 것이 히사미쓰의 판단이었을 것이다. 이 시기는 대략 1864년 1월경으로, 히사미쓰가 참예회의의 미래를 어둡게 보기 시작할 무렵이다. 유배지 오키노에라부지마(沖永良部島)를 떠난 사이고는 2월 28일 가고시마에 돌아왔고, 3월 4일 가고시마를 떠나 14일에 교토에 도착하였다.

사이고는 군부역(軍賦役)과 어소납호두취(御小納戸頭取)에 임명되면서 고마쓰의 참모로서 막부, 조정, 제 번들과의 교섭 역할을 맡는 것과 동시에, 사태가 발생하면 번병을 지휘하는 역할까지 주어졌다. 참예회의 이후 1867년에 막부와 웅번들 간의 일시적 해빙기를 맞아, 히사미쓰가 4후회의 참석차 교토에 주재한 적은 있다. 하지만 그의 주재 여부와는 상관없이, 중앙 정국에서 히사미쓰–고마쓰–사이고·오쿠보라는 사쓰마의 명령 계통은 막말 최후까지 이어졌다. 간혹 고마쓰가 귀국할 경우, 고마쓰의 대리 역할을 사이고나 오쿠보가 맡기도 하였다. 고마쓰는 수석 가로로서 번의 부국강병을 위한 개혁 작업까지 진두지휘하고 있었기에, 교토와 가고시마를 끊임없이 왕복해야 했다. 이로 인해 막말 최종기 사쓰마의 교토 정국 운영을 마치 사이고나 오쿠보가 주도하였다는 오해가 생겨날 소지가 있으나, 이 위계가 흐트러졌던 경우는 결코 없었다.

금문의 변

조정의 참예회의가 붕괴되고 참예 제후들이 어용부옥 출입을 사퇴함으로써, 히사미쓰가 그토록 갈망하였던 막정 참여는 무산되고 말았다. 개국에 대한 자신의 신조를 끝까지 관철하려다가 막부와 등을 지게 되었고, 조정과 천황의 신뢰도 잃었다. 게다가 자신의 조정 대리인이라 생각하였던 나카가와노미야가 요시노부와 급속히 가까워진 것도 크나큰 아픔이었다. 그리고 3월 25일 이번 대결에서 승리한 요시노부의 쇼군후견직 사퇴와 그 스스로 원하였던 신설 금리어수위총독(禁裏御守衛総督: 천황 수위 총독)과 섭해방어

지휘(摂海防禦指揮: 오사카만 방어 지휘)직 취임을 히사미쓰는 지켜볼 수밖에 없었다. 또한 3월 21일 슌가쿠 역시 가타모리 대신 잠시 맡고 있던 교토수호직을 내려놓고 귀번하였다.

4월 7일 슌가쿠가 해임되었고, 4월 22일 천황이 복직을 원한 가타모리가 교토수호직에 재임명되었다. 서정위임을 받은 쇼군은 5월 7일 교토를 떠나 오사카에서 해로를 이용해 에도로 귀환하였다. 이제 교토에는 히토쓰바시 요시노부(一橋慶喜: 총독·지휘), 마쓰다이라 가타모리[松平容保: 수호직, 아이즈(会津) 번주], 마쓰다이라 사다아키[松平定敬: 소사대, 구와나(桑名) 번주, 가타모리의 친동생], 그리고 노중 이나바 마사쿠니(稲葉正邦)만 남게 되었다. 교토 정국은 그야말로 요시노부를 정점으로 한 이치카이소(一会桑: 요시노부의 一橋, 가타모리의 会津, 사다아키의 桑名의 첫 글자를 합친 것)가 주도하였다. 일반적으로 이치카이소 권력 혹은 이치카이소 정권이라 불리기도 하지만, 그것은 지나친 의미 부여라 판단된다. 당시 교토 권력의 공백과 외국 함대로부터 오사카만 방어라는 급박한 상황에서, 조정과 막부 모두 절실하다는 판단에 신설한 것이 총독·지휘라는 직책이며, 그 직책에 가장 적절하고 신뢰할 수 있는 인물로 발탁된 이가 바로 요시노부였다고 봄이 타당할 것이다.

한편, 앞서 조정이 3월 5일 조슈에 내린 칙명에 대해, 조슈는 지번 가로 3명의 입경, 산조 사네토미를 비롯한 5명의 공경(원래 7명이었으나 1명은 죽고, 다른 1명은 탈주하여 5명만 남았다)의 복직, 번주 부자의 상경을 탄원하였지만 받아들여지지 않았다. 더 나아가 조정은 5월 10일에 오사카로의 칙사 파견을 중단한다고 발표하였고, 5월 25일에는 지번 가로의 오사카 상경 중지 및 막명 대기라는 칙명이 내려졌다.

한편, 교토에서는 조슈를 지지하는 급진파 존왕양이 지사들의 움직임이 활발해지기 시작하였고, 친조슈파인 아리스가와노미야(有栖川宮)가 국사어용괘로 임명되었다. 5월 27일 구사카 겐즈이(久坂玄瑞)와 나카오카 신타로(中岡慎太郎)가 조슈로 가서 교토의 정세를 보고하자, 조슈의 주전파는 이제 기회가 왔다고 판단하였고, 6월 4일에는 세자의 상경을 번내에 포고하였다. 또한 교토에서는 과격파 존왕양이 지사들이 모여 정변을 모의한다는 정보가 신센구미(新選組: 1864년 1월 쇼군 상락 때 수행한 하급 무사들이 쇼군 귀환 시 교토에 잔류한 채 교토수호직 가타모리 휘하의 치안유지 조직으로 새로이 결성된 단체)에게 노출되었다.

이에 1864년 6월 5일 신센구미가 교토의 이케다야(池田屋)에 모인 조슈, 도사 번 출신 지사들을 습격해 30명 이상이 사망하였거나 체포되는 사건이 발발하였다(이케다야 사건). 6월 14일 이 소식을 전해 들은 조슈 번은 격분하였고, 이미 출병 체제를 갖추고 있었기에 6월 15일에 가로 기지마 마타베(来島又兵衛), 16일에는 가로 후쿠하라 모토타케(福原越後)와 구사카 겐즈이, 그리고 6월 23일 가로 구니시 지카스케(国司信濃), 7월 6일에 가로 마스다 우에몬노스케(益田右衛門介)가 각기 병사들을 이끌고 교토로 출진하였다.

6월 15, 16일에 출발한 약 600여 명의 선발대가 교토 부근에 도착한 것은 6월 24일이며, 교토 남쪽의 후시미(伏見)와 서쪽의 야마자키(山崎)에 주둔하였다. 그리고 7월 13일과 14일에 후발대가 도착하고는, 조슈 번주의 사면을 호소하는 탄원서를 교토 주재 타 번들에 보냈다. 이 소문을 전해 들은 조정은 교토 및 천황 수호의 전권을 부여받은 요시노부에게 사태 진압을 일임하였다. 즉시 토벌해야 한다는 나카가와노미야와 가타모리의 주장을 물리치고, 요시노부는 철병을 권고하는 칙서를 조슈 측에 계속해서 보냈다. 하지만 조슈 측은 이 칙서가 위칙이라 주장하고, 다른 막부 관료와 교토 주재 여러 번 그리고 공경들을 설득하면서, 조슈 번의 복권과 함께 주적인 아이즈 번과 가타모리의 퇴출을 주장하였다.

당시 고마쓰를 필두로 한 교토 주재 사쓰마 번의 입장은, 이번 소동은 조슈와 아이즈 간의 구원(旧怨: 8·18정변)으로 인한 싸움이기에 명분 없는 싸움에는 개입하지 않을 것이며 오로지 천황을 지키는 데 집중하겠다는 것이었다. 물론 이는 히사미쓰가 교토를 떠나기 전, 자신의 번사들에게 엄명한 유책의 제1조이기도 하였다. 사실 7월 1일 가로 고마쓰는 요시노부의 호출을 받아, 후시미까지 사쓰마 번병을 파견하라는 요청을 받았지만 이에 응하지 않았다. 서정위임하에 '막명이 바로 조명'이라는 요시노부의 희망은 사쓰마로서는 받아들일 수 없었다. 그러나 이 싸움이 진정될 기미가 없다고 판단한 교토 주재 사쓰마 수뇌부는, 번병의 상경을 요청하면서 오사카에 정박 중이던 쇼호마루(翔鳳丸)를 가고시마로 보냈다. 대포와 소총으로 무장한 450명의 사쓰마 번병이 교토에 도착한 것은 7월 16일이었다.

그 이튿날인 7월 17일 사쓰마, 도사, 에치젠 번 등이 모여 신속한 토벌을 주장하는 의견서를 조정에 제출하였고, 당일 조의에서 '철병을 요구하고 이를 거부할 경우 토벌하겠다'는 결정이 내려졌다. 사쓰마 번이 대규모 병력을 동원하면서 토벌 논의를 주도하였고, 제 번들이 이에 동조해 조슈 토벌을 결정한 이상, 요시노부로서도 이를 거부할 명분이 없었다. 선후는 불분명하나, 조슈 측도 같은 17일 가타모리 토벌을 명분으로 출진을 결정하였다.

조슈 처분에 대한 조의 결정이 강경파와 유화파 사이에서 혼미를 거듭하다가 17일 밤에서 18일 새벽에 내려진 것으로 보아, 조슈의 출진 결정이 조정과 요시노부의 결단을 촉발하였을 가능성이 높다고 판단된다. 7월 19일 새벽 후시미에서 오가키 번(大垣藩)이 조슈와 전투에 들어갔다는 소식을 들은 요시노부는, 천황으로부터 조슈 추토의 칙서를 받아 냈다. 이어서 교토수호직, 교토소사대, 제 번들의 병력이 속속 어소로 모여들었고, 이들은 요시노부의 지휘하에 어소 외곽 9문의 방어에 나섰다. 당시 사쓰마 병사는 모두 1,000명가량 되었고, 아이즈 번 1,500명, 요시노부 휘하에 800명 등 총세 4,000명 가까이 되는 데 반해, 교토를 포위하고 있던 조슈의 번병은 1,000명 조금 더 될 정도였다.

전투 초반에는 조슈의 위세에 눌려 고전하기도 하였으나, 사이고가 지휘하는 포병의 대활약으로 전투는 하루 만에 끝났고, 조슈의 세는 완전히 퇴패하고 말았다. 당시 조정 측 전사자는 60명 정도였으나 조슈 측의 사망자는 400명에 달할 정도였고, 맹렬한 시가전 끝에 3만 채에 달하는 교토의 민간 건물이 소실될 정도로 격렬한 전투였다. 이 사건은 금문(禁門: 어소 출입문) 앞에서 벌어진 무력 충돌이라, 일반적으로 금문의 변(禁門の変)이라 불린다. 이 전투에서 구사카 겐즈이와 마키 이즈미(真木和泉) 등 존왕양이 과격파의 주도적 인물들이 전사하였는데, 이는 조슈뿐만 아니라 급진파 존왕양이 지사들에게도 커다란 손실로 다가왔다. 이제 어소를 향해 발포한 조슈 번은 조적이 되었고, 마침내 7월 23일 조슈 정벌의 칙명이 내려졌다.

조슈 정벌

한편, 조슈에서는 곧 닥쳐올 것으로 예상된 외국 함대의 내습에 골몰하고 있던 바로 그때, 교토에서의 비보가 도착하였다. 안 좋은 일은 언제나 한꺼번에 온다고 하였듯이, 8월 5일 시작된 4개국(영·프·미·네) 함대의 공격은 8일에 끝났고, 조슈 번의 포대는 완전히 박살나고 말았다. 조슈로서는 어디 하나 도움을 청한 곳도 없었고, 곧장 시작된 강화회담은 14일에 종결되었다. 이에 8월 2일에는 금문의 변 당시 출진한 세 가로(후쿠하라 모토타케, 구니시 지카스케, 마스다 우에몬노스케)를 파면하고는, 조슈의 지번인 이와쿠니 영주 깃카와 쓰네마사에게 항복 주선을 의뢰하였다.

항복에 관해 보수온건파[순일공순론(純一恭順論): 모리가의 사직이 보존된다면 어떤 희생을 치르더라도 항복한다는 논리]와 강경파[무비공순론(武備恭順論): 밖으로는 공순이지만 안으로는 무비를 갖추어, 경우에 따라서는 막부와 일전을 각오한다는 논리] 간에 논쟁도 있었지만, 결국 순일공순론으로 귀착되었다. 이는 아직 오사카 성에서 조슈 정벌 전쟁을 위한 군의가 열리기 전이었다.

천황의 칙명에 따라 에도 막부는 막부대로, 교토의 요시노부는 요시노부대로 정벌안을 수립하였지만, 결국 막부의 의도대로 정장총독(征長総督: 조슈 정벌 전쟁 총독)에 전 오와리 번주 도쿠가와 요시카쓰(徳川慶勝), 부장에 에치젠 번주 마쓰다이라 모치아키(松平茂昭)가 임명되었다. 하지만 이번 정벌에서 요시노부에게는 아무런 역할도 주어지지 않았다. 막부는 당시 요코하마 쇄항 문제와 계속되는 양이 민란, 게다가 두 번에 걸친 상락으로 재정이 피폐해졌으며, 사실 원정을 치르기에는 무비(武備)도 충분치 않아 실제 출진을 차일피일 미루고 있었다.

그 결과 요시카쓰가 교토에 나타난 것은 9월 21일이며, 막부에 전권 위임을 요구하면서 총독직을 수락한 것은 10월 5일이 되어서야 가능하였다. 이후 10월 22일 오사카 성에서 군의를 열었고, 군의 결과에 따라 11월 1일에 출진을 시작하여 11일에 진영을 완전히 구축하였으며, 이어 18일에 공격 개시 명령을 하달하였다. 정벌 칙명이 내려진 지 무려 4개월 가까이 걸려 마침내 제1차 조슈 정벌이 개시되었다.

10월 12일에 행장군 참모 중의 하나로 임명된 사이고는 22일 오사카 성 군의에 참가하였고, 24일에는 총독 요시카쓰에게 불려가 조슈 처분에 대한 질문을 받고는 다음과 같이 대답하였다. "조슈 번은 '폭당'과 '정당'으로 나누어져 있다. 이러한 조슈 번의 상황을 이해하지 않고 '정당'을 궁지로 몰아넣는 것은 무책이자 졸책이다. 사죄하고 공순하겠다고 말하는 데도 죄인 취급하는 것은 정벌의 본의가 아닌 것 같다. 어쨌든 공순으로 이끄는 것이 정벌의 본의라 생각한다." 금문의 변 이후 조슈 처분에 극단적 강경파였던 사이고가 이처럼 신중·관전론으로 돌아선 데는 일반적으로 잘 알려진 가쓰가이슈(勝海舟)와의 면담이 크게 작용하였다.

당시 가쓰는 막부의 군함부교로 오사카만의 방어 책임자였다. 사이고의 제안으로 1864년 9월 11일 오사카 센쇼지(專称寺)에서 만난 두 사람은, 4개국 함대의 시모노세키 포격을 화두로 점차 오사카만의 방어, 나아가 막부 대응과 그 능력에 대한 대화로 이어졌다. 주로 가쓰가 대화를 이끌었는데, 현재 막부는 외세에 대응할 능력이 없으며, 결국 웅번연합의 힘으로 대처할 수밖에 없다는 논리였다. 이는 막부의 중신인 가쓰의 입에서 나올 수 없는 이야기로, 웅번 참여를 기도하였다가 실패하고 만 사쓰마 번의 가신으로서는 놀라울 따름이었다. 사이고의 제안을 받아들인 정장총독 요시카쓰는, 막부의 의지와는 달리 관전론에 의거한 조기 해병(解兵) 노선으로 독주하였다. 여기에는 정장군(征長軍)에 동원된 제 번의 전투 의지 결여와 재정난도 한몫을 하였다.

전권을 위임받은 사이고는 적지인 시모노세키로 내려가 직접 담판에 나섰다. 그는 금문의 변 당시 상경한 3명의 가로 할복, 4명의 참모 참수, 그리고 금문의 변 당시 조슈 번병과 함께 조슈로 온 공경 5명의 추방이라는 항복 조건을 내걸었다. 우여곡절 끝에 조슈 번이 이를 수락함으로써 11월 27일 정장군의 해산 명령이 내려졌다. 이를 보고받은 막부는 정장군이 받아들인 관전론적 항복 조건을 수긍할 수 없다며, 번주 부자와 공경 5명의 에도 압송을 명령하였다. 그러나 요시카쓰는 이미 제 번병들이 해산되었고, 이번 정벌에 대해서는 자신이 전권을 위임받았기에 그 명령을 수락할 수 없다는 회답을 보냈다.

사이고의 주선으로 결국 제1차 조슈 정벌 전쟁은 막을 내렸다. 우리는 사이고가 이 시점을 기화로, 한편으로는 번의 정책을 따르다가도 다른 한편으로는 독자적 정치 행보를 하면서 점차 막말의 거인으로 등장하였다고 인식하는 것이 보통이다. 물론 나 역시 여기에 동의하는 부분이 없지 않지만, 제1차 조슈 정벌 전쟁 당시 사쓰마 군의 총사령관은 여전히 고마쓰 다테와키였으며, 사이고는 그의 명령에 절대복종해야 하는 신분이었다. 따라서 제1차 조슈 정벌군에서 보여 준 사이고의 활약상은 히사미쓰-고마쓰-사이고로 이어지는 명령 계통과 그 통제하에 있었을 것으로 보는 것이 타당하다. 그리고 이 같은 관계는 토막 전쟁이 본격화되는 1868년까지 지속되었다.

한편, 금문의 변 이후로 조슈 내 두 파벌의 갈등은 격화되었다. 금문의 변으로 수세에 몰린 정의파(강경파)는 수모에 가까운 항복 조건을 받아들인 속론파(보수온건파)의 행태에 반발하였지만, 뜻을 이루지 못했다. 그러나 12월 15일 정의파의 대막부 주전론자인 다카스기 신사쿠(高杉晉作)의 공산사 거병(功山寺挙兵)에 의해 조슈 번내 내전이 시작되었고, 마침내 1865년 2월

14일 정의파의 승리로 조슈의 내전은 끝이 났다. 정의파의 집권으로 조슈의 번시는 '순일공순'에서 '무비공순'으로 바뀌었고, 이를 위해 기존의 시모노세키-상하이 밀수 루트를 활용해 무기를 사들였다. 이처럼 막부의 단호한 입장에 조슈가 굴복할 것이라는 예상과는 달리, 조슈의 저항은 강력하였고 막부로서도 위기감을 느끼기 시작하였다.

결국 막부는 1865년 3월 29일 조슈가 명을 거부한다면 쇼군 이에모치가 직접 조슈 정벌에 나설 것임을 제 번에 통보하였다. 이에모치는 5월 16일 에도 성을 떠나 윤 5월 25일 오사카 성으로 들어왔고, 이후 오사카 성은 조슈 정벌의 본거지가 되었다. 이에모치는 이곳 오사카 성에서 제2차 조슈 정벌 때 죽었고, 후임인 도쿠가와 요시노부(德川慶喜)는 대정봉환 이후 이곳 오사카 성에서 야반도주함으로써 260여 년 도쿠가와 막부의 종언을 고하게 된다. 여기서 주목해야 할 사항이 하나 더 있다면, 바로 사쓰마와 조슈의 번정 주도권에 관한 것이다. 사쓰마는 번주의 강력한 정치력하에 황국보위, 막정참여, 개국이라는 국시를 거국일치로 추진하였던 반면, 조슈는 속론파와 정의파의 권력 대립 속에서 집권파의 정치적 소신에 따라 개국-양이-개국으로 번시가 바뀌면서 막말의 정국을 헤쳐 나갔다는 점이다.

삿초맹약 I

금문의 변(1864년 7월 19일)을 계기로 막부는 공무일화, 웅번 포섭의 정책을 버리고 막권 강화의 길로 나섰다. 가쓰 가이슈가 만든 고베 해군조련소(神戸海軍操練所) 역시 그 시기의 막부 정책(공무일화)에 따라 1864년 6월 개

소되었다가, 1865년 3월 폐교되었다. 물론 가쓰도 1864년 5월 군함부교에 임명되었다가 11월에 파면되었다. 가쓰는 고베 해군조련소 폐쇄와 함께 조련소 숙두였던 사카모토 료마를 비롯한 일부 학생들의 뒷일을 사쓰마의 고마쓰 다테와키에게 부탁하였다. 일반적으로 료마가 주축이 되어 만든 가메야마샤추(亀山社中)의 중계무역이 빛을 발하면서 견원지간의 사쓰마-조슈가 화해를 할 수 있었고, 마침내 삿초맹약(薩長盟約)을 결성하게 되었다는 것이 통속적인 설명이다.

하지만 이 중계무역 당시 료마는 가메야마샤추가 위치한 나가사키에 있지 않았다. 이 이야기를 전개하기 위해서는 우선 나카오카 신타로(中岡慎太郎)라는 인물에 관한 설명이 필요하다. 그는 도사 번 출신의 존왕양이 탈번지사로, 1862년 가을 번주의 상경 때 2차로 뒤따라온 도사 번 지사들 중 하나이다. 그 후로 교토에 계속 남아 금문의 변 당시 조슈 번에 종군하여 부상을 입었고, 이후 7명의 공경을 수종하면서 조슈로 갔다. 1865년경에는 후쿠오카의 지쿠젠다자이후(筑前大宰府)에 있었다. 물론 신타로는 1867년 12월 료마가 기습당할 당시 함께 있다가 부상을 입고 다음 날 사망하였다. 료마의 암살범이 누구인지는 막말 유신사의 미스터리 중 하나인데, 그중에는 신타로가 암살범이었을 것이라는 설도 있을 정도이니, 료마 암살범에 대해서는 억측과 괴담이 난무하면서 아직도 명확하게 밝혀지지 않고 있다.

다시 돌아가, 당시 료마와 신타로 모두 사쓰마와 조슈의 화해 필요성을 역설하고 다녔고, 이에 동조한 일부 지인들의 주선으로 마침내 나가사키에서 료마와 가쓰라 고고로(桂小五郎)의 회합이 이루어졌다. 이를 바탕으로 1865년 5월 21일 사이고와 가쓰라 고고로의 회합이 성사되기 직전, 사이고의 불참으로 만남은 이루어지지 않았다. 당시 사이고는 막부의 제2차 조슈 정벌에 조정이 호응한다는 소문을 듣고, 이를 저지하기 위해 급거 상경할 수밖에 없었다고 한다.

한편, 무비공순을 기치로 한 조슈의 정의파는 막부의 재정벌에 맞서 무기 밀매에 진력을 다했다. 이에 막부는 친막부 성향의 프랑스 공사 로슈(Léon Roches)와의 교섭에 돌입하였고, 그 결과 프랑스는 영국, 미국, 네덜란드와 공모해 5월 28일자로 막부와 조슈 사이 엄정중립을 선언하였으며, 조슈의 밀수 루트를 차단하였다. 료마와 신타로는 이 같은 조슈의 곤궁을 기화로, 자신들의 동지가 운영하고 있던 가메야마샤추를 통해 조슈에는 사쓰마 명의로 수입된 무기를 전매하고, 반대로 사쓰마의 군량미를 조슈가 공급하는 제안을 하였다.

마침내 7월 21일 나가사키에서 고마쓰와 이노우에 가오루(井上馨) 및 이토 히로부미(伊藤博文)의 역사적 만남이 성사되었다. 이때 무기 조달과 함께 군함의 구입도 논의되었다. 당시 상하이에 계류 중이던 유니언(Union)호가 그 대상이 되었고, 이 배가 상하이에서 나가사키로 올 때 선적한 미니에 총 4,300정과 게베르 총 3,000정이 글로버 상회를 통해 조슈에 전달된 것이 8월의 일이었다. 이를 계기로 사쓰마와 조슈의 화해 분위기가 조성되기 시작하였는데, 물론 이 거래는 가메야마샤추의 최초 거래였다.

한편, 9월이 되면서 교토 정국이 또 한 번 요동치는 계기가 있었으니, 그것은 영·프·미·네 4국 연합함대 9척의 군함이 효고만에 나타난 사건(9월 16일)이었다. 지난해 시모노세키 포격을 진두지휘한 영국 공사 올코크의 후임인 파커스가 다시 전면에 나서서 이 사건을 주도하였던 것이다. 올코크의 해임은 그가 영국 본국의 의도와는 달리 일본과의 본격적인 전쟁으로 비화될 수 있는 일을 벌인 것에 대한 문책성 해임이라, 파커스는 본국의 훈령대로 조약 칙허를 얻는 쪽으로 방향을 전환하였다. 당시는 조슈 재정벌을 위해 쇼군과 막부 수뇌부 대부분이 교토와 오사카에 있던 시기라, 함대 등장을 통해 최대한 조정을 압박할 계획이었다. 파커스의 계획이 그대로 적중하면서, 9월 20~21일에 걸친 조의에서 조슈 재정벌의 칙허를 얻어 냈고, 이어 10월 4~5일에 열린 조의에서 마침내 조약 칙허를 얻어 낼 수 있었다.

이들 칙허를 막기 위해 오쿠보가 동분서주하였지만, 요시노부의 정치력 앞에 무릎을 꿇고 말았다. 오쿠보가 사이고에게 보낸 편지에서 "비의(非義)의 칙명은 칙명이 아니다."라는 말은 바로 이 당시 자신의 심정을 토로하였던 것이다, 이 무렵 사쓰마 번은 외교권을 막부에서 유력 제후 연합으로 넘길 것을 요시노부와 조정에 제안하면서 맹렬히 주선하고 있던 시기였고, 이를 관철하고자 고마쓰와 사이고가 히사미쓰의 상경을 설득하기 위해 가고시마에 가 있었다. 히사미쓰의 재가를 얻고는 제후회의를 관철하기 위해 다테 무네나리(우와지마 번)와 마쓰다이라 슌가쿠에게 사자를 보냈지만, 칙허가 나왔다는 소식을 듣고는 제후회의를 접고 말았다. 이에 고마쓰와 사이고는 곧장 번병을 동반하여 교토로 상경하였다.

이제 칙명으로 조슈 재정벌이 결정된 이상 사쓰마도 이를 거부할 명목이 없었다. 사이고로서는 자신이 신명을 다해 조슈와의 전쟁을 막은 것에 자부심을 갖고 있었지만, 오히려 그것이 조슈 재정벌의 사유가 된 데에 울분을 참을 수 없었다. 막부에 대한 그의 적개심은 점차 노골화되었고, 이에 히사미쓰는 사이고와 절친인 가로 가쓰라 히사타케(桂久武)를 교토로 보내 사이고의 경거망동을 경계하라는 훈령을 보냈다. 물론 사이고 역시 어떤 변명도 하지 않고 히사미쓰의 뜻을 따르겠다고 가쓰라에게 약속하였다.

삿초맹약 II

참예회의 좌절 후 히사미쓰는 가고시마로 돌아왔고, 이후 막부와 거리를 두는 할거(割拠) 체제로 돌입하였다. 한편으로는 무역 진흥, 군사 개혁, 무비 충실 등을 통한 부국강병을 목표로 하면서, 언젠가는 있을 막부와의 대결에 대비하는 자세를 견지하였다. 또 한편으로는 무력을 동반하지 않고 외교권을 막부에서 조정으로 이관하는 운동도 게을리하지 않았다. 결국 전자는 왕정복고 쿠데타와 보신 전쟁, 후자는 대정봉환으로 이어지고 말았지만, 당시로서 이것들(왕정복고 쿠데타와 대정봉환)은 히사미쓰 앞에 놓여 있을 미래의 선택지일 뿐이었다. 현실 정국은 요시노부의 천하가 되었고, 제1차 조슈 정벌 이후 사쓰마는 중앙 정국에서 물러나 당분간 중앙 정국의 귀추를 바라볼 뿐이었다. 또한 막부를 타도 대상으로 삼아 무력도발까지 획책하고 있던 교토 사쓰마 수뇌부의 움직임도 감시해야 했고, 계속된 솔병상경과 근대화 정책으로 번의 재정이 크게 어려워짐에 따라 급격히 제기되고 있던 가고시마 번 수뇌부의 반발도 억눌러야 했다.

더군다나 사쓰에이 전쟁, 4개국 연합함대의 시모노세키 포격 및 효고만 내항 등 점차 압박해 들어오는 외세에 일본이 식민지로 전락할지 모른다는 위기감, 그리고 특히 4개국 연합함대의 효고만 내항으로 조약 칙허 문제가 일시에 해소되는 것을 보고는, 국내 갈등이 외세 침탈의 빌미가 될 것이라는 불안감도 떨칠 수 없었다. 결국 그 해결책으로 조슈와의 화해, 나아가 연대가 필요하다는 판단에 이르게 되었다. 제1차 조슈 정벌 당시 조슈에 대한 사이고의 화해 제스처, 즉 관전론은 이러한 히사미쓰의 판단에서 비롯된 것이라고 보아야 할 것이다. 즉 대담부적(大胆不敵)과 섬세치밀(繊細緻密)로 대변되는 히사미쓰의 용기와 결단력 그리고 추진력이 없었다면, 이 모든 요인을 통제하면서 사쓰마 번을 한 방향으로 진군시키기는 어려웠을 것이다.

사쓰마 명의로 구입한 유니언호[사쓰마에서는 사쿠라지마마루(桜島丸), 조슈에서는 잇추마루(乙丑丸)라고 명명]의 대금 지급 및 인도 방식을 둘러싸고 조슈, 사쓰마, 글로버 상회, 가메야마샤추 사이에 분쟁이 일어났지만, 결국 12월 25일 조슈에 유리한 새로운 계약 조건에 따라 이 문제가 해결되었다. 또한 1866년 1월 23일 막부가 요청한 조슈 번 처분의 구체적 안[10만 석의 감봉, 번주 모리 다카치카(毛利敬親)의 은거 및 칩거, 세자 모리 히로아쓰(毛利広封)의 영구 칩거, 할복한 3가로의 가명(家名) 영세 단절]이 칙허를 얻게 되었다. 여기에는, 만약 이 처분안을 받아들이지 않는다면 제2차 조슈 정벌 전쟁도 불사할 것이라는 점도 포함되어 있었다. 이러한 분위기를 모를 리 없는 조슈 측에서는 이를 현실로 받아들였고, 결국 당시 사쓰마와 조슈 사이의 화해 분위기에 편승해 두 번의 최고 수뇌부가 마주 앉게 되었다.

1866년 1월 21일 고마쓰의 저택에서 사쓰마 측 대표로 고마쓰 다테와키, 조슈 측 대표로 기도 다카요시가 6개 조에 달하는 맹약을 맺었다. 물론 이들 외에도 참관인 자격으로 사카모토 료마와 사이고를 비롯한 6명의 사쓰마 번사들과 시나가와 야지로(品川弥二郎)를 비롯한 조슈 번사 2명도 참관하였다. 이 맹약은 구두로 맺었기에 당시는 조약문이 존재하지 않았다. 어쩌면 부담이 될 수 있는 맹약이라 사쓰마 측에서는 그 증거를 남기고 싶지 않았을지 모르나, 조슈 측은 이 맹약의 이행에 불안감을 느끼지 않을 수 없는 입장이었다. 이틀 후인 23일 기도는 자신의 기억을 더듬어 당시의 맹약 내용을 6개 조로 정리해, 이를 확인하고자 참관인이었던 사카모토 료마에게 보냈다. 현재 남아 있는 조약문은 바로 기도가 보낸 서한에 료마가 서명한 것이다.

흔히 삿초맹약은 두 번 사이의 군사동맹으로서 이를 기반으로 토막, 즉 도쿠가와 막부의 붕괴가 시작된 역사적인 출발점으로 보고 있다. 그리고 견원지간 같은 두 번을 화해로 이끈 료마의 신화가 여기서 시작된다. 하지만 이 맹약은 결코 군사동맹이 아니었으며, 제2차 조슈 정벌 전쟁이 일어난다면 사쓰마가 조슈를 물심양면으로 지원하겠다는, 특히 조슈 번의 정치적 복권을 위해 노력하겠다는 일방적인 원조 맹약에 다름 아니었다. 이 글에서 일반적으로 사용하는 '삿초동맹' 대신 '삿초맹약'이라 강조하는 이유에는 이러한 배경이 있다. 그렇다면 이 조약문의 구체적인 내용을 살펴보자.

1. 정장군(征長軍)이 조슈 군을 공격한다면, 사쓰마는 병력 2,000명을 상경시킨다.
2. 조슈 번 쪽으로 승산이 있을 경우, 조적이라는 오명을 씻기 위해 조정 공작을 단행한다.
3. 패색이 농후한 경우라도 조정 공작은 시도한다.
4. 개전이 되지 않고 정장군을 에도로 물릴 경우에도, 조적이라는 오명을 씻기 위해 조정 공작을 단행한다.
5. 요시노부, 교토수호직 마쓰다이라 가타모리, 교토소사대 마쓰다이라 사다아키의 지금까지의 정치적 행태가 계속된다면, 최종적으로 이들과 결전을 할 수밖에 없다.
6. 조적의 오명을 씻은 후는 조정 아래 모든 다이묘들이 참여하는 정치체제로의 이행을 우리 두 번이 목표로 한다.

제1조는 전쟁이 시작되면 군사를 이끌고 상경하겠다는 것으로, 천황을 수호하고 막부에 압력을 가하겠다는 의도로 볼 수 있다. 제2~4조는 천황과는 관계없이 사쓰마가 조슈의 정치적 복권을 위해 조정 공작을 하겠다는 약속이며, 제5조는 조정을 좌지우지하고 있는 세력을 처단하지 않고는 조슈의 복권이 불가능하기에, 최후의 수단으로 요시노부와의 결전도 각오하고 있다는 의지 표명으로 볼 수 있다. 여기서 사쓰마 측은 에도의 막부와 교토의 이치카이소를 분리해 인식하고 있음도 확인할 수 있다. 마지막으로 두 번이 목표로 하는 미래의 정치체제가 제기되어 있다. 막부 중심이 아닌 조정 중심의 공무합체를 전제로 하면서, 여기에 웅번들이 참여하는, 다시 말해 시마즈 나리아키라로부터 히사미쓰까지 도도히 이어져 오는 사쓰마의 번시이자 미래 일본의 국체안이 이 조약문에서 분명히 밝혀지고 있다. 결론적으로 말하자면, 삿초맹약은 토막을 위한 군사동맹은 결코 아니었으며, 당시 히사미쓰는 막부와의 무력 대결을 결코 염두에 두지 않았다고 볼 수 있다.

제9장

4후회의 좌절과 히사미쓰 퇴장

1866년 1월 21일 삿초맹약이 이루어지기 직전인 1865년 후반은 곧 있을 제2차 조슈 정벌을 위해 막부는 막부대로, 그 상대인 조슈는 조슈대로 명분과 실리를 갖추기 위해 각자 매진하고 있던 때였다. 5월 상락 이후 오사카 성에 머물던 쇼군 이에모치는, 9월 16일 다시 상락하여 조슈 재정벌을 위한 칙허를 얻기 위해 조정 공작을 개시하였다. 그리고 막부는 계속해서 히로시마 번을 매개로 조슈 측에 강압적인 조건(예를 들어, 번주 부자의 오사카 송환 등)을 제시하면서 압박을 가했다. 한편, 그 기간에 조슈는 사쓰마를 통해 서양식 무기와 군함을 도입하고, 번의 행정과 군사 체계를 개혁하면서 다가올 공격에 대비하고 있었으니, 당연히 막부의 요구를 거절할 수밖에 없었다. 또한 사쓰마의 제안에 응하면서 삿초맹약까지 체결하기에 이르렀다.

1월 22일 막부가 조슈 처분 최종안에 대한 칙허를 얻은 후에도, 막부와 조슈 사이의 교섭은 계속해서 진행되었다. 조슈의 최종 청원서가 제출 마감 기한인 5월 29일까지 제출되지 않는다면, 막부는 6월 5일부터 각 방면에서 진격을 개시한다는 결정이 내려졌다. 그러나 이미 각 방면에는 막부군의 배치가 완료된 상태였다.

한편, 1866년 4월경은 고마쓰와 사이고가 가고시마에 있을 때라, 중앙 정국에서는 조슈 재정벌을 저지하기 위한 오쿠보의 활약이 돋보이던 시기였다. 그는 4월 14일 사쓰마 번 오사카 출장소(大坂藩邸留守居) 명의로 출병 거부서를 제출하였지만, 막부는 이를 수령하지 않았다. 오히려 노중 이타쿠라(板倉)로부터 강력한 출병 요구를 받았지만, 오쿠보는 대의명분이 없는 출병에는 동의할 수 없다고 완강히 거부하였다. 이어 4월 19일에는 이전 출병 거부서에 번주 서명을 추가해 다시 제출함으로써, 사쓰마 번의 출병 거부 의지를 다시 한번 확인시켜 주었다. 이 시기에 히로시마 번 역시 출병 거부서를 제출하였지만 별 소용없었고, 마침내 6월 7일 막부 함대의 포격을 시작으로 제2차 조슈 정벌이 개시되었다.

사쓰마는 삿초맹약에 따라 어소를 경비한다는 명목으로 1,140명의 병력을 교토로 파견하였다. 조슈 군은 4개 방향(大島口, 芸州口, 石州口, 小瀨川口)으로 진군하는 막부 정벌군에 맞서 선전하였고, 곳곳에서 막부 군의 패전 소식이 오사카와 교토로 전해졌다. 밀집 대형을 이루고 명중률이 낮은 전장식 게베르 총으로 무장한 막부 군은, 소규모 게릴라식 전술을 구사하면서 명중률이 높은 후장식 미니에 총으로 무장한 조슈 군을 감당해 낼 수 없었다. 계속된 패전으로 마침내 7월 29일 밤 막부 군최고지휘관 노중 오가사와라 나가미치(小笠原長行)는 군함으로 나가사키를 탈출하였고, 8월 1일에는 고쿠라 성이 떨어짐으로써 막부 정벌군의 패배는 자명해졌다.

한편, 7월 20일 사쓰마 번은 전쟁 종결, 조정 개혁, 황위회복 등을 요구하는 건백서를 조정에 제출하였지만 받아들여지지 않았다. 계속된 패전에도 막부 군이 전쟁을 중지할 수 없었던 데는 고메이 천황의 종전 반대가 결정적인 요인이었다. 그런데 바로 같은 날 쇼군 이에모치가 오사카 성에서 사망하였다. 어쩌면 사쓰마 번이 이 사망 소식을 듣고 즉시 건백서를 보낸 것인지는 알 수 없다. 전쟁 상황과 중앙 정국은 이제 혼미로 빠져들었다.

히토쓰바시 요시노부에서 도쿠가와 요시노부로

7월 28일 막부는 히토쓰바시 요시노부를 도쿠가와가의 가독상속인으로 삼겠다며 칙허를 요청하였고, 이에 29일 칙허가 내려졌다. 그리고 다음 날 30일에 요시노부(이 책에서는 도쿠가와가를 상속받은 이 시점부터 도쿠가와 요시노부라는 이름을 사용한다)는 자신이 맡고 있던 금리어수위총독(禁裏御守衛総督)과 섭해방어지휘(摂海防禦指揮) 직을 사임하였다. 하지만 요시노부는 쇼군직 취임을 계속 고사하였다.

사실 요시노부는 성년이 되면서부터 막부의 경계 대상이었기에 선뜻 쇼군직을 맡겠다고 나설 경우 막부로부터 또 다른 의심을 받을 수 있었고, 조슈 재정벌 역시 예상과는 달리 막부 측에 불리하게 진행되고 있었으므로 쇼군 취임을 주저하였다고 볼 수 있다. 게다가 쇼군 후보로 요시노부 이외에는 다른 대안이 없던 상황이라, 자신을 지지하고 지원해 줄 체제를 갖출 때까지의 시간이 필요하였던 것으로도 이해할 수 있다. 그러나 의외로 요시노부는 이에모치의 사망 즉시 철저 항전을 주장하면서 스스로 출진하겠다고 선언하였다. 8월 8일, 슌가쿠 및 노중들의 반대에도 불구하고 요시노부는 출진의 칙허를 얻어 냈다. 여기에는 요시노부의 출진 의지가 결정적이었겠지만, 고메이 천황의 전쟁 지속 의지가 한몫하였음은 주지의 사실이다.

요시노부는 노중 오가사와라의 나가사키 탈주와 고쿠라 성 함락 소식을 듣고는 휴전을 위한 조정 공작을 시도하였고, 놀랍게도 8월 16일 휴전의 칙명을 얻어 냈다. 그리고 요시노부는 조만간 여러 다이묘들을 소집해 천하공론으로 국사를 결정하겠다는 의견을 공포하였다. 8월 20일 막부는 요시노부의 가독상속을 공포하였고, 우에사마(上様: 전하)라 호칭한다는 명령이 내려졌다. 요시노부가 쇼군직 취임을 거부하고 있었지만, 실질적으로는 새로운 쇼군이 탄생한 것이었다.

이어 9월 2일 막부와 조슈 사이에 휴전 회담이 성사되면서, 4개의 전선 중에서 오제가와구치(小瀬川口: 조슈와 고쿠라 사이의 전선)를 제외하고 나머지 3개 전선에서 종전이 이루어졌다. 당시 막부 측의 교섭 담당자는 군함부교였던 가쓰 가이슈였다. 전투 의욕이 없던 막부 정벌군과 신무기로 무장해 번을 지키고야 말겠다는 조슈 사이의 전쟁 결과는, 이미 예고된 대로 막부 측의 완패였다. 그러나 고쿠라와 조슈 간의 전투는 계속되었고, 다음 해인 1867년 1월이 되어서야 둘 사이의 강화가 이루어졌다.

7월 20일 이에모치의 사망과 그 후 12월 5일 요시노부의 등극 사이 4개월여는 형식적으로는 쇼군 부재의 시기였다. 이와 동시에 막부를 폐지하고 왕정복고(여기에는 유력 제후의 합의체를 기반으로 하는 공화정치도 포함)를 꿈꾸던 조정 공경이나 사쓰마 번과 같은 웅번들에게는 새로운 기회이기도 하였다. 요시노부가 참전 칙허를 받아 냈던 8월 8일 직후인 13일, 슌가쿠는 막부 폐지 및 조정으로의 정권 반납을 권유하는 편지를 요시노부에게 보냈다. 이에 대해 어떤 답변이 오갔는지는 확인할 수 없지만, 요시노부로서는 커다란 충격이었음은 분명하다. 한편, 이러한 구상은 사쓰마 번에서도 확인할 수 있었다. 당시 오쿠보와 우치다 나카노스케(内田仲之助) 등 사쓰마 교토 수뇌부 역시 요시노부가 쇼군 취임을 거부하고 있는 지금이 바로 하늘이 준 좋은 기회라 보았다. 그들은 조정 명령을 받아 히사미쓰가 상경하여 쇼군직을 폐지하고 제후회의를 실현시켜야 한다는 논의를 이어 갔다.

한편, 조정에서도 쇼군 공위 기간에 발맞추어 새로운 움직임이 나타났다. 7월 20일 근신 중이던 이와쿠라 도모미가 사쓰마 번의 황위회복 건백에 발맞추어, 오하라 미치토미(大原重徳), 나카노미카도 즈테유키(中御門経之) 등을 움직여 공경들이 조정에 직소를 하는 소위 22경열참사건(二十二卿列参事件)이 일어났다. 오하라를 필두로 22명의 공경들이 천황을 비롯한 조정 수뇌부 앞에서, '국정에 관해 조정이 직접 명령을 내리고, 1862년(사간이빈 처분), 1863년(8·18정변 처분), 1864년(금문의 변 처분)에 처분받은 공가들을 사면하고 조정을 개혁해야 한다'고 주장하였다. 이때가 8월 30일이었다.

당시 요시노부와 연대해 조정을 주도하고 있던 니조 관백과 나카가와노미야가, 이번에는 요시노부의 조슈 정벌 포기에 격분하던 공경들을 움직이는 데 한몫을 하였다. 요시노부는 정국의 주도권을 놓치지 않기 위해 8월 16일 제 번에 대한 상경 명령의 칙허를 조정으로부터 얻었다. 하지만 요시노부의 명령이 아직 내려지지 않은 상태에서, 9월 7일 조정이 먼저 22경열참사건에 호응하는 모양새로 24개 번의 제후에 대해 소집 명령을 내렸다.

제 번 제후들의 상경을 요구한 요시노부의 노림수는 막부 주도의 조슈 재정벌의 전후 처리와 조슈 번 처분 문제가 그 하나이고, 다른 하나는 제 번의 천거에 응하는 형식으로 쇼군에 취임하려던 것이었다. 반면에 이와쿠라나 오쿠보로서는 이번 기회에 요시노부의 쇼군 취임을 저지하고 유력 제후들의 보좌하에 조정이 중요한 국사를 주도적으로 결정하는 체제, 다시 말해 천황친재(天皇親裁)를 도모하려 하였다. 하지만 이들의 공작은 실패로 끝나고 말았다.

10월 16일 요시노부가 참내하여 천황을 알현하였는데, 당시 거의 쇼군 수준의 대접을 받았다고 한다. 게다가 10월 27일에는 22경열참사건의 주도자들이 폐문의 처분을 받았지만, 10월까지 상경한 제후(다이묘와 다이묘급 가신)는 5명에 불과하였다. 히사미쓰 역시 교토 수뇌부의 상경 간청에도 불구하고 시기상조라는 이유로 상경길에 오르지 않았고, 대신에 당시 가고시마에서 번정 개혁에 몰두하고 있던 고마쓰와 사이고를 700명의 병력과 함께 상경시켰다. 여기서 주목할 점은 이제 막부의 명령에도, 조정의 명령에도 제후들이 따르지 않는 상황이 전개되고 있었다는 사실이다.

이제 번들은 자신들의 이해와 미래에 따라 이합집산, 각자도생을 하는 할거의 시대로 접어들었던 것이다. 또한 조슈 재정벌을 계속 주장해 오던 아이즈(교토수호직) 번과 구와나(교토소사대) 번 역시 요시노부에 대한 불신감이 강해져, 굳건하던 이치카이소 권력 역시 와해의 기미를 보이기 시작하였다. 그러나 요시노부는 천황의 전폭적인 지지를 받으면서 쇼군 취임 준비에 박차를 가했고, 마침내 12월 5일 15대 쇼군이자 최후의 쇼군에 등극하였다.

쇼군에 취임한 요시노부는 국정 운영의 안정화를 위해 유력 제후들과의 연대를 모색하기 시작하였다. 게다가 취임 후 20일이 지난 12월 25일 자신의 든든한 뒷배가 되어 주었던 고메이 천황이 붕어하였기에, 제후와의 연대는 더더욱 절실해졌다. 결국 요시노부는 사쓰마 번에 손을 내밀지 않을 수 없었고, 잠시나마 사쓰마의 수석 가로 고마쓰와 요시노부의 최측근인 하라 이치노신(原市之進)과의 밀월 관계가 펼쳐졌다. 당시 사쓰마 측은 요시노부의 먹거리까지 신경을 쓸 정도였다고 한다. 사쓰마의 입장에서는 막부가 조슈 문제뿐만 아니라 효고항 개항 문제가 절박하였기 때문에, 이 기회를 잘 이용한다면 외교권을 막부에서 조정으로 이관할 수 있을 것으로 생각하였다. 나아가 그렇게만 된다면 무력 충돌 없이 요시노부를 일개 제후로 끌어내려 사실상의 에도 막부 붕괴를 유도할 수 있으리라 판단하였다. 그런데 그것은 오산이었다.

사쓰마의 정국 판단이 요시노부의 노련한 외교술 앞에 착오였음을 깨닫는 데는 많은 시간이 필요하지 않았다. 요시노부는 1867년 2월 6일과 7일 프랑스 공사 로슈와 회담을 갖고 함께 연대해 사쓰마와 조슈에 대항하기로, 그리고 12월 7일(양력으로 1868년 1월 1일)부로 효고항을 개항하겠다고 약속하였다. 이어 2월 24일 요시노부는 제 번에 대해 개항 문제를 숙고해 3월 10일까지 회답해 줄 것을 요구하면서 상경을 명령하였다. 그러나 요시노부는 3월 5일과 22일에 제 번의 의견을 듣지 않은 채 단독으로 개항 칙허를 요구하였지만, 조정은 이를 허락하지 않았다. 결국 요시노부는 3월 28일 영국과 프랑스 공사 및 네덜란드 총영사를, 그리고 4월 1일에 미국 공사를 오사카 성으로 정식으로 소환하여 조약 이행을 확언해 주었다. 이는 제후들을 무시한 배신행위에 다름 아니었고, 사쓰마 번 역시 더 이상 요시노부에게 신뢰를 보낼 수 없었다. 이후 사쓰마 번과 요시노부의 관계는 단절되었고, 회복도 불가능해졌다.

여기서 잠시 1862년으로 되돌아가면, 당시 막부는 가즈노미야(和宮) 황녀의 강가(降嫁) 조건으로 파약양이를 약속하였고, 개항(니가타·효고 항) 및 개시(에도와 오사카) 연기를 위해 1862년 제1차 유럽파견사절단[분큐유럽파견사절단(文久遣欧使節団): 정사는 다케우치 야스노리(竹内保徳)]을 유럽으로 파견하였다. 영국에서 주일 공사 올코크의 협조하에 5월 9일 런던각서를 체결하였는데, 개항 및 개시 시기는 기존의 1863년 1월 1일(양력)이 아니라 5년 후인 1868년 1월 1일, 음력으로는 12월 7일로 정했으며, 그보다 6개월 전에 막부는 포고하기로 약속하였다. 요시노부가 정국의 혼미 속에서도 1867년 3월경부터 조정에 조약 칙허를 요청하고, 이어서 유럽 여러 공사들과 면담을 하면서 조약 이행을 확언하게 된 배경은 여기에 있었다. 그는 외국과의 조약 준수를 책임지고 있던 일본국 정권 담당자였고, 본인 역시 이에 대한 책임을 회피할 생각이 없었다.

사쓰마의 영국 접근

앞서 언급하였듯이, 1865년 9월 영국 공사 파커스의 주도로 4개국 연합함대가 효고 앞바다에 나타났다. 이를 계기로 사쓰마 번은 제후회의를 제안하였으나, 당시 요시노부의 주도로 조약 칙허와 조슈 처분 칙허가 내려짐에 따라 그 제안을 거두어들였다. 그때 사쓰마 번은 외교권을 막부가 아닌 조정이 장악해야 한다는 취지로, 효고 개항과 조약 칙허를 반대한다는 건백서를 조정에 제출하였다. 이를 전해 들은 외국 공사, 특히 파커스는 사쓰마가 조약 칙허에 반대하고 있는 것으로 받아들였다. 사쓰마로서는 영국과의 관계 개선이 자국의 부국강병에 절대적인 요건이 됨을 잘 알고 있었기에, 파커스의 오해를 불식시킬 필요가 있었다. 이 과정에서 파커스의 오해는 사라졌고, 1866년 3월 10일 사쓰마 번은 가고시마로 초청할 의사가 있음을 파커스에게 전했다. 그리고 마침내 6월 16일 세 척의 군함과 함께 파커스가 가고시마에 입항하였고, 20일까지 체재하면서 히사미쓰를 비롯한 사쓰마 번 수뇌부와 돈독하게 우의를 나누었다.

18일 영국 측 함상에서 있었던 파커스와 사이고의 회담은 이후 막말 정국에 큰 변수로 작용하였다. 특히 정령 일치가 되지 않은 상태(막부와 조정에서 각기 명령을 내리는 상황)로는 내우외환의 위기를 벗어날 수 없기 때문에, 정령 일치를 위해 막부를 쓰러뜨리고 천황 정권의 수립이 필요하다는 논의를 하였다는 것이 일반적인 통설로 전해진다. 바로 이 시기 멀리 조슈에서는 제2차 조슈 정벌의 포성이 울리고 있었음은, 파커스의 가고시마행과 파커스와 사이고의 대담이 얼마나 극적인 상황에서 전개되었는가를 말해 준다. 이후 사쓰마 번은 영국공사관과는 물론 나가사키의 영국인 무기 중개업자 글로버와 친밀한 관계를 유지하면서 자국의 다양한 부국강병과 식산흥업 사업에 몰두하였다.

당시 사쓰마의 할거와 근대화 노력을 설명할 때 독보적인 인물이 하나 있었으니, 바로 고다이 도모아쓰(五代友厚: 1835~1885)이다. 그는 22세이던 1857년 나가사키 해군전습소에 사쓰마 번 추천 학생으로 선발되어 포술과 측량 등을 습득하였으며, 이후에도 나가사키에 체류하면서 번의 무역을 담당하였다. 물론 글로버와의 친밀한 관계도 그때 맺었던 것이다. 1863년 사쓰에이 전쟁 때 귀번해서 텐유마루(天佑丸) 선장으로 참전해 포로가 되었고, 석방된 후 나가사키로 잠입해 글로버와 재회하였다.

그는 글로버와 상담하면서 번의 부국강병책인 「고다이 도모아쓰 상신서(五代才助上申書)」를 작성하여 번에 제출하였다. 이후 사쓰마 번의 부국강병과 식산흥업이 이 상신서에 의거해 진행되었다는 사실로 보아, 도모아쓰의 헌책이 큰 역할을 하였음을 알 수 있다. 이 상신서에서 그는, 첫째, 사가 번(佐賀藩) 등의 잉여 쌀을 매입해서 상하이 등에 팔아 막대한 이익을 올리고, 차, 생사, 송이, 다시마, 건어물 등을 상하이에서 판매한다면 그 이익은 계산하기 어려울 정도가 될 것이다, 둘째, 위 이익으로 제당기계를 수입하고, 그에 더해 외국에서 기술자도 고용하여 설탕을 대량 제조해 수출한다, 셋째, 이 같은 막대한 이익을 바탕으로 증기 군함, 대포, 총 등의 군수품과 화폐제조기, 농기계, 방적기계 등을 수입해야 한다고 주장하였다. 이와 더불어 유학생과 시찰단의 파견을 강조하였다.

마침내 그의 제안에 따라 '사쓰마 스튜던트'라 불리는 15명의 유학생과 4명의 사절단이 영국으로 파견되었다. 물론 여기 사절단에 고다이 도모아쓰가 참가한 것은 당연한 일이었다. 유학생단이 출발하기 전해인 1864년, 유학생 다수는 군사기술 및 난학, 영학을 위한 교육기관인 가이세이쇼(開成所)에서 선발되었다. 유학생 선발에는 가문이나 연령 등이 고려되지 않았고, 심지어 양이 사상이 뚜렷한 상급 가신까지 포함되었다. 1865년 3월 22일 사쓰마반도의 하시마[羽島: 현재 가고시마현 이지키쿠시키노시(いちき串木野市) 하시마]항에서 출발한 유학생들은 귀국한 후 다방면에서 근대 일본 건설에 뚜렷한 공적을 남겼다.

도모아쓰는 런던에만 머물지 않고 유럽 각국을 순방하면서 번에서 맡긴 임무를 정력적으로 수행하였다. 그중 하나는 프랑스 백작이자 벨기에 남작인 몽블랑(Charles de Montblanc)의 적극적인 도움을 받아 통상조약 수준에 필적하는 「벨기에 상사 설립약정서」에 도모아쓰가 조인한 일이다. 몽블랑은 당초 친막부적 인사였고, 막부와 프랑스 간 외교 및 군사 협력의 중개자로 자처하고 있었다. 하지만 막부가 요코스카 제철소 건설과 군사 협조를 위한 프랑스와의 교섭에 직접 나서자, 몽블랑은 반막부적 태도로 돌변하기 시작하였다. 그는 런던에 머물던 도모아쓰에게 접근하였고, 도모아쓰 역시 그를 마다할 이유가 없었다. 이후 도모아쓰가 조인한 벨기에 상사 건립 건은 당연히 이후 국가 간(사쓰마와 벨기에)의 조약을 염두에 둔 것이었다. 결국 1865년 8월 26일에 조인된 둘 사이의 협약은, 막부로부터 외교권을 박탈하고 나아가 막부를 붕괴시키겠다는 사쓰마 번의 내부 분위기를 엿볼 수 있는 대목이다.

한편, 막부 사절단이 프랑스에 도착한 것은 사쓰마 유학생단보다 늦은 1865년 윤 5월이었다. 막부 사절단은 프랑스와는 요코스카 제철소 건설과 군사훈련에 관한 협정을 체결하였으나, 영국과의 교섭에서는 별 소득 없이 끝났다. 여기에는 당시 영국과 교섭을 벌이고 있던 사쓰마 사절단의 방해공작이 한몫하였을 가능성도 지적되고 있다. 런던에 도착한 막부 사절단은 조슈와 사쓰마의 밀항 유학생들이 런던에 상주하고 있음을 알고는 경악하지 않을 수 없었다. 하지만 영국 정부에 항의만 하였을 뿐 유학생들과의 접촉이 귀국 후 문제시될 것을 우려해, 사절단 정사 시바다 다케나카(柴田剛中)를 비롯해 수행원까지도 이들과의 접촉을 자제하였다.

막부 사절단은 1866년 1월 16일 귀국하였는데, 도모아쓰의 염려와는 달리 막부는 밀항 유학에 대해 사쓰마 번을 문책하지 않았다. 이미 이즈음에는 막부가 일본인의 해외 도항을 묵인하는 분위기였을 뿐만 아니라, 사쓰마를 자극하는 강력한 질책을 할 분위기도 아니었다. 당시 막부는 제2차 조슈 정벌 직전이라 사쓰마 번을 우군으로 끌어들이는 데 고심하고 있었고, 게다가 사쓰마 번의 할거 태세에 민감할 수밖에 없었기 때문이다. 사실 삿초맹약이 성립된 것도 바로 이 시점이었다.

당시 사쓰마와 막부 사이에는 또 다른 외교전이 파리에서 벌어지고 있었다. 1865년 3월 프랑스 나폴레옹 3세는 주일 공사 로슈를 통해 막부에 파리 만국박람회의 참가를 요청하였다. 파리 만국박람회는 1867년 4월 1일 부터 10월 31일까지 개최되었는데, 일본을 포함하여 42개국이 참가하였고 1,500만 명이 내장하였다. 당시 쇼군은 14대 쇼군 도쿠가와 이에모치였다. 당초 막부는 참가에 소극적이었고, 프랑스에 체재하고 있던 막부 사절단 단장 시바다 역시 명확한 대답을 해 줄 입장이 아니었다. 이러한 상황을 알아차린 반막부적 성향의 몽블랑 백작은 도모아쓰에게 사쓰마 번의 참가를 제안하였다. 이에 사쓰마는 「벨기에 상사 설립약정서」에 따라 사쓰마의 박람회 출품에 관한 사무 전반을 몽블랑에게 위임하였고, 1865년 10월 23일 참가 신청서를 제출하였다.

이 당시의 참가 결정은 도모아쓰의 독단으로 이루어진 것이었다. 이후 사쓰마 번은 박람회 준비를 차근차근 진행하였고, 이 사실을 알아챈 막부는 돌연 박람회 참가 의사를 표명하였다. 그런 다음 막부는 사쓰마의 참가를 막기 위해 프랑스 정부와 교섭을 벌였고, 결국 공동 참가로 합의하였다. 그러나 고다이 도모아쓰는 이를 거절하고 단독 참가를 주장하였다. 막부의 공식적인 박람회 참가 결정은 로슈의 강력한 요청에 응하는 형식으로 1865년 8월 22일에 이루어졌고, 이듬해인 1866년 제 번에 대해 출품을 명령하였다. 하지만 사쓰마 번은 이에 따르지 않고, 1866년 11월 7일 사쓰마의 출품물을 나가사키에서 직접 송출하였다. 이 작업 역시 일시 귀국한 도모아쓰가 주도적으로 지휘하였다. 이어 사쓰마 번은 가로 이와시타 미치히라(岩下万平)를 단장으로 하는 총 10명의 파리 만국박람회 사절단을 구성하였다. 사절단은 12월 16일 가고시마를 출발해, 이듬해인 1867년 1월 2일 파리에 도착하였다.

파리에 도착한 이와시타는 몽블랑을 '류큐 국왕 및 사쓰마 태수(琉球国王

薩摩太守)'의 사무관장으로 임명하고는, 박람회의 모든 사무를 일임하였다. 한편, 쇼군이 되면서 이 업무를 이어받은 요시노부는 동생인 아키타케(昭武)를 사절로 파견하였고, 향후 자신의 후계자 수업을 위해 박람회 참가 이후 5년간 유학시키기로 결정하였다. 막부 사절단[단장 다나베 다이치(田辺太一)]과 아키타케가 마르세유에 도착한 것은 1867년 2월 30일이었으니, 사쓰마보다 2개월가량 늦었다. 사쓰마 번은 일찍 도착하여 2월에 이미 류큐공국(琉球公国)이란 명칭으로 독자적 전시 공간을 얻은 반면, 막부는 이에 불만을 품고 프랑스 정부에 집요하게 항의와 반대 의사를 표명하였다. 그러자 박람회 당국의 입회하에 사쓰마와 막부의 협의가 이루어졌고, 결국 각자 독자적인 전시 공간을 마련하기에 이르렀다.

한편, 사쓰마 측은 개막식에 참여한 주요 참가국 대표들에게 사쓰마 번·류큐국(薩摩藩琉球国) 명의의 훈장을 수여하기도 하였는데, 이 역시 막부로서는 상상하지 못했던 돌발적이자 정략적인 행위였다. 이후 프랑스 정부는 막부를 정당한 일본 대표로 승인하였지만, 이 협의에 참석하였던 몽블랑은 미디어를 통해 '일본은 천황이 통치하는 연방 국가이며, 쇼군 역시 사쓰마 태수와 마찬가지로 동렬의 제후에 불가하다'는 인식을 주입하는 데 성공하였다. 이 때문에 요시노부가 기대하였던 프랑스로부터의 600만 달러 차관 계획에 차질이 생겼고, 이는 요시노부의 대정봉환뿐만 아니라 나아가 막부의 붕괴에도 큰 영향을 미쳤다. 이처럼 1865년 이후 사쓰마 번은 할거 태세를 견지하면서, 국내 정국은 물론 외교 면에서도 막부와 건건이 부딪쳤고, 결국 토막의 길로 나아가게 되었던 것이다.

4후회의

1867년에 접어들면서 고마쓰를 비롯한 교토의 사쓰마 번 수뇌부는 쇼군 요시노부와 일시적으로 밀월 관계를 유지하고 있었지만, 결국은 막부 주도의 정국을 타파하고 제번연합에 의한 조정 중심의 정치체제로 나아갈 수밖에 없다고 판단하고 있었다. 이를 관철하기 위해 1867년 2월 1일 가고시마에 도착한 사이고는, 히사미쓰의 상경과 유력 제후의 회의 개최를 설득하는 데 성공하였다. 이에 히사미쓰의 명을 받은 사이고는 전 우와지마 번주 다테 무네나리와 전 도사 번주 야마우치 요도를 설득하기 위해 현지로 파견되었다. 또 한 명의 제후인 전 에치젠 번주 마쓰다이라 슌가쿠는 교토에 체재 중이라, 고마쓰가 직접 설득에 나섰다. 결국 구성원은 물론, 나중에 언급하겠지만 논의 주제 역시 과거 실패하였던 1864년 참예회의의 재판이었다. 히사미쓰는 3월 25일 700명의 번병을 대동하고 가고시마를 출발해 4월 12일 교토에 도착하였다. 곧이어 4월 15일에 무네나리, 5월 1일에 요도가 도착하면서, 4명의 제후가 모두 교토에 모였다.

이미 세 번에 걸쳐 요시노부에게서 효고항 개항에 관한 칙허 요청을 받은 조정은, 3월 24일 전국 25개 번에 요시노부의 상신서에 관한 의견 개진과 번주 상경을 지시한 바 있었다. 4명의 제후의 상경이 늦은 감은 있으나, 그들 역시 조정의 상경 명령을 받은 터라 결국 조명에 의해 상경한 셈이 되었다. 5월 4일 에치젠 번저에서 4명의 제후들이 만난 것을 시작으로, 소위 4후회의(四侯会議)가 가동되기 시작하였다. 5월 6일 섭정 니조(二条)의 저택에서 회합을 가졌는데, 이 자리에서 히사미쓰는 의주와 무가전주 선임 등 조정의 인사 문제를 제기하면서 섭정 니조와 격론을 벌였다. 히사미쓰로서는

시미즈 히사미쓰 사진(1867)

조슈 처분에 유리한 고지를 점령하기 위해 자신에게 우호적인 인물들을 추천하였지만, 결국 오기마치산조(正親町三条)를 의주에 복직시켜 조의에 참석시키는 것으로 만족해야만 하였다.

5월 12일 도사 번저에서, 이틀 후 있을 니조 성에서의 쇼군 회담에 대해 논의하였다. 14일 요시노부와 4제후가 만난 상견례 자리에서, 요시노부의 강권으로 찍은 사진이 우리에게 널리 알려진 시마즈 히사미쓰의 유일한 사진, 바로 그것이다(형 나리아키라에 비하면 히사미쓰의 용모가 형에 미치지 못한 것은 분명하다). 이 사진에서 히사미쓰는 마지못해 찍었다는 인상을 감추지 못하고 있는데, 서양 문물 애호가이자 정치적 경쟁자인 요시노부를 향한 불만 가득한 표정을 담고 있다. 이 당시 다른 제후들을 찍은 사진도 전해지고 있다. 이날 4후회의 첫 번째 회의인 이 자리에서, 조슈 처분과 효고 개항 중 어느 것을 먼저 논의할 것인가가 요시노부와 4제후 사이의 실질적 대척점이었다.

히사미쓰는 조슈에 대해 관전론[번주 부자의 관위 복귀, 10만 석 감봉 철회, 다카치카(敬親)로부터 히로아쓰(広封)로 가독 양이]에다가, 이를 효고 개항 건보다 먼저 논의해야 한다고 주장하였다. 하지만 요시노부는 관전론을 채택할 경우, 이는 막부의 실책을 인정하는 것이기에 받아들일 수 없었고, 또다시 사쓰마 번의 페이스에 말려드는 것이라 반대하지 않을 수 없었다. 게다가 개항 약속의 기일이 곧 닥쳐오기에 요시노부로서도 양보하는 것이 불가능한 입장이었다.

5월 17일 도사 번저에서 만난 4제후는 다시금 조슈 번에 대한 관전안을 우선 처리하는 것으로 결의하였다. 이처럼 조슈 처분 문제를 먼저 처리하자고 4제후들이 주장하는 이유는, 요시노부의 주장대로 효고 개항을 먼저 처리한다면 나중에 조슈 처분 건을 대충 처리해 버릴 우려가 있었기 때문이다. 결국 요시노부에 대한 불신이 그 기저에 깔려 있었다. 게다가 4제후 모두 개항에는 찬성하였지만, 조정의 칙허를 받아 막부가 포고하는 형식이 아니라 조정이 직접 개항을 포고하는 것으로 합의하였다. 이는 외교에 관한한 조정이 최고 의사결정 기관임을 명시하려는 의도와 함께, 막부가 독점하고 있는 무역 관행을 타파하여 자유무역으로의 돌파구를 열겠다는 의도도 포함되어 있었다.

두 번째 회의는 5월 19일 니조 성에서 요도의 불참으로 요시노부와 나머지 3명의 제후 사이에 이루어졌다. 여기서도 두 안건의 선후 문제로 결론에 도달하지 못하자, 이번에는 슌가쿠가 두 안의 동시 타결이라는 절충안을 제안하였다. 이에 요시노부도 찬성을 표하면서 회의는 종결되었다. 하지만 요시노부가 조의에서 합의를 준수할 것 같지 않다는 우려에, 이번에도 요도를 제외한 나머지 세 제후는 19일 니조 성에 들어가 노중 이타쿠라 가쓰키요(板倉勝静)를 만나 조슈 처분 건을 먼저 논의하였으면 한다고 요청하였다. 이것이 힘들게 이루어진 4후회의의 마지막 회의가 되고 말았다.

22일 사쓰마 수뇌부의 주선 끝에 4제후는, 23일에 있을 조의에서 4제후가 연명한 건의서를 요시노부가 제출하는 것으로 합의하였다. 조슈 처분 문제를 우선 논의해 막부 스스로 조슈 재정벌 당시의 과오를 반성한 이후, 조슈에 대한 관대한 처분을 조정에 요청하고, 이에 조정이 칙명으로 답하는 모양새가 이루어지길 기대한다는 내용이었다. 요시노부로 하여금 자신들의 합의를 제출해 달라고 한 것은, 무가 사이에 의견이 일치하지 않는 모습을 천황이나 공경들에게 보이는 것이 무사로서 불명예라 생각하였기 때문이다. 따라서 히사미쓰는 조의에 참석하지 않고 슌가쿠와 무네나리만 참석하였다.

23일 오후 8시경에 시작된 조의는 하루를 꼬박 새운 후인 다음 날 오후 8시에 끝났다. 격렬한 논의 끝에 요시노부의 뜻대로 조슈 처분과 효고 개항에 대해 칙허가 동시에 내려졌다. 하지만 조슈 처분에서 막부의 실정(조슈 재정벌)과 이를 허락한 조정으로부터 아무런 사과도 없었기에, 4제후가 의도한 핵심적인 내용은 아무것도 이루어지지 않았다. 그럼에도 4제후는 조정의 결정을 따를 수밖에 없었다.

이날 1867년 5월 23일 조의를 게이오(慶応) 국시회의라 일컫는데, 여기서 또다시 요시노부는 완승하였고, 반대로 4제후는 완패를 맛보았다. 특히 히사미쓰는 4후회의를 주도적으로 소집하였다는 점에서, 나아가 지난번 참예회의에서와 마찬가지의 결과를 맞았다는 점에서 그 정치적 좌절감은 이루 말할 수 없었다. 또한 조의가 국시를 결정하는 기관으로서 아무런 기능도

하지 못했고, 섭정 니조 역시 조의의 주관자로서 어떠한 정치적 능력도 보여 주지 못했다. 오로지 요시노부의 정략과 담력만이 돋보였고, 이후 정국이 요시노부의 주도로 이어질 가능성만 확인한 회의였다. 이제 히사미쓰로서는 요시노부라는 벽 앞에서는 어떠한 시도도 불가한지라, 요시노부를 제거해 조정 개혁을 단행해야만 하였고, 그러려면 조슈 번과의 협력하에 무력 도발이 필수라는 사실을 점차 깨닫기 시작하였다.

게이오 국시회의 이후 정국 주도에 대한 요시노부의 자신감은 극도로 높아져, 이제 인재 등용, 군사력 강화, 외교 확대 등 8개 강령으로 이루어진 게이오 개혁(慶応改革)을 단행하였다. 프랑스 공사 로슈의 지원을 받아 프랑스 군사고문단을 초빙하였고, 그 지휘하에 보병, 포병, 기병으로 이루어진 프랑스식 군제 개편과 훈련으로 육군 개혁을 시도하였다. 또한 프랑스의 재정 지원을 받아 일본 최초의 근대적 조선소인 우라가(浦賀) 제철소 건설을 추진하면서 해군력 강화에도 박차를 가했다. 게다가 노중을 전임 장관으로 삼아 5국 체제(육군총재, 해군총재, 회계총재, 국내사무총재, 외국사무총재)로 정비하였고, 노중 수좌인 이타쿠라 가쓰키요에게 5국을 총괄하는 직(수상)을 맡김으로써 사실상의 내각제 도입까지 시도하였다. 이 같은 노력은 모두 막부 권한의 강화와 더불어, 혹시 있을지 모를 사쓰마와의 무력 충돌을 대비한 것이었다. 어찌 보면 이 시기가 쇼군 요시노부의 정치적 절정기라 할 수 있다.

토막을 향해

4후회의가 한창이던 5월 21일, 도사의 토막(討幕) 강경파 이타가키 다이스케(板垣退助)와 다니 간조(谷干城) 그리고 사쓰마 번의 사이고 등이 고마쓰 사저에서 토막을 전제로 한 삿도밀약(薩土密約)을 맺었다. 어쩌면 4후회의가 성과 없이 끝날 것이라는 예견이 이미 두 번의 번사들 사이에서 공유되어 있었다고 볼 수 있다. 이 밀약을 주선한 이는 도사 번 출신으로 삿초맹약의 성립에도 기여한 나카오카 신타로(中岡新太郎)였다. 한편, 4후회의 좌절 직후인 5월 25일에 교토 사쓰마 번저에서 중신회의가 개최되었고, 여기서 다시 한번 조슈 번과 함께 공동전선을 펴기로 결정하였다. 즉 병력을 교토에 집중시켜 쇼군 요시노부에 압력을 가함으로써 그의 사임을 유도하겠다[현 막부를 와해시킨다는 의미의 도막(到幕)]는 것으로, 이 시기에는 막부와의 무력 대결 노선, 다시 말하면 토막 노선으로까지 이르지는 않았다. 따라서 여기에는 히시미쓰도 당연히 동의하였다.

하지만 교토의 수뇌부, 특히 사이고와 오쿠보의 입장은 달랐다. 대규모 거병에 따른 재정 위기는 교토뿐만 아니라 가고시마에도 심각하였고, 기대와는 달리 4후회의가 좌절됨에 따라 가고시마로부터 교토 수뇌부에 대한 책임 추궁도 뒤따랐다. 이러한 압박에서 벗어나 신속하게 상황을 정리하기 위해서라도, 그들로서는 토막으로의 노선 변화라는 또 하나의 선택이 불가피하였다고 볼 수 있다. 그러나 히사미쓰의 생각이 여기에까지 이른 것은 아니었다.

히사미쓰는 번주 시마즈 다다요시에게 번병 1개 대대를 이끌고 상경할 것을 통보하였지만, 가고시마에서는 솔병상경의 격렬한 반대로 번주의 상경마저 쉽게 진행시킬 수 있는 형편이 아니었다. 한편, 이미 결정된 조슈와의 연합 노선에 따라, 6월 16일 히사미쓰는 교토에 체류 중이던 조슈 번사 시나가와 야지로(品川弥二郎)와 야마가타 아리토모(山県有朋)를 접견하였고, 조만간에 사이고를 야마구치(山口)로 파견할 예정이라 전했다. 이때 히사미쓰는 야마가타에게 자신이 소지하고 있던 피스톨을 하사하였다. 어쩌면 이즈음 히사미쓰는 조슈와 함께 막부와의 무력 대결도 각오하고 있었다고 볼 수 있다.

한편, 이 와중에 도사 번 참정 고토 쇼지로(後藤象二郎)가 사쓰마 번을 찾아와 무력이 아닌 평화적이고 점진적인 방식의 막부 제거책인 대정봉환론(大政奉還論)을 제안하였다. 이는 요시노부에게 쇼군직 사임을 압박하고, 이를 받아들인다면 요시노부를 도쿠가와가의 일개 제후로 격하시킨 이후, 조정을 중심으로 제후 대표들에 의한 공의 체제의 신정부를 수립한다는 안이었다. 막후교섭 끝에 양 번의 수뇌부는 이에 동의하였고, 마침내 고마쓰 다테와키와 고토 쇼지로 사이에 삿도동맹(薩土同盟)이 체결되었다(6월 22일). 고토 쇼지로는 대정봉환에 대한 번주의 허락을 얻은 후 요시노부의 사임을 압박할 수단으로 상당수의 병력과 함께 상경하겠다면서, 7월 4일 도사 번으로 돌아갔다.

사쓰마 번은 삿도밀약에서 삿도동맹으로, 다시 말해 토막 노선에서 도막 노선(요시노부의 쇼군직 사임)으로 바꾸었다. 이는 대정봉환을 건의해도 요시노부가 받아들이지 않을 것으로 예상하였으며, 그럴 경우 도막의 명분도 얻고 도사 번의 거병으로 막부에 군사적 위용을 과시할 목적이었다. 사쓰마는 무력 도막 노선(요시노부 사임 압박)에서는 조슈 번을, 평화적 도막 노선(대정봉환)에서는 도사 번을 파트너로 삼아 양면 외교를 시도하였고, 전자는 사이고와 오쿠보 그리고 후자는 고마쓰가 맡는 등 각자 역할을 분담하였다.

사이고는 조슈로 사자를 보내(7월 15일 야마구치 도착) 자신이 조슈로 가지 못함을 사과하면서, 삿도동맹이 체결되었음을 알렸다. 이에 조슈는 이 사실을 확인하고 향후 사쓰마 측의 대처 방안을 논의하기 위해 대표단을 파견하였고, 양 번은 8월 14일 고마쓰의 사저에서 회합을 가졌다. 고마쓰는 조슈 대표단에게 현 정국에서 조슈의 사면을 추진하기 난망하다고 밝히면서, 결국 이 상황을 타개하기 위해서는 병력을 동원할 수밖에 없다는 의견을 개진하였다. 이 당시 조슈 대표단에게 전한 거병 계획은, 본국에서 3,000명의 병력을 동원해 총 4,000명의 병력으로 어소를 확보한 후, 쿠데타에 동조하는 공경들로만 조의를 열어 칙명에 의해 조슈의 사면, 요시노부 쇼군직 박탈, 교토수호직 다카모리의 처분을 주도하겠다는 것이었다. 대략 1863년 8·18 정변의 재판이었으니, 어디까지나 도막을 목표로 하는 계획이었고, 그 이후에 대해서는 아직 구체적인 계획은 가지고 있지 않았다.

한편, 고토 쇼지로는 10일 후 교토로 돌아오겠다고 약속하면서 고치(高知)로 떠났지만, 고치에는 그의 발목을 잡는 두 가지 일이 기다리고 있었다. 하나는 7월 6일 나가사키에서 일어난 영국 수병 2명의 살인 사건(이카루스호 사건)으로, 그 혐의 대상은 다름 아닌 도사 번 출신이 주축이 된 가이엔타이(海援隊: 이전 가메야마샤추)였다. 영국 공사 파커스가 이를 항의하기 위해 고치로 왔으며, 쇼지로는 그를 응접하느라 시간을 보낼 수밖에 없었다. 이보다 더 결정적인 것은 실권자인 요도의 반응이었다.

사실 도사 번의 야마우치가는 세키가하라 전투에서 큰 역할을 하지 않았음에도 불구하고, 도쿠가와 이에야쓰는 서군에 가담한 기존의 전국(戦国) 다이묘인 조소카베 모리치카(長宗我部盛親) 대신 야마우치 가즈토요(山内

一豊)를 번주로 삼았다. 따라서 야마우치가는 도쿠가와가의 은공을 늘 상기하고 있었으며, 1863년 참예회의와 1867년 4후회의 등에서 요도가 보여 준 미온적인 태도 역시 이에 기원하였다고 볼 수 있다. 쇼지로에게서 삿도맹약의 보고를 받은 요도는, 요시노부가 조정에 권력을 반납하는 것 자체는 동의하지만, 병력을 배경으로 요시노부를 압박하는 것에는 찬성할 수 없다며 쇼지로의 솔병상경에는 극구 반대하였다.

결국 쇼지로는 빈손으로 9월 2일이 되어서야 오사카에 도착하였으며, 다음 날 사이고를 만나 번론으로 정한 대정봉환 건백서와 함께 그간의 자초지종을 전했다. 그런데 9월 7일 다시 만난 자리에서 사이고는 도사 번의 대정봉환론에는 더 이상 동의할 수 없으며, 자신들은 거병 노선으로 나아갈 것이라 선언하였다. 삿도동맹의 붕괴였다. 삿도동맹의 양대 이념은 왕정복고와 쇼군직 폐지였다. 하지만 쇼지로의 대정봉환에는 쇼군직 폐지가 빠져 있었다. 요시노부가 정권을 반납한다고 하더라고 쇼군직을 반납하지 않는다면, 막부의 수장으로서 도쿠가와가의 패권은 그대로 유지될 수밖에 없는 것이 현실이었다. 그렇다면 요시노부가 일반 제후들에게 군사적 동원령을 내리는 것이 가능해지기 때문에, 사쓰마 수뇌부 입장에서는 정권을 반납한다는 것은 아무런 의미가 없었다.

게다가 쇼군직마저 반납하더라도 당시 쇼군직에 오를 만한 후보는 도쿠가와가밖에 없었기에, 쇼군직 반납만으로는 또다시 원점으로 돌아가게 된다는 염려가 있었다. 처음부터 사쓰마 번 수뇌부는 요시노부의 쇼군직 사퇴를 결국 쇼군직 폐지로 가는 징검다리로 인식하고 있었기에, 더 이상 도사 번과의 공조는 불필요하였다. 물론 쇼지로의 귀경이 늦어지자 도사 번의 솔병상경에 대한 기대감이 점점 낮아진 것도 하나의 이유였지만, 대정봉환 건백서의 내용이 삿도동맹의 파기에 결정적 역할을 하였음은 부인할 수 없다.

그렇다고 사쓰마 교토 수뇌부가 마냥 쇼지로의 귀경을 기다리고 있었던 것은 아니다. 이미 8월 중순에 번병 2개 소대가 상경하였을 뿐만 아니라, 9월 17일에 히사미쓰의 3남 시마즈 우즈히코(島津珍彦)가 2개 소대를 이끌고 교토에 도착하였다. 당시 교토의 사쓰마 번병은 사이고가 말한 4,000명에는 못 미치지만 1,500명가량 되어, 교토 막부 군사력의 주축인 교토수호직의 아이즈 번에는 충분히 대항할 수 있는 수준이었다. 당시 히사미쓰를 비롯한 교토 사쓰마 수뇌부의 고민 중 하나는, 일본에서 내전이 일어난다면 과연 영국을 비롯한 서양 제국의 간섭이 있을 것인지, 있다면 그로 인해 청국처럼 반식민 상태로 전락할지도 모른다는 것이었다.

그러나 그들은 1866년 파커스의 가고시마 방문 때 번 수뇌부와의 회담과 실제로 조슈 정벌 당시 영·프·미·네 4개국의 엄정중립 유지, 마지막으로 1867년 7월 27일 A. 새토(A. Satow: 영국공사관 통역관)와 사이고와의 면담 등으로 판단하건대, 서양 제국의 개입 가능성은 낮다고 보았다. 어쩌면 이러한 판단이 이 시기 무력도발 노선으로 전환한 결정에 큰 역할을 하였을 것으로 볼 수 있다. 게다가 막부가 4후회의 결과를 무시하고 이 회의를 주도한 4개 번이 아닌 히로시마 번과 사가 번에 조슈 처분 주선을 은밀히 의뢰한 것 역시, 더 이상 요시노부에 기대할 것이 없다는 히사미쓰의 판단에 크게 작용하였다. 그럼에도 히사미쓰는 아직 때가 무르익지 않았다고 판단하였다.

당시 히사미쓰는 다리 통증으로 보행이 불가능한 상태였다고 한다. 히사미쓰는 향후 특별한 계책을 제시하지 않은 채 9월 15일 오사카를 출발하였고, 가고시마에 도착한 것은 9월 21일이었다. 이후 막말 중앙 정국에 히사미쓰가 다시 등장하는 일은 없었다. 어쩌면 히사미쓰가 아니고서는 번주의 솔병상경에 대한 번내의 격렬한 반대론을 잠재울 수 없다는 현실이, 히사미쓰의 귀국에 결정적인 역할을 하였을 것으로 사료된다.

대정봉환, 왕정복고 쿠데타

히사미쓰가 오사카를 떠난 바로 그날 오쿠보는 야마구치(山口)로 향했다. 거기서 9월 19일 삿초 양 번 출병의 조약서가 정식으로 체결되었다. 그리고 다음 날 조슈와 히로시마(広島) 사이에 조게이(長芸) 출병협정이 성립됨으로써, 마침내 사쓰마, 조슈, 히로시마 세 번의 삿초게이(薩長芸) 출병협정이 완성되었다. 사쓰마 병력이 가고시마에서 출발해 9월 25일 혹은 26일, 늦어도 10월 초순까지 조슈에 도착해서는 조슈 번병과 함께 오사카로 올라가 오사카 성을 탈취하고 천황의 신병을 확보한다는 것이 정변의 구체적인 행동강령이었다. 어디까지나 천황을 지키기 위한 거병이지 토막을 위한 것이 아니기 때문에, 거병에 특별한 명분이 필요한 것은 아니었다.

한편, 요시노부가 쇼군직에서 사임하지 않을 경우, 게다가 쿠데타를 인정하지 않고 무력으로 반격을 가한다면, 이 쿠데타는 토막으로 이어질 수밖에 없는 구조였다. 그런데 삿초게이 거병 계획은 진행되지 않았다. 번주의 솔병상경에 대한 번내의 반대가 격화되면서 사쓰마의 출병이 지연된 것이 그 시발점이었다. 히사미쓰의 설득 끝에 사쓰마 번병이 조슈 미타지리항(三田尻港)에 도착한 것은 10월 6일이었지만, 조슈가 이미 출병 연기로 번론을 확정한 뒤였다.

거병 계획이 중단된 이유 중 또 하나는 예상보다 빠른 10월 3일, 다시 말해 조슈의 출병 연기가 확정된 바로 그날, 도사 번의 대정봉환 건백서가 요시노부에게 제출되었기 때문이다. 이에 사쓰마 교토 수뇌부로서는 전략 수정이 불가피하였던 것이다. 즉 야마구치의 출병 연기를 알지 못하고 있던 교토의 삿초게이 수뇌부는 10월 8일 회합을 갖고, 이제 도막을 넘어 토막까지 염두에 둔 무력 거병 노선을 추진해야 했다. 사쓰마 수뇌부는 다음 날 메이지 천황(明治天皇)의 외조부인 전 대납언 나카야마 다다야스(中山忠能)와 의주 오기마치산조 사네나루(正親町三条実愛)에게 무력으로 요시노부를 토벌하고 그의 조력자인 마쓰다이라 가타모리와 마쓰다이라 사다아키를 격퇴하라는 취지의 칙명 발급을 요청하였다.

다시 말해 사쓰마를 비롯한 조슈와 히로시마 번병이 관군이 되고, 막부와 요시노부 그리고 아이즈와 요나고 번병이 적군이 되는 구도를 구축하기 위함이었다. 이즈음이면 이미 교토 주재 사쓰마 수뇌부는 토막을 각오하고 있었던 것으로 볼 수 있다. 이후 내려진 밀칙이 가짜임이 밝혀진 것은 나중의 일로, 이 밀칙은 단지 사쓰마 번내의 거병 반대를 불식시키고 나아가 조슈와 히로시마의 결전 의지를 보다 굳건히 하기 위한 것이었다. 따라서 대내용에 불과한 밀칙 강하 요청은 사쓰마 수뇌부와 친사쓰마 공경들 사이에서 비밀리에 추진되었다.

한편, 사쓰마 번병의 미타지리항 도착이 지체되는 바람에 조슈 번이 출병 연기로 번론을 변경하였다는 소식이, 10월 9일 밤 조슈로부터 교토 사쓰마 번에 전해졌다. 사실 사쓰마 교토 수뇌부는, 도사 번의 건백서가 쇼군 요시노부에게 제출되어도 받아들여지지 않을 것이며, 설령 받아들여져 요시노부가 조정에 대정봉환을 청한다 할지라도 조정이 이를 쉽사리 받아들이지 않을 것이라 판단하였었다. 하지만 당장에 거병이 불가능해지자 사쓰마로서는 우선 대정봉환에 대처하는 동시에, 대정봉환의 수용 여부와는 관계없이 이제 본격적으로 토막에 나설 수밖에 없게 되었다. 11일 교토 사쓰마 수뇌부는 조정의 밀칙으로 번내 거병 반대를 잠재우고, 번주 다다요시의 솔병상경을 실현시키기 위해 가고시마로 귀국하기로 결정하였다.

한편, 이러한 사쓰마 측의 거병 계획을 요시노부라고 모를 리 없었다. 그는 교토에서의 군사적 불리함과 최근 프랑스 차관 도입 계획의 좌절, 그리고 쇼군직을 포기하더라도 여전히 도쿠가와가의 위세에 다른 제후들이 굴복할 수밖에 없다는 판단 등에 따라, 10월 12일 대정봉환을 수용하겠다는 뜻을 도사 번 측에 전달하였다. 요시노부가 이 같은 극단적 선택을 하게 된 배경에는, 대정봉환 이후에도 정치조직이나 재정 기반이 없는 조정을 대신해 요시노부가 정국을 이끌고 나갈 수밖에 없다는 전망이 깔려 있었다.

즉 요시노부의 최측근 참모인 니시 아마네(西周)의 도쿠가와가 중심의 정체안인 「의제초안(議題草案)」에는, 서구의 관제를 본받아 삼권분립을 기도하면서 쇼군(대통령)이 행정권을 장악하고 사법권은 편의상 각 번에 위임한다는 내용이 들어 있었다. 또한 여기서는 입법권 확립을 위해 각 번 다이묘 및 번사로 구성된 의정원을 설치하고, 천황은 상징적 지위에 머문다고 규정하고 있었다. 따라서 요시노부는 대정봉환 이후의 신정치체제에 관해서도 상당히 구체적으로 구상하고 있었음을 알 수 있다. 앞서 언급하였듯이, 10월 12일 요시노부는 도사 번의 대정봉환론을 수용하겠다는 의사를 도사 번에 전달함과 동시에, 막부 요인들을 소집해 대정봉환 청원서를 제시하였다.

그 이튿날인 10월 13일, 두 가지 사건이 동시에 일어났다. 한 사건은, 요시노부가 교토에 체재 중인 각 번의 중신들을 니조 성으로 불러 대정봉환의 의사를 표명한 것이다. 니조 성 다이히로마(大広間)에 10만 석 이상의 각 번 중신들을 모아 놓고, 노중 이타쿠라 가쓰키요가 대정봉환 청원서를 회람시켰다. 그리고 요시노부의 요청으로 도사 번의 고토 쇼지로와 후쿠오카 다카치카(福岡孝弟), 사쓰마 번의 고마쓰 다테와키 등이 별도로 요시노부를 배알하였다. 이때 고마쓰는 요시노부에게 대정봉환에 대한 찬성 의견을 표명하였다. 다음 날 14일 요시노부는 대정봉환 요청서를 조정에 제출하였고, 이튿날 칙허를 받았다. 이는 형식적으로 도쿠가와 막부가 260여 년 동안 장악해 온 일본 정부라는 권좌를 조정에 내준 것을 의미한다.

이어 24일에는 요시노부가 쇼군직 사임을 주청하였으나, 조정은 칙허를 거부하였다. 일반 제후들에 대한 통솔권을 의미하는 쇼군직을 요시노부에게 허용한 이상, 이는 막부가 조정을 대신해 정치를 대행하고 있다는 현실을 조정이 인정하였음을 의미하는 것이다. 그렇다고 도쿠가와가의 전국 지배력이 이전과 마찬가지라는 의미는 아니다. 바야흐로 일본 정국은 권력의 진공상태나 다름없는 형국이 되었고, 이를 간파한 사쓰마는 이제 본격적으로 움직이기 시작하였다.

10월 13일에 일어난 또 다른 사건은, 친사쓰마 공경들의 공작이 적효하여 조정에서 조슈 번 모리 부자의 관위 복구 칙명이 내려진 일이었다, 이는 그간 사이고를 비롯한 사쓰마 측이 벌인 조정 공작의 결과인 동시에, 사쓰마가 삿초맹약의 의의를 끝까지 관철시키려 노력하였다는 측면에서 그 의미를 찾을 수 있다. 그리고 14일 사쓰마 번주 시마즈 다다요시와 조슈 번주 모리 다카치카 앞으로 토막의 밀칙이 내려졌다. 이는 쇼군 요시노부의 토벌을 양 번에 명령한 것이며, 가타모리와 사다아키까지 추토하라는 또 다른 명령서가 내려졌다. 쇼군직 인정과 토막의 밀칙이라는 모순된 정령이 조정으로부터 일시에 나왔다는 사실은 당시 조정의 난맥상을 여실히 보여 준다. 물론 이 밀칙과 명령서는 나카야마 다다야스를 비롯한 친사쓰마 공경들의 연명으로 발급되었는데, 앞서 언급하였듯이 위칙일 가능성이 아주 높았다.

토막의 밀칙을 받아 든 조슈의 히로사와 사네오미(広沢真臣)와 고마쓰를 비롯한 사쓰마 수뇌부는 10월 17일 함께 오사카를 출발하였고, 21일 조슈의 미타지리항에 도착하였다. 23일 고마쓰와 사이고(오쿠보는 감기로 불참)는 야마구치에서 모리 부자를 접견하고는, 향후 교토 출병에 대해 합의하였다. 이 당시 미타지리항에는 시마즈 히사타카(島津久敬)가 이끈 사쓰마 번병이 조슈의 출병 연기로 대기하고 있었다. 이들은 사쓰마 수뇌부가 미타지리항에 도착한 후 교토 주재 사쓰마 번병과 교체하기 위해 조슈의 선박을 이용해 교토로 출발하였다.

한편, 이들 병력을 미타지리항까지 수송해 온 3척의 사쓰마 선박은 고마쓰 일행을 태우고 26일 가고시마로 귀환하였다. 이후 토막의 밀칙이 큰 효력을 발휘하면서 번내 반대 세력을 억누룰 수 있었고, 결국 10월 29일 번주 다다요시의 솔병상경이 결정되었다. 이 시기가 되면 이미 조정이 대정봉환을 받아들였고 요시노부가 쇼군직을 사임함으로써 토막의 대상이 사라졌기에, 토막의 밀칙은 사실상 그 효력을 잃었다고 볼 수 있다. 하지만 조정으로부터 각 번 다이묘들에게 상경 명령이 내려졌기에, 다다요시의 상경에 별 영향을 주지 못했다.

다다요시의 출병은 선편이 제대로 마련되지 않아 연기되었고, 11월 13일이 되어서야 출진할 수 있었다. 다다요시는 가로 시마즈 히로카네(島津広兼)와 이와시타 미치히라(岩下方平) 그리고 사이고와 함께 4척의 함선에 1,000명 가까운 병사와 대포를 적재하고 당당히 출발하였다. 다다요시가 8

년 전 번주에 취임하면서 에도에 간 것이 쇼군과의 면담이라는 형식적 여정이었다면, 이번 상경은 권력 공백의 교토에서 정국의 주도권을 장악해야 한다는 절체절명의 사명이 주어진 모험이었다. 게다가 그간 교토 정국을 주도해 온 부친 히사미쓰나 수석 가로 고마쓰 모두 족병으로 거동이 불가능해지면서 함께할 수 없었다.

다다요시 역시 번주가 된 지 10년째이며, 이제 소년 번주를 벗어난 어엿한 20대 후반의 청년이었다. 번주이지만 부친의 그늘에 가려 독자 행보를 할 수 없었던 다다요시의 불만, 그리고 그간 토막의 발톱을 숨기고 있던 사이고와 오쿠보에게 날개를 달아 준 히사미쓰의 부재라는 상황이 결합함으로써, 사이고를 비롯한 교토 수뇌부는 이전과는 달리 강경 토막 노선을 견지할 수 있었다. 실제로 사이고는 다다요시의 절대적인 신뢰하에 자신의 뜻대로 토막을 향해 폭주할 수 있었다. 이에 비례해 히사미쓰의 영향력은 격감할 수밖에 없었다.

번병을 인솔한 다다요시는 11월 17일 미타지리항에 도착하였고, 다음 날 조슈 번 세자 모리 히로아쓰(毛利広封)를 만났다. 양 번 수뇌부는 출병이 일시 연기되었던 삿초게이 세 번병의 공조와 전략에 관해 논의하였다. 다다요시가 인솔한 병력이 약 1,000명, 여기에 2,160명의 교토 주둔 사쓰마 병력과 향후 상경할 조슈와 히로시마 번병을 합쳐도 4,000명 안팎이라, 이 병력으로 막부를 격파할 수 없다는 것은 상식이었다. 결국 1863년 8·18정변과 마찬가지로 어소를 장악한 후 천황을 손에 넣고, 천황의 권위에 힘입어 국정을 장악한다는 궁정 쿠데타 계획이 비로소 그 얼개를 갖추기 시작하였다.

이미 11월 10일에 오쿠보는 고마쓰를 대신하여 고치로 가서 사쓰마 번주의 솔병상경을 알렸고, 15일에 교토에 도착하였다. 바로 이날 사카모토 료마와 나카오카 신타로가 교토미마와리구미(京都見廻組: 막부의 교토 치안대)의 습격을 받아 사망하였다. 다다요시는 11월 23일 교토 번저에 도착하였고, 28일에는 히로시마 번병이 교토에 입경하였으며, 12월 1일 조슈 번병이 오사카 외곽의 니시노미야(西宮)에 도착하였다. 이후 사쓰마의 계획대로 왕정복고 쿠데타는 일사천리로 진행되었다.

궁정 쿠데타의 총 기획자는 이와쿠라 도모미였다. 이와쿠라는 12월 8일 사쓰마, 도사, 히로시마, 오와리, 에치젠 다섯 번의 중신 2명씩(사쓰마는 이와시타와 오쿠보)을 호출하여 왕정복고 쿠데타에 동의한다는 천황의 뜻을 전달하였고, 다음 날 번주를 초치한다는 명령서와 함께 어소 경비 분담을 지시하였다. 전날부터 철야로 진행된 조의는 12월 9일 아침에 끝나면서 섭정 이하 모든 공경들이 퇴청하였다. 그리고 조슈 번주 부자의 관위 복구, 이와쿠라 도모미의 처분 사면, 조슈 번병의 상경 명령이 내려졌다. 이어서 사쓰마, 도사, 히로시마 번병이 어소문을 경비하기 시작하였고, 오와리와 에치젠 번병은 어소 주변을 경비하였다. 이후 예정된 공가와 다이묘들이 모인 고고쇼(小御所)에서 천황이 왕정복고를 선언하였다.

기존의 섭정, 관백, 막부를 폐지하고 천황친정을 선포하였는데, 최고 정무기관인 태정관(太政官)에는 총재(総裁), 의정(議定), 참여(参与) 3직급을 두었다. 태정관 제도는 1,100년 전 율령국가 시절의 제도로, 그간의 무사 정권을 완전히 지우고 다시금 왕권(천황) 시대로 돌아감을 선언한 것이었다. 사쓰마에서는 다다요시가 의정에, 이와시타, 사이고, 오쿠보가 참여에 임명되었다. 왕정복고 쿠데타의 성공이자 메이지 신정부의 탄생이었다. 그간 사쓰마와 히사미쓰가 구상하고 염원하였던 유력 제후가 참여하는 왕정복고였지만, 이후 정국이 과연 그들이 바라는 대로만 흘러갔을까?

메이지 신정부의 탄생

여기까지가 이 책에서 다루려 한 내용이다. 사쓰마와 히사미쓰가 메이지 신정부 탄생에 일등공신이었음은 두말할 필요도 없다. 하지만 이후 정국은 사쓰마의 단독 의지로 진행되지는 않았다. 더군다나 메이지 신정부의 최고 위직을 맡게 된 사이고나 오쿠보는 더 이상 히사미쓰의 신하가 아니었으며, 그들 역시 그럴 필요도 그럴 수도 없었다. 사쓰마와 히사미쓰의 막강한 군사력을 바탕으로 사이고와 오쿠보는 보신 전쟁(戊辰戦争)에서 혁혁한 전공을 거두었지만, 그것은 어디까지나 신정부군의 일원으로서 활약하였을 뿐이었다.

신정부군과 구막부군이 처음 맞붙은 도바·후시미 전투(鳥羽·伏見の戦い)에서 금기(錦旗)를 앞세운 신정부군 앞에 구막부군은 패퇴를 거듭하였고, 예상치 못한 쇼군 요시노부의 오사카 성 탈주는 이미 이 전쟁이 끝났음을 예견해 주었다. 사이고의 담판으로 에도 무혈입성이 성사되었고, 오우에쓰 열번동맹(奥羽越列藩同盟)이 결성되면서 도호쿠 지방에서 구막부군 잔당들의 저항이 이어졌지만 모두 패퇴하고 말았다. 이후 구막부 패주군과 구막부 해군이 연합하여 홋카이도로 도주하였고, 그곳에서 에조공화국(蝦夷共和国)을 세우는 등 분전하였다. 하지만 1869년 5월 18일 하코다테의 고료카쿠(五稜郭)에서 공화국 총재 에노모토 다케아키(榎本武揚)가 신정부군 참모 구로다 기요타카(黑田清隆)에게 항복함으로써 구막부 세력은 완전히 사라졌다. 물론 이 와중에 천황은 교토에서 도쿄로 천도하였다.

이후 판적봉환(版籍奉還), 폐번치현(廃藩置県) 등으로 다이묘와 무사들이 가지고 있던 모든 특권이 폐지됨에 따라, 일본은 마침내 봉건제후 국가에서 중앙집권 국가로 일신하였다. 또한 사쓰마의 보신 전쟁 개선병을 기반으로 황궁 호위를 위한 어친병이 설치되었고, 도쿄, 오사카, 구마모토, 센다이에 4개의 진대가 주둔하면서 지방 치안도 확립되었다. 일단 정국이 안정되자 메이지 신정부는 1871년에 이와쿠라 도모미를 정사로 하는 사절단을 파견해, 불평등조약의 개선과 서구의 문물 견학에 힘썼다. 이때 오쿠보, 기도 다카요시, 이토 히로부미 등이 사절단 일원으로 참가하였으며, 사이고는 남아 유수 정부를 이끌었다. 1년 9개월이란 기간 동안, 소학교 의무교육을 핵심으로 하는 학제(1872년)가 반포되었고, 징병제(1873년)를 실시해 무가 전통의 군대에서 근대적 상비군제로 변모하였다. 또한 같은 해 지조개정을 실시해 근대적 토지소유제와 조세제도도 마련할 수 있었다.

사절단 귀국 후 정국 주도권을 놓고 사이고와 오쿠보 사이에 정한론(征韓論) 정변이 일어났고, 패배한 사이고는 사임하고는 가고시마로 귀향하였다. 메이지 신정부 앞에는 국내 현안뿐만 아니라 대외 문제도 산적해 있었다. 우선 1871년에 청국과의 근대적 조약인 일청수호조규를 체결하였고, 1874년에는 대만 출병을 계기로 오키나와의 영유권을 완전히 확보하면서 1879년에 오키나와를 복속하였다. 한편, 1855년 일러화친조약 이후 쿠릴열도의 경우 북방 4개 도서(이투루프섬과 우루프섬 사이를 경계로 그 남쪽의 섬들)를 일본 영토로 하고, 사할린은 '양국 공동의 영토로 양 국민의 자유 왕래를 보장'하는 소위 '잡거' 상태를 유지하고 있었다. 그러나 1875년 사할린-쿠릴열도 교환조약이 체결되면서, 러시아와의 국경이 획정되었다. 또한 1875년 강화도 사건, 1876년 조일수호조규에 따라 조일 간 국교를 수립하였는데, 그 이면에는 조청 간 속국 관계를 청산할 목적도 있었다. 이로써 새로이 들어선 메이지 신정부는 주변국과의 관계를 일신하였다.

정한론 정변으로 하야한 참의들 일부는 자유민권운동으로 전환하면서 일본의 민주주의 정착에 일조한 반면, 일부는 불만 사족들과 부화뇌동하면서 사족 반란(士族反乱)을 일으켰다. 1874년 에토 신페이(江藤新平)가 주동이 된 사가의 난(佐賀の乱)을 시작으로, 메이지 혁명에 혁혁한 공을 세웠던 서남웅번에서 사족 반란이 들불처럼 번졌다. 물론 신정부군이 이 모두를 제압함으로써 새로이 들어선 국가의 위상을 확립하는 데 크게 일조하였다. 하지만 신정부로서 가장 두통거리였던 사쓰마에서 마침내 사족 반란이 일어났다. 사쓰마로 귀향한 사이고 다카모리를 중심으로 반란이 일어났으니, 1877년의 세이난 전쟁(西南戦争)이 바로 그것이었다. 사이고의 반란군은 근대식 무기로 무장한 모병제의 신정부군에 상대가 되지 못했고, 가고시마 시로야마(城山)에서 벌어진 마지막 전투에서 사이고가 자결함으로써 몇 년간 이어져 온 사족 반란도 막을 내렸다. 사이고의 자살에 이어 신정부 초반을 주도한 오쿠보가 이듬해인 1878년에 암살당하면서, 이제 정국의 주도권은 사쓰마에서 조슈로 옮겨졌다. 이 과정에서 이 책의 주인공인 히사미쓰의 정치 영향력은 급전직하할 수밖에 없었다. 이미 사쓰마는 중앙정부에서 파견된 현령이 사쓰마를 관리하는 중앙집권제 국가의 1개 지방으로 변모해 있었다.

700년 사쓰마의 역사는 공교롭게도 자신들이 무너뜨린 막부의 운명과 함께한 꼴이 되었다. 하지만 히사미쓰를 비롯한 사쓰마 무사들은 결코 일본은 식민지가 되어서는 안 되며, 기존의 막번 체제로는 식민지로의 나락에서 벗어날 수 없다고 판단하였다. 그렇게 10년도 채 되지 않은 기간 동안 번의 모든 역량을 동원해 총력으로 매진한 결과, 그들은 막부를 무너뜨리고 천황 주도의 중앙집권 국가라는 신체제를 탄생시킬 수 있었다. 물론 새로 만들어진 일본이 과연 그들이 원한 것과 얼마나 일치하였는가는 알 수 없다. 이후 일본은 급속한 근대화에는 성공하였으나, 한동안 전쟁만 해대는 끔찍한 나라로 변모하였다. 당연히 그것은 이 책의 범위 밖이다. 내가 이야기하고자 한 막말 최종기의 히사미쓰와 사쓰마 무사들에 관한 이야기는 여기까지이다.

에필로그

에필로그는 흔히 책을 쓰면서 못 다한 소회 즉 후일담을 쓰거나, 출판이나 편집에 대한 감사의 글을 쓰는 것이 대부분이다. 여기 에필로그에서는 한 걸음 더 나아가 전체 흐름에서 약간 벗어나지만, 이 시기를 이해하는 데 도움이 될 만한 사진 한 장을 소개하면서 마지막 글을 시작하려 한다. 이어서 히사미쓰의 말년 이야기와 가고시마 여행 때 꼭 들렀으면 하는 곳을 소개하는 것으로 에필로그를 마감할 예정이다.

다카스가 4형제

이 책의 관심사인 막말 최종기에 사진술이 도입되었기에, 당시 인물과 문물 나아가 역사 현장을 촬영한 사진이 무수히 많다. 그중에는 이 시기를 결정적으로 상징하는 사진도 적지 않은데, 나에게도 몇 장 있다. 하지만 나더러 딱 1장만 고르라면, 1878년에 찍은 '다카스가(高須家) 4형제' 사진을 서슴없이 고를 것이다. 미노 다카스 번(美濃高須藩)이란 율령국 시대 미노노쿠니(美濃国)였던 곳에 세워진 에도 시대의 다카스 번을 말한다. 다카스 번은 62만 석의 대번이자 어삼가(御三家)인 오와리 번(尾張藩: 나고야 일대)의

다카스가 4형제 사진(1878)
사진 왼편부터 8남 사다아키, 7남 가타모리, 5남 모치하루, 2남 요시카쓰이다.

지번으로, 석고는 겨우 3만 석인 소번이다. 그러나 본가에 후계자가 없을 경우 양자를 제공하였기에, 정치적 역할이 결코 작다고는 볼 수 없다. 과거 다카스 번이 있던 곳은 현재 기후 현(岐阜県) 가이즈시(海津市) 일대로 기소 산센(木曽三川)이 만들어 놓은 충적평야에 위치하였다. 18세기 말 이곳 하천개수 보청사업을 사쓰마 번이 주도하였으므로 사쓰마 번과도 무관하지 않다. 막부는 막부 자체뿐만 아니라 도쿠가와가 일문의 토목공사까지 보청사업이라는 명목으로 타 번들에 부담시켰다.

우선 이 사진을 이해하기 위한 배경지식의 하나는 복잡하지만 긴밀하게 엮여 있는 막부 최상층부의 혼맥이다. 오와리 번과 함께 또 다른 어삼가의 하나인 미토 번(水戶藩)의 6대 번주 도쿠가와 하루모리(德川治保)의 장남 하루토시(治紀)가 가독을 이어 미토 7대 번주가 되었으며, 하루토시의 장남 나리노부(斉脩)가 8대 그리고 3남 나리아키(斉昭)가 9대 번주였다. 이 나리아키가 바로 막말 풍운아이자 최후의 쇼군 요시노부의 친부인 그 도쿠가와 나리아키이다. 한편, 하루모리의 차남 요시나리(義和)는 다카스 8대 번주 마쓰다이라 요시스에(松平義居)의 뒤를 이어 다카스 9대 번주, 또다시 요시나리의 장남 마쓰다이라 요시타쓰(松平義建)가 가독을 이어 10대 번주가 되었다. 따라서 다카스 10대 번주 마쓰다이라 요시타쓰는 미토 9대 번주 도쿠가와 나리아키와는 사촌 형제간이다. 또한 나리아키의 여동생이 요시타쓰의 정실이 되었으니, 둘은 처남 매부 간이 된다.

다카스 10대 번주 마쓰다이라 요시타쓰에게는 10남 9녀의 자식이 있었는데, 장성한 이는 6남 1녀뿐이었다. 이중 4형제가 바로 사진 속 주인공인 다카스 번 4형제들이다. 사진 속 왼편부터 8남 사다아키(定敬: 1846년생, 당시 32세), 7남 가타모리(容保: 1835년생, 당시 43세), 5남 모치하루(茂栄: 1831년생, 당시 47세), 2남 요시카쓰(慶勝: 1824년생, 당시 54세)이다. 따라서 이들 형제는 부계로 보아서는 쇼군 요시노부와 6촌 형제간이지만, 모계는 요시노부와 이종사촌 간이 된다. 이들 4형제는 막부 대혼돈기와 메이지 신정부 초기에 각자 정치적 입장이 달라 서로 합세, 반목하거나 대결하였다.

2남 요시카쓰는 전례에 따라 1849년에 본가 오와리 14대 번주가 되었다. 1858년 일미수호통상조약 체결에 대해 당시 대로 이이 나오스케(井伊直弼)에게 항의하기 위해 미토 번주 부자[도쿠가와 나리아키와 도쿠가와 요시아쓰(德川慶篤)]와 함께 에도 성으로 불시등성(不時登城)하였고, 이 때문에 안세이 대옥 때 은거·근신 처분을 받았다. 요시카쓰 대신에 동생 5남 모치하루가 오와리 15대 번주가 되었다. 요시카쓰가 사면을 받은 것은 1860년이며, 이어 1863년에 모치하루의 양자가 된 자신의 아들 요시노리(義宣)가 오와리 16대 번주로 등극하였다.

요시카쓰는 1864년 제1차 조슈 정벌 총독에 임명되었고, 사이고의 관전론을 받아들여 무력 충돌 없이 조슈와 강화하였다. 1867년 왕정복고 쿠데타에 참가하였고, 신정부의 의정직(議定職)을 제수하였다. 젊은 시절 어삼가 필두로서의 책임감에 막부를 제대로 보좌하기 위해서는 비판도 서슴지 말아야 한다는 인식을 갖고 있었고, 그에 따라 처분도 받았다. 하지만 메이지 신정부에 참여함으로써 막부 멸망에 기여한 셈이 되고 말았다. 한편, 5남 모치하루는 1866년 히토쓰바시가(一橋家) 9대 당주 요시노부가 15대 쇼군(도쿠가와 요시노부)으로 등극하자, 그 후임으로 히토쓰바시가 10대 당주가 되었다.

한편, 7남 마쓰다이라 가타모리는 시종일관 공무합체를 위한 막부 측 관리(교토수호직)로 교토에서 활동하였고, 마지막까지 신정부군에 저항하면서 막부와의 의리를 지킨 인물이다. 1835년에 태어난 그는 1846년에 아이즈(会津) 8대 번주 마쓰다이라 가타타카(松平容敬)의 양자가 되어 가독을 이었고, 1852년 아이즈 9대 번주에 취임하였다. 1862년 교토수호직에 임명되었고, 신센구미(新選組)를 교토수호직 아래 두어 아이즈 번병과 함께 교토의 치안 유지에 힘썼다. 8·18정변(1863년), 이케다야 사건(1864년), 금문의 변(1864년) 등에서 조슈와 대결하였고, 결국 이것이 화근이 되어 보신 전쟁 때 신정부군의 집중적인 공격을 받아 아이즈 번이 무참하게 대패하고 말았다.

가타모리는 왕정복고 쿠데타 직후, 요시노부 그리고 교토소사대였던 동생 사다아키와 더불어 오사카 성을 탈주하였다. 이후 사다아키와 함께 아이즈와카마쓰(会津若松) 성에서 신정부군의 공격을 맞아 분전하였으나 항복하였다. 그 후 교토로 송환되어 돗도리 번(鳥取藩) 이케다가(池田家)에 유폐되었다. 사면을 받아 1880년 닛코 도쇼구(日光東照宮: 도쿠가와 막부 초대 쇼군인 도쿠가와 이에야스를 모시는 신궁) 제7대 구지(宮司: 신사의 책임자)를 지내기도 하였다.

한편, 4형제 중 8남 사다아키는 어린 나이에 형들보다는 더 가혹한 정치적 곡절을 경험하였다. 사다아키는 1859년 구와나(桑名) 번주 마쓰다이라 사다미치(松平定猷)가 급사하면서 그의 데릴사위로 같은 해 13세의 나이에 구와나 번주에 취임하였다. 17세인 1863년 쇼군 상락 때 교토 경호를 위해 수종하였다가, 이듬해인 1864년 교토소사대에 임명되었다. 보신 전쟁 당시 구막부군의 일원으로 에조(蝦夷: 홋카이도)공화국에도 참여한 바 있다. 아직 하코다테 전투가 개시되기 전인 1869년 2월 하코다데를 탈출해 요코하마를 거쳐 상하이로 밀항하였다. 귀국 후 오와리 번에서 근신하다가 1871년에 구와나로 돌아왔다. 1877년 세이난 전쟁에서는 관군의 일원으로 과거 자신의 요나고(桑名) 번사 350명을 이끌고 사쓰마 토벌에 나서기도 하였다.

정말 파란만장한 4형제의 역정이다. 메이지 유신이 일본의 체제 변혁과 근대화로의 출발점이 되었다는 점에서 긍정적인 면이 부각되는 것은 당연한 일이다. 하지만 다카스가 4형제처럼 친막부와 반막부, 친신정부와 반신정부로 나뉘면서, 세력 간의 충돌뿐만 아니라 골육상잔의 고통을 겪기도 하였다. 신정부 출범 이후 개시된 사족 반란이 1877년 세이난 전쟁을 끝으로 종식되고, 이제 새로이 등장한 천황 중심의 중앙집권제 국가 일본은 민주화, 근대화, 산업화를 향해 질주하게 된다. 이 사진은 그 직후인 1878년 9월 3일 긴자(銀座)에 있던 후다미아사마(二見朝隈) 사진관에서 찍은 것이다. 극단적으로 반목하던 형제가 다시 모여 찍은 이 사진 한 장 역시, 이러한 시대적 상황을 정확히 반영하고 있다. 한때 사진에 심취하여 2011년 『앵글 속 지리학』(상·하)을 펴냈고, 2023년 이를 합본하고 일부 사진을 교체, 보완하여 『사진 속 지리여행』을 낸 바 있는 나로서는, 잘 찍은 아니 잘 보존한 사진 한 장의 위력을 다시금 실감하게 되었다.

말년의 히사미쓰

왕정복고 쿠데타 이후 보신 전쟁은 구막부군의 저항을 종식시키는 역할과 함께, 도쿠가와 막부가 차지하고 있던 전국의 30%에 조금 못 미치는 막부 직할령을 몰수하는 일에도 적극 관여하였다. 이제 신정부가 중앙집권 체제를 선택한 이상, 70%에 달하는 다이묘들의 토지와 인민에 대한 권리를 어떻게 신정부의 지배하에 귀속시킬 것인가가 초미의 관심이었다. 아직 보신 전쟁이 끝나기도 전인 1869년 1월 20일, 사쓰마, 조슈, 도사, 사가 네 번이 자신들의 토지(版)와 인민(籍)을 조정에 돌려준다는, 즉 판적봉환(版籍奉還)의 건백서를 조정에 제출하였다. 이에 나머지 번들도 호응하였고, 결국 6월 17일 신정부는 이를 받아들여 각 번의 당시 번주를 번지사로 임명하였다. 사쓰마는 번주 다다요시가 번지사가 되었다. 이러한 신정부의 결정 과정에서 번주들의 의견이 전혀 반영되지 않았고, 이는 사쓰마의 경우도 마찬가지였다. 판적봉환을 주도한 4개 번 이외의 번들이 호응한 데는 대세에 못 이겨 마지못해 봉환한 번도 있었지만, 대개의 번들이 너무 많은 채무로 인해 판적봉환을 기회로 그 채무에서 벗어나기 위해 자신의 권리를 포기한 부분도 없지 않았다. 이 시기부터 번의 인사권 일부가 신정부로 이관되면서 번지사들의 불만이 높아졌는데, 마찬가지로 신정부에 대한 히사미쓰의 불만도 점점 더해만 갔다.

아직 에조공화국이라는 미명하에 에노모토 다케아키가 이끌던 구막부군 잔당이 홋카이도를 장악하고 있었지만, 1869년 초부터 보신 전쟁에 참가한 신정부군이 개선병이라는 이름으로 각자의 번으로 귀국하였다. 이는 사쓰마도 예외는 아니었다. 개선병은 대개 하급 무사들인데, 왕정복고 쿠데타에 반대하였거나 전장에 참여하지 않은 문벌층의 상급 무사에 대한 권위 부정, 하급 무사의 번정 기용 등 번정 혁신 등을 요구하면서 하극상을 벌였다. 이를 두고 볼 수 없었던 히사미쓰는 오쿠보의 귀국을 명령하였고, 귀국한 오쿠보의 설득에도 불구하고 하급 무사들이 번의 행정권을 장악하고 말았다.

한편, 1869년 2월 13일 오쿠보와 함께 온 칙사 야나기와라 사키미쓰(柳原前光)는 보신 전쟁에서의 공적을 치하하기 위해 상경을 요구하였고, 이에 히사미쓰는 2월 26일 가고시마를 출발해 3월 2일 교토에 도착하였다. 이미 천황은 교토에서 도쿄로 천도할 예정으로, 1868년 10월 13일 도쿄에 도착해 도쿄 성에서 머물다가 12월 20일에 다시 교토로 돌아왔다. 그러고는 1869년 3월 7일 교토를 출발해 3월 28일 도쿄에 도착한 이후로 다시는 교토로 돌아오지 않았다. 어쩌면 천황이 교토에서 마지막으로 행한 일 중에서 가장 중요한 일이 히사미쓰에게 종3위, 참의 겸 좌근위중장직을 하사한 것인지 모르겠다. 천황이 떠난 교토에서 히사미쓰가 할 일은 아무것도 없었고, 조정과 신정부에 대한 그의 불만은 더욱더 커져만 갔다. 그는 3월 13일 교토를 출발해 21일 가고시마에 도착하였다. 이 짧은 여정이 왕정복고 쿠데타 이후 그의 첫 번째 상경이자, 몰락하고 만 그의 정치적 위상을 그대로 보여 주는 대목이었다.

보신 전쟁 이후에도 여전히 사쓰마는 전국을 압도할 수 있는 병력을 갖고 있었다. 1870년 1월 오쿠보는 정국 안정에 협조를 당부하기 위해 히사미쓰와 귀향해 있던 사이고에게 상경을 요청하였으나 둘 다 거부하였다. 결국 이해 12월 칙사 이와쿠라를 동반해 귀국한 오쿠보의 요청에 따라 사이고는 상경하였지만, 히사미쓰는 병을 핑계로 상경하지 않았다. 결국 사이고는 1871년 2월 사쓰마, 조슈, 도사 세 번의 번병으로 구성된 어친병 설치에 합의하고는, 사쓰마 번의 출병 준비를 위해 귀국하였다. 이번에도 히사미쓰를 대신해 아들이자 번지사인 시마즈 다다요시가 병력을 이끌고 사이고와 함께 상경하였다. 권력 구도상 자신의 권력 원천이라 할 수 있는 병력을 어친병으로 내놓을 수밖에 없는 입장이었겠지만, 정치가 히사미쓰로서는 치명적인 타격을 입어 더 이상의 부활은 불가능해졌다고 볼 수 있다.

히사미쓰의 상경을 요청하는 칙사 파견은 1869년부터 1877년 세이난 전쟁 발발 직전까지 다섯 차례나 있었다. 이와쿠라나 가쓰 가이슈 같은 신정부 최고 요직뿐만 아니라, 앞서 야나기와라나 마데노코지 히로후사(万里小路博房)와 같은 천황가 혹은 공가까지 칙사로 동원하여, 히사미쓰의 불편한 심기를 달래려 하였다. 심지어 1872년에는 히사미쓰의 불만을 달래기 위해 천황이 직접 가고시마로 행차하기까지 하였다. 비록 히사미쓰가 권력에서 멀어졌다고는 하지만, 신정부 최고위직의 오쿠보나 사이고에게 히사미쓰는 여전히 정신적 부담이었다. 게다가 사쓰마의 무위는 신정부를 충분히 위협할 수준이었고, 히사미쓰가 신정부 방침에 불만을 가진 사쓰마 사족의 구심점이 될 가능성은 상존하였다. 히사미쓰는 기회가 있을 때마다 급속한 서구화 정책을 추진하는 신정부와 신정부 인사들(물론 오쿠보나 사이고도 포함)

을 비판하면서, 끊임없이 건백서를 올렸다.

신정부와 천황의 상경 요청에 따라, 그는 1869년 상경에 이어 두 차례 더 상경하였다. 1873년 4월 두 번째 상경 시 히사미쓰는 250명의 무사들과 함께 자신도 변발을 하고 대도와 소도를 찬 전형적인 무사 복장을 한 채 상경하였다. 이때는 이미 단발령이 반포된 후로 천황 역시 단발을 한 상태로 히사미쓰를 맞았다. 물론 히사미쓰는 죽을 때까지 무사의 복식을 그대로 유지하였다. 당시 그의 행위는 신정부의 개혁 정책에 대한 불만과 반발을 온몸으로 보여 준 행위였지만, 이로 말미암아 그의 보수적 이미지가 대중들에게 선명히 각인되었던 것이다.

히사미쓰는 도쿄에 체재하면서 내각고문 등 명목뿐인 지위에 머물렀고, 1873년 10월 정한론 정변으로 가고시마로 귀향하는 사이고를 바라보아야만 하였다. 사이고의 귀향으로 도쿄 정국은 불안해졌고, 이에 발맞추어 히사미쓰의 정부 비판 언동도 계속되었다. 1874년 2월 사가의 난이 발발하자, 사이고를 중심으로 한 가고시마현 사족들의 동향 그리고 사가현과 가고시마현 사족과의 연대 등 정부의 고심은 깊어져만 갔다. 결국 사이고를 위무하기 위해 히사미쓰의 귀향을 허락하였다. 4월 사가의 난이 진압된 후에도 히사미쓰가 계속 가고시마에 머물자, 다시 칙사를 파견해 상경을 요청하였다. 4월 21일 세 번째 상경을 하였고, 27일에 우대신으로 발령받았다. 하지만 이는 어디까지나 명목상의 직책으로, 정부의 실질적 의사결정에서는 배제되었다. 그럼에도 불구하고 그는 계속해서 신정부의 급진적 개혁에 반대하는 건백서를 제출하였다. 1875년 10월 22일 히사미쓰는 우대신직 사표를 제출하였고, 그 이듬해인 1876년 4월 가고시마로 귀향하였다. 그 후 1년이 지나 가고시마에서 세이난 전쟁이 발발하였다.

정부로서는 사이고와 마찬가지로 정부 정책에 불만을 가진 히사미쓰가 이 반란에 가담한다면, 정부와 사이고의 싸움에서 정부와 사쓰마의 싸움으로 비화될 수밖에 없다고 판단하였다. 구마모토 공성전이 잠시 휴식기를 맞고 세이난 전쟁 최대 격전장인 다하라자카(田原坂) 전투가 치열하게 전개되던 1877년 3월 7일, 야나기와라 사키미쓰 칙사를 호위하는 군함 4척과 2,000여 명의 정부군이 가고시마로 상륙하였다. 칙사를 만난 히사미쓰는 이 반란에서 중립의 입장을 표명하면서, 대신에 4남 우즈히코(珍彦)와 5남 다다카타(忠欽)를 교토로 보냈다.

3월 19일 야나기와라를 호위하던 2,000의 군사(별동 제2여단)는 참군 구로다 기요타카의 지휘하에 이 배편으로 가고시마를 떠나 사이고 군의 배후를 습격하였고, 3월 20일에는 정부군이 다하라자카에서 사이고 군을 격파하였다. 이후 구로다의 별동 제2여단이 구마모토 성 포위군을 격파하면서 구마모토 성으로 진입하였다(4월 14일). 가고시마 잔류 사족들이 가고시마를 마지막 교두보로 삼아 응전할 태세를 보이자, 정부군은 가고시마 외곽을 요새화하였다. 가고시마가 전장으로 바뀌기 직전인 5월 3일 히사미쓰 부자는 사쿠라지마로 소개하였고, 6월 24일 정부군이 가고시마를 완전히 장악하면서 히사미쓰 부자도 가고시마로 귀환하였다.

패전에 패전을 거듭한 1만 6,000명에 이르던 사이고 군은 약 반년 만에 3,500명으로 줄어들었고, 5만 명의 정부군에 포위당하는 신세가 되고 말았다. 결국 사이고는 자신을 마지막까지 따르는 372명의 병사만 이끌고 400km의 대탈주 끝에 가고시마로 진입하는 데 성공하였다. 하지만 시로야마(城山)에 포위된 사이고 군을 향한 최후 공격은 1877년 9월 24일로 결정되었고, 끝내 사이고의 자결로 전쟁의 막을 내렸다. 신정부를 향한 구사족들의 반란은 이로써 소멸되었고, 신정부의 기반은 확고해졌다.

마지막 총공격 전에 히사미쓰 부자는 사쿠라지마로 또다시 피신하였으며, 자신의 거처가 있던 가고시마 성 니노마루(二の丸)가 소실되면서 히사미쓰는 돌아갈 곳을 잃고 말았다. 히사미쓰는 부친 나리오키(斉興)가 만들어 놓았던 다마자토(玉里) 별저로 가기로 하였으나, 그곳마저 이번 전란에 소실되어 재건축이 시작되었다. 이 정원이 1879년에 재건되자 히사미쓰는 이곳으로 거처를 옮겼고, 그가 사망할 때까지 계속 머물렀다. 이 건물은 태평양전쟁 당시 공습으로 일부 건물을 남기고 소실되었다. 현재는 남아 있는 다실과 정원이 국가지정명승 '구시마즈씨 다마자토 저택 정원(旧島津氏玉里邸庭園)'으로 일반인에게 공개되고 있다.

히사미쓰는 1876년 4월 가고시마로 돌아온 이후 자신의 풍부한 역사 지식을 바탕으로 『통속국사정편(通俗国史正編)』이라는 제목의 역사서를 편찬하기 시작하였다. 888~1412년[우다 천황(宇多天皇)~고코마쓰 천황(後小松天皇)] 사이의 사건이 그 대상이 되었고, 세이난 전쟁 때도 집필은 계속되어 1879년 5월에 완성되었다. 이어 1412~1611년[쇼코 천황(称光天皇)~고요제이 천황(後陽成天皇)] 시대에 대한 역사서인 『통속국사속편(通俗国史続編)』이 1883년에 완성되었다. 이후 고미즈노 천황[後水尾天皇(재위 1611~ 1629)] 이후의 역사 집필에 몰두하였으나, 1887년 사망함으로써 미완에 그치고 말았다. 향년 70세. 국장(国葬)으로 도쿄가 아닌 가고시마에서 치러졌고, 구마모토 진대(熊本鎮台)에서 의장대 1개 대대가 파견되었다. 히사미쓰는 번주가 아니기 때문에 번주들의 묘지인 후쿠쇼지(福昌寺) 묘지[고쿠료 고등학교(玉龍高等学校) 인근]에 들어갈 수 없어, 바로 옆에 별도의 묘역을 조성해 모셔져 있다.

사쓰마 번은 타 번에 비해 막말 유신과 관련한 사료가 의외로 부족하다. 왜냐하면 우선은 도바 · 후시미 전투 직전, 에도 소란 당시 사쓰마 미타야시키(三田屋敷) 번저가 화공을 당해 번저에 있던 사료가 소실되었기 때문이다. 또한 폐번치현 후 구습에서 탈피한다는 이유로 가고시마 현령인 오야마 쓰나요시(大山綱良)가 사쓰마 번 관계 사료를 대량으로 불살랐으며, 사쓰에이 전쟁 당시 가고시마에 있던 각종 사료가 소실된 이유도 있다. 히사미쓰는 이를 안타깝게 여겨 측근 이치키 시로(市来四郎)를 시켜 시마즈가의 국사주선에 관한 자료를 적극적으로 수집하였는데, 그 결과가 가고시마현 사료의 중요한 부분인 다마자토 시마즈가 사료(玉里島津家史料)이다. 이 자료가 1992년부터 편찬되기 시작하였으니, 사쓰마 번 유신 자료가 부족하였던 이유이자, 히사미쓰에 대한 제대로 된 평가가 지체된 이유이기도 하다.

사쓰마 번 영국유학생기념관과 지란특공평화회관

마지막으로 혹시 이 책이 계기가 되어 가고시마를 여행하실 분이 계신다면, 일정을 쪼개어서라도 방문하였으면 하는 두 곳을 소개하는 것으로 마무리 짓고자 한다. 한 곳은 사쓰마 나아가 일본의 미래를 위해 사쓰마의 젊은이들이 유학을 떠난 것을 기념해 출항지 부근에 설립한 박물관, 사쓰마 번 영국유학생기념관(薩摩藩英国留学生記念館)이다. 다른 한 곳은 태평양전쟁 말기 패전을 앞두고 전투기를 이용한 자살특공대의 발진 기지였던 곳에 세워진 지란특공평화회관(知覧特攻平和会館)이다.

맹렬하게 분화하고 있는 사쿠라지마가 있다고 해도, 260여 년 지속된 막부를 쓰러뜨린 사쓰마 번의 기억이 있다고 해도, 지금의 가고시마는 수도 도쿄에서 가장 멀리 떨어진 변방의 현일 뿐이다. 바로 이곳에 극과 극의 공간이 상존하고 있다. 서로 아무 연관도 없을 것 같은 두 곳의 기념관에서 지난 150여 년의 일본 근대화 과정의 한 단면을 확인할 수 있다. 바로 이것이 내가 이 두 곳을 소개하는 이유이다. 두 곳 모두 일본의 젊은이들을 밖으로 내보낸 곳이지만, 하나는 배움을 향해, 다른 하나는 죽음을 향해 나아간 것이다.

영국유학생기념관은 1865년 사쓰마 번이 막부의 감시를 뚫고 영국에 유학생을 파견한 것을 기념하는 곳이다. 가고시마주오역(鹿児島中央駅)에서 1시간 남짓 로컬 기차를 타고 구시키노역(串木野駅)에 도착하면 택시를 타야 한다. 기념관이 있는 하시마(羽島: 이곳에서 유학생 출항)까지 가는 노선버스가 있기는 하지만 출퇴근 시간만 운영되어 여행객이 이용하기에는 불편하다. 택시비가 비싼 일본이라 제법 많은 출혈을 감수하고 도착하였는데, 붉은 벽돌로 된 2층 건물은 해안가에 우뚝 서 있고 주변과는 조금 동떨어진 분위기를 자아낸다.

기념관 안에 들어서니, 으레 그렇듯 시골에 있는 기념관 사람들은 친절하다. 더듬거리는 일본어에 당연히 어디서 왔느냐는 질문도 빠지지 않는다. 동영상도 보고 1층 전시물에 이어 2층 전시물을 보는데, 옆에 안내인이 다가선다. 60세 전후의 여자 안내원인데. 나의 일본어보다 그녀의 영어가 더 나았다. 안내원이 되면서 영어 공부를 더 열심히 하고 있다고 하였다. 이것저것 궁금한 것도 물어보면서 한참을 보냈고, 그녀 역시 어떻게 해서든 자신이 알고 있는 지식을 나에게 전달하려 애썼다. 당시 막부 이외에는 해외도항이 금지된 시절이라, 유학생들의 이름도 바꾸고 아마미오시마 등지로 출장을 보낸다며 가짜 명령서를 발부받고 유학을 떠났다고 하였다. 게다가 이곳 벽촌에서 두 달가량 거주하면서 유학을 위한 각종 준비를 하였다고 설명해 주었다. 당시 그녀의 환대에 아직도 감사의 편지를 보내지 못했지만, 이 책이 완성되면 그녀에게 한 권 보낼 예정이다.

유학생들이 떠난 1865년은 히사미쓰가 참예회의의 실패로 좌절한 후 사쓰마 자체의 개혁에 몰두하면서, 또 장차 있을 막부와의 대결을 위해 할거하던 시절이었다. 히사미쓰를 비롯해 사쓰마의 수뇌부들은 선진 문물을 배우지 않고 고답적인 막부 체제를 유지하는 한, 제국주의에 굴복해 식민지가 될 수밖에 없다고 판단하였다. 가고시마주오역 앞에는 당시 유학길을 떠난 19명을 기념해 '젊은 사쓰마의 군상(若き薩摩の群像)'이라는 동상이 세워져 있는데, 이들을 사쓰마 스튜던트라 부르기도 한다. 가고시마를 방문할 때마다 이 동상을 보았지만, 기념관을 다녀오면서 바라본 동상은 또 다른 의미로 다가왔다. 막말 대혼돈의 절정이던 1865년에 보낼 수 있었고 떠날 수 있었던 그들의 용단과 용기가 갑자기 부러워졌다.

이제 지란특공평화회관이라는 곳에 관한 이야기이다. 가고시마에서 버스로 1시간 반가량 가면 지란(知覧)이라는 작은 마을이 나온다. 한적한 고원지대인 이곳에 1941년 일본 육군항공대 훈련소가 세워진다. 1941년 12월 7일 하와이 진주만 침공 후 태평양 전선 곳곳에서 선전하던 일본군은 1945년 4월이 되자 미군에 오키나와를 공격당할 정도로 수세에 몰렸다. 이에 지란의 육군항공대 훈련소는 자살특공대의 발진 기지로 바뀐다. 실제 오키나와를 방어하기 위해 1,000명 이상의 조종사가 자살특공으로 죽었는데, 그 절반가량이 이곳에서 출격하였다고 한다. 당시 특공 조종사 나이는 17세에서 32세까지이고, 평균 나이는 21.6세의 앳된 젊은이.

자살특공이 전투기와 조종사의 부족에 따른 궁여지책이라고 변명해 볼 수 있겠으나, 충효·애국·순국·희생·산화 등등 온갖 미사여구가 난무하는 죽음의 굿판으로 내몬 일본 군국주의의 정신병적 퇴폐성을 여실히 보여 준다. 그들은 자신들의 자식이자 미래였다. 그렇다고 다른 시대, 다른 장소의 전쟁이 이 전쟁과 얼마나 달랐을까? 전쟁을 아무리 저주하거나 미화해도 전쟁의 본질은 사라지지 않는다. 젤렌스키가 슈퍼맨처럼 등장하지 않고 고도의 외교술로 강화를 할 수 있었다면, 수많은 우크라이나와 러시아의 젊은 이들은 무사하였을 수도 있었을 텐데라고 이야기할 수는 있다. 그러나 인류사가 전쟁사였던 것도 부정할 수 없다. 결국 이 공간에 들어서면 개인에게 자신의 목숨은 우주의 무게보다 더 무겁다는 사실도 무겁게 양어깨를 짓누른다.

이곳에는 주로 출격 직전에 부모나 가족에게 보낸 처절한 편지들을 모아 전시해 놓았는데, 다시는 이런 일이 있어서는 안 된다며 평화를 기원한다는 의미에서 지란특공평화회관이라는 이름이 붙여졌다고 한다. 일본 사람들, 평화 좋아한다. 히로시마에 있는 원폭기념관에도 평화가 들어가 히로시마 평화기념관(원폭 돔)이라 한다. 언제나 그렇듯 희생자 코스프레는 빠지지 않고. 그리고 자살특공을 특공이라는 가치중립어로 분식하고 있다. 그들도 우리와 마찬가지로 국뽕, 어쩔 수 없나 보다.

기념관에서 보여 주는 30분짜리 영상물 앞에서 흐느끼는 사람도 제법 있었다. 모아 놓은 편지 중에서 부모님의 건강을 염려하는 편지, 천황폐하의 만세를 기원하는 편지, 사랑하는 아내와 자식을 걱정하는 편지 등을 신파조로 소개하는 장면에서 감정이 복받치지 않을 일본인은 없을 테니까. 이곳은 위령 시설도 아니고, 그렇다고 완전히 상업적인 다크투어리즘 공간도 아니고, 참으로 어정쩡한 현장이다. 그럼에도 보통의 일본인에게 국가에 대한 뭔가 뜨거운 감정을 불러일으킬 수 있으니, 이 기획은 성공하였다고 볼 수 있다. 하지만 외국인이, 더군다나 한국인이 이곳에서 느끼는 묘한 감정은 나의 필설로는 전달할 길이 없다. 우리는 어디를 가면 이런 식의 감정이입이 가능할까?

마치며

처음부터 호랑이가 되리라 기대한 것은 아니지만 막상 초고를 완성하고 그것도 1교까지 마친 뒤 원고를 쳐다보니, 고양이조차 그려 내지 못한 이 결과를 과연 세상에 내놓아도 될지 불안감이 엄습해 온다. 그렇다고 이제 와서 내가 할 수 있는 일은 거의 없다. 그저 열심히 교정을 볼 뿐. 어차피 평가는 독자의 몫이니 작가는 그저 기다릴 뿐이다. 은퇴 후 책을 쓰고 있다고 말하면, 주변에서는 그 어려운 원문을 어떻게 독파해 쓰냐고 걱정 아닌 걱정을 해 준다. 나는 전문적 훈련을 받은 역사학자가 아니다. 주로 2차 문헌의 편향적 왜곡과 충돌 그리고 혼란의 바다를 헤쳐 가면서 최대한 조화롭게 내가 알고자 하는 역사를 내 식으로 엮어 나가는 역사 이야기꾼이다. 또 묻는다, 왜 일본사냐고. 특별한 이유는 없다. 궁금하니까. 다른 사람들이 안 하니까. 하다 보면 재미있으니까. 누군가에게는 도움이 될 수 있으니까.

이 책 주인공 히사미쓰는 일반인에게 생소한 인물이다. 가고시마주오역에 도착해 관광지도를 받아 펼치면, 메이지 유신과 관련된 공훈자들의 탄생지, 동상, 무덤 등이 지도를 메우고 있다. 메이지 신정부 탄생에 혁혁한 공을 세운 인물 중 가고시마 출신이 많으니 당연한 일일 수 있으나, 시마즈 히사미쓰의 흔적은 찾기 어렵다. 그러나 쇼군 요시노부에 맞서 260여 년 이어져 온 에도 막부를 무너뜨리는 데 주도적 역할을 한 이는 누가 뭐라 해도 히사미쓰라는 것이 나의 생각이며, 또 이렇게 길게 이야기를 펼친 이유이기도 하다. 글을 쓰기 시작해 어언 6년(이 중 3년 정도는 요식업이라는 외도) 가까이 지난 이제야 '히사미쓰'라는 이름이 입에 붙어 쉽게 나오지만, 지금도 누군가에게 히사미쓰를 설명하자면 사설이 길어져 이래저래 궁색한 것은 마찬가지이다.

이 글을 쓰면서 계속된 의문이 어쩌면 메이지 유신에 관한 다음 이야기의 주제가 될지 모른다는 생각도 들었다. '왜 대정봉환을 하였을까(권위 포기)?', '왜 오사카 성에서 탈주하였을까(항전 포기)?', '왜 에도를 무혈개성하였을까(권력 포기)?' 등등, 의문투성이의 인물인 마지막 쇼군 도쿠가와 요시노부에 대한 이야기이다. 하지만 이 이야기는 잠시 덮어두려 한다. 초고를 출판사에 보내고 나서, 우연히 만난 '제1차 세계대전', '체코슬로바키아 독립', '시베리아 간섭전쟁' 등의 주제에 빠져 한동안 독서를 하면서 시간을 보냈다. 이 주제에 대한 집필을 출판사 사장님께 제한하였더니, 들은 체도 하지 않고 '규슈 여행기' 어떠냐고 압력을 넣고 있어 그것 먼저 해야 할 것 같다(현재 진행 중이다).

글 쓰는 일 쉽지 않다. 황반변성으로 망가진 한쪽 눈에다 노안이 되어 이제 슬슬 그 기능을 잃어 가는 다른 한쪽 눈이 현재 내 시력의 현주소이다. 게다가 아내는 이제 글 쓰는 것 그만하라고 아우성이다. 지난 결혼 생활을 뒤돌아보면 원고 막판에 늘 자신과 언쟁이 있었고, 요즘 들어 더하니 가정의 평화를 위해서라도 그만두라고 한다. 동의한다. 기억력도 체력도 떨어지니 책상 위의 노동을 감당할 수 없어, 늘 곁에 있는 아내에게 짜증을 내고 있음도 인정한다. 하지만 아직 살아 있으니, 게다가 밥값은 해야 하니, 뭔가는 해야 한다. 그렇다고 연금 생활자가 구청 취로사업에 지원할 수는 없는 노릇이 아닌가? 나의 원고를 인정해 책을 내줄 출판사가 있는 한 나의 글쓰기는 계속될 것이다. 이를 위해 요즘 하고 있는 필라테스도 끝까지 해볼 예정이다.

이제 감사의 말씀을 전할 차례이다. 아내를 비롯해 두 아들과 며느리 그리고 손자 녀석, 그저 고마울 따름이다. 고집불통에 이기적인 나에게 그들이 보내 준 배려와 응원, 늘 과분하게 생각하고 있다. 회사 사무실까지 내주고 기꺼이 출판까지 해 주시는 김선기 사장님께 고맙다는 말, 진심으로 전하고 싶다. 그리고 늘 부족한 원고를 깔끔하게 교정해 주시는 김란 씨, 밝은 표정으로 잡다한 일 마다하지 않고 해결해 주시는 선주 씨, 그리고 멋지게 편집해 주시는 조정이 과장님, 사무실 내 혜인 씨에게도 많은 신세를 졌다. 이들에게도 감사의 말씀 전한다. 참, 한 달에 한두 번 함께하는 골프 친구들에게도 고맙다는 말 전한다. 자네들 아니었다면 어디에도 낄 수 없는 이 외톨이는 구제받지 못한 채 방구석을 지켜야 했으니까.

위에서 밝힌 분 외에도 이 책이 나오기까지 많은 분의 도움을 받았지만, 이 책에서 나오게 될 오류는 모두 저자의 책임임을 인정한다. 끝으로 이 책을 구입해서 읽은 모든 독자 여러분에게 진정으로 고맙다는 말씀을 드리고, 어떠한 문의나 비판도 달갑게 받겠으니 거리낌 없이 일러 주시기 바란다.

감사합니다.

참고문헌

국내 문헌

가일스 밀턴(손원재 역), 2002, 향료전쟁, 생각의나무, 558pp.

가일스 밀턴(조성숙 역), 2003, 사무라이 윌리엄, 생각의나무, 463pp.

강상규, 2007, 19세기 동아시아의 패러다임 변환과 제국 일본, 논형, 203pp.

고바야시 다카시(이진복 역), 2004, 상업의 세계사, 황금가지, 270pp.

고바야시 데이이치(손일·김성환·탁한명 역), 2015, 한반도 지형론: 고바야시의 이윤회성(二輪廻性) 지형, 푸른길, 141pp.

고토 분지로(손일 역), 2010, 조선기행록, 푸른길, 428pp.

구태훈, 2016, 일본고중세사, 재팬리서치21, 608pp.

구태훈, 2016, 일본근세사, 재팬리서치21, 587pp.

구태훈, 2017, 일본근대사, 재팬리서치21, 616pp.

김시덕, 2015, 동아시아, 해양과 대륙이 맞서다, 메디치미디어, 383pp.

나가이 미치오·M. 우르티아(서병국 역), 2002, 세계 석학들의 명치유신 논문집, 한국학술정보, 299pp.

다나카 아키라(현명철 역), 2006, 메이지 유신과 서양 문명: 이와쿠라 사절단은 무엇을 보았는가, 소화, 205pp.

도널드 킨(김유동 역), 2017, 메이지라는 시대 1, 2, 서커스, 1593pp.

로널드 토비(허은주 역), 2013, 일본 근세의 '쇄국'이라는 외교, 창해, 398pp.

마리우스 B. 잰슨(장화경 역), 1999, 일본과 세계의 만남, 소화, 182pp.

마리우스 B. 잰슨(지명관 역), 2002, 일본과 동아시아 이웃 나라들: 과거에서 미래로, 소화, 134pp.

마리우스 B. 잰슨(김우영·강인황·허형주·이정 역), 2006, 현대일본을 찾아서, 이산, 1208pp.

마리우스 B. 잰슨(손일·이동민 역), 2014, 사카모토 료마와 메이지 유신, 푸른길, 631pp.

문소영, 2010, 못난 조선: 16~18세기 조선·일본 비교, 전략과문화, 438pp.

박삼헌, 2012, 근대 일본 형성기의 국가체제: 지방관회의·태정관·천황, 소명출판, 336pp.

박영준, 2014, 해군의 탄생과 일본 근대: 메이지유신을 향한 부국강병의 길, 그물, 628pp.

박훈, 2014, 메이지 유신은 어떻게 가능했는가, 민음사, 241pp.

박훈, 2020, 메이지 유신을 설계한 최후의 사무라이들, 21세기북스, 295pp.

백영서 외, 2005, 동아시아의 지역질서: 제국을 넘어 공동체로, 창비, 424pp.
성희엽, 2016, 조용한 혁명: 메이지유신과 일본의 건국, 소명출판, 793pp.
신동준, 2004, 근대일본론: 군국 일본의 국가제도와 그 운용자들, 지식산업사, 476pp.
신명호, 2014, 고종과 메이지의 시대, 무엇이 조선과 일본의 운명을 결정했나, 역사의아침, 543pp.
아사히신문 취재반(백영서·김항 역), 2008, 동아시아를 만든 열가지 사건: 한국 일본 중국 대만이 함께 읽는 근현대사, 창비, 383pp.
앤드루 고든(김우영 역), 2010, 현대일본의 역사, 이산, 656pp.
야마구치 게이지(김현영 역), 2001, 일본 근세의 쇄국과 개국, 혜안, 351pp.
와타나베 히로시(박홍규 역), 2007, 주자학과 근세일본사회, 예문서원, 298pp.
유모토 고이치(연구공간 수유+너머 동아시아 근대 세미나팀 역), 2004, 일본 근대의 풍경, 그린비, 646pp.
유용태·박진우·박태균, 2010, 함께 읽는 동아시아 근현대사 1, 창비, 414pp.
윤병남, 2007, 구리와 사무라이: 아키타번을 통해 본 일본의 근세, 소나무, 359pp.
이건상·김대용·이명실·정혜경·정혜정·조진, 2013, 일본의 근대화와 조선의 근대, 도서출판 모시는사람들, 485pp.
이종각, 2013, 일본 난학의 개척자 스기타 겐파쿠, 서해문집, 280pp.
이종찬, 2014, 난학의 세계사, 알마, 317pp.
정혜선, 2011, 일본사: 다이제스트100, 도서출판 가람기획, 455pp.
조경달(최덕수 역), 2015, 근대 조선과 일본, 열린책들, 318pp.
조너선 클레멘츠(허강 역), 2008, 해적왕 정성공, 삼우반, 504pp.
주경철, 2008, 대항해시대, 해상 팽창과 근대 세계의 형성, 서울대학교출판문화원, 581pp.
최소자교수정년기념논총 간행위원회, 2005, 동아시아 역사 속의 중국과 한국, 서해문집, 520pp.
최승표, 2007, 메이지 이야기 1, 북갤러리, 414pp.
최승표, 2012, 메이지 이야기 2, 북갤러리, 421pp.
최승표, 2015, 메이지 이야기 3, 북갤러리, 391pp.
카를로 M. 치폴라(장문석 역), 2015, 스페인 은의 세계사: 1500~1800년, 아메리카의 은은 역사를 어떻게 바꾸었는가?, 미지북스, 155pp.
파리 외방전교회(김승옥 역), 2015, 조선 천주교: 그 기원과 발전, 살림, 231pp.
폴 발리(박규태 역), 2011, 일본문화사, 경당, 576pp.
하우봉·한예원, 2005, 에도시대의 실학과 문학, 경기문화재단, 307pp.
황호덕, 2005, 근대 네이션과 그 표상들, 소명출판, 525pp.
W. G. 비즐리(장인성 역), 1996, 일본 근현대사, 을유문화사, 361pp.

일본 문헌
〈시마즈 히사미쓰를 주인공으로 한 평전〉
芳即正(2002)『島津久光と明治維新』
佐々木克(2004)『幕末政治と薩摩藩』
町田明光(2009)『島津久光 = 幕末政治の焦点』
町田明光(2010)『幕末文九期の国家政略と薩摩藩 – 島津久光と皇政回復』
安藤優一郎(2017)『島津久光の明治維新』
原口泉(2019)『薩摩藩と明治維新』
安川周作(2022)『言られた歴史–島津久光』

〈일반 문헌〉
荒野泰典(編), 2003, 江戸幕府と東アジア(日本の時代史 14), 吉川弘文館, 435pp.
安藤優一郎, 2014, 幕末維新 消された歴史, 日本経済出版社, 295pp.
安藤優一郎, 2021, 越前福井藩主 松平春嶽, 平凡社新書, 231pp.
家近良樹, 2011, 西郷隆盛と幕末維新の政局, ミネルヴァ書房, 330pp.
家近良樹, 2014, 江戸幕府崩壊–孝明天皇「一会桑」, 講談社学術文庫, 269pp.
家近良樹, 2014, 徳川慶喜, 吉川弘文館, 313pp.
家近良樹, 2017, 西郷隆盛, ミネルヴァ書房, 567pp.
石橋敏行(編), 2018, 薩磨島津家全史, スタンダーズ, 143pp.
犬塚孝明, 2011, 海国日本の明治維新, 新人物往来社, 286pp.
井上勲(編), 2004, 開国と幕末の動乱(日本の時代史 20), 吉川弘文館, 328pp.
井上勝生, 2014, 開国と幕末変革(日本の歴史 18), 講談社学術文庫, 399pp.
岩中祥史, 2012, 鹿児島学, 草思社, 287pp.
上原兼善, 2020, 黒船来航と琉球王国, 名古屋大学出版社, 352pp.
大石学(編), 2003, 亨保改革と社会変容(日本の時代史 16), 吉川弘文館, 346pp.
大江修造, 2010, 明治維新のカギは奄美の砂糖にあり, アスキー·メディアワークス, 173pp.
小川原正道, 2014, 西南戦争, 中公新書, 258pp.
落合弘樹, 2013, 西南戦争と西郷隆盛, 吉川弘文館, 269pp.
落合弘樹, 2015, 秩禄処分, 講談社, 253pp.
大村大次郎, 2018, お金で読み解く 明治維新, ビジネス社, 227pp.
鹿児島純心女子大学 国際文化研究センター(編), 2002, 新薩摩学 1, 南方新社, 298pp.
片棟一男, 2008, それでも江戸は鎖国だったのか: オランダ宿 日本橋長崎屋, 吉川弘文館, 196pp.

片山杜秀, 2022, 尊皇攘夷−水戸学の四百年, 新潮社, 476pp.
加治将一, 2016, 禁断の幕末維新史, 水王舎, 227pp.
勝田政治, 2015, 廃藩置県, KATOKAWA, 281pp.
川口素生, 2011, 島津一族, 新紀元社, 303pp.
川添昭二·瀬野精一郎(編), 1977, 九州の風土と歴史, 山川出版社, 349pp.
川村博忠, 2005, 近世日本の世界像, ぺりかん社, 286pp.
芳即正, 1990, 鄕, 吉川弘文館, 300pp.
芳即正, 2016, 島津斉彬, 吉川弘文館, 249pp.
桐野作人, 2017, さつま人国誌−幕末·明治編, 南日本新聞社, 227pp.
桐野作人, 2017, さつま人国誌−幕末·明治編 2, 南日本新聞社, 263pp.
桐野作人, 2015, さつま人国誌−幕末·明治編 3, 南日本新聞社, 245pp.
桐野作人, 2018, さつま人国誌−幕末·明治編 4, 南日本新聞社, 291pp.
久住真也, 2018, 王政復古 − 天皇と将軍の明治維新, 講談社, 256pp.
小風秀雅(編), 2004, アジアの帝国国家((日本の時代史 23), 吉川弘文館, 307pp.
児玉幸多, 2016, 日本史年表·地図, 吉川弘文館, 56pp
佐々木克, 2015, 戊辰戰爭, 中公新書, 232pp.
佐々木克, 2016, 大久保利通と明治維新, 吉川弘文館, 220pp.
司馬遼太郎, 2019, 酔って候, 文藝春秋, 340pp.
鈴木荘一, 2017, 明治維新の正体, 毎日ワンズ, 318pp.
高村直助, 2017, 小松帯刀, 吉川弘文館, 299pp.
坪内隆彦, 2020, 徳川幕府が恐れた尾張藩, 望楠書房, 179pp.
豊見山和行(編), 2003, 琉球·沖縄史(日本の時代史 18), 吉川弘文館, 305pp.
長崎浩, 2019, 幕末未完の革命, 作品社, 340pp.
野口武彦, 2013, 鳥羽伏見の戦い, 中公新書, 328pp.
原口泉, 2008, 龍馬を超えた男 小松帯刀, グラフ社, 254pp.
原口泉, 2015, 明治維新はなぜ薩摩から始まったのか, パンダ·パブリッシング, 103pp.
原田伊織, 2018, 虚像の西郷隆盛 虚構の明治1年, 講談社, 477pp.
早瀬利之, 2017, 薩摩精忠組, 潮書房光人新社, 227pp.
半藤一利, 2013, 幕末史, 新潮社, 512pp.
半藤一利·出口治明, 2018, 明治維新とは何だったのか, 祥伝社, 247pp.
藤井哲博, 1997, 長崎海軍伝習所, 中央公論社, 188pp.
藤井尚夫, 2013, ドキュメント幕末維新戦争, 河出書房新社, 111pp.
藤田覚(編), 2003, 近代の胎動(日本の時代史 17), 吉川弘文館, 282pp.
藤田覚(編), 2013, 近世の三大改革, 山川出版社, 101pp.
麓純雄, 2016, 鹿児島市の歴史入門, 南方新社, 245pp.

町田明広, 2018, 薩長同盟論, 人文書院, 265pp.
町田明広, 2019, グローバル幕末史, 草思社, 350pp.
町田明広, 2022, 攘夷の幕末史, 講談社学術文庫, 216pp.
町田明広(編), 2023, 幕末維新史への招待, 山川出版社, 278pp.
松方冬子, 2010, オランダ風説書, 中央公論新社, 216pp.
松方冬子(編), 2015, 日蘭関係史を読みとく: 上巻 つなぐ人々, 臨川書店, 336pp.
松尾千歳, 2014, 西郷隆盛と薩摩, 吉川弘文館, 159pp.
松尾千歳, 2017, 島津斉彬, 戎光祥出版, 103pp.
松尾正人(編), 2004, 明治維新と文明開化(日本の時代史 21), 吉川弘文館, 321pp.
松尾正人, 2011, 徳川慶喜−最後の将軍と明治維新, 山川出版社, 95pp.
丸山雍成, 1994, 九州·その歴史展開と現代, 文献出版, 265pp.
宮崎正勝, 2016, 海国」日本の歴史: 世界の海から見る日本, 原書房, 265pp.
三谷博, 1997, 明治維新とナショナリズム, 山川出版社, 364pp.
三谷博, 2017, 維新史再考, NHK ブックス, 446pp.
南日本新聞, 2017, 幕末新聞, 第1号(1/3, 14−15pp.), 第2号(2/2, p.13), 第3号(3/2, p.13), 第4号(4/6, p.13), 第5号(5/4, p.8), 第6号(6/1. p.13), 第7号(7/6, p.12), 第8号(8/3, p.13), 第9号(9/7, p.13), 第10号(10/5, p.13), 第11号(11/2. p.11), 第12号(12/7, 16−17pp.), 南日本新聞社.
南日本新聞社(編), 2019, 維新鳴動−かごしま再論, 南日本新聞社, 405pp.
明治維新史学会(編), 2001, 明治維新の新視角, 高城書房, 215pp.
毛利敏彦, 2018, 幕末維新と佐賀藩, 中央公論新社, 216pp.
吉田俊純, 2016, 水戸学と明治維新, 吉川弘文館, 226pp.

색인

ㄹ

ㅁ

ㅇ

사진

시로야마(城山) 전망대에서 내려다본 가고시마 시가지와 사쿠라지마

맹렬하게 분화하고 있는 사쿠라지마(桜島)가 있다고 해도, 260여 년 지속된 막부를 쓰러뜨린 사쓰마 번의 기억이 있다고 해도, 지금 이곳 가고시마는 수도 도쿄에서 가장 멀리 떨어진 변방의 도시일 뿐이다. 그러나 온화한 기후와 함께 도시 곳곳에는 한때의 영광(메이지 유신)을 추억하는 다양한 역사 콘텐츠를 제공하면서 많은 관광객을 끌어들이고 있다. 바다 건너 보이는 섬이 활화산 사쿠라지마이며, 가고시마와 사쿠라지마 사이에는 페리가 오가고 있다.

사쿠라지마 산록에 있는 아리무라 용암전망대에서 본 사쿠라지마

사쿠라지마(桜島)는 지금도 화산재와 연기를 내뿜고 있는 활화산이다. 섬의 외형은 거의 원형에 가깝고 동서 길이 12㎞, 남북 길이 10㎞, 둘레 55㎞에 달하며, 최고봉 기타다케(北岳)는 그 높이가 1,117m에 이른다. 8세기 이후 약 30회 가량의 대규모 화산 폭발이 역사 문헌에 기록되어 있는데, 그중에서도 1471년, 1779년, 1914년의 분화 규모가 가장 컸다고 한다. 21세기에 들어서도 소규모 폭발은 끊임없이 일어나고 있으며, 그 빈도 역시 증가하고 있다. 소규모 분화라도 일어나고 바람이 가고시마만을 건너 가고시마시 쪽으로 불어오면 도시 곳곳에 화산재가 쌓인다.

사쿠라지마에서 나는 세계에서 가장 큰 무

사쿠라지마에서는 세계에서 가장 큰 무와 세계에서 가장 작은 귤이 생산된다. 1877년 세이난 전쟁(西南戰爭) 당시 히사미쓰는 가고시마가 전장으로 바뀌기 직전인 5월 3일 사쿠라지마로 소개하였고, 6월 24일 정부군이 가고시마를 완전히 장악하면서 귀환하였다. 시로야마에 포위된 사이고 군을 향한 정부군의 최후 공격은 1877년 9월 24일로 결정되었고, 그 직전 히사미쓰 부자는 사쿠라지마로 또다시 피신한 바 있다. 언제 대규모 분화가 이루어져도 이상할 것 없는 이 거대한 불기둥을 지척에 두고, 60만 가고시마 시민들은 아무렇지도 않은 듯 평상심을 유지하면서 살아가고 있다.

이주인역 앞에 있는 시마즈 요시히로의 동상

시마즈 요시히로(島津義弘)는 시마즈가 17대 당주이자 사쓰마 번 초대 번주인 다다쓰네(忠恒)의 아버지로, 임진왜란에 참전한 왜군 무장이다. 그의 동상은 가고시마주오역(鹿児島中央駅)에서 가고시마 본선으로 20여 분 가면 나오는 이주인역(伊集院駅) 광장에 서 있다. 그는 세키가하라 전투에 패해 탈주하면서 소규모 부대를 매복시켜 추격조를 기습하고, 이것이 돌파당하면 다시 소규모 부대를 남기는 전법을 쓰면서 추격하는 동군을 끝까지 따돌렸다. 그 후 이를 기려 사쓰마의 성하 무사들이 요시히로의 위패가 모셔진 묘엔지(妙円寺)를 참배하기 위해 왕복 40㎞를 철야로 달리는 행사가 생겨났는데, 이 전통을 물려받은 묘엔지마이리(妙円寺詣り)는 가고시마 3대 축제 중 하나이다. 묘엔지는 히오키시(日置市) 이주인에 있다.

히라타 공원에 있는 히라타 유키에의 동상

삼천분류공사(三川分流工事, 혹은 木曽川治水工事)를 맡으라는 막부의 명령을 받자마자 재정 담당 가로(家老)인 히라타 유키에(平田靭負)가 총감독으로 임명되었고, 사쓰마에서 750명 그리고 에도에서 200명의 사쓰마 무사가 현지에 파견되었다. 이 공사는 1754년에 시작되어 1755년에 완공되었다. 총감독 히라타 유키에는 공사가 종료된 지 이틀 후 사쓰마 본국에 현지 상황을 보고한 뒤 그 이튿날 자살하였다. 막대한 부채, 많은 인명 희생, 본국 인민들 혹사, 특히 '흑설탕 지옥'이라 불릴 정도로 설탕 증산을 위해 아마미 군도(奄美群島) 주민들을 혹사한 데 대한 모든 책임을 지고 스스로 목숨을 거두고 말았다. 그의 동상은 그 이름을 딴 히라타 공원(平田公園)에 있다.

기소산센 공원센터 전망대에서 본 제방

나고야역(名古屋駅)에서 간사이 본선(関西本線) 쾌속열차로 20여 분 가면 구와나역(桑名駅)에 도착하고, 여기서 요로선(養老線)으로 갈아탄 뒤 네 번째 역 다도역(多度駅)에서 내린다. 택시로도 갈 수 있으나, 걸으면 목적지 기소산센 공원센터(木曽三川公園センタ)까지는 1시간 반가량 걸린다. 전망대에 오르면 히라타 유키에의 지휘하에 사쓰마 번사들이 만든 제방이 한눈에 들어온다. 이곳 삼각주 지역 홍수 방지책의 기본적인 원리는, 하중도 하류부 말단에서 하류 쪽으로 기다랗게 제방을 쌓아 하중도 양쪽에서 들어오는 지류가 가급적 하류 쪽 멀리서 만나게 해 급작스러운 수위 상승을 막는 것이었다. 오랜 기간 이어져 온 하천 하류 범람원 개간의 기술과 경험이 일제강점기 우리나라 대하천 곳곳의 범람원 개발에 적용되었다.

치수신사

기소산센 공원센터 아래 치수신사(治水神社)라는 신사가 있다. 여기서 삼천분류공사에서 희생된 사쓰마 번사들의 영혼을 기리고 있다. 엄청난 난공사로 공사 기간 동안 총 89명의 희생자가 나왔는데, 사쓰마 번사가 84명이었고 그중 자살한 자가 52명이나 되었다. 이 공사가 얼마나 난공사였는지는, 이 기간에 막부가 사쓰마의 참근교대를 면제해 주었으며, 이후 상당 기간 사쓰마에 어수전보청(御手伝普請)을 내리지 않았다는 사실로 증명된다. 동원된 연인원은 140만 명으로, 이 비용까지 포함하면 총예산은 40만 냥이나 되는데, 이는 당시 사쓰마 번 1년 예산의 두 배에 달하는 거액이었다.

사쓰마의사 역관터에 있는
히라타 유키에의 동상

다도역(多度駅)에서 다시금 요로선을 타고 고마노역(駒野駅)에 내려 버스와 택시를 갈아타면서 사쓰마의사 역관터(薩摩義士役館阯)에 다녀왔다. 이곳은 과거 삼천분류공사 보청사업에 참가한 사쓰마 번사들의 숙소가 있던 곳으로, 여기에도 어김없이 히라타 유키에(平田靱負)의 동상이 세워져 있다. 오랜 인연과 감사의 마음을 잊지 않고 기념하는 모습이 인상적이었다. 어수전보청이란 막부가 다이묘에게 위탁(명령)한 대규모 토목사업으로, 막부 전국 지배의 전제이자 이를 상징하는 절대명령과 같은 것이었다. 어수전보청은 도요토미 히데요시 집권 당시 오사카 성 축성이 그 시원이며, 도쿠가와 막부 때에는 축성 이외에 사찰이나 조정 등의 조영과 수리, 대규모 하천 개수공사에도 전국의 다이묘들을 동원하였다.

사쓰마의사 위령제가 열리고 있는 히라타 공원

2023년 6월, 이 글을 쓰면서 마지막으로 가고시마를 찾은 적이 있다. 가고시마 성 안에 있는 레이메이칸(黎明館: 가고시마현 역사자료센터) 바로 옆 사쓰마의사비(薩摩義士碑) 앞에, 사쓰마의사 위령제가 히라타 공원에서 열린다고 알리는 깃발 수십 개가 펄럭이고 있었다. 생각보다 규모가 컸지만, 무엇보다 인상적인 것은 보력치수(宝歴治水) 사적보존회와 같은 단체뿐만 아니라 기후현(岐阜県) 지사, 구와나 시장, 가이즈(海津) 시장 등등 당시 실제로 도움을 받았던 지방단체의 장들이 참가하거나 화환을 보내왔다는 사실이다. 200년도 더 지난 21세기에 와서도 당시의 일을 기념하고 사의를 표하는 것은 이들이 경제적으로 여유가 있다고 해서 할 수 있는 일만은 아님을, 한편으로는 함부로 넘볼 수 없는 무서운 나라임을 다시금 절감하였다.

즈쇼 히로사토의 동상

52세의 나이에 사쓰마 번의 재정 담당 가로에 오른 즈쇼 히로사토(調所広郷)는 자살을 택한 1848년까지 20년간 에도와 본국을 오가며 번의 급선무인 재정 문제를 해결하고자 진력을 다했다. 만약 즈쇼의 재정 개혁이 성공하지 못했다면, 막말에 시마즈 나리아키라(島津斉彬)의 막정 개입이나 사쓰마 번 주도의 도막, 나아가 메이지 유신도 불가능하지 않았을까 짐작해 볼 수 있다. 그는 류큐 허위 파병 보고와 밀무역 문제가 번주 시마즈 나리오키(島津斉興)에게 전가되는 것을 막기 위해 스스로 음독자살이라는 방편을 택하고 말았다. 그의 동상은 사쓰에이 전쟁(薩英戦争) 당시 사쓰마의 포격이 시작된 덴포잔 공원(天保山公園) 인근에 있다.

데루쿠니 신사에 있는 시마즈 나리아키라의 동상

시마즈 나리아키라(島津斉彬)는 사쓰마 최고의 개명 군주이자 막말 정국 추이의 핵심에 있던 사쓰마의 11대 번주이다. 철제 대포 주조와 서양식 함선 건조 사업 등 사쓰마 번의 근대화 사업에 매진하였다. 또한 그는 막정에 참여할 수 없는 도자마 다이묘임에도 불구하고, 쇼군가와 이중 삼중으로 걸친 혈연관계뿐만 아니라, 세계정세를 바라보는 탁월한 식견과 사쓰마 번이 지닌 탄탄한 경제력 및 군사력, 그리고 아베 마사히로(阿部正弘)를 비롯해 막정을 주도하던 위정자들과의 친분 등을 바탕으로 막말 대혼돈기에 막정 진출을 시도하였다. 그를 기리는 데루쿠니 신사(照国神社)가 조성된 것은 1864년으로, 이곳에는 그의 이복동생인 히사미쓰와 양자(히사미쓰의 친아들)인 다다요시(忠義)의 동상도 함께 있다.

시마즈 나리아키라의 묘지

1858년 7월 8일, 나리아키라는 가고시마 성하 남쪽의 조련장에서 군사훈련을 시찰한 후 대포 사격 시범을 관전하였다. 하지만 다음 날부터 이질로 심한 설사를 만나면서 건강이 악화되었고, 끝내 회복하지 못한 채 7월 16일 새벽 사망하고 말았다. 향년 50세. 나리아키라에게는 4남 데쓰마루(哲丸)가 있었지만 아직 돌도 지나지 않은 처지라, 임종 직전에 이복동생 히사미쓰의 아들 다다노리(忠徳)를 양자로 입적하였다. 그는 사쓰마 번주들의 묘지인 후쿠쇼지(福昌寺) 묘지[고쿠료 고등학교(玉龍高等学校) 인근]에 다른 번주들과 함께 모셔져 있다. 그의 묘비는 조상들의 그것과 마찬가지로 대번 사쓰마 번주의 묘비치고는 매우 검소하게 차려져 있었다. 예상을 허무는 매우 인상적인 광경이었다.

시로야마와 시가지가 맞닿는 곳에 세워진
사이고 다카모리 동상

하나의 아이러니는 고향 가고시마에서 오쿠보 도시미치(大久保利通)의 인기가 사이고 다카모리(西郷隆盛)에 비해 형편없다는 사실이다. 자신들이 힘겹게 이룩한 메이지 정부에 반란[세이난 전쟁(西南戦争)]을 일으켜 가고시마를 폐허로 만들어 놓았을 뿐만 아니라 1만여 명의 젊은이들을 사지로 몰아넣었던 사이고에 비해, 정권 담당자로서 정부군을 동원해 이를 저지한 오쿠보의 인기가 극도로 낮다는 점이다. 사이고는 전쟁에 패해 자결하였지만, 오쿠보는 그 이듬해인 1878년에 암살당하였다. 11년 후인 1889년 메이지헌법이 발효되면서 사이고는 사면을 받았다. 1898년 도쿄 우에노 공원에 사이고의 동상이 세워지는데, 고향 가고시마에는 이보다 늦은 1937년에 세워진다. 하지만 오쿠보의 동상은 이보다 훨씬 늦은 1979년에야 가고시마에 세워졌다.

사이고 첫 유배지 아마미오시마의 주거지터(西郷南洲遺謫跡)

사이고는 기쿠치 겐고(菊池源吾)라 개명하고는, 1858년 12월 말 가고시마를 출발해 1859년 1월 12일 아마미오시마(奄美大島)의 다쓰고(龍郷)에 도착하였다. 이후 1859년 11월에 아이카나(愛加那)를 안고(島妻)로 맞아 가족을 이루었다. 1861년 1월 2일 장남 기쿠지로가 태어났으며, 이후 토지를 구입하고 집을 지었으니 어쩌면 사이고 본인은 소환되지 못한 채 아마미오시마에서 평생 살아야 할지 모른다는 각오를 하였을 수도 있다. 하지만 국내 정치 상황의 급변과 함께 번내 사정도 달라져, 사쓰마 번은 사이고를 소환하였다. 소환장을 받아든 사이고는 다쓰고를 출발해 1862년 2월 12일 가고시마에 도착하였으니, 안세이 대옥을 피해 아마미오시마로 잠적한 지 무려 3년 이상의 세월이 흐른 뒤였다.

사이고의 두 번째 유배지 오키노에라부지마에 있는 난슈 신사(南洲神社)

히사미쓰의 1862년 솔병상경에 동반한 사이고는 시모노세키에서 대기하라는 명령을 어기고 오사카로 먼저 떠났다. 이에 격노한 히사미쓰는 사이고의 체포와 본국 송환을 명령하였다. 이후 사이고는 가고시마 남쪽 도쿠노시마(徳之島)에 이어 오키노에라부지마(沖永良部島)로 귀양을 떠났다. 1863년 참예회의가 좌절된 후 고마쓰 다테와키(小松帯刀)를 보좌하고 타 번과 긴밀하게 연대할 수 있는 능력을 지닌 최적의 인물로 사이고 다카모리가 다시 발탁되었다. 유배지 오키노에라부지마를 떠난 사이고는 2월 28일 가고시마에 돌아왔고, 3월 4일 가고시마를 떠나 14일에 교토에 도착하였다. 사이고는 고마쓰의 참모로서 막부, 조정, 제 번들과의 교섭 역할을 맡는 것과 동시에, 사태가 발생하면 번병을 지휘하는 역할까지 주어졌다. 막말 사이고 다카모리 신화의 서막을 알리는 신호탄이다.

오키노에라부지마 공항에서의 필자

필자는 비행기 타는 것은 두려워하지만 배는 문제없다. 한번은 제주도로 가족 여행을 떠나 제주에서 통영으로 돌아오는 페리 선상에서, 500여 승객 중 우리 가족만 맥주도 마시고 컵라면도 먹으면서 왔는데, 나머지 승객들은 높은 파도에 거의 초주검이 되었던 기억이 있다. 작은아들은 바닷속 해병대 돌격장갑차에서도 멀미를 하지 않았다고 한다. 특별한 DNA. 가고시마 항에서 아마미오시마까지 페리로 14시간, 다시 아마미오시마에서 오키노에라부지마까지 6시간. 이 노선에 취항하는 페리 나미노우에(フェリー波之上)는 우리 세월호와 함께 만들어진 쌍둥이 배로 알고 있다. 뱃멀미가 심해 돌아갈 때 죽어도 배를 탈 수 없다는 일행 때문에, 엄청나게 비싼 일본 국내선 비행기를 타야만 하였다. 프로펠러 비행기이지만 오키노에라부지마에서 가고시마까지 비행 시간은 50분 내외이다.

데루쿠니 신사 쪽을 향해 서 있는
고마쓰 다테와키의 동상

히사미쓰는 고마쓰 다테와키(小松帯刀)를 번 정치의 중심에 두고 측근과 성충조의 연대를 확립하면서 이를 자신의 정치 활동의 원동력으로 삼았다. 이후 고마쓰는 경이로운 출세 가도를 달렸는데, 1862년 12월에 번의 최고위직인 가로에 임명되었다. 그는 번 사무 전 영역의 책임자로 등용되면서 실로 번의 군사, 외교, 재정, 산업, 교육 전반의 지휘 명령권을 갖게 되었다. 가고시마 중앙공원 맞은편 가고시마 문화센터 앞에는 1993년에 세워진 고마쓰 다테와키의 등신상이 서 있다. 이 등신상 명문(銘文)에는 15대 쇼군 도쿠가와 요시노부(徳川慶喜)가 교토 니조 성(二条城)에 다이묘나 다이묘 대리인들을 불러 놓고 대정봉환에 대한 의향을 물었을 때, 찬성한다는 의사를 표시함과 동시에 가장 먼저 붓을 들어 서명하는 모습을 형상화한 것이라는 설명이 적혀 있다.

요시토시의 고마쓰가 묘지에 있는 고마쓰 다테와키의 묘

고마쓰는 족통(足痛)으로 왕정복고 쿠데타에는 직접 가담하지 않았지만 1868년 1월에 상경하여, 국정을 담당하는 최고 부서인 태정관의 외국사무담당관(外国事務掛)과 총재국 고문직을 맡아 신정부에서 큰 역할을 할 것으로 기대되었다. 이후 번정 개혁을 위해 잠시 가고시마로 귀국하였으나 병이 악화되어, 1870년 1월 7일 치료차 오사카로 가서는 얼마 지나지 않은 1월 18일에 사망하였다. 만 35세. 처음 장례는 오사카에서 치러졌으나, 그 후 가고시마로 이장하여 현재는 자신의 과거 영지였던 요시토시[吉利: 현재 가고시마현 히오키시(日置市) 요시토시]에 있는 청정산 원림사터(清浄山園林寺跡) 내 고마쓰가의 묘지에 모셔져 있다. 2018년 방문 당시, 그의 성품처럼 묘비에 아무런 장식도 없어 자그마한 안내판이 없었다면 찾을 수도 없을 정도였다.

이모쇼추(芋焼酎) 고마쓰 다테와키

가고시마는 고구마 소주(芋焼酎)가 유명한데, 고구마를 그냥 이모(芋)가 아니라 사쓰마이모(薩摩芋)라 부를 정도로 고구마와 사쓰마는 밀접한 관계가 있다. 우연히 가고시마 쇼핑센터에서 고마쓰의 이름과 사진이 라벨에 붙어 있는 이모쇼추를 발견하였다. 지방마다 유명한 술이 생산되고 있는 일본이지만, 유명인의 이름을 술 이름으로 쓰는 경우는 흔치 않다. 어쩌면 내가 그의 자서전을 꼼꼼히 읽고 여기 지면에 다른 이와는 달리 길게 쓴 데는, 유명하지도 독특한 맛이 있는 것도 아닌 이 소주의 힘이 컸다. 나는 가고시마 방문 때면 늘 이 소주를 사서 귀국하는데, 도수는 36도이며 가고시마 시내에서만 판매되고 있다.

데라다야

데라다야(寺田屋)는 에도 시대부터 교토 후시미(伏見)에 있던 여관으로, 지금도 그 자리에서 영업하고 있다. 데라다야에서는 두 차례의 역사적 사건이 있었는데, 1862년 교토에 모여든 존왕양이 지사들이 이곳에서 히사미쓰의 명령으로 척살된 사건과 1866년 후시미 부교에 의해 사카모토 료마가 습격받은 사건이다. 이 책에서의 관심은 첫 번째 사건이다. 이 사건으로 죽은 의거파 지사는 모두 8명이며, 진무사로 파견된 9명 가운데 1명이 죽었고 나머지 중 3명도 부상을 입었다. 히사미쓰로서는 자신의 번사를 희생시키고서야 비로소 정치적 야망을 실현할 수 있었지만, 그의 정치적 기반인 성충조의 와해를 목도할 수밖에 없었다. 결국 자신의 번사도 척살하는 마당에 다른 번의 번사들은 말할 것도 없다는 인식이 팽배해지면서, 히사미쓰에 대한 조정과 천황의 신뢰는 더욱 두터워졌다.

도시샤 대학

히사미쓰는 1863년 8·18정변 직후 교토에 입성하였는데, 이는 그의 세 번째 입경이었다. 그는 1862년 9월 쇼코쿠지(相国寺)에서 빌린 부지 위에 새로이 건축한 니혼마쓰(二本松) 번저로 들어갔다. 이 저택은 어소 북쪽에 인접해 관백 고노에가(近衛家) 저택을 마주 보고 있었기에, 어소를 경비하고 천황과 공가들의 일거수일투족을 감시하는 데 편리하였다. 그뿐만 아니라 삿초맹약(薩長盟約) 등 사쓰마 막말 정치에서 아주 중요한 거점으로 활용되었다. 현재 이곳에는 도시샤 대학(同志社大学)이 자리 잡고 있는데, 당시 사쓰마 번 저택의 면적은 현재 대학 부지의 1/3에 달했다고 한다. 이 대학에 일제강점기 윤동주, 정지용 등이 유학한 바 있다.

니조 성

니조 성(二条城)은 교토 어소와 가까이 있으면서 천황을 수호하고 쇼군이 상경할 때 머무는 장소로 활용된 막부의 성으로, 1603년 완공되었다. 천황을 수호한다는 것은 어디까지나 명분이며, 어소 가까이에 있으면서 천황과 공가들의 활동을 감시하고 막부 정권의 정당성과 그 지배를 과시하는 역할을 하였다. 또한 니조 성 옆에 교토소사대와 교토수호직이라는 별도의 막부 조직을 두면서 조정의 통제와 관서(関西) 이하 다이묘들을 감시하였고, 교토의 치안도 담당하였다. 한편, 1867년 요시노부가 쇼군에 등극하면서 니조 성에서 막부를 지휘하였고, 교토에 체재 중인 각 번의 중신들을 불러 대정봉환의 의사를 표명한 곳도 이곳 니조성이었다. 쇼군 요시노부는 왕정복고 쿠데타 이후 니조 성에서 오사카 성으로 거처를 옮겼다.

사쓰마 번주의 정원 센간엔

가고시마 시내에서 차로 20분 정도 가면 시마즈가(島津家)의 별저 센간엔(仙巖園)이 나타난다. 이곳에서 바라다보는 사쿠라지마는 아름다운 정원과 푸른 바다가 어우러져 절경을 자아낸다. 센간엔 바로 옆에는 쇼코슈세이칸(尙古集成館)이 있다. 나리아키라 시대에 서구의 과학기술을 도입해 무기, 기계, 조선 등을 자립할 목적으로 집성관이라는 종합기계공작소를 건설한 바 있다. 그 후 히사미쓰 시대에 들어 사쓰에이 전쟁(薩英戰争)으로 파괴된 집성관을 복구하기 위해 나가사키 제철소에서 기술자를 초빙하였고, 1864년 10월부터는 25마력 크기의 증기기관과 서양식 공작기계를 갖춘 기계공장이 가공되기 시작하였다. 이후 주변에 많은 공장이 세워지면서, 집성관은 과거에 비해 더 훌륭한 시설로 발전하였다. 히사미쓰는 이복형 나리아키라의 정치적 유업뿐만 아니라, 그의 과학기술 입국 기조도 이어받았다.

젊은 사쓰마의 군상

가고시마주오역(鹿児島中央駅) 앞에는 1865년 영국 유학길에 오른 19명을 기념해 '젊은 사쓰마의 군상(若き薩摩の群像)'이라는 동상이 세워져 있는데, 이들을 '사쓰마 스튜던트'라 부르기도 한다. 유학생 선발에는 가문이나 연령 등이 고려되지 않았고, 심지어 양이 사상이 뚜렷한 상급 가신까지 포함되었다. 1865년 3월 22일 출발한 유학생들은 귀국한 후 다방면에서 근대 일본 건설에 뚜렷한 공적을 남겼다. 유학생들이 떠난 1865년은 히사미쓰가 참예회의의 실패로 좌절한 후 사쓰마 자체의 개혁에 몰두하면서, 또 장차 있을 막부와의 대결을 위해 할거하던 시절이었다. 히사미쓰를 비롯해 사쓰마의 수뇌부들은 선진 문물을 배우지 않고 고답적인 막부 체제를 유지하는 한, 제국주의에 굴복해 식민지가 될 수밖에 없다고 판단하였다.

사쓰마 번 영국유학생기념관

영국유학생기념관(薩摩藩英国留学生記念館)은 1865년 사쓰마 번이 막부의 감시를 뚫고 영국에 유학생을 파견한 것을 기념하는 곳이다. 가고시마주오역에서 1시간 남짓 로컬 기차를 타고 구시키노역(串木野駅)에 도착하면 택시를 타야 한다. 택시비가 비싼 일본이라 제법 많은 출혈을 감수하고 도착하였는데, 붉은 벽돌로 된 2층 건물은 해안가에 우뚝 서 있고 주변과는 조금 동떨어진 분위기를 자아냈다. 당시 막부 이외에는 해외 도항이 금지된 시절이라, 유학생들은 이름도 바꾸고 아마미오시마 등지로 출장을 떠난다는 가짜 명령서를 발부받고 유학길에 올랐다. 게다가 이곳 벽촌에서 두 달가량 머물면서 유학을 위한 각종 준비를 하였다고 한다. 방문 당시 안내원의 섬세한 안내와 따뜻한 환대에 아직도 감사의 편지를 보내지 못했지만, 이 책이 완성되면 그분에게 한 권 보낼 예정이다.

쓰루마루 성(鶴丸城) 고로몬(御楼門) 부근 성벽에 남겨진 탄흔

패전에 패전을 거듭한 1만 6,000명에 이르던 사이고 군은 약 반년 만에 3,500명으로 줄어들었고, 5만 명의 정부군에 포위당하는 신세가 되고 말았다. 결국 사이고는 자신을 마지막까지 따르는 372명의 병사만 이끌고 400km의 대탈주 끝에 가고시마로 진입하는 데 성공하였다. 하지만 시로야마(城山)에 포위된 사이고 군을 향한 정부군의 최후 공격이 개시되었고, 끝내 사이고의 자결로 세이난 전쟁(西南戦争)은 막을 내렸다. 성벽 돌담에는 총탄 자국이 남아 있는데, 이는 결사항전의 반란군을 향해 퍼부은 정부군의 총탄 흔적이다. 이들 탄흔은 일본의 마지막 내전인 세이난 전쟁의 역사를 전하는 귀중한 흔적이라고 할 수 있다. 신정부를 향한 구사족들의 반란은 이로써 소멸되었고, 신정부의 기반은 더욱 확고해졌다.

데루쿠니 신사에 있는 시마즈 히사미쓰의 동상

시마즈 히사미쓰(島津久光)는 1817년 사쓰마 10대 번주 나리오키(斉興)와 측실 오유라(お由羅) 사이에서 태어났다. 이복형인 11대 번주 나리아키라가 1858년 급작스럽게 사망하면서, 그의 유언에 따라 자신의 아들인 다다요시(忠義)가 나리아키라의 양자, 나아가 12대 새로운 번주로 등장하였다. 1859년 후견인이던 나리오키가 사망하면서 사쓰마의 권력은 일거에 히사미쓰의 손에 넘겨졌다. 아직 번내 권력 기반이 취약하였던 히사미쓰는 사이고와 오쿠보가 주축이 된 번내 하급 무사 집단인 성충조(誠忠組)를 자신의 권력 하부 기반으로 받아들이고, 고마쓰 다테와키와 같은 신진 관료층을 영입함으로써 번내 권력 구조를 완전히 개편하였다. 이러한 권력 기반을 바탕으로, 1862년 1,000명의 병력을 이끌고 상경을 결행하였다. 이후 천황 칙령의 권위에 힘입어 막정 인사 개입에 성공함으로써 히사미쓰 스스로 일약 정국의 초점이 되었다.

시마즈 히사미쓰의 묘

히사미쓰는 1863년 8·18정변을 통해 교토의 양이파 세력은 물론 조슈 번까지 패퇴시키는 데 성공하였다. 이후 1864년 참예회의를 주도하면서 정국 주도권 장악에 도전하였지만, 히토쓰바시 요시노부(一橋慶喜)의 노련한 정치력에 좌절을 맛보았다. 그 후 막부에 항거하는 자세를 견지하게 되었고, 혹시 있을 막부와의 무력 대결을 위해 사쓰마 번의 부국강병에 몰두하였다. 1866년 조슈와 삿초맹약(薩長盟約)을 맺으면서 항막(抗幕) 자세를 견지하였고, 1867년 4후회의를 주도하면서 막정 참여의 기회를 엿보았지만 쇼군 요시노부에 패퇴하고는, 도막(倒幕) 나아가 토막(討幕) 노선으로 급변하였다. 이후 히사미쓰는 족통으로 직접 참가할 수는 없었지만, 사쓰마 번의 군사력을 바탕으로 한 반막부 세력이 1867년 왕정복고 쿠데타에 성공함으로써 260여 년 이어져 온 막부를 일거에 붕괴시켰다. 1887년에 사망하였으니 향년 70세. 히사미쓰는 번주가 아니기 때문에 번주들의 묘지인 후쿠쇼지(福昌寺) 묘지에 들어갈 수 없어, 바로 옆에 별도의 묘역이 조성되어 있다.

천황 행행기념비

1869년 2월 13일 오쿠보와 함께 가고시마에 온 칙사 야나기와라 사키미쓰(柳原前光)는 보신 전쟁에서의 공적을 치하하기 위해 히사미쓰의 상경을 요구하였고, 이에 히사미쓰는 2월 26일 가고시마를 출발해 3월 2일 교토에 도착하였다. 천황은 히사미쓰에게 종3위, 참의 겸 좌근위중장직을 하사하였다. 이후 히사미쓰의 상경을 요청하는 칙사 파견은 1869년부터 1877년 세이난 전쟁 발발 직전까지 다섯 차례나 있었다. 1872년에는 히사미쓰의 불만을 달래기 위해 천황이 직접 가고시마로 행차하기까지 하였다. 이를 기념하기 위해 쓰루마루 성(鶴丸城) 안에 세워진 비가 바로 이 천황 행행기념비(行幸記念碑)이다. 히사미쓰는 기회가 있을 때마다 정부가 추진하는 서구화 정책과 신정부 인사들(물론 오쿠보나 사이고도 포함)을 비판하면서, 끊임없이 건백서를 올렸다. 신정부와 천황의 상경 요청에 따라, 그는 1869년 상경에 이어 두 차례 더 상경하였다.

구시마즈씨 다마자토 저택 정원

1877년 세이난 전쟁 막바지, 시로야마에 포위된 사이고 군을 향한 정부군의 최후 공격이 개시되었다. 그 직전 히사미쓰 부자는 사쿠라지마로 또다시 피신하였다. 쌍방의 대격전 당시 자신의 거처가 있던 쓰루마루 성 니노마루(二の丸)가 소실되면서 히사미쓰는 돌아갈 곳을 잃고 말았다. 히사미쓰는 부친 나리오키(斉興)가 만들어 놓았던 다마자토(玉里) 별저로 가기로 하였으나, 그곳마저 이 전란에 소실되어 재건축이 시작되었다. 이 정원이 1879년에 재건되자 히사미쓰는 이곳으로 거처를 옮겼고, 그가 사망할 때까지 계속 머물렀다. 이 건물은 태평양전쟁 당시 공습으로 일부 건물을 남기고 소실되었다. 현재는 남아 있는 다실과 정원이 국가지정명승 '구시마즈씨 다마자토 저택 정원(旧島津氏玉里邸庭園)'으로 일반인에게 공개되고 있다.

데루쿠니 신사에 있는 시마즈 다다요시의 동상

나리아키라는 임종 직전에 이복동생 히사미쓰의 아들 다다노리(忠徳)를 양자로 입적하였다. 다다노리가 사쓰마 12대 번주직에 오르면서 쇼군 이에모치(家茂)의 '茂' 자를 받아 모치히사(茂久)로 개명하였다가, 막부가 붕괴된 이후는 다다요시(忠義)로 다시 개명하였다. 번주 등극 당시 다다요시의 나이 18세. 1867년 왕정복고 쿠데타 직전에 히사미쓰와 고마쓰 다테와키가 족병으로 상경하지 못하자, 번주 다다요시의 독자적인 솔병상경이 이루어졌다. 다다요시 역시 번주가 된 지 10년째이며, 이제 소년 번주를 벗어난 어엿한 20대 후반의 청년이었다. 번주이지만 부친의 그늘에 가려 독자 행보를 할 수 없었던 다다요시의 불만, 그리고 히사미쓰의 부재라는 상황이 결합함으로써, 사이고를 비롯한 교토 수뇌부는 강경 토막 노선을 견지할 수 있었다. 왕정복고 후 다다요시는 의정직에, 1869년에는 번지사에 임명되었다.

지란특공평화회관

가고시마에서 버스로 1시간 반가량 남쪽으로 가면 지란(知覧)이라는 작은 마을이 나오는데, 1941년 이곳에 일본 육군항공대 훈련소가 세워진다. 1941년 12월 7일 하와이 진주만 침공 후 태평양 전선 곳곳에서 선전하던 일본군은 1945년 4월이 되자 미군에 오키나와를 공격당할 정도로 수세에 몰렸다. 이에 지란의 육군항공대 훈련소는 자살특공대의 발진 기지로 바뀐다. 당시 특공 조종사 나이는 17세에서 32세까지이고, 평균 나이는 21.6세의 앳된 젊은이. 다시는 이런 일이 있어서는 안 된다며 평화를 기원한다는 의미에서 지란특공평화회관(知覧特攻平和会館)이라는 이름이 붙여졌다고 한다. 이곳은 위령 시설도 아니고, 그렇다고 완전히 상업적인 다크투어리즘 공간도 아니고, 참으로 어정쩡한 현장이다. 그럼에도 보통의 일본인에게 국가에 대한 뭔가 뜨거운 감정을 불러일으킬 수 있으니, 이 기획은 성공하였다고 볼 수 있다.

가고시마 시내에 있는 대중목욕탕, 기리시마 온천

도심 한복판 뒷골목에 자리 잡은 대중목욕탕 기리시마 온천(霧島温泉). 온천수라고 하니 당연히 온천이겠지만, 시설은 우리 70~80년대 수준. 남탕과 여탕 사이는 높이 2m도 되지 않은 벽으로 막혀 있지만 천장은 서로 공유하고 있다. 목욕비는 4,000원. 경로 우대 패스가 있으면 연 30회까지 1,000원이라는 표지가 있어, 가지고 있던 '지공거사' 카드 보여 줄 뻔했다. 도심의 좋은 호텔에는 당연히 노천탕이 딸린 대중탕이 있지만, 내가 묵는 비즈니스 호텔에는 그런 시설이 없다. 그래서 근처에 일반 대중목욕탕이 있으면 간혹 간다. 옛날에도 그랬던 것 같은데, 남탕 손님들은 대부분 조용히 목욕하지만 여탕 쪽에서는 할머니들의 걸걸한 목소리가 크게 들려온다. 언제 어디서나 여성 우위는 매한가지인가 보다.

가고시마의 명물 흑돼지 샤브샤브

나는 가능한 한 무채색 옷 입고, 가방도 들지 않은 채 무심한 표정을 지으면서 조용히 여행한다. 송파구 뒷골목에서 잠시나마 1인 오너셰프로 일식당을 운영한 적도 있지만, 일본에 가서는 맛집, 미식 찾지 않고 그냥 대충 먹는다. 입을 열면 어색한 일본어로 단번에 들통나지만, 가능하면 바람처럼 스며들면서 남의 관심을 받지 않는 노매드가 되고 싶다. 가고시마의 명물 요리는 여럿 있지만, 그중에서도 흑돼지 샤브샤브(黑豚料理)를 제일 좋아한다. 물론 일행이 있어 함께 갈 때만 맛집을 찾는다. 가본 곳 중에서 덴몬칸 공원(天文館公園) 바로 옆 '아지모리(あぢもり)'라는 곳이 가장 인상에 남는다. 아지모리의 '아지'는 맛을 의미하는 '味'이고, '모리'는 사이고 다카모리(西郷隆盛)의 '모리'에서 따온 것이 아닌가 생각했었다. 왜냐하면 그 식당에서 제공하는 이모쇼추의 병이 사이고를 형상화하고 있었기 때문이다.

메이지 유신의 선봉

사쓰마와 시마즈 히사미쓰

초판 1쇄 발행 2023년 12월 15일

지은이 손 일
펴낸이 김선기
펴낸곳 (주)푸른길
출판등록 1996년 4월 12일 제16-1292호
주소 (08377) 서울시 구로구 디지털로 33길 48 대륭포스트타워 7차 1008호
전화 02-523-2907, 6942-9570~2
팩스 02-523-2951
이메일 purungilbook@naver.com
홈페이지 www.purungil.co.kr

ISBN 978-89-6291-082-7 93910